常青 著

龙门石窟艺术史

人民美术出版社
北京

图书在版编目（CIP）数据

龙门石窟艺术史 / 常青著. -- 北京：人民美术出
版社, 2023.12
（人美学术文库）
ISBN 978-7-102-09164-8

Ⅰ.①龙… Ⅱ.①常… Ⅲ.①龙门石窟－研究 Ⅳ.
① K879.234

中国国家版本馆 CIP 数据核字 (2023) 第 100688 号

人美学术文库
RENMEI XUESHU WENKU

龙门石窟艺术史
LONGMEN SHIKU YISHUSHI

编辑出版	人民美术出版社
	（北京市朝阳区东三环南路甲3号　邮编：100022）
	http://www.renmei.com.cn
	发行部：（010）67517799
	网购部：（010）67517743

著　　者	常　青
责任编辑	王青云
装帧设计	茹玉霞
责任校对	卢　莹
责任印制	胡雨竹
制　　版	北京字间科技有限公司
印　　刷	雅迪云印（天津）科技有限公司
经　　销	全国新华书店

开　本：710mm×1000mm　1/16
印　张：32
字　数：290千字
版　次：2023年12月　第1版
印　次：2023年12月　第1次印刷
ISBN 978-7-102-09164-8
定　价：168.00元

如有印装质量问题影响阅读，请与我社联系调换。（010）67517850

出版说明

　　人民美术出版社推出的这套"人美学术文库"系统地反映了我国现当代艺术理论的最新发展和成果，尤其彰显了改革开放以来我国艺术理论的研究成果：一是重要艺术理论家的代表性艺术论著，强调学术传统的积累与传承。二是当代中青年学者能够体现新材料、新方法、新观点的新锐力作，以推动中国艺术理论与思想的创造发展。三是海外研究中华传统艺术的知名学人的研究成果，以丰富艺术研究的方法和视角，促进中外中华传统艺术研究的交流与合作。

　　"人美学术文库"的选题以高端、前沿和厚重为主要特点，内容分别以美术学和设计学两个学科的学术研究来构建：美术学涉及美术史、美术教育、美术创作、美术批评、美术考古、书法、书画鉴定等领域，设计学涵盖设计史、设计美学、设计批评、设计方法论等方面。两个学科的专著在书籍装帧设计上加以区别，以示两个不同的系列。在研究方法上，综合性的艺术研究和分门别类的艺术研究、艺术自身的研究和其他学科交叉的研究、艺术的共性研究和中国艺术的特点研究都是我们提倡的，就是要拓宽门路，"百花齐放，百家争鸣"。本套丛书的研究成果主要集中在对"中国的艺术问题"的研究，以及由中国文化生发引申出来的艺术现象研究上。我们认为只有先把中国的艺术问题解释清楚了，才能更好地参与人类艺术的共性问题研究。

我们坚信，随着社会发展和时代的进步，中国艺术学理论的研究和艺术创作实践会越来越成熟。恩格斯说："一个民族想要站在科学的最高峰，就一刻也不能没有理论思维。"（《自然辩证法》）对于艺术理论也不例外。这不仅关系着艺术事业的发展，也关系着民族文化的提高，更是文化自信的坚实基础。

人民美术出版社

2019 年 10 月

导　言

　　龙门石窟是中国三大石窟群之一，位于洛阳市以南12公里的伊河两岸山崖间，南北长达1000多米。已经编号的窟龛总数达2345个，近年来还有新发现。在很多洞窟内也有数量众多的造像龛，大大小小的石雕像共有10万多尊。崖面上还有40余座圆雕或浮雕佛塔。此外，石窟中还有2800多块碑刻题记，都是当时出资建造石窟与造像的信徒们的发愿记，是一批十分珍贵的研究龙门石窟的第一手资料。

　　龙门石窟始凿于北魏孝文帝时期。471年，孝文帝拓跋宏即位后，为了缓和民族矛盾，巩固鲜卑人的统治，进行了一系列政治改革。孝文帝本人很仰慕汉文化，他的改革宗旨是力求使鲜卑人完全汉化。南朝是汉族人建立的政权，是孝文帝改革学习的榜样。为了更进一步向南朝学习，孝文帝在公元493年把首都从平城（今山西大同）迁到了洛阳。龙门就是北魏统治集团在洛阳附近选择的新的开窟造像地点。在所有龙门的窟龛遗迹中，北魏晚期的约占三分之一，主要表现着来自南朝的秀骨清像佛教艺术的影响。北魏末年，龙门造像开始变得丰满，则是接受了来自南朝的佛教艺术新风格。

公元534年，北魏分裂为东、西魏，继而代之以北齐、北周。此时的洛阳成为东西方两大集团的决斗场，龙门佛教艺术急剧衰落，但仍雕凿了一些小龛，并补凿了一所大窟。此时的造像风格有来自东、西方的影响。581年隋代建立后，龙门的雕刻仍没有起色，仅留下了三所纪年龛。龙门没有唐武德纪年龛像。唐太宗时期的造像主要集中在宾阳南洞，仍为保守且不统一的风格，是当时佛教不发达的表现。

在龙门石窟中，唐代的窟龛造像约有三分之二，主要完成于唐高宗和武则天时期，这也是中国石窟艺术史上的第二个高峰期。那时的洛阳，不仅是唐高宗喜爱的大唐帝国的东都，也是武则天当女皇时期（690—704）的神都，地位一度超过了西京长安。那时的龙门石窟反映着洛阳的佛教艺术样式，初唐石窟造像最高级别的水准，因为出资者多来自皇家和显贵阶层。

龙门石窟在8世纪的盛唐及其以后仍有雕凿，现存最晚的作品造于北宋。

纵观龙门石窟的发展史，其盛期在北魏晚期与初唐，正是全国各地石窟造像事业迅猛发展的两个时期。而那时龙门所在的洛阳，分别是北魏晚期的首都和初唐的东都，直接体现着当时的中央佛教艺术模式。因此，龙门石窟就在这两个时期的全国石窟造像中具有指导作用，可以帮助我们研究当年的洛阳佛教艺术是如何影响全国各地的。比较而言，它是中国佛教艺术史上最重要的石窟群。

Abstract

Longmen Grottoes is one of the three major grotto groups in China, located between the cliffs on both sides of the Yi River, 12 kilometers south of Luoyang City, with a length of more than 1,000 meters from north to south. The total number of caves and niches has reached 2,345 and and there have been new discoveries in recent years. There are also a large number of statue niches with more than 100,000 stone statues of all sizes in many caves. There are more than 40 round or relief Buddhist pagodas on the cliff. In addition, there are more than 2,800 stone inscription tablets in the grottoes, on which are the vows of the Buddhist believers who also funded the construction of the grottoes and statues of that time. It is a valuable group of first-hand materials for studying the Longmen Grottoes.

The Longmen Grottoes were first excavated during the reign of Emperor Xiaowen (r. 471-499) of the Northern Wei Dynasty. In 471, after Emperor Xiaowen ascended the throne, he carried out a series of political reforms in order to alleviate ethnic conflicts and consolidate the rule of the Xianbei people. However, Emperor Xiaowen himself admired Han culture and his reform purpose was to make Xianbei people completely sinicized. The Southern Dynasty (420-589) was a regime established by the Han people, and it was an example of Emperor Xiaowen's reform and study. In order to further learn from the South, Emperor Xiaowen moved the capital from Pingcheng (now Datong, Shanxi) to Luoyang in 493 AD. The Longmen Grottoes are the new opening cave sites selected by the ruling class of the Northern Wei Dynasty near Luoyang for Buddhist sculptures. Of all the remains of the caves and niches at Longmen, about one third are found from the late Northern Wei Dynasty, mainly showing the influence of the elongated style of Buddhist art from the Southern Dynasty. In the late period of the Northern Wei Dynasty, the Longmen statue images began to become plump, accepting a new style of Buddhist art from the Southern Dynasty.

In 534 AD., the Northern Wei Empire was divided into the Eastern Wei and the Western Wei, followed by the Northern Qi and the Northern Zhou. At that time, Luoyang became a duel ground for two major groups of the East and the West, which led to the dramatic decline of Longmen art, however, some small niches were still carved and another large cave was constructed. The style of statues of that time was influenced by those from the East and the West. After the establishment of the Sui Dynasty in 581AD., the carving of Longmen still remained unchanged, leaving three chronological niches. There was no chronological niche statue of Tang Wude reign (618–626) at Longmen. The statues in Emperor Taizong (r. 627–649) period of the Tang Dynasty were mainly seen in the Southern Binyang cave still in a conservative and inconsistent style, which was a manifestation of the underdevelopment of Buddhism of that time.

In the Longmen Grottoes, about two-thirds of the caves and statues were mainly completed during the period of Emperor Gaozong (r. 650–683) and Empress Wu Zetian (r. 690–704), which was also the second peak in the history of Chinese grotto art. At that time, Luoyang was not only the eastern capital of the Tang Dynasty favored by Emperor Gaozong, but also the Divine Capital during the reign of Empress Wu Zetian, once surpassing the Western Capital Chang'an. At that time, the Longmen Grottoes reflected the Buddhist art style of Luoyang and the statues in the grottoes of the early Tang Dynasty were of the highest level, because most of the patrons were mostly from the royal family and noble class.

The Longmen Grottoes were still carved in the prosperous Tang Dynasty in the eighth century and beyond, and the latest surviving works were made in the Northern Song Dynasty.

Throughout the history of the development of Longmen Grottoes, its heyday was in the late Northern Wei Dynasty and the early Tang Dynasty, which were the two periods of rapid development of grotto statues works in Chinese history. At that time, Luoyang, where Longmen was located, was the capital of the late Northern Wei Dynasty and the eastern capital of the early Tang Dynasty respectively, which directly showed the central Buddhist art models of those periods. Therefore, Longmen Grottoes play a guiding role in the national grotto arts during these two periods, helping us explore how Luoyang Buddhist art of that time influenced those in various parts of the country. Comparatively speaking, Longmen is the most important group of grottoes in the history of Chinese Buddhist art.

目录

绪　论

　　1934年，河南省洛阳市南郊的龙门石窟前，这里白天是车水马龙的交通要道，晚上却不是太平之地（图1）。在伊河对岸的偃师县有王姓石匠三人，常常借着微弱的星月之光，手里提着麻袋，拿着斧、凿等石匠用的工具，从南岸渡河，偷偷进入著名的宾阳中洞，去盗凿窟内前壁的浮雕群像。坚硬的石灰岩震得他们的虎口阵阵作痛，每晚只能凿下少许。为了不让外人看见，他们只点着煤油灯。

　　这三位石匠凿的是雕刻精美的《帝后礼佛图》，那是描绘北魏孝文帝（471—499年在位）和他的皇后礼佛场面的作品。原来，这三位石匠参与的是一起早有预谋的盗窃行动。

　　不久前，美国大都会艺术博物馆东方部策展人普爱伦（Alan Priest，1898—1969）来到龙门参观了石窟，对这里的古

图1　河南洛阳龙门口（伊阙，佛利尔与周裕泰拍摄于1910年）

代雕刻惊叹不已。他特别看中了宾阳中洞的《帝后礼佛图》，很想把它们搬到美国去，在他工作的博物馆里展出，但仅凭他一己之力是绝对办不到的。于是，他就来到北京，找琉璃厂的古玩商人岳彬（1896—1954）帮忙。岳彬欣然接了这笔生意，就和普爱伦签订了秘密合同，由普爱伦出14000块银圆从岳彬手里"买"下《皇帝礼佛图》。接着，岳彬就联系了洛阳的古玩奸商马龙图，由马出面，勾结偃师县的保长与土匪，持枪胁迫这三个石匠去秘密盗凿。普爱伦最终如愿以偿[1]。如今，这两幅无与伦比的《礼佛图》分别保存在美国纽约大都会艺术博物馆和堪

[1] 佚名：《雕刻工作者刘开渠等十人向人民日报来信揭发奸商岳彬盗卖龙门石窟的严重罪行》，《文物参考资料》1953年第12期。

萨斯城纳尔逊艺术博物馆（图2）①。

　　那么，记载北魏孝文帝和他的皇后的《礼佛图》为什么会刻在龙门石窟里呢？美国的普爱伦为什么偏偏选中了龙门的这幅雕刻？这件作品有什么重要性呢？这还要从龙门石窟的性质、开创以及历史地位谈起。

　　对于大部分中国人来讲，敦煌、云冈、龙门这三个名字是并不陌生的，因为在中学教科书里就讲过这三大石窟艺术宝库。但是，如果要问什么是"石窟"，石窟的性质是什么，可能还是一件比较困难的事情。石窟其实就是开凿在河畔山崖间的佛教寺院，与建造在地面的佛寺一样，都是提供给古代僧人们讲经说法和修行用的场所，也是佛教信徒们造功德的地方。中国的佛教信仰来自印度，而开凿石窟寺也发源于印度。佛教自东汉时期传入中国以后，在近2000年的历史长河中，创造了无数与佛教有关的艺术作品。在中国的大地上，有数不清的佛教寺院分布在一个个省、市、县、村，也有无数的石窟寺开凿在风景

①王世襄：《记美帝搜刮我国文物的七大中心》，《文物》1955年第7期，第45—55页。龙门石窟研究所编：《龙门流散雕像集》，上海人民美术出版社，1993。路伟：《流失美国的龙门石窟文物——近年的调查新发现》，《美成在久》2017年第6期，第6—29页。

图2　美国纽约大都会艺术博物馆藏龙门石窟宾阳中洞《孝文帝礼佛图》（北魏，6世纪初）

秀丽的山崖间，而龙门就是规模最大的三大石窟群之一。

在地面上修建的佛寺中，各大小殿堂的宗教功能不尽相同，有拜佛和举办仪式的大殿，有讲经说法的讲堂，有僧人们坐禅修行的禅堂，还有僧人们居住的僧房等。在崖中开凿的石窟寺一般也有类似的不同洞窟种类，包括佛殿窟、僧房窟、禅窟等，形制不尽相同。还有在崖间分布密集的造像龛，仅仅是为了做功德。佛教认为，雕刻或描绘佛像可以获得无量功德，免除恶道的苦难，甚至可以成佛道[1]。总之，造像可以为自己积攒在未来成佛的好因缘。中国的石窟寺是以建筑、雕塑、绘画三者相结合的综合艺术形式，但在具体实施时会考虑当地的地质特点。龙门的石灰岩山体很适合雕刻，且易于保存，就以雕刻为主了，窟内没有壁画。

古人为什么要选择在龙门开凿石窟？北魏孝文帝的模拟像为什么会被刻在了龙门石窟里？这一切都和历史上著名的孝文帝汉化改革有关。孝文帝和他的统治集团来自鲜卑族的拓跋部。西晋末年，北方的五个游牧民族相继入侵中原，其中就包括鲜卑族。拓跋部是鲜卑族的一支，原来居住在黑龙江上游额尔古纳河和大兴安岭北段之间。公元1世纪末，拓跋鲜卑开始由东北向西南迁移[2]。到了东晋十六国时期，在五个少数民族之间的长期割据混战中，拓跋氏的势力日益壮大，控制了黄河以北的大部分地区，建立了北魏王朝。公元439年，北魏消灭了割据在今甘肃河西走廊的北凉国，统一了北方。黄河流域自西晋末年开始的十六国大乱至此结束，形成了北魏与汉族南朝政权南北对峙的局面。

北魏从道武帝拓跋珪（371—409）的登国元年（386）起，就开始信仰佛教了。迁都平城（今山西大同）以后，拓跋珪下诏在京城内修建佛寺、佛塔，佛教又在那里兴旺了起来，并逐步成为中国北方的佛教中心。文成帝（452—465年在位）即位以后，更是在平城一带推崇佛法。公元460年，他拜当时著名的禅僧昙

① 与造像有关的各种功德见于于阗国僧人提云般若于唐代689至691年间译的《大乘造像功德经》，载［日］高楠顺次郎、渡邊海旭主编《大正新脩大藏经》第十六册，大正一切经刊行会，1924—1934，第790a—796b。

② 宿白：《东北、内蒙古地区的鲜卑遗迹——鲜卑遗迹辑录之一》，《文物》1977年第5期。

曜为沙门统（全国佛教界的领袖）。昙曜来自北凉国，深受那里
开凿石窟寺传统的熏陶。他刚一上任，就立即上奏皇帝，请求在
京城西的武州塞开凿五所石窟，作为包括文成帝在内的北魏前五
位皇帝的功德窟。据北齐魏收（507—572）撰写的《魏书·释老
志》记载，这五所石窟中都有一尊巨大的佛像，高的七十尺，低
的六十尺，雕刻装饰之奇妙与宏伟，是当时其他石窟无法相比
的。这就是中国三大石窟之一的山西大同云冈石窟中的第16—20
窟（图3）。在文成帝之后的献文帝（466—471年在位）和孝文帝
（471—499年在位）时期，云冈又出现了一系列大型成组的洞窟，
通常是双窟或三窟一组的形式，迎来了发展最繁荣的时期，形
成了武州山崖面极为壮观的石质佛国世界[①]。北魏著名的地理学
家郦道元（？—527）当年就曾目睹了这些宏伟的佛窟，在他的
《水经注·漯水》中记录道：武州山一带的窟室，是"因岩结构，

① 宿白：《云冈石窟分期试论》，《考
古学报》1978年第1期，第25—
38页。

图3　山西大同云冈石窟第20窟（北魏，5世纪下半叶，作者拍摄）

龙
门
石
窟
艺
术
史

真容巨壮，世法所希。山堂水殿，烟寺相望"，概括而形象地道出了云冈石窟昌盛的景象。

然而，与云冈石窟的蓬勃发展相伴随的却是北魏内部越来越严重的民族矛盾。鲜卑族本来是一个以掳掠为职业的民族。拓跋部统一北方后，大规模的军事行动越来越少了，但在各级政府中的贪污行为愈演愈烈。同时，作为大多数的汉族人并不心甘情愿地接受鲜卑族统治。于是，鲜卑人与广大汉族人民之间的矛盾就趋于激烈。471年，很有政治才能的孝文帝拓跋宏即位后，为了缓和民族矛盾，巩固鲜卑人的统治，孝文帝进行了一系列政治改革。孝文帝本人很仰慕汉文化，他的改革宗旨是实行与汉族的同化，要变鲜卑的旧俗为华夏的风尚，在实行一系列汉族政治、经济制度的同时，也力求使鲜卑人的生活完全汉化。他改革的主要措施有：改鲜卑姓为汉姓；鼓励鲜卑人和汉人结婚；皇族拓跋氏改姓元氏；禁止说胡语，改说汉话；禁止穿胡服，一律改穿汉装，等[1]。

南朝是汉族人建立的政权，一直延续着汉族传统的各种习俗与制度，是北方少数民族观念中的汉族正统文化所在地。孝文帝改革学习的榜样就是南朝。为了更进一步向南朝学习，加强对中原地区的统治，孝文帝在公元493年把首都迁到了洛阳，进一步巩固了他的汉化改革成果。离开了平城和云冈石窟，就需要在洛阳附近寻找新的开窟造像地点，于是，龙门石窟所在地就被孝文帝及其随从们选中了[2]。

洛阳是中国历史上的九朝古都。她北靠邙山，五河交汇，土地肥美，气候温和，保存着数不胜数的文物古迹。当年东汉明帝（57—75年在位）派遣使者迎回用白马从西域驮来的佛经的故事就发生在这里，这个历史事件标志着中国佛教的开始[3]。中国历史上第一座寺院白马寺就建在东汉首都洛阳城的西门外。

① （北齐）魏收：《魏书》卷七《帝纪》第七《高祖孝文帝》，中华书局，1974，第161、176页。马德真：《论北魏孝文帝》，《四川大学学报》1963年第1期，第67—80页。李克建、陈玉屏：《再论北魏孝文帝改革——兼谈改革对民族融合规律的启示》，《黑龙江民族丛刊》2007年第2期，第79—86页。

② 王洁：《北魏孝文帝与龙门石窟古阳洞的雕造》，《考古与文物》2003年第1期。

③ （梁）僧祐：《出三藏记集》卷六《四十二经序》，载［日］高楠顺次郎、渡邊海旭主編：《大正新脩大藏經》第五十五册，大正一切経刊行會，1924—1934，第42c页。

然而，洛阳地区对中外游客最具有吸引力的，还是中国的三大石窟之一——龙门石窟。

龙门石窟位于洛阳市以南12公里的伊河两岸山崖间，伊河两岸有东西两座山对峙着，西山叫龙门山，东山叫香山，伊水穿流其间，龙门石窟南北长达1000多米（图4）。这里山清水秀，景色宜人。北魏郦道元的《水经注·伊水》在描述这一带的地形时说，有东西两山相对峙着，远远望去就像门阙一样，伊水在两山之间向北流去，所以人们把这里称作"伊阙"。的确如此，伊河两岸的高耸山崖，恰如一座中国古代的门阙建筑（图1）。而这里也确实是古代的一处重要关口，有着很重要的军事地位。

相传在公元605年前后，杨广（隋炀帝，605—617年在位）来到洛阳，与大臣们商议在这里建一座东都城。一天，隋炀帝登上洛阳北边的北邙山，远远地望见伊阙山口，宛如洛阳盆地的天然门户，就惊喜地对左右随从说："这不是专为真龙天子造就的大门（龙门）吗？自古为什么不在这里建都呢？"大臣苏威（542—623）立即奉承说："自古并非不知，只是等待陛下您呢！"隋炀帝闻言大喜，就决定在洛阳建都①。几年后建成的隋代东都洛阳城，皇宫的正门对着城南的定鼎门（图5），而定鼎门正好向南对着伊阙山口。从此以后，伊阙就被改称为"龙门"了。

龙门石窟的开凿起始于北魏孝文帝迁都洛阳之时。以后历经东魏、西魏、北齐、隋、唐、五代、北宋的相继开凿，为伊阙山崖间留下了不可胜数的洞窟与造像龛②。龙门的窟龛造像主要分布在西山崖面（图6），东山的擂鼓台、看经寺、万佛沟三个区域中也保存了不少，已经编号的裸露在崖面上的窟龛总数达2345个，近年来还有新发现（图7、8）③。在很多洞窟内也有数量众多的造像龛，大大小小的石雕像共有10万多尊。崖面

① 事见（唐）李吉甫（758—814）成书于元和八年（813）的《元和郡县图志》卷五"河南府"条。

② 龙门石窟的总体情况，参见龙门文物保管所等编：《中国石窟·龙门石窟》第一、二卷，文物出版社，1991。

③ 龙门石窟研究所、中央美术学院美术史系编：《龙门石窟窟龛编号图册》，人民美术出版社，1994。

图4-1　河南洛阳龙门石窟及伊阙航拍（荣开远拍摄）

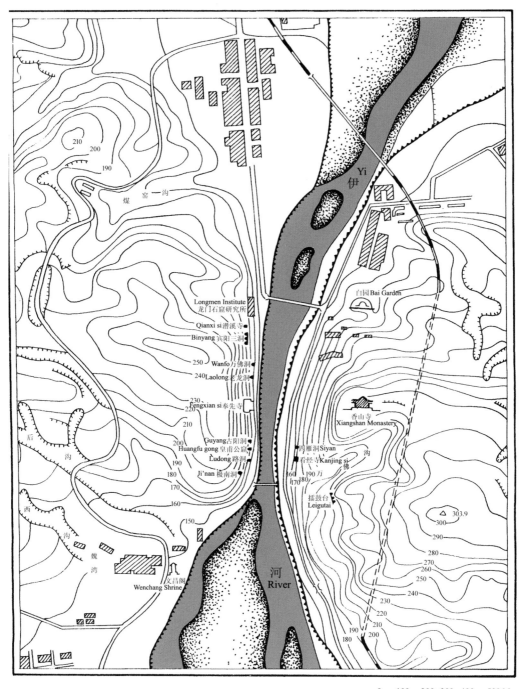

图4-2 龙门石窟附近地形图（作者自绘）

上还有40余座圆雕或浮雕佛塔，是研究当时地面所建佛塔构造的珍贵资料。此外，石窟中还有2800多块碑刻题记，都是当时出资建造石窟与造像的信徒们的发愿记，把他们雕造艺术作品的动机、时间等信息记录得明明白白，同样是研究龙门石窟的珍贵资料，在全中国石窟中无与伦比[1]。

龙门石窟的重要性还在于其独特的历史地位。龙门的窟龛

①刘景龙、李玉昆：《龙门石窟碑刻题记汇录》，中国大百科全书出版社，1998。

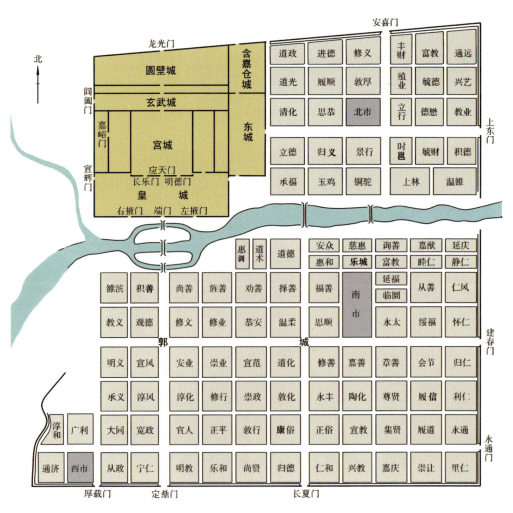

图5　隋唐洛阳城平面复原图（中国社会科学院考古研究所绘制）

遗迹，北魏晚期的约占三分之一，唐代的约有三分之二，中国石窟艺术史上的两个高峰期也正是在龙门石窟极度发达的这两个时期。在那时，龙门所在的洛阳分别是北魏晚期的首都和初唐的东都，又是武则天当女皇时期（690—704）的神都，地位一度超过了西京长安。由此看来，龙门石窟所反映的就是当时洛阳的佛教艺术样式，代表着北魏晚期和初唐石窟造像的最高水准，因为龙门石窟造像的出资者多来自皇家和显贵阶层，是那时中央佛教艺术模式的直接体现。在那两个历史时期，全国各地的石窟造像之所以能迅猛发展，正是洛阳直接影响的结果。龙门石窟在这两个时期的全国石窟造像中具有指导作用，可以帮助我们研究当年的洛阳佛教艺术是如何影响全国各地的[①]。比较而言，龙门石窟是中国佛教艺术史上地位最重要的石窟群。

　　由于地处交通要道，长期无人管理，龙门石窟也是破坏最

① 常青：《洛阳北魏晚期窟龛艺术模式及其流布》《唐代龙门模式试析》，载《长安与洛阳：五至九世纪两京佛教艺术研究》（上、下），文物出版社，2020，第95—142、554—601页。

图6　龙门石窟西山部分窟群远景（贺志军拍摄）

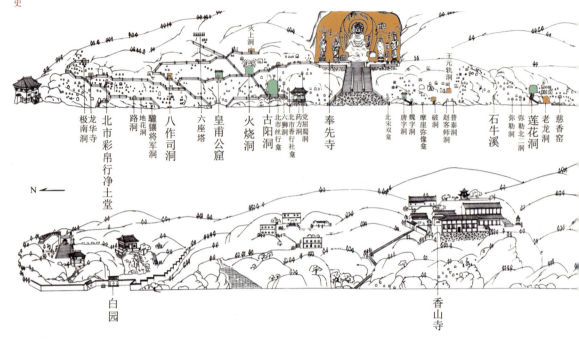

图7 龙门石窟西山（上）、东山（下）立面示意图（贺志军绘制）

图8 龙门石窟西山主要洞窟连续平面图（作者自绘）

1.潜溪寺洞	2.宾阳北洞	3.宾阳中洞	4.宾阳南洞	5.梁文雄洞	6.敬善寺洞
7.摩崖三佛龛	8.双窑	9.蔡大娘洞	10.清明寺洞	11.汴州洞	12.慈香窑
13.老龙洞	14.莲花洞	15.弥勒北二洞	16.弥勒北一洞	17.普泰洞	18.赵客师洞
19.破窑	20.魏字洞	21.唐字洞	22.奉先寺	23.奉南洞	24.药方洞
25.古阳洞	26.火烧洞	27.皇甫公窟	28.八作司洞	29.路洞	30.北市彩帛行净土堂
31.龙华寺洞	32.极南洞	33.五佛洞			

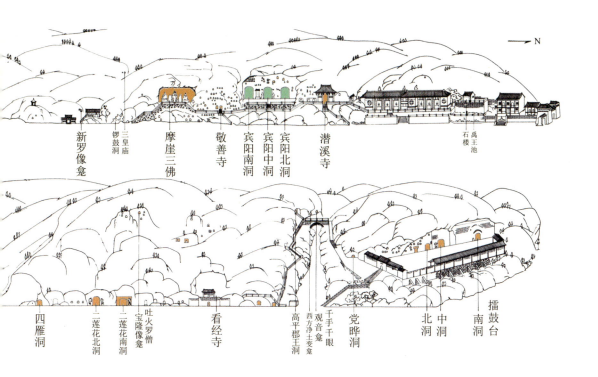

新罗像龛　锣鼓洞　三皇庙　摩崖三佛　敬善寺　宾阳南洞　宾阳中洞　宾阳北洞　潜溪寺　石楼　禹王池

四雁洞　一莲花北洞　一莲花南洞　宝隆像龛　吐火罗僧　看经寺　高平郡王洞　西方净土变龛　观音龛　千手千眼　党晔洞　北洞　中洞　南洞　擂鼓台

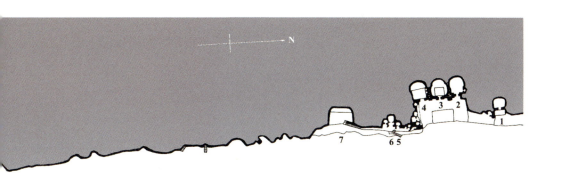

① 汤淑君:《龙门石窟——一笔珍贵的世界文化遗产》,《中州今古》2000年第5期。刘克仁、张爱芳:《龙门石窟列入世界遗产名录》,《金融时报》2000年12月6日第3版。

严重的石窟群之一，特别是在清末与民国时期，但它仍然是古人留给我们的艺术杰作。2000年，龙门石窟被列入联合国教科文组织世界文化遗产名录①。龙门石窟是中国的，也是全人类的！

第一章

孝文帝的功德——古阳洞

一、帝王的威仪

古阳洞，位于伊河西岸龙门山的中部偏南处，是龙门石窟群中最早开凿的一所洞窟。它原来是一所天然的溶洞，后来经过人为的修凿和不断完善，才成为今天这样的面貌。其平面呈长长的马蹄形，宽6.9米，深13.6米，高11.1米，顶部在高11.1米处收缩成圆顶（图1-1、

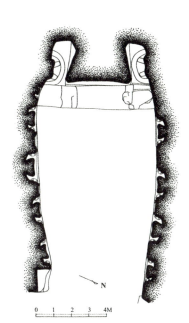

图1-1 龙门石窟古阳洞平面图（北魏晚期，作者自绘）

图1-2 龙门石窟古阳洞内景（北魏，6
世纪初，采自刘景龙《古阳洞》图版5）

图1-3 龙门石窟古阳洞北壁（北魏，6世纪初）

图1-2）。如果我们进入洞窟，观察正壁雕刻的三尊大像，就会感觉他们的位置明显太高了。从现存于南、北两侧壁上部的凿痕以及两侧壁上层龛的高度来看，最初统一规划设计古阳洞内容布局时，只考虑到了正壁的一佛二菩萨大像与南、北壁上层的八大龛。后来，在窟内空间不够用的情况下，又向下深掘了3.1米，雕凿出侧壁中层与下层大龛（图1-3）。因此，正壁的主像与上层的八大龛是古阳洞年代最早的一批造像[1]。

正壁三大像无疑是窟内最主要的作品，但没有纪年。在左胁侍立菩萨的旁边，有一个宣武帝正始二年（505）补刻的大龛，证明正壁三尊大像的完工时间不晚于这一年。另外，上层的八大龛也可以帮助我们推想正壁三大像的年代。大约在北魏迁都洛阳时的太和十七年（493），新城县（今河南省伊川县西南）的几位官吏动员了200多名佛教信徒，在古阳洞的南壁上层出资雕刻了一所佛龛，并留下了愿北魏"国祚永隆"的祈祷铭记，这也是龙门石窟群纪年明确的最早的一处雕刻作品。与此具有同等规模的南壁上层其他三大龛，以及北壁上层的四所大龛，都是在北魏迁

① 温玉成:《龙门古阳洞研究》,《中原文物》1985年特刊。苏玲怡:《龙门古阳洞研究》,硕士学位论文,台湾大学艺术史研究所，2004。关于古阳洞的全貌，参见刘景龙:《古阳洞：龙门石窟第1443窟》,科学出版社，2001。

都洛阳前后的几年时间里，由洛阳一带的地方官吏和拥护孝文帝迁都壮举的文臣武将、皇亲国戚出资陆续雕刻出来的。他们如同前来朝贺的群臣，环列在正壁三尊大像的两旁。

在北壁上层四龛中，有一龛是辅国大将军杨大眼出资雕造的，还刻了为孝文皇帝造像的铭文题记（图1-4）。杨大眼是北魏孝文帝、宣武帝时的名将，以骁勇善战而闻名。他曾多次率领北魏军队与南朝作战，屡建战功[1]。杨大眼在他的造像记中曾提到，他奉命率军攻打南齐国，回洛阳时，经过石窟，"览先皇之明踪，睹盛圣之丽迹"。意思就是他在石窟中看到了为孝文帝（或是孝文帝本人倡议）雕造的作品，应该是一尊大佛像。之后，他的心

① （北齐）魏收：《魏书》卷七十三《列传》第六十一《杨大眼传》，中华书局，1974，第1633—1636页。（唐）李延寿：《北史》卷三十七《列传》第二十五《杨大眼传》，中华书局，1974，第1362—1365页。

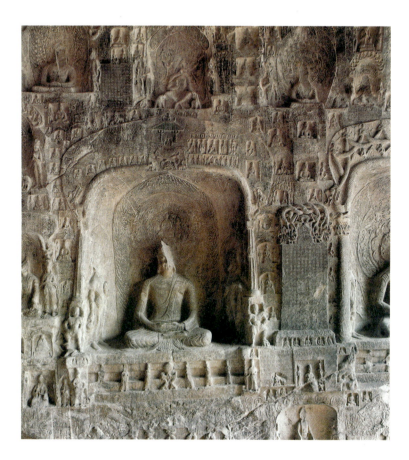

图1-4　龙门石窟古阳洞北壁上层杨大眼龛（北魏，6世纪初）

里十分激动，便在旁边为孝文帝刻了一所佛龛。结合杨大眼龛所在的位置，我们有理由认为他看到的为皇帝雕造的大佛像应该就是古阳洞内的主像，这很可能就是孝文帝的化身佛像。

所以，古阳洞正壁的坐佛与二胁侍菩萨立像，就是由孝文帝本人倡导雕造完成的，时间应该在他迁都洛阳后不久（图1-5）。这尊主佛像6.12米高，身下的方形台座高4.8米，占据了窟内最醒目的位置。佛的面相长圆而清秀，身上穿着褒衣博带式大衣，在胸前系着长长的带子，大衣的下摆分数层垂覆在方座前，表面刻着较密集的阶梯式衣纹。这尊佛的双手叠放在腹前施禅定印，表示他正在坐禅修行。他的胸部和腹部都是

图1-5　龙门石窟古阳洞正壁（西壁）主佛与二胁侍菩萨（北魏，6世纪初）

平平的，给人一种瘦弱的感觉。比起云冈第二期的佛像，其造型有着清秀、消瘦、飘逸的风度，很接近当时在南朝流行的士大夫的形貌。主尊坐佛的身后浮雕着大型火焰背光，直达窟顶，在背光的莲瓣纹、联珠纹与火焰纹之间浮雕着七身坐佛和一周飞天，使主佛具有了庄严神圣之感。七佛表现的是过去世的六佛和现在世的释迦牟尼，因为在释迦成佛之前也是有佛存在的，而释迦正是对过去佛的事业的继承。其实，古阳洞的这尊主佛像表现的也是释迦牟尼。

主佛的两侧各雕一身立姿的菩萨像，通高4米左右（图1-6）。菩萨的头部都戴着花蔓宝冠，面相长圆秀丽，身着长裙，表面

图1-6 龙门石窟古阳洞正壁（西壁）左胁侍菩萨（北魏，6世纪初）

刻着稠密重叠的衣褶。两尊菩萨像有各种装饰物，如项圈、臂钏、手镯等，还有长长的帔帛和璎珞，都从双肩处垂下，并在腹前交叉、穿一环，再绕双臂分垂于身体两侧。他们都是胸部平坦，腹部前挺，给人以消瘦体弱的感觉。这种菩萨像也和云冈第二期的菩萨明显不同，有着强烈的来自南朝的影响。

古阳洞正壁三大像所表现的正是当时南朝流行的"秀骨清像"造型，还有南朝创始的佛像的"褒衣博带"服装。由于这种服装很像汉族贵族们传统的褒衣博带服装，所以人们就习惯地把这种佛装称作"褒衣博带"式。褒，指衣服的大襟。褒衣博带，是说这种衣服有宽大的衣襟、广博的衣带，这是在汉魏两晋南朝上层社会中流行的服饰。但如果对比一下汉代画像石上的人物，以及东晋、南朝墓中出土的贵族男子形象，会发现他们并没有古阳洞主佛最外层的大衣。看来，这种佛装与汉族贵族的世俗服装还是有所不同的。在云冈石窟及其以西的广大地区，我们没有找到他们的原型。很显然，这不是从西方传来的。令人惊喜的是，在中国的南方发现了他们的蓝本。

南北朝时期的南朝，指的是宋、齐、梁、陈这四个相继在南方建立的政权。在原属于齐朝境内的四川茂县，曾出土过一件刻着齐永明元年（483）题记的造像碑，碑上刻着一尊弥勒佛和一尊无量寿佛像，都穿着褒衣博带式大衣（图1-7）。这是迄今发现的年代最早的穿褒衣博带装佛像。四川成都万佛寺出土过一批梁朝的佛教雕刻，上面的佛像也都是这种风格[1]。江苏南京栖霞山千佛岩（又称建康摄山遗迹）遍布着大小龛像，多开凿于南朝的齐、梁之际，其中就不乏身穿褒衣博带式大衣的佛像，以及有着同样璎珞与帔帛披挂方式的菩萨像[2]。特别是在南京西善桥的一座南朝墓葬中，出土有"竹林七贤"和荣启期的画像砖，其中荣启期所穿的服装，与古阳洞主佛的褒衣博带装

①四川博物院等编：《四川出土南朝佛教造像》，中华书局，2013。

②费泳：《南朝佛教造像研究》，硕士学位论文，南京艺术学院，2001。符永利：《南朝佛教造像的考古学研究》，博士学位论文，南京大学，2012。

图1-7　四川茂汶县（今茂县）出土的西凉曹比丘释玄嵩造像碑（四川博物院藏，齐永明元年，483年）

完全相同^①（图1-8）。

①步连生：《龙门北魏窟造像艺术探源》，《中原文物》1985年特刊。

　　"竹林七贤"是三国曹魏时期清谈家的七位代表人物。他们表面上作出不关心政治的姿态，提倡中国道家老子和庄子"虚无"的学问，过着无拘无束的放浪形骸的生活。荣启期是春秋时代人，是当时有名的隐遁高士，过着与世无争的清淡生活，相传孔子在泰山曾见过他。将竹林七贤和荣启期的形象合起来刻在墓葬之中作为陪葬，足以证明当时上流社会的士大夫们对

图1-8　1960年南京西善桥南朝墓出土的"竹林七贤"画像砖局部拓本（左一为荣启期，南京博物院藏）

① 李泽厚:《美的历程》,中国社会科学出版社,1986。

② 顾恺之在江宁(今南京市)瓦棺寺画的维摩诘像,据唐张彦远(815—907)《历代名画记》卷二说有"清羸示病之容,隐几忘言之状",俨然一副悠然超世的神态。在其传世摹本《女史箴图》与《洛神赋图》等画作中,仍可看到"秀骨清像"的人物画风与"褒衣博带"的衣冠服饰。

③ 早在20世纪60年代,美国学者亚力山大·索珀(Alexander Soper)就注意到了南朝艺术对北方的影响。参见 Alexander Soper," South Chinese Influences on the Buddhist Art of the Six Dynasties Period," *Bulletin of the Museum of Eastern Antiquities* 32 (1960): 47–112。

这些隐遁高士的精神风貌与生活方式是相当仰慕的。

当时的南朝,曹魏和西晋以来的门阀制度盛行,非常讲究人的出身和门第。那些具有高贵出身的"士族"和文人雅士们在政治上享有优先的地位。于是,天生拥有优越生活条件的士大夫们,都在追求着某种内在的、本质的、超脱的姿容与风貌①。生活中,他们饮酒享乐、放浪形骸,精神上潇洒不群、超然自得。这种无为而无不为的魏晋风度已成为当时社会上流行的风尚。历史上的隐逸高士,就成了他们学习效法的典范。这种思想对人体形象的美感要求,已不再是具有力度的雄壮美,而是纤弱病态的体形、清秀俏丽的面相,即所谓的秀骨清像。这种人物的形貌也是当时美术家们尊奉的审美典范。东晋著名画家顾恺之(345—406)的画中人物就有这种风格②。

外来的佛教信仰要想立足扎根,就必须不断适应中国人的思想和审美要求。中国的佛教徒为了广泛地传播佛教,也一直是这样做的。南朝的佛教徒要面对的是士大夫们的生活方式和精神风貌。为了继续推广佛教,南朝的僧侣主动与美术家们的创作思想相结合,将佛的身体和面相做成一种瘦弱而清秀俊美的雅态,再给他们穿上隐逸高士的服装,于是,有着文人雅士们潇洒飘逸风貌的佛像就出现了,并且被各界人士承认与接受。其实,在当时一般人的眼里,也许佛与隐逸者也相差不了多少,都是人们仰慕的对象。对待菩萨像,南朝的艺术家还没有大胆改革菩萨像的袒裸上身,只是尽量地让他们多一些装饰,遮盖一些裸露的身体,因为身体裸露毕竟不符合中国人的传统审美习俗。

随着孝文帝在北方实施的汉化改革,南朝的新型汉式佛与菩萨像就传到了北方③。但要全面接受南朝的佛像造型,还需要一个过程。太和十三年(489)是孝文帝汉化改革开始的时间,在这一年和以后开凿的云冈第二期窟龛中，大部分佛像都穿上了褒衣博带式大衣，如云冈第11窟的西壁、13窟的南壁都雕刻着身穿这种服装的七身立佛像（图1-9）。他们虽然风度飘逸、神情洒脱，但面相仍然是浑圆丰满，体形依旧是健壮敦厚。而古阳洞的主佛像就完全是南朝的风格与样式了，也就是褒衣博带装与秀骨清像的完美结合。正是因为孝文帝迁都洛阳，在进一步接受南朝影响的情况下，才会有古阳洞正壁三身主像这样的纯正南朝风格在北方的再现。

　　但是，古阳洞主佛的造立，在思想上仍然是对云冈石窟最初设计的继承。我们在绪论中已经谈到过，昙曜在云冈开凿的第一批五个大窟，是为包括文成帝在内的北魏前五位皇帝造功德的洞窟。五窟内都有一尊大佛像，表现的正是五位皇帝的化

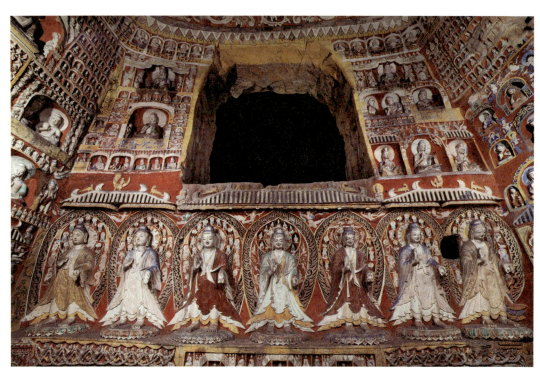

图1-9　山西大同云冈石窟第13窟南壁窟门上方七立佛屋形龛（北魏，5世纪下半叶）

① （北齐）魏收：《魏书》卷一一四《释老志》，中华书局，1974，第3030—3031页。

身佛像。这种思想还要从北魏统治者刚刚信仰佛教的时候说起。拓跋珪接受了佛教思想以后，就拜赵郡（今河北赵县西南）高僧法果为道人统（全国佛教界的领袖，后改称沙门统）。他们两人的关系很密切，经常在一起谈论佛教道理，拓跋珪还常派人给法果送去丰厚的物品。法果对拓跋珪这种弘扬佛教的精神非常敬佩，时常对弟子们说："圣上既聪明又爱好佛法，就是我们当今世上的如来佛啊！我们出家人应该对他行礼致敬，还要常去拜见他。"法果还曾对人说："只有国家的君主才能弘扬佛法！我进皇宫并不是拜见天子，而是在礼拜佛！"①他这样做，别的信徒也跟着效法，成了一时的社会风尚。皇帝敏锐地感到这样做对他统治地位的增强有好处，自然十分高兴。409年，明元帝拓跋嗣即位后，仍然对法果倍加崇敬，封给他很多爵位。这是佛教传入中国以来从没有过的事。

佛教本来是一种出世的信仰与哲学，僧侣们的修行都是远离社会的。因此，在中国佛教界很早就统一了僧人不向君主行礼致敬的思想。但是，十六国时期战乱频仍、残酷杀戮，使出家人的命运变得不可捉摸了。因此，他们希望出现信仰佛教的英明皇帝，给他们创造一个安定的修习环境，以保障佛教事业的顺利发展。作为国家主宰者的皇帝，也希望能把人们的思想统一到佛教的轨道上，保持国家的相对安定，以便在称霸的战争中立于不败之地。统一了北方之后，北魏的皇帝更加明白这个道理。于是，中国佛教从此就与封建社会的君主政治紧密地结合在了一起。

452年，文成帝拓跋濬即位后，"帝王就是当今如来"的思想更加形象化了。在他即位的当年，就下令按照他的形象造了一尊石佛像，在面部和脚上还分别镶了一小块黑石，以象征他身上的黑痣②。很明显，这尊佛像就象征着皇帝本人，使皇帝和佛合而

② （北齐）魏收：《魏书》卷一一四《释老志》，中华书局，1974，第3036页。原文为："是年，（文成帝）诏有司为石像，令如帝身。既成，颜上足下，各有黑石，冥同帝体上下黑子。"

为一了。佛像就成了皇帝的象征，皇帝也就成了佛在人世间的化身。更有甚者，据《魏书·释老志》记载，他又在454年下令，在京城的五级大寺内为拓跋珪、拓跋嗣、拓跋焘、拓跋晃这四位已故的帝王，连同自己在内，各造了一尊释迦佛立像，每身高一丈六尺，用去赤金二十五万斤。[1] 这样，信徒们就可以经常去礼拜这些皇帝的化身佛像，拜佛就是拜皇帝，使宗教思想和政治统治得到了更加完美的结合。因此，昙曜在云冈开凿的五所大窟，只不过是文成帝在京城五级大寺作法的更大规模的翻版。

　　将皇帝与佛合而为一的思想，也随着孝文帝的迁都洛阳，来到了龙门石窟。虽然历史上没有明确记载，但将古阳洞的主佛定性为孝文帝的化身佛像，似乎没有大的疑问。佛虽来自印度，但这位喜爱汉文化的鲜卑族皇帝，却让自己的化身佛像表现着南朝士大夫们崇尚的风神，因为他希望自己和他的子孙能以汉族的审美观来表现他们帝王的威仪，从而扎根在华夏大地。而拱卫在古阳洞主像两侧的造像龛，就如同皇帝身边的群臣们。

二、众臣的释迦崇拜

　　前文已经说过，最先设计规划古阳洞内容布局时，只考虑到了正壁的一佛二菩萨大像，与南北壁上层的八大龛。这八个大龛都是圆拱尖楣龛，就是圆拱形的龛口，龛楣是尖拱火焰形。每龛内的主像都是正在禅定的释迦佛像，只是在一些装饰与次要造像的配置上有所不同。与主尊大佛的服装形成鲜明对比的是，上层八大龛的主佛，除北壁东起第四龛主佛穿着与洞窟主佛类似的褒衣博带式大衣，其他都是身穿袒裸右肩式大衣、双

[1]（北齐）魏收：《魏书》卷一一四《释老志》，中华书局，1974，第3036页。

手施禅定印的结跏趺坐佛像，很有些云冈第一期昙曜五窟中佛
像的味道，但在身躯的强健方面则不如后者。古阳洞诸龛造像
在民国时期受到严重盗凿，从毁坏前拍摄的老照片来看，这八
龛的主佛像都有长圆清秀的面相特征，很像南朝流行的秀骨清
像式面相（图1-10）。因此，虽然有七龛的主佛仍然穿着旧式
的传自印度的大衣，但在面相上却是新近传自南方的风格。北
壁东起第三龛就是杨大眼龛，龛内的主尊佛像还存有半个头部，
仍可以看出长圆清秀的面部特征（图1-10）。八大龛主佛的两侧
均各有一身立菩萨像，都有修长的体形，长长的帔帛在腹前交
叉，是南朝的菩萨像样式与风格。上层八大龛的一些龛侧有浮
雕的汉式石碑，碑上刻着铭文题记，就是所在龛功德主的发愿
文。这是继承着云冈石窟在窟外立碑纪事的传统。下面，我们

图1-10　龙门石窟古阳洞北壁上层东起第二龛（魏灵藏与薛法绍龛）、第三龛（杨大眼龛，北魏，6世纪初，佛利尔与周
裕泰拍摄于1910年）

图1-11　龙门石窟古阳洞北壁
上层东起第一龛（比丘慧成龛，
北魏太和二十二年，498年）

来看看这八所龛的细部特征，很耐人寻味。

北壁上层东起第一龛是比丘慧成所造（图1-11）。它高2.42米，宽1.82米，深0.4米。在主佛身后的龛内壁有复杂的浮雕与装饰，主要表现佛的头光与背光。佛的头后有头光，身后有背光——这是佛非凡觉悟性与神性的象征，以区别于凡夫俗子。在这所龛内，佛头后的头光呈桃形，由三匝中亚传来的联珠纹分割着图案与浮雕图像：最内是一圈莲瓣，象征着佛教的纯洁性；中部和外部都刻着众多的天人，他们姿态各异，有的胡跪双手合十，有的向佛供奉物品，有的当空起舞，就是我们熟悉的飞天形象。在头光的外围刻着火焰形背光，而背光的外围还有一圈飞翔的天人，他们中的很多在演奏着天国的美妙音乐，所用的乐器有排箫、笛等，都是当时流行的乐器。

在龛外，两侧的下部各刻着一身四臂力士，他们都用二臂奋力向上托扛着龛楣。龛楣浮雕带呈尖拱形分布，其上雕刻有天人。这些天人只表现出上半身，且都用双手在胸前持着长串的璎珞，并且相互交叉，形成了优美的波浪形。

璎珞是古印度流行的一种装饰品。根据后秦鸠摩罗什（343—413）译《妙法莲华经》记载，璎珞是用金、银、琉璃、砗磲、玛瑙、真珠（即珍珠）、玫瑰七宝等珍贵物品合成的[①]。可见璎珞就是由世间众宝所构成的。另外，璎珞还有美玉的意思，也可以用玉编成，悬挂于身上。按照古代印度的习俗，贵族男女都喜欢用璎珞来装饰自己。在佛教中，璎珞也是宝物，常常被奉献给佛，是对佛崇敬的一种重要形式。

龛内的主佛身下是束腰叠涩坛床，在坛床的侧面刻着精美的联珠式和波浪式的装饰纹样，显得富丽。在束腰的前部，中央刻着博山炉，是汉代起就流行的家用熏香炉，在此被用来盛香供佛，是佛教艺术中国化的一种表现。博山炉的两侧各刻了两身胡跪姿势的男供养人，都是双手合十，身体侧向中央的香炉，表现着虔敬的态度。四身供养人的外侧，也就是两身四臂力士的下部，各刻着一只正面相的狮子。狮子是兽中之王，当它在森林里发出吼声，万兽都要听命。在佛经里，常常把佛比喻作狮子，因为佛就像是人中之王，他的大法会使众生觉悟。因此，佛经也常常把佛在说法比喻成"狮子吼"[②]。但在佛教艺术中，狮子也常有护法的功能。

龛外左侧有一通浮雕碑，是中国传统的螭首碑的形式，在碑身上刻着造像记。从内容可知，这所龛是比丘慧成为他的亡父造的功德，而他的父亲就是曾任北魏使持节、光禄大夫、洛州刺史的始平公，时间是太和二十二年（498）九月十四日。这里的始平公究竟指的是何人，还有待考证，但他应该是北魏皇室宗亲，跟随孝文帝从平城来到洛阳[③]。这个造像记中还有"为国造石窟""答皇恩"之句，应该是对孝文帝的感恩之辞。造

① 《妙法莲华经》卷三，载［日］高楠顺次郎、渡邊海旭主编《大正新脩大藏經》第九册，大正一切经刊行會，1924—1934，第21b页。

② （后秦）鸠摩罗什译：《大智度论》卷二十五，载［日］高楠顺次郎、渡邊海旭主编《大正新脩大藏經》第二十五册，大正一切经刊行會，1924—1934，第244b页。

③ ［日］青木实：《竜門古陽洞比丘慧成造像記にみえる始平公について》，《美術史研究》第20期，1983年3月，第95—112页。张乃翥：《龙门石窟始平公像龛造像年代管窥》，《中原文物》1983年第3期。

像记中没有明确提到造像题材，特别是主佛的题材，只是说"造石像一区"。但龛内主佛的题材可以从他旁边的东起第二龛获知。

北壁上层东起第二龛是魏灵藏与薛法绍造的释迦像龛（图1-10）。这所龛高2.48米，宽1.88米，深0.46米。主佛头后的头光呈圆形，内匝也是刻一周莲瓣，中匝刻一周小坐佛像，都有舟形背光，外匝是一周飞天，在外匝的上方还有七身小坐佛像，呈弯月状排列着，两下侧还各有一身供养菩萨。这种头光的设计展示着多佛的世界，以及七佛的继承关系。主佛的背光也是重叠繁密的浮雕火焰纹。

在主佛外部的两上角，分别以浅浮雕的技法刻着维摩诘和文殊菩萨对坐说法的场面。刻在主佛右上角的是维摩诘，他闲适地坐在一个床榻上，左手拿着麈尾，一双长筒靴放在床前，床的一侧还站着一位侍女（图1-12）。主佛的左上角有文殊菩萨坐像，他的头上有伞盖。维摩诘和文殊的上方有众多的弟子，都只露出头和胸部，再上面还各有一身飞天。这是根据后秦高僧鸠摩罗什（344—413）翻译的《维摩诘所说经》雕刻成的。

维摩诘居士是古印度毗舍离地方的一个富豪，虽然财富万贯，妻妾、奴婢成群，却并不在意这些身外之物。他精通大乘佛教教义，修为高远，当时的出家僧人大部分都不如他。有一天，释迦听说维摩诘病了，就想派一位弟子前去探病。但佛和众弟子都知道维摩诘只是诈病，目的是为了和佛的弟子辩论佛法。所以，众弟子都不敢去，因为担心自己辩不过维摩诘。最后，释迦只好派了被誉为"智慧第一"的文殊菩萨，率僧众前去慰问。文殊见到维摩诘后，二人反复辩论佛法，义理深奥，又妙语连珠，使在场的菩萨、罗汉、居士、婆罗门等都听呆了。一场论战后，人们对维摩诘居士更加崇敬了①。

① （后秦）鸠摩罗什译：《维摩诘所说经》，载［日］高楠顺次郎、渡邊海旭主编《大正新脩大藏經》第十四册，大正一切經刊行會，1924—1934，第537a—557b页。

图1-12 龙门石窟古阳洞北壁上层东起第二龛（魏灵藏与薛法绍龛）龛内右侧上部维摩诘与众比丘（北魏，6世纪初）

自从鸠摩罗什将《维摩诘所说经》翻译出来以后，维摩诘居士和他的故事就广受中国俗家弟子们喜爱，维摩诘和文殊菩萨对坐说法的图像也开始流行了。相传东晋的著名画家顾恺之在建康（今江苏南京）的瓦棺寺就曾画有维摩诘居士的壁画[1]。现存最早的维摩诘图像出现在甘肃永靖炳灵寺第169窟内西秦时期绘制的壁画中[2]，在云冈石窟第二期开凿的第6窟中也有表现[3]。这里的维摩诘已完全看不出是一个印度人了，他的穿着打扮就像是一位汉族的士大夫。他并无"清羸示病"之容，而是一位神采奕奕、机警善辩的长者形象。

维摩诘的左手拿着麈尾是魏晋清谈家经常用来拂秽清暑、显示身份的一种道具。它有点像羽扇，但不是扇子，在细长的木条两边及上端插设兽毛。古人闲谈时，拿着它来驱虫、掸尘。据说，麈是一种大鹿。麈与群鹿同行，麈尾摇动，可以指挥鹿

① （唐）张彦远撰《历代名画记全译》修订版，承载译注，贵州人民出版社，2009。

② 常青：《炳灵寺169窟塑像与壁画题材考释》，载中国社会科学院考古研究所《汉唐与边疆考古研究》编委会编《汉唐与边疆考古研究》第一辑，科学出版社，1994，第111—130页。

③ 云冈石窟文物保管所等编：《中国石窟·云冈石窟》第一卷，文物出版社，1991，图版111。

群的行向。"麈尾"的表意就在于此，似有引领众论的意思。在魏晋南北朝时，清谈之人在讨论问题时必执麈尾；不谈时，也常常拿在手上，以显示他们清谈名士的身份①。在北魏时期，清谈名士仍被人们所仰慕。那么，在佛教界受人仰慕的来自印度的维摩诘居士，就被中国人打扮成了汉族的清谈名士的模样，手里也拿着麈尾了。

这所龛的结构与装饰与上述比丘慧成龛有同有异。圆拱尖楣龛龛楣表面也有天人供奉璎珞，但在璎珞下面还刻着九身小坐佛和其间的供养菩萨，与龛内的众佛一道，构成了多佛世界。龛梁是由龙身组成的，有二龙头相对居于中部，另外的二龙头在龛梁两下角作回首状，龙身表面还有鳞，是中国传统的龙的形象。龛两侧的立柱刻有华丽的波状花草图案，上部刻有覆莲，中部有束莲，都表示佛教的圣洁。两柱的下面各有一蹲狮。佛的坛床也是束腰叠涩状，但前部刻的是博山炉和六身立姿的汉装男供养人像。

在龛外的左侧也有浮雕的螭首碑，内容是魏灵藏、薛法绍二人造释迦像的发愿记。由此可知，龛内身穿右袒式大衣的施禅定印的结跏趺坐佛像，表现的是释迦牟尼，而位于古阳洞上层八大龛内的同类佛像也应该是这样的题材。根据题记可知，魏灵藏来自今河北南部的钜鹿，薛法绍来自山西南部的河东。钜鹿就是巨鹿县，位于今河北省邢台市中部。河东郡在今山西省永济市东南。题记上还说，魏灵藏的职位是陆浑县功曹。陆浑县是汉代弘农郡（今河南省西部）管辖下的一个县，两晋至北魏时期就没有这个县名了。魏灵藏很可能用的是两汉时期的旧名。他的职位虽然不高，但也是政府官员。

北壁上层东起第三龛就是前面已谈到的杨大眼造像龛，可能造于景明元年（500）二月，正值杨大眼奉命讨伐南齐豫州刺

① （唐）慧琳：《一切经音义》卷八十九曰："郭注《山海经》云：麈，似鹿而大者也，声类云。麈尾可为扇也。《晋书》云王夷甫尝执玉柄麈尾，与手不别也。《说文》云：麈，鹿属也，大而一角，从鹿主声。"［日］高楠顺次郎、渡邊海旭主编：《大正新脩大藏經》第五十四册，大正一切经刊行會，1924—1934，第876a页。

图 1-13 龙门石窟古阳洞北壁
上层东起第三龛（杨大眼龛）
主佛与背光浮雕（北魏，6 世
纪初）

史裴叔业、率军返回洛阳之时。该龛铭文中记载的杨大眼官职
是辅国将军、直阁将军、梁州大中正、安戎县开国子。这所龛
高 2.45 米，宽 1.75 米，深 0.43 米。与前述二龛不同的是，杨大
眼龛主佛头光的中央是浮雕的坐佛与二胁侍立菩萨像，而坐佛
身穿的是汉式的褒衣博带式大衣，与龛内主佛的印度式佛装不
同。在头光的中匝与外匝分别是浮雕的一周小坐佛像和一周飞
天。因此，头光的中央表现的应该是佛的说法图（图 1-13）。在
火焰形背光的外侧上角处还有浮雕的十大弟子和飞天像，也归
属于头光中央的说法图，因为佛在说法时，常常有十大弟子前
来听法[①]。这里的十大弟子分别刻在两侧，每侧五身，都是半
身，分二至三层重叠排列着，大都面向主佛，个别的作回首询
问之姿，组合搭配得十分自然生动。在尖拱龛楣中部刻的是由
须弥山承托着的一座亭阁，须弥山的束腰处有龙缠绕；亭阁的

① 金建荣：《南北朝佛教造像背光
关系研究——以龙门石窟古阳洞
杨大眼造像龛为例》，《南京艺术
学院学报》（美术与设计）2016 年
第 4 期。

屋脊上立着一只金翅鸟，阁内有一坐佛正在说法。亭阁的旁边是稍晚补刻的小龛像。

这所龛的龛梁也是由四条龙身组成的。龛柱呈八棱状，中间也有束莲。柱下各有一身四臂力士托扛着，与比丘慧成龛相同。主佛身下的坛床又和魏灵藏龛接近，也是在前部刻博山炉和四位立姿供养人像。但他们的外侧没有狮子，而是代之以手持金刚杵的护法力士。

北壁上层东起第四龛也是一所释迦像龛，高2.48米，宽1.72米，深0.61米。这所龛与南北壁上层的其他七龛不同的是，龛内主佛身穿褒衣博带式大衣，在身下两侧各有一蹲狮（图1-14）。主佛身后是浮雕莲瓣、坐佛、供养菩萨、联珠纹、火焰纹等组成的头光和背光，背光两侧上部是摩尼宝珠和飞天浮雕。在尖拱形龛楣中央刻有二佛共坐于一小龛内，表现的是

图1-14 龙门石窟古阳洞北壁上层东起第四龛（北魏，6世纪初，佛利尔与周裕泰拍摄于1910年）

过去世的多宝佛和现在世的释迦牟尼共坐于塔中说法的情景，题材来自鸠摩罗什翻译的《妙法莲华经》。二佛龛外是立菩萨，两外侧分别刻的是维摩诘和文殊菩萨对坐说法，西侧的维摩诘像还保存着，而东侧的文殊菩萨已被盗凿了。这所龛没有纪年，但主佛的姿态与风格都和古阳洞正壁的主佛很相似，应该是在同一时期雕刻成的。

南壁上层四龛和北壁上层四龛大小相仿，在造像布局和装饰方面有很多相似之处，如头光与背光装饰、龛两侧的束莲柱、有的主佛身下有束腰叠涩坛床等（图1-15），下面说说表现的不同之处。

南壁上层东起第一龛的尖拱龛楣表面刻着13身小坐佛像，他们的上方有供养天人和飞天等（图1-16）。这仍然是在表现众佛世界的场面。

南壁上层东起第二龛高2.58米，宽1.76米，深0.48米（图1-17）。尖拱形龛楣表面刻着五身坐佛像，各佛像之间各有一身立菩萨，共六身，起着胁侍作用。龛内主佛的身下是简化

图1-15　龙门石窟古阳洞南壁（北魏，6世纪初）

图1-16　龙门石窟古阳洞南壁上层东起第一龛（北魏，6世纪初）

图1-17　龙门石窟古阳洞南壁上层东起第二龛（比丘法生龛，北魏景明四年，503年）

了的束腰坛床，坛的中部刻着发愿文，两侧是汉装男女供养人行列，还有持仪仗的侍从，以表示他们高贵的身份。根据题记可知，这所龛是比丘法生为孝文帝和北海王母子造的，时间是景明四年（503）十二月一日。由此可知，龛下刻的供养人行列表现的正是僧人和北海王一家人的礼佛场面，在题记中署名的功德主还有元宝意、元善意、北海王元伏荣等，都是皇亲国戚，因为他们的元姓改自皇族拓跋姓。题记中还说，"孝文皇帝专心于三宝，又遇北海母子崇信于二京"，二京指的是平城和洛阳，可知他们原来在平城居住时就已经信仰佛教了。

南壁上层东起第三龛是孙秋生出资造的，高2.54米，宽1.5米，深0.65米（图1-18）。该龛的尖拱龛楣表面雕刻和南壁上层东起第一龛相似，但只刻了11身小坐佛像，佛像的上方也有

图1-18 龙门石窟古阳洞南壁上层东起第三龛（孙秋生龛，北魏太和十七年，493年）

①温玉成:《龙门石窟的创建年代》,《文博》1985年第2期。

供养天人和飞天等。龛外右侧有浮雕螭首碑,碑首刻着"邑子像",两侧刻着两位主要功德主的姓名和职位,他们是中散大夫、荥阳太守孙道务,宁远将军、中散大夫、颍川太守、安城令卫白犊。碑身刻着发愿记和众多的供养人姓名。根据题记可知,这所龛是新城县功曹孙秋生、刘起祖等二百人造的石像。虽然没有明确地提到主佛题材,但也应该是表现释迦的。题记上说的雕刻时间是太和七年,但学者们多认为这应该是太和十七年(493)之误,也就是孝文帝开始迁都洛阳的那一年①。发愿记还特别提到了"愿国祚永隆,三宝弥显",就是祝愿国家福禄永久兴隆,佛教更加显赫,将崇佛心情同皇家的命运密切地联系在了一起。新城县(今河南省伊川县西南),该龛的功德主孙秋生和刘起祖等来自那里。

南壁上层东起第四龛高2.58米,宽1.63米,深0.5米(图1-19)。尖拱龛楣表面和东起第一龛一样,也刻着13身坐佛,但更清楚地表现着众佛上方的供养天人,还有中部蹲姿的力士托扛着香炉。这所龛也有龙身龛梁,圆形的龛柱表面刻着精美的装饰图案,还有浮雕的束莲。柱下是托扛的力士,再下是蹲狮。束腰叠涩坛床正面也有博山炉和供养人,都已经被盗凿了。这所龛的主题也应该是禅定的释迦。

从上文的描述我们可以看到,古阳洞最先设计的两侧壁上层八大龛的题材都是释迦禅定像,出资雕造的功德主是一批支持孝文帝锐意改革、跟随孝文帝迁都洛阳的达官贵人或皇亲国戚,以及洛阳周围地区的地方官员,雕刻时间都在孝文帝迁都洛阳之后不久。清一色的释迦像,反映了当时释迦崇拜的盛行。

释迦牟尼是佛教的创始人。他本名悉达多,族姓乔达摩,是古印度迦毗罗卫国(今尼泊尔)人,父亲是该国国王净饭王。"释迦"是其种族名,意为"能仁","牟尼"是对圣者的尊称,

图1-19　龙门石窟古阳洞南壁上层东起第四龛（北魏，6世纪初）

意为"寂默"，意思是释迦族的圣人①。释迦牟尼生活的时代，差不多与中国春秋时代的圣人——孔子同时，也算是东方这两大文明古国的一个有趣巧合了。释迦是在29岁出家修行的，在35岁时通过自己的独立思考创立了一套学说体系，以后一直在印度的恒河流域一带进行传教活动，并逐渐得到了上层统治者的支持，在一般人群中也拥有越来越多的信徒。释迦牟尼总结出自己的学说体系，被他的信徒们称作"觉悟""成道"，而成道以后的释迦牟尼也就是我们一般概念中的佛了。因此，在佛教中，释迦就是最重要的崇拜对象。那么，雕刻与图绘释迦的形象，也就在情理之中了。

① （北宋）延寿集：《宗镜录》卷二十四曰："所云释迦牟尼者，释迦，此云能仁。牟尼，此云寂默。能仁者，即心性无边，含容一切。寂默者，即心体本寂，动静不干。故号释迦牟尼，觉此名佛。"参见［日］高楠顺次郎、渡邊海旭主编：《大正新脩大藏經》第四十八册，大正一切经刊行會，1924—1934，第548a页。

古阳洞中的主要崇拜对象就是释迦，但众多的释迦像却被不同的功德主有意组合成如朝廷中众臣拱卫皇帝的场面，反映着北魏佛教服务于国家统治的特点。前文已经说过，古阳洞的正壁三大像应该是在孝文帝迁都洛阳不久设计的。太和十九年（495）九月，北魏朝廷的六宫和文武百官都从平城迁到了洛阳。从那以后，直到北魏宣武帝统治时期（500—515），在这所由孝文帝亲手创建的古阳洞里，环绕着这位雄才大略的英明皇帝所建造的三大像两侧，王公贵戚们纷纷出资雕凿龛像，以纪念孝文帝的功绩，并祈求释迦佛祖对北魏的保佑。其实，古阳洞众龛排列于主像两侧的布局特点，正是现实社会中帝王将相的从属关系，在出世的佛教世界中生动形象的写照。

三、弥勒——未来佛国的主宰

在古阳洞的侧壁上方和穹隆顶表面还开凿着众多小龛（图1-20）。在这些龛中，以圆拱形龛内刻交脚弥勒菩萨像和圆拱尖楣龛内刻释迦佛坐像的居多数，还有600余身千佛小龛。从保存完好的题记内容来看，侧壁上方与窟顶众龛的年代上限起自太和十七年（493），下限是宣武帝执政的正始年间（504—508），与侧壁上层八大龛的时代基本相同。这些佛龛相当一部分是跟随孝文帝从平城迁都洛阳的官员和皇亲国戚们所造，不仅具有艺术价值，也有史料价值。下面简述几例。

太和十九年（495）长乐王丘穆陵亮夫人尉迟造像龛。此龛位于北壁上方，在穹隆顶诸圆拱形浮雕浅龛中时代较早，在艺术造诣上也具有代表性（图1-21）。它高1.25米，宽1.04米，深

图1-20 龙门石窟古阳洞窟顶（北魏，6世纪初）　图1-21 龙门石窟古阳洞北壁上方长乐王丘穆陵亮夫人尉迟造像龛（北魏太和十九年，495年）

0.18米。龛内的主尊是一身弥勒菩萨像，呈交脚坐姿，头戴宝冠，宝冠后部两侧各有一条宝缯上飘。他上身袒裸，除了项圈、臂钏、手镯、帔帛等装饰外，还有斜披络掖。但帔帛没有在腹前交叉，下身着羊肠大裙。因此，这尊像的样式来自北魏建都平城时期的云冈石窟，规模最大的是第17窟的交脚菩萨像，在云冈的交脚弥勒菩萨像中最具有代表性[①]。在孝文帝早已进行汉化改革的时代里，这种早期样式属于旧的保守风格。弥勒菩萨的双脚由从地下涌出的天尊双手承托着，腿部两侧各有一只蹲狮，头部扭向主尊一侧。主尊身旁原来各有一身胁侍立菩萨，现在仅存左侧一身，他的服装样式和主尊相同，也是保守的样式。弥勒身后是浅浮雕的头光和背光，从内向外刻着莲瓣、七身小坐佛像、飞天奉献璎珞、供养菩萨环拱坐佛、火焰纹环拱坐佛等，繁复而精美。圆拱形龛楣的表面刻有11身供养天人向弥勒奉献璎珞，排列成半圆形，璎珞呈交叉的波浪形，在两侧

① [日]水野清一、长广敏雄：《雲岡石窟：西暦五世紀における中国北部佛教窟院の考古学的調査報告》第十二卷，第17洞圖版，京都大學人文科學研究所，1954，圖版66—71頁。

下部各有一身飞天与供养人像。在两侧壁上方的窟顶处，类似这样的弥勒像龛还有很多，都是把龛尖向着穹隆形窟顶，大有众星捧月之势，构成了一个华丽的佛国世界。

在龛的左侧浮雕着一通螭首碑，碑身刻着发愿文题记。从内容可知，这所龛是太和十九年十一月使持节、司空公、长乐王丘穆陵亮夫人尉迟氏为亡媳牛橛造的弥勒像，祝愿她"舍于分段之乡，腾于无碍之境"。还希望她能托生到天上诸佛之所，或是生在世界妙乐之处。这所造像龛表达了这对婆媳之间的感情。

丘穆陵亮就是穆亮（450?—502），在孝文帝汉化改革时将丘穆陵氏改为穆氏。在关于北魏的正史《魏书》中有穆亮的传记，说他娶的是中山长公主，因此被拜为驸马都尉，后被封为赵郡王，又被封为长乐王[1]。太和十七年（493）九月，孝文帝来到洛阳，定迁都之计。同年十月，孝文帝就诏司空穆亮、尚书李冲与将作大匠董爵等开始经营洛阳新都的建设。穆亮在宣武帝执政时期，曾任定州刺史、骠骑大将军、尚书令、司空公等职。可知他是孝文帝和宣武帝两朝的重臣，也是皇亲国戚。他于景明三年（502）去世，享年52，被赠为太尉公领司州牧。

穆亮的夫人尉迟氏为什么要选择造弥勒像呢？因为弥勒是未来佛国的主宰，而未来的弥勒佛国就是一个无比幸福快乐的世界，是当时人们向往的地方之一。据鸠摩罗什译出的《弥勒下生成佛经》等佛教典籍记载，弥勒，意译为慈氏，是因为他多修慈心、多入慈定的缘故。他生于南天竺的一个婆罗门家庭，与释迦牟尼佛是同时代人。后来随释迦出家，成为佛的弟子。但他在释迦入灭之前先行入灭了，上生于兜率天的内院。等到久远的未来因缘成熟的时候，他就会从兜率天宫下生人间，成为未来世界的佛。根据《弥勒下生成佛经》记载，在未来世界

① 穆亮传记参见（北齐）魏收：《魏书》卷二十七《列传》第十五，中华书局，1974，第667—671页。（唐）李延寿：《北史》卷二十《列传》第八，中华书局，1974，第741—743页。

里，有一座城叫翅头末，是用七种珍宝筑成的，既庄严又清净，那里的人们都是有福有德之人。地里的庄稼很茂盛，可以一种七收。树上会自然生出衣服，人们可以在寒暑季节各取所需。夜不闭户，道不拾遗，人人安居乐业。人的寿命是84000岁，女人到了500岁才开始论婚嫁。在未来世界接替释迦牟尼的弥勒佛就将降生在这里。那里的国王名叫蠰佉，非常富有。他有一座高1000多丈的七宝台，奉献给了弥勒，弥勒又把它施舍给了众婆罗门教徒，不料这些婆罗门把七宝台毁坏分走了。这件事使弥勒感到人生是须臾无常的，于是就坐在一棵龙华树下修道成佛了。蠰佉王知道后，就率领众大臣、太子、王后、宫女等84000人去追随弥勒出家学道①。可以看出，未来的弥勒佛国给信徒们描绘了一个理想的生活与修行境界，在石窟里供奉弥勒菩萨，能给现实社会中有各种烦恼的人们以无限的心灵慰藉。来世能转生在弥勒佛国是佛教信徒们在现世的美好愿望。由于弥勒目前还在兜率天上，没有下到人间成佛，所以这里的弥勒都穿着菩萨服装。

太和廿二年（498）北海王元详造像龛，位于北壁尉迟造像龛的上方。这是一所圆拱形浅龛，高1.4米，宽1.03米，深0.06米（图1-22）。龛内的主像是一尊交脚菩萨像，他头戴宝冠，有冠披向两侧飞扬。上身袒裸，饰有项圈和臂钏，有一条长长的帔帛从双臂处垂下，在腹前交叉，下身穿着长裙；在帔帛和长裙表面刻着密集的抽象衣纹。整体造型有头大、身体较瘦的感觉。弥勒的身体两侧各有一只蹲狮，都把头扭向主尊。再外侧是两身胁侍立菩萨像，身材消瘦而细长，双手都在胸前合十，服装和主尊弥勒相同。可以看出，主尊弥勒和二胁侍菩萨的服装和尉迟造像龛有所不同，都是传自南朝的汉族菩萨像样式与风格，代表着当时真正流行的艺术风尚。交脚弥勒的头光由内匝的一周莲瓣和外

① （后秦）鸠摩罗什译：《弥勒下生成佛经》，载［日］高楠顺次郎、渡邊海旭主编《大正新脩大藏經》第十四册，大正一切经刊行會，1924—1934，第423c—425c页。

图1-22　龙门石窟古阳洞北壁上方北海王元详造像龛（北魏太和廿二年，498年）

匝的七身坐佛组成，上面还有一个弯月形的幅面，中央刻着一身坐佛，两侧是波状连续的葡萄纹。头光之外是舟形的背光。在圆拱形龛楣的表面刻着15身供养天人，都只现出上半身，呈半圆形排列着，双手于胸前执着璎珞，奉向下方的弥勒。和侧壁上层的一些大龛相似，这些璎珞也是表现为交叉的波浪形。

　　在龛的左侧有一通浮雕螭首碑，上面刻着造像记。从内容可知，这所龛是孝文帝执政的太和廿二年由当朝的侍中、护军将军、北海王元详（476—504）和他的母亲高太妃造的，龛内主像的题材是弥勒[①]。题记中还提到了太和十八年（494）孝文帝统率大军南伐齐朝的史实，元详也参加了这次军事行动。当他与身为太妃的母亲高氏分别后，太妃回家经过伊河岸边的石

①王瑞蕾：《龙门石窟所见北海王元详石刻题记再研究》，《敦煌研究》2021年第2期。

窟，就出资发愿在古阳洞雕造这龛弥勒菩萨像，祝愿他们母子平安，还愿所有众生都能享受此龛带来的福分。造像完成的时间是太和廿二年九月二十三日。

元详在《魏书·北海王传》中有记载，说他是北魏献文帝拓跋弘（466—471年在位）的儿子，字季豫，有着优美的姿容，得体的举止。太和九年（485）他被加封为侍中、征北大将军。跟随孝文帝一起南伐齐朝时，他的官职是散骑常侍。在孝文帝临去世时，他受命为司空，辅佐新皇帝的朝政，可见他拥有重要的地位。但元详却荒淫贪婪，有过不法行为。在宣武帝正始元年（504），元详被外戚高肇所谮，被废为庶人，后又被宣武帝元恪派人赐死。到了永平元年（508），宣武帝以王礼改葬元详[①]。

① （北齐）魏收：《魏书》卷二十一上《列传》第九上《北海王详》，中华书局，1974，第559—564页。

在古阳洞侧壁上方及窟顶部位，还有一些交脚弥勒造像龛，在主像和龛的样式与风格方面都和上述二龛有相似之处，只是有些细节略有不同。

位于北壁上方的景明三年（502）比丘惠感为亡父母造的弥勒像龛，高1米，宽0.73米，深0.12米（图1-23）。龛内的主尊交脚弥勒菩萨和二胁侍立菩萨的服装有所不同，他们不仅饰有帔帛在腹前交叉，还有长璎珞也在腹前交叉，并且都穿过一个环形装饰品。这种做法和正壁的大型立菩萨相似，也是南北朝时汉式菩萨像的一个特点，起源于南朝，见于成都万佛寺出土的梁朝石造像[②]。在龛下的造像记中，功德主也提到了"国祚永隆，三宝弥显"，也把北魏的国运和自己的佛教信仰联系在了一起。

② 四川博物院等编著：《四川出土南朝佛教造像》，中华书局，2013，第72、73、77页。

在窟顶有一圆拱形龛，高1.27米，宽0.92米，深0.08米，内造交脚弥勒菩萨像和二狮子、二胁侍立菩萨像。三身菩萨像都只有帔帛在腹前交叉，是传自南朝的菩萨像样式。但主像身后虽然有舟形背光和圆拱形龛楣，却都打磨光滑，没有任何雕饰，应该是前述弥勒像龛的简化形式。在这个龛的左侧有造像

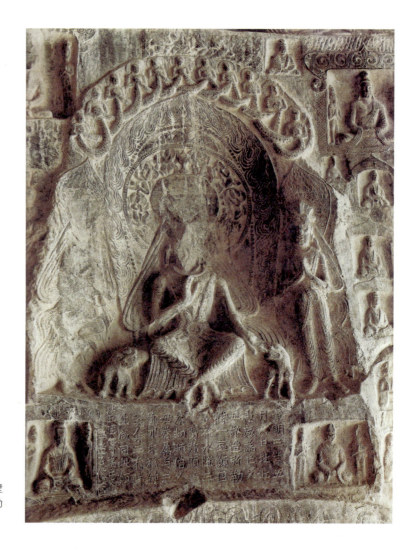

图1-23 龙门石窟古阳洞北壁
上方比丘惠感为亡父母造弥勒
像龛（北魏景明三年，502年）

的发愿文题记，可知该龛是由北海王国的高太妃为孙子造功德
的像龛（图1-24）。这个高太妃，就是在前面提到的北海王元详
的母亲。题记上说，高太妃的孙子元保不幸早早过世了，她特
地为孙儿造像一区，祝愿他能够"永脱百苦"。题记中虽然没有
明确地说出年代和题材，但可以推测其雕刻时代应该也在孝文
帝末年到宣武帝执政时期，主像的题材是弥勒菩萨。

在窟顶部分有一处上下左右排列整齐的六所圆拱形龛，龛内的造像和龛形都和上述交脚弥勒像龛相似（图1-25）。只不过这六龛的圆拱形龛楣表面刻的是波状缠枝的葡萄纹，表现花树，以象征龛内主像坐于树下。在一铺造像之上装饰树冠的做法源于犍陀罗艺术，但类似的花树装饰在新疆古龟兹地区的石窟壁画（如拜城克孜尔石窟壁画）中可以见到，还可见于甘肃永靖炳灵寺第169窟中的西秦壁画，应是一种受西域影响的龛楣装饰①。在古阳洞这六龛造像中，交脚弥勒菩萨像的帔帛在腹前交叉，表现着南朝样式。这些龛的规模都很小，仅仅高0.48米，宽0.46米，深0.05米许，中下部四龛的共同发愿文题记刻在其右侧。从题记的内容可知，这是由前太守、护军长史、云阳伯郑长猷为亡父造的弥勒像一区，郑长猷为母亲皇甫造的弥勒像一区，郑长猷为亡儿士龙敬造的弥勒像一区，郑南阳妾陈玉女为亡母徐氏造的弥勒像一区，完工的时间是景明二年（501）九月三日。这里的郑长猷是孝文帝和宣武帝时期的朝廷官员，他的父亲是荥阳郑演。《魏书·郑演传》中记载，郑长猷以他父亲

① 常青：《炳灵寺第169窟西秦塑像与壁画风格渊源》，《美术观察》2021年第1期，第43—51页。

图1-24　龙门石窟古阳洞窟顶北海王国高太妃造像龛（北魏，6世纪初）

图1-25　龙门石窟古阳洞窟顶云阳伯郑长猷与妾陈玉女造四所像龛（北魏景明二年，501年）

① （北齐）魏收：《魏书》卷五十五《郑演传》，中华书局，1974，第1232页。

的勋位起家，拜宁远将军、东平太守，承袭了云阳伯的爵位。当孝文帝率军进攻南齐时，郑长猷也随军同行。北魏军队攻克了宛城（今河南南阳）后，孝文帝拜郑长猷为南阳太守。因此，题记中的前太守，应指南阳太守。宣武帝执政以后，诏郑长猷为谘议参军，他以后又被任命为徐州武昌王府的长史，以及彭城内史的职务。郑长猷去世于宣武帝的永平五年（512）①。在古阳洞顶部，郑长猷为他亡故的父母和儿子同时造功德，也许是缘自一场意外的善后。同来造像的还有他的姜陈玉女，她应该是郑长猷在南阳太守任上娶的女子。

窟顶上有一龛，是上述圆拱形交脚弥勒像龛与盝顶龛相结合的形式，也就是去掉了上述圆拱形龛楣以及供养天人奉献璎珞的雕刻，加上了一个盝形龛楣，表面刻着飞天拱卫香炉和铺首衔着璎珞。盝顶龛在古阳洞的出现一般比上述圆拱形要晚一些，这所龛是比较早的一例，表明了当时使用这种龛形不太成熟的做法。这个龛高0.96米，宽0.63米，深0.08米。龛内的主尊交脚弥勒菩萨和二胁侍立菩萨像都穿着南朝式的服装，有长帔帛在腹前交叉（图1-26）。在龛的右侧有浮雕螭首碑，碑上的发愿文题记说：在景明三年（502）八月十八日，广川王祖母太妃侯为亡夫侍中、使持节、征北大将军、广川王贺兰汗造弥勒像，愿他"永绝苦因，速成正觉"②。贺兰氏也是鲜卑族的一支，和拓跋氏有着密切的关系。这里的汗就被北魏皇帝封为了广川王。

② 刘连香：《龙门石窟古阳洞北魏广川王国造像与题记考》，《敦煌研究》2019年第4期。

侯太妃在古阳洞的顶部还出资雕造了另一所龛。这所龛高1.36米，宽0.83米，深0.14米，龛内造像和基本形制都很像上述圆拱形交脚弥勒菩萨像龛，但龛内的装饰图案也简化了，没有刻出主尊背光和胁侍菩萨像头光上的火焰纹（图1-27）。在龛下刻着发愿文题记，说是在景明四年（503）十月七日，广川

图1-26 龙门石窟古阳洞窟顶广川王祖母太妃侯为亡夫贺兰汗造弥勒像龛（北魏景明三年，502年）

图1-27 龙门石窟古阳洞窟顶广川王祖母太妃侯为幼孙造弥勒像龛（北魏景明四年，503年）

王祖母太妃侯造弥勒像一区，还述说了自己抚育年幼的孙子长大成人，并祝愿孙媳妇能长寿，多生子嗣，还祝愿"帝祚永隆，弘宣妙法"。可以看出侯太妃为自己的亲人所付出的心血。

在龙门石窟的魏字洞外崖面，也刻着一所高逾2米的交脚坐姿的弥勒菩萨像龛，弥勒身上也装饰着帔帛并且在腹前交叉，龛楣处也浮雕着天人供奉璎珞。其雕刻时代也应该是在孝文帝末年或是宣武帝执政时期（图1-28）。

在古阳洞的侧壁上方和窟顶部，除了雕刻交脚弥勒菩萨像，还雕刻了释迦和千佛。例如，在北壁上方有一所圆拱形龛，高0.96米，宽0.78米，深0.13米，龛内的主要造像是结跏趺坐、施禅定印的佛像，他身穿袒裸右肩式大衣，右肩处还有覆肩衣，与两侧壁上层七大龛中的坐佛属于同一种类型（图1-29）。佛的身旁有二胁侍立菩萨。佛身后的头光与背光从内向外由浅浮雕的莲瓣、小坐佛像、飞天、火焰纹组成。在背光的上方是九身半身的供养天人奉献璎珞，璎珞呈交叉的波浪形，与上层八大

图1-28 龙门石窟魏字洞外摩崖交脚弥勒菩萨像龛（北魏，6世纪初，作者自绘）

图1-29 龙门石窟古阳洞北壁上方高树等32人造像龛（北魏景明三年，502年）

图1-30 龙门石窟古阳洞北壁上方高树等32人造像龛主佛头部（龙门石窟研究院藏，北魏景明三年，502年）

龛的某些龛楣做法相同。

根据龛左侧的造像记，这所龛是在景明三年（502）由邑主高树和唯那解佰都等32人出资雕造的，虽然只提到了"造石像一区"，但主佛的样式无疑是释迦了。主佛头部在民国时期被盗凿，前些年回归了龙门石窟研究院（图1-30）。

在窟顶有一盝顶形龛，高0.63米，宽0.58米，深0.07米，龛内雕有坐佛和二立菩萨像，龛楣部位刻着六身飞天拱卫着香炉，龛楣的两上角刻着十大弟子。所以，这所龛表现的应该是释迦说法的场景。龛右侧的螭首碑上刻着发愿文，上面记载着在景明四年（503）八月五日，邑主马振拜、维那张口成等34人为皇帝造石像一区。

千佛题材雕刻在南北两侧壁的上部与接近窟顶处，共表现结跏趺坐佛像600余尊，都施禅定印，表示这些佛都在坐禅修行（图1-31）。他们所穿的大衣有袒裸右肩式、通肩式，或袒裸右肩式加覆肩衣的形式；有的是双领下垂式，是简化了的褒衣博带佛装，在胸前没有束带。可以看出，这些千佛像的服装以传自印度的佛装为主，也有汉族创作的佛装。每个佛都位于一所龛内，龛楣都是尖拱火焰状的，有的刻有火焰纹。在很多龛侧刻有供养人的姓名，以汉人姓氏为主。古印度用"劫"来计算时间和表示宇宙观，意思是一段对人类来说极长或极短的时间，长可以长到无限长，短也可以短到一刹那。大乘佛教认为，在过去、现在、未来三世之中，现在世叫贤劫，过去世叫庄严劫，未来世叫星宿劫，三劫各有千佛出世[1]。因此，千佛题材表现的就是这三劫三千佛，或是只表现某一劫中的千佛，如贤劫千佛[2]。由于空间有限，很多寺院或石窟中的千佛题材不一定能凑足1000数目，只是用众多的小佛像来象征千佛，古阳洞侧壁上部和窟顶的这批小佛像就是这样的。

① （刘宋）畺良耶舍译：《过去庄严劫千佛名经》，载［日］高楠顺次郎、渡邊海旭主编《大正新脩大藏經》第十四册，大正一切经刊行會，1924—1934，第364c页。

② 贺世哲：《关于北朝石窟千佛图像诸问题》，《敦煌研究》1989年第3期，第1—10页；第4期，第42—53页。

图1-31　龙门石窟古阳洞南壁上方千佛（北魏，6世纪初）

四、洞窟扩展期的富丽雕刻

　　古阳洞第一批造像也就是正壁三大像和两侧壁上层八大龛雕成不久，许多皇室宗亲、达官显贵们争先恐后地纷纷在古阳洞两侧壁上方和穹隆顶的表面雕造佛龛。最后实在没有地方可利用了，他们就把洞窟的地面向下深掘，又开出了古阳洞南北壁面上的中层八大龛和下层的几所大龛。今天我们看到的古阳洞正壁三尊大像，位置明显过高了，给人以很不协调的感觉，就是这种历史原因造成的。在古阳洞扩展时期凿成的这些佛龛当中，有很多雕的是交脚坐姿的弥勒菩萨像。在南北侧壁向下深掘而形成的中层和下层大龛，则力求与上层八大龛看齐（图1-3、图1-15）。这些造像龛也不乏精美的艺术作品。

　　古阳洞南北两侧壁的中层大龛，是在宣武帝正始（504—508）末年自上层大龛下沿起向下深掘以后所开凿出来的，至今在上层大龛的下边缘还明显地保留着凿痕，龛内造像的雕刻时代大约在正始以后的永平年间（508—512）。中层大龛的形制以盝顶形为主，兼有少量的复合式龛。这些龛的大小基本相仿，例如，北壁东起第一龛高2.22米，宽1.66米，深0.75米，中层的其他七龛尺寸也基本相似。可以看出，中层八大龛的尺寸在设计上尽量与上层八大龛保持一致。北壁中层四龛都有清一色的盝顶形龛楣，在象征盝顶构造的表面分格，内刻浅浮雕的飞天（图1-3、图1-32）。两侧上角有的刻众弟子像。在盝顶构造的下面刻一排铺首，口衔璎珞，璎珞的垂挂方式与侧壁上层和窟顶的一些像龛龛楣做法相同，都是交叉的波浪形。很明显，在古阳洞的这个扩展期，已经改由铺首来向龛内主尊奉献璎珞了。在龛的两侧不再刻出龛柱，而是刻着帷幔。

铺首，本来是含有驱邪意义的传统建筑门饰。在木制的门扉上，大多安装一对凶恶的金属制兽首衔着门环。按照金、银、铜等金属质地，可以称为金铺、银铺、铜铺。古代的中国人认为，铺首具有镇凶辟邪的功德。在传统的寺庙门上也多装饰铺首，用来驱妖避邪。在民间的门扉上也有很广泛的应用，是为了表示避祸求福，祈求这样的神兽保护自己家庭的生命财产安全[①]。把铺首雕刻在佛龛之上，便是将中国传统信仰接纳进入佛教世界的一种做法。

北壁中层龛内的主像基本上都是两腿交叉坐于坛床上的弥勒菩萨像，也就是交脚弥勒像，并在其双腿两侧各雕出一只狮子（图1-32）。这些弥勒菩萨像都有长圆清秀的面相，头戴宝

① 苗霞：《中国古代铺首衔环浅析》，《殷都学刊》2006年第3期，第29—39页。

图1-32　龙门石窟古阳洞北壁中层东起第二龛（北魏，6世纪初，佛利尔与周裕泰拍摄于1910年）

①据西域僧人畺良耶舍在刘宋（420—479）都城建业（今江苏南京）翻译的《观无量寿佛经》，载[日]高楠顺次郎、渡邊海旭主编《大正新脩大藏經》第十二册，大正一切经刊行會，1924—1934，第343c页。

②四川博物院等编著：《四川出土南朝佛教造像》，中华书局，2013，第77、78、82、87、91、99页。

冠，冠的前部刻有一尊小坐佛像。这本来应该是观音菩萨的主要标志①，在这里却用在了弥勒的宝冠上。这些弥勒菩萨的身体都很消瘦，胸部和腹部平坦，有长帔帛在腹前交叉，并穿一环形物。这是典型的南朝汉族秀骨清像式菩萨，此时已经在古阳洞流行并固定化了。在弥勒菩萨像的两侧，还是像以前那样各刻了一身胁侍立菩萨像。但与以前不同的是，在弥勒菩萨的坛床上，有的还刻了两身胁侍弟子像。有的则是将胁侍弟子和菩萨都刻在主尊弥勒的坛床之上。在原本一佛二菩萨的造像组合中加入二弟子，就是在这个时期定型与流行的。在北方，这是一种全新的造像组合形式，原型来自南朝，因为在成都万佛寺发现的梁朝造像中就有弟子和菩萨共同胁侍主尊的组合形式②。

在北壁的中层四大龛中，还有一些附属浅浮雕像各不相同。例如，在北壁中层东起第二龛龛内壁上，以极其细致的技法在主尊火焰背光两侧刻着维摩诘和文殊菩萨对坐说法、众弟子围绕的场景，众人上方还有几身飞天在空中散花，热闹非凡（图1-33）。在这所龛的东侧刻有一通浮雕螭首碑，是延续着上层大龛刻碑纪事的做法。碑上的题记被北齐的一所小龛打破了，内容保存不完整，但仍可以看出这所龛是由一个佛教团体发愿雕刻的，里面有"愿帝祚晕隆，口大千万国归于仁道"之句，用佛教来巩固皇权的用意十分明显。东起第三龛的下部刻有相对行走的男女供养人行列，在龛的内壁还有华丽繁复的浅浮雕图像和装饰图案，如火焰形背光两侧上部各雕了一排立姿供养菩萨像，他们的上方刻着来自南朝的清秀型飞天，潇洒飘逸地当空飞舞（图1-34）。

在北壁中层东起第一龛内壁，主尊火焰纹背光的两外侧，以浅浮雕的技法各刻着一群僧人，多席地而坐，有的站立，很像是在一起研讨佛教理论。他们的上方有几身飞天（图1-35）。此龛下方有铭文题记，可知造像主人是持节、督泾州诸军事、

图1-33　龙门石窟古阳洞北壁中层东起第二龛龛内右侧上部（北魏，6世纪初）

图1-34　龙门石窟古阳洞北壁中层东起第三龛龛内右侧上部（北魏，6世纪初）

图1-35　龙门石窟古阳洞北壁中层东起第一龛（齐郡王元祐龛，北魏熙平二年，517年）

征虏将军、泾州刺史齐郡王元祐，雕刻完成的时间是熙平二年（517）七月二十日。泾州在今甘肃泾川县。齐郡王的爵位来自文成帝的儿子齐郡王拓跋简（460—499）。《魏书·文成五王列传》中说，拓跋简是文成帝拓跋濬的第五子，沮渠夫人所生，太和五年（481）受封为齐郡王。他的母亲是北凉国第三代国王沮渠牧犍（？—447）的女儿。北凉国王室沮渠氏是匈奴族的一支。公元439年，北魏军队攻破北凉国都姑臧（今甘肃武威）后，沮渠牧犍出降北魏，被太武帝拓跋焘（424—452年在位）拜为征西大将军，封河西王。据说拓跋简性格和长相都很像他的外祖父沮渠牧犍，去世时年仅40岁。由于拓跋简是孝文帝的叔父，他的去世，使这位皇帝深感哀痛。元祐（488—519）就是拓跋简的儿子，景明二年（501），他承袭了齐郡王爵位。宣武帝正始二年（505），他出任征虏将军、泾州刺史[1]。元祐死时年仅32岁，这所龛完成于他去世的两年前。

　　齐郡王元祐的另一所造像龛位于古阳洞南壁。这也是一所交脚弥勒菩萨像龛，高2.11米，宽1.05米，深0.3米

①元祐传记参见（北齐）魏收：《魏书》卷二十《列传》第八，中华书局，1974，第528页。（唐）李延寿：《北史》卷十九《列传》第七，中华书局，1974，第686页。

图1-36　龙门石窟古阳洞南壁中层齐郡王元祐造像
龛（北魏熙平二年，517年）

图1-37　龙门石窟古阳洞南壁中层东起第三龛（北魏，6世纪初，
佛利尔与周裕泰拍摄于1910年）

（图1-36）。这所龛虽然保持着早期的圆拱形龛楣，但龛楣的表
面不再有天人供奉璎珞，而是代之以铺首奉献璎珞。没有刻出
龙身龛梁，但在龛楣的两下角各刻着回顾的龙头。龛内的主尊
弥勒像样式与北壁中层四龛中的主像风格一致。在龛的下面刻
着长篇铭文发愿记，内容和他在北壁的造像铭记基本相同，完
成时间也一样。说明他是同时在古阳洞雕刻了两所造像龛。

　　在南壁中层，东起第三龛内雕的是穿着褒衣博带式大衣的
释迦与多宝佛并坐说法像（图1-37）。除此之外，三龛的主像都
仍然是交脚弥勒菩萨像。然而，这四所大龛的结构与样式却各
不相同，显得丰富多彩。东起第一、三龛的龛楣是帐形和盝顶
相结合的形式，在上方刻着山花蕉叶、双层垂角、帷幔等，在

东起第三龛的左侧上角还刻着龙头，衔一串由宝铎等物组成的流苏垂下，这都是一般帐形龛龛楣的做法（图1-37）。所谓帐形龛，就是把龛的表面装饰成一座宝帐的样子，象征着龛内的造像是坐在一座宝帐之中。由于北朝贵族的家居中流行使用类似的床帐，在佛龛的表面也有这样的装饰了，为的是让佛教人物的生活习惯能适合当时人的习俗，这是佛教艺术中国化的做法之一①。在宝帐装饰的下面是盝顶形结构，盝顶的下面是铺首衔璎珞，背后还刻着帷幔。可以看出，这是在北壁中层那样的盝顶龛楣上方增加了宝帐装饰。

　　南壁中层东起第二龛龛楣是尖拱形，表面刻着天人奉献璎珞，还有龙身龛梁，很像上层一些大龛的做法（图1-38）。不同

① 如山西太原北齐徐显秀（？—571）墓室壁画就绘有床帐。参见山西省考古研究所等：《太原北齐徐显秀墓发掘简报》，《文物》2003年第10期，第4—40页。

图1-38　龙门石窟古阳洞南壁中层东起第二龛（北魏，6世纪初，佛利尔与周裕泰拍摄于1910年）

图1-39 龙门石窟古阳洞南壁中层东起第四龛（北魏，6世纪初，佛利尔与周裕泰拍摄于1910年）

的是，在龙身龛梁的下方还刻着垂幔，垂幔的表面有浅浮雕的飞天，这应该是古阳洞扩展期流行帐形装饰的影响所致。

南壁中层东起第四龛龛楣是尖拱、盝顶、帐形的复合式（图1-39）。最上是一个尖拱形龛楣，但表面没有刻火焰纹，而是刻着一身坐佛和众飞天。尖拱的下面是一个盝顶结构，上面有山花蕉叶装饰，还有四身供养菩萨。盝顶结构的表面也是分格，格内刻飞天。在盝顶结构的下面是宝帐装饰，由双层的垂角、垂幔构成，帷幔还延伸到了龛的两侧上部。虽然没有龙身龛梁，但在龛楣的两下角各刻着一身飞舞的龙，在龙嘴里衔着的莲花上分别有坐和立的天人。

在北魏晚期古阳洞的扩展期，还雕刻了屋形龛（图1-40）。这种龛是模仿汉民族木构房屋的形状，在龛楣处刻着屋檐，檐下有枋柱，枋上有斗拱等建筑部件。那么，龛内的佛就如同位于寺院中的一座大殿内，正在讲经说法。这样做更加适合汉族人的欣赏口味，也能进一步推动鲜卑人在佛教艺术上的汉化运动。在北方，这种屋形龛起始于太和十三年（489）以后的云冈石窟雕刻，正是孝文帝开始汉化改革的时候[1]。

①宿白：《云冈石窟分期试论》，《考古学报》1978年第1期，第25—38页。

在南壁中层释迦多宝像龛的盝顶龛楣表面，还刻出了精美的情节较多的佛传故事。所谓佛传故事，指的是释迦一生的故事。这里的画面情节安排是以龛楣中央部位的释迦成道为故事的终结，并以此为中心，向左右两边放射延伸。自两端展开的不同情节形成连贯的场面，向中央集中（图1-41）。右侧自东向西为：佛的前世乘着六牙象投胎，使佛的母亲摩耶夫人感梦

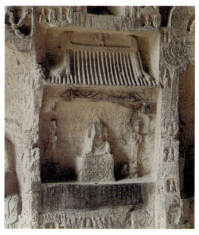

图1-40 龙门石窟古阳洞南壁中层屋形龛（北魏，6世纪初）

图1-41 龙门石窟古阳洞南壁中层东起第三龛龛楣（北魏，6世纪初）

怀孕；摩耶夫人回娘家生产时途经蓝毗尼园，释迦太子在树下诞生，行走七步，步步生出莲花；天上现九条龙，为太子洗浴。左侧自西向东：太子回宫，阿私陀仙人为太子占相；释迦被立为太子；太子观耕等情节。这是龙门石窟中情节最多的一处佛传故事连环画雕刻。同类题材的雕刻还可见于古阳洞南壁下层神龟三年（520）赵阿欢造像龛，在这个龛的盝顶龛楣表面仅仅刻出了树下诞生、七步生莲、九龙浴太子、阿私陀仙人占相等少量情节。这两处佛传浮雕无论在情节选择或构图安排上都是很成功的。以浮雕佛传的形式装饰佛龛，显示了古代匠师们丰富的艺术想象力和熟练的工艺技巧。

在南北两侧壁的下层，还分别开凿出了二至三所大龛，这是在侧壁中层空间用完以后的再次向下扩展。但是，北魏晚期的这次补凿下层八大龛的计划最终没有完成。北壁下层只开出了三大龛，也仅仅完成了龛楣装饰，而内部的主像直到唐代才雕刻完成。北壁下层东起第一龛的龛楣是尖拱与盝顶的复合形式，尖拱龛楣表面刻着十八尊坐佛像，佛的身边有弟子或菩萨作为胁侍，尖拱的上沿是由忍冬纹组成的火焰装饰；盝顶结构的表面分格，格内相间刻着铺首衔璎珞与双手合十的化生童子，璎珞仍然是排列成交叉的波浪形。在璎珞的下部似乎有帷幔雕刻的残迹，右侧垂着一串流苏，由花状宝物组成。因此，这个龛楣似乎也要表现一些宝帐的装饰（图1-42）。北壁下层东起第二、三龛的龛楣都遵循着北壁中层四大龛的龛楣样式。南壁下层只开出了靠着窟内正壁的两龛，仅西起第一龛按期完成了，龛楣是盝顶形。另一龛的龛楣没有雕刻完成。南壁下层这两所龛内的主像都是结跏趺坐、施禅定印的释迦佛。

北魏迁都洛阳以后，与南朝的交往更加密切了，其间自然会有更多的南朝佛教艺术品流入北方，也会有南北方佛教艺术

图1-42　龙门石窟古阳洞北壁下层东起第一龛龛楣（北魏，6世纪初）

家之间的往来，这些都会进一步促进北魏晚期的佛教雕刻艺术
接近南朝的汉化样式。从龙门古阳洞造像中，我们既可以看到
取自大同云冈一、二期样式的遗风，又能明显地体会出南朝士
大夫气质。还有一些汉民族传统的信仰与习俗也进入了石窟，
如铺首和帐形龛。风行后世的北魏晚期龙门雕刻样式，正是从
古阳洞起步的。

　　除了侧壁三层有计划雕刻的排列整齐的大龛外，终北魏之
世，寻找壁间和窟顶的空隙补刻小龛的佛教活动在古阳洞中
从没有间断过。在这些小龛中，有宣武帝永平、延昌，孝明
帝（516—528年在位）熙平、神龟、正光、孝昌，以及孝武帝
（532—534年在位）永熙等纪年龛像。在北魏灭亡以后，古阳洞
中还有东魏天平、武定，西魏大统，以及北齐武平纪年的小龛。

在唐代造像龛中，有唐高宗（650—683年在位）永徽、总章、咸亨，武则天（690—704年在位）长安，唐中宗景龙（707—710）和唐德宗贞元（785—805）年间的小龛。古阳洞中纪年最晚的造像是北宋时期雕刻在正壁右胁侍菩萨大像脚下的一个圆拱形观音像龛。分布在古阳洞各壁与窟顶的这些历代开凿的大龛小龛琳琅满目，总数估计有1350龛以上。可贵之处在于许多龛保存着铭文题记，为我们研究、鉴赏这些佛教美术作品提供了难得的年代学标尺。

至于北壁西侧，在一幅北魏浮雕供养人行列表面刻的"古阳洞"三个大字，可能系清代所刊，这也是该洞名称的来源（图1-6）。南壁清同治九年（1870）的题记表明，那时的古阳洞已经改称为"老君洞"了，因为古阳洞的主佛已经被道教徒用泥改塑成了太上老君的形象。20世纪下半叶，文物工作者恢复了正壁大像北魏原有的形貌，这所洞窟的名称也重新被命名为"古阳洞"。

五、精美的北魏体书法——龙门廿品

古阳洞的另一特色，就是保存有最为丰富的造像铭记，其中有很多是支持孝文帝迁都的一批王公贵族、高级官吏为祈福禳灾而发愿雕造佛龛的碑记。如同前面提到的那样，他们的名字也多见于史书之中，如长乐王丘穆陵亮、北海王元详、仇池杨大眼、安定王元燮（？—515）、齐郡王元祐等。铭刻本身又是十分精美的魏碑体书法作品，历来为金石学家、书法家所瞩目。同时，这也是珍贵的第一手史料，为历史学者的研究作出

了证经补史之贡献。在龙门石窟碑刻最著名的"廿品"中，有
十九品都刻在古阳洞两侧壁的中上部及窟顶①，分别是：

太和十七年（493）新城县功曹孙秋生刘起祖等二百人造
像记，

太和十九年（495）十一月长乐王丘穆陵亮夫人尉迟为亡息
牛橛造弥勒像记，

太和廿年（496）步辇郎张元祖妻一弗造像记（图1-43），

太和廿二年（498）比丘慧成为亡父始平公造石像记，

太和廿二年（498）九月廿三日北海王元详为母子平安造弥
勒像记（图1-44），

① 关于龙门二十品参见赵明：《龙
门二十品的书法研究》，新文丰
出版公司，1980。［日］小野胜
年：《龍門二十品》，《書跡名品集
成》第四卷，同朋舍，1981。刘
景龙：《龍門二十品——碑刻与
造像艺术》，中国世界语出版社，
1997。二玄社编集部：《北魏龍
門二十品》（上、下），二玄社，
1959。［日］原えりか：《作品製
作論：龍門二十品の表現》，《卒
業研究集路·書道學科》18年度，
2007，第28—29頁。

图1-43　龙门石窟古阳洞北壁上方步辇郎张元祖妻一弗造像记（北魏太和廿年，496年）

图1-44　龙门石窟古阳洞北壁
上方北海王元详为母子平安造
弥勒像记（北魏太和廿二年，
498年）

太和年（477—499）都绾阙口游激校尉司马解伯达造弥勒像记，

太和末至正始末年（493—508）陆浑县功曹魏灵藏薛法绍造释迦像记，

太和末至正始末年（493—508）邑主辅国将军仇池杨大眼造石像记，

太和末至正始末年（493—508）比丘道匠造像六区记，

太和末至正始末年（493—508）北海王国太妃高为亡孙保造像记，

景明二年（501）九月三日云阳伯郑长猷为亡父造弥勒

像记，

景明三年（502）五月卅日邑主高树等卅二人造石像记，

景明三年（502）五月卅日比丘惠感为亡父母造弥勒像记，

景明三年（502）八月十八日广川王祖母太妃侯为亡夫广川王贺兰汗造弥勒像记，

景明四年（503）八月五日邑主马振拜等卅四人造石像记，

景明四年（503）十月七日广川王祖母太妃侯为孙息延年造弥勒像记，

景明四年（503）十二月一日比丘法生为孝文帝并北海王母子造像记，

正始四年（507）二月安定王元燮为亡祖妣造释迦像记，

熙平二年（517）七月廿日齐郡王元祐造像记。

还有一品是位于老龙洞北侧上方慈香洞正壁佛坛处的孝明帝神龟三年（520）三月二十囗日比丘尼慈香慧政造窟记。

在这二十品碑刻题记中，有十九品都是阴刻字，这也是龙门碑刻题记刻写的主要技法。只有比丘慧成造像记是阳刻作品，而且署有孟达撰文、朱义章书写（图1-45）。想必这位朱义章应该是当时活跃于洛阳的书法大师了，他的作品和姓名以造像记的形式仅存于古阳洞，真是一件幸运之事。

龙门石窟魏碑体书法艺术，就是以这二十品为代表的。北魏书体点画方劲，气质质朴，上承汉隶余风，下开隋唐真书先导，兼有隶、楷两体的神韵，代表了由隶书向楷书过渡的风格。也就是说，这是在汉隶和晋隶的基础上有所改进而形成的具有独特风格的一种书体，既保留着隶书的遗风，又孕育着楷书的新因素，在中国书法史上占有重要地位。所以，龙门石窟的这些难得的、保存至今的北魏书法艺术珍品，是研究中国古代书体变迁史的珍贵实物资料，至今仍然被人们摹写、欣赏着。

图1-45　龙门石窟古阳洞北壁
上层东起第一龛（比丘慧成龛）
造像记（北魏太和二十二年，
498年）

　　自古阳洞完工以后，龙门石窟新的北魏晚期造像风格也开
始形成了。以古阳洞正壁三大像为代表的佛像采用褒衣博带式
大衣，菩萨用帔帛在腹前交叉，整体造型都趋向于清秀潇洒的
做法，很快便风行于龙门的西山崖面。正是古阳洞中发出的佛
祖灵光，才迎来了龙门雕刻的第一个繁荣时代。西方三宝的雨
露，也是从这里开始，洒满了伊阙山间。

第二章

北魏晚期的皇家风范

一、帝王家的佛殿窟——宾阳中洞

当你来到风光秀丽、景色宜人的洛南伊阙山间参观龙门石窟时，首先看到的动人心魄的艺术巨作，是位于龙门山北部规模宏伟的宾阳三洞，由中、南、北三窟组成（图2-1）。在龙门

图2-1　龙门石窟宾阳三洞外观

石窟所有的北魏窟龛造像中，能体现出北魏孝文帝迁都洛阳以后，以一种崭新的面貌出现于中原大地的洞窟建筑与造像楷模，当首推宾阳中洞。因此，这个洞窟也堪称龙门石窟北魏洞窟中最具有代表性的一个汉化窟。从龙门初唐时期的石刻文字材料来看，宾阳南洞又是保存纪年题刻最丰富的一所大窟。所以，宾阳三洞自古以来就是金石学家、文人墨客、历史与考古学者在龙门题咏、记录研究的主要对象之一。

宾阳三洞也是中国古代史书中有明确记载的唯一一处龙门魏窟。《魏书·释老志》说：

> 景明（500—503）初，世宗（即宣武帝）诏大长秋卿白整，准代京灵岩寺石窟，于洛南伊阙山为高祖（即孝文帝）、文昭皇后营石窟二所。初建之始，窟顶去地三百一十尺。至正始二年（505）中，始出斩山二十三丈。至大长秋卿王质谓斩山太高，费工难就，奏求下移就平，去地一百尺，南北一百四十尺。永平（508—512）中，中尹刘腾为世宗复造石窟一，凡为三所。从景明元年至正光四年（523）六月已前，用功八十万二千三百六十六[①]。

主持这三所石窟建造的三人都是当时的著名宦官。首先倡议营造二石窟的白整（444—503），本姓白亚氏，字菩提，上党郡刘陵县（今山西省黎城县）人，来自稽胡族，属于匈奴的别种。太平真君九年（448）二月，白整的乡里发生灾难，四岁的白整进入平城，净身后进入宫廷，成为张姓宦官养子，改姓为张。孝文帝拓跋宏即位后，他被授予太官令、中常侍，封云阳县男。后又担任大长秋，负责管理六宫之事。他经历了六朝皇帝，很有功绩。白整去世于景明四年（503），也就是他倡议的两座石窟开工不久[②]。接替白整主持洞窟开凿的王质，字绍奴，生卒年不详，

① （北齐）魏收：《魏书》卷一一四《志》第二十《释老志》，中华书局，1974，第3043页。

② （北齐）魏收：《魏书》卷九十四，中华书局，1974，第2026页。

高阳易（今河北高阳县）人。他曾经担任中曹吏、内典监、秘书中散、瀛州刺史等官职，最后也担任了大长秋。建议为宣武帝再建一窟的刘腾（463—523）是平原郡平原县（今山东省平原县）人。年幼时摊上了官司，受刑入宫。他从小黄门做起，最后也担任了大长秋。宣武帝去世时，他支持胡太后（？—528），拥立孝明帝即位，自己则得到了崇训太仆、侍中、长乐县公、卫将军、仪同三司等高官与爵位。刘腾很有野心，于正光元年（520）联合北魏宗室、领军将军元义（485—526）发动"宣光政变"，挟持孝明皇帝，杀掉了英俊潇洒的清河王元怿，将胡太后囚禁在北宫宣光殿。刘腾官拜司空，权倾朝野。"宣光政变"对当时政治、经济和社会的发展产生了巨大影响，成为北魏由盛到衰的转折点。正光四年（523），刘腾因病去世，时年60岁[1]。至于白整建议模仿的代京灵岩寺，就是位于平城的云冈石窟。

　　经过几代学者的考察与论证，我们可以断定，《魏书·释老志》所说的三所洞窟，就是宾阳三洞[2]（图2-2）。从上述文献记载，可提供给我们这样的史实：其一，三窟中的两所洞窟是北魏宣武帝元恪在即位初年为孝文帝和文昭皇后造功德而开凿的。

[1]（北齐）魏收：《魏书》卷九四《列传·阉官》第八十二，中华书局，1974，第2027—2028页。（唐）李延寿：《北史》卷九二《列传》第八十，中华书局，1974，第3037—3039页。

[2] 刘汝醴：《关于龙门三窟》，《文物》1959年第12期，第17—18页。张若愚：《伊阙佛龛之碑和潜溪寺、宾阳洞》，《文物》1980年第1期。

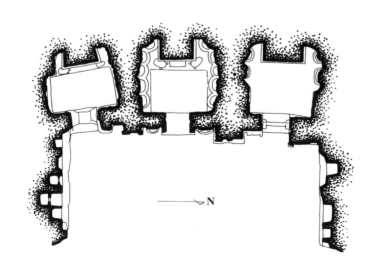

N

图2-2　龙门石窟宾阳三洞平面图（作者自绘）

在工程的设计方面，曾参考了大同的云冈石窟。其二，到了永平年间，中尹刘腾又为宣武帝本人建造了一所石窟，这样就构成了一组三窟。其实，这种为皇帝造功德窟的思想，也是来自云冈石窟，窟内的主佛像，也就是皇帝的化身佛像了。

从现存情况看，三窟中只有宾阳中洞圆满地完成了，并且表现出了鲜明的北魏晚期艺术风尚[①]。以南、北二洞的雕刻同中洞比较来看，在窟外门楣、窟顶华盖以及内容布局方面，南洞都与中洞非常接近。中、南二洞刻着一通螭首纪事大碑，碑上有仿汉民族木构建筑的屋檐。在两窟外中间刻碑，正是云冈石窟第二期同时开凿一组双窟时所常见的。另外，观中洞与北洞之间有一块向外突出的岩石相隔，上面已刻满了小龛。很显然，中、北洞在开凿时没有统一规划，而中、南二窟正是以一组双窟的形式来设计的。但遗憾的是，南洞因故没有完工。换句话说，宾阳中、南洞就是宣武帝为孝文帝及其皇后建造的功德窟，北洞则是由刘腾督造的宣武帝功德窟。由于三窟直接为皇帝做功德，又由政府官吏出面督造，因此其级别之高属龙门北魏石窟之最。

宾阳中洞是一所平面呈马蹄形、穹隆形顶的大型洞窟，进深9.85米，宽11.4米，高9.3米（图2-3）。在窟门外两侧各有一身张臂怒目、手执金刚杵的威武力士守卫，力士的头上都有汉民族的屋形龛饰（图2-4）。洞内正壁是以释迦为中心的五尊近乎圆雕的石像，包括佛与弟子阿难、迦叶，还有两身胁侍菩萨。南北壁都是一铺三尊式的立像，包括一尊立佛和两身胁侍菩萨像（图2-5）。立佛两侧的菩萨头部都已被盗凿，其中的一件现藏于日本东京国立博物馆，还有一件藏于日本大阪市立美术馆[②]。侧壁的两身立佛代表了过去佛和未来佛。在胁侍弟子与菩萨之间雕出了上下二身供养菩萨像，蹲跪着双手合十。在胁侍菩萨的头

① 关于宾阳三洞的总体情况，参见刘景龙：《宾阳洞：龙门石窟第104、140、159窟》，文物出版社，2010。

② ［日］东山健吾：《流散于欧美、日本的龙门石窟雕像》，载龙门石窟保管所编《中国石窟·龙门石窟》第二卷，文物出版社，1992，第246—253页。

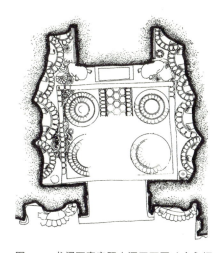

图2-3 龙门石窟宾阳中洞平面图（俞永炳、 图2-4 龙门石窟宾阳中洞外观（北魏，6世纪初）
陈悦新、赵青兰、常青绘于1985年）

图2-5 龙门石窟宾阳中洞内景（北魏，6世纪初）

顶又雕出三排供养菩萨像，也均双手合十，姿态十分优美——象征着前来闻法的众菩萨像，似乎正在恭闻三世佛共宣佛教的深奥大法。

所谓三世佛指的是过去佛和现在佛释迦、未来佛弥勒。过去佛有迦叶佛、燃灯佛（或定光佛）与多宝佛等几种。这是因为佛法是代代相传的，就有传法的佛在代代出现，在释迦牟尼生前就有佛。佛经上讲，如果能够供养这三世佛，就可以消灭一切烦恼，得到极大的快乐[①]。因此，龙门北魏时期的窟龛造像流行三世佛题材，正是信徒们接受了这一宗教思想的结果。另外，龙门也继承着云冈石窟的传统，因为三世佛是云冈石窟最流行的造像题材。

宾阳中洞主佛和菩萨像体态修长、表情温和、神采飘逸，是北魏晚期风行全国的"秀骨清像"的典型代表。坐在正壁中央的主佛，头顶饰波状发纹，面相长圆略长，五官宽大，眼似月牙儿状，长眉弯曲，眉间饰白毫，嘴角上翘内陷，含有笑意。他有着宽肩、胸腹平坦、体形消瘦的特点，显得骨气十足。他身着褒衣博带式大衣，具有较密集的阶梯式衣纹，衣质显得较为柔软。在总体形象上与云冈二期坐佛有一定的共性，但其雕刻手法更显细腻，更接近南朝的新型佛像样式。特别是垂覆于台座前的大衣下摆由云冈的单层变为三层，更加忠实地再现了南朝的佛像风格，更具有士大夫所崇尚的潇洒飘逸的风姿。南北两壁的立佛像体形宽大，身躯显短，这也可能是由于其本身的高大而特殊设计出的，其总体效果我们不难看出与云冈二期的第11窟西壁、13窟南壁的七立佛像，以及第6窟中心柱上层四面龛立佛像的相似性，只是面部表情慈善和悦，风度潇洒，更带给人们超凡脱俗的出世风貌（图1-9）。

与古阳洞的主佛相同，宾阳中洞的佛像所穿的宽博广袖大

①（北凉）昙无谶译：《金光明经》卷一，载［日］高楠顺次郎、渡邊海旭主编《大正新脩大藏经》第十六册，大正一切经刊行會，1924—1934，第342a页。

衣，以及内衣胸前束一带的装束，已经完全不同于来自印度
的袒右肩与通肩式服装了，而是代之以全新的汉民族服装风
格——褒衣博带装。这些新风格在中原的形成，是与北魏统治
者于493年迁都洛阳后继续实行汉化改革，以南朝为榜样，制
定礼乐制度的历史背景密切相关的。北魏的实力和军威虽然胜
过南朝，但却一直以南朝文化为华夏正统，并作为自己学习的
榜样。因此，采用汉民族传统艺术形式所表现的佛教艺术造型，
就得以在中原立足，并流行于后世。

主尊坐佛与侧壁立佛两侧的立菩萨像都头戴高冠，面相方
圆清秀，带有慈祥的笑意（图2-6）。他们的身材修长消瘦，胸

图2-6 龙门石窟宾阳中洞南
壁立佛与立菩萨（北魏，6世
纪初，佛利尔与周裕泰拍摄于
1910年）

腹平坦，不显示窈窕的身段。在袒裸的上身表面所装饰的物品更显华丽，下身的长裙颇具飘动的写实感，长帔在双膝部位交叉环绕，主尊坐佛的胁侍立菩萨像在帔帛之上还加饰着长璎珞。这些立菩萨像在双肩部位加的圆饼形饰物，以及上卷的并排三朵云状饰物，则是云冈二期菩萨像所不见的。

在烘托洞窟宗教气氛的装饰雕刻方面，宾阳中洞的设计也是相当成功的。在穹隆形的窟顶中心浮雕着一朵巨大的莲花，周围浮雕八身伎乐天和两身供养天，他们环绕着莲花正在散花奏乐，表面都敷以重彩[1]。飞天身姿均清瘦优美，帔帛随风飘拂，围绕洁净的莲花自由翱翔，呈现出佛国净土的既庄严又欢快的景象。飞天的外围是宝盖的边饰，由双层覆莲瓣、单层垂角装饰、垂带、帷幔所组成，下垂到了洞窟侧壁的上缘，这样就将窟顶装扮成一个华丽典雅的大华盖（图2-7），衬托得洞窟

① 吴璇：《龙门石窟宾阳中洞音乐图像研究》，《中原文物》2014年第3期。

图2-7　龙门石窟宾阳中洞窟顶（北魏，6世纪初）

更加庄严华美。

宾阳中洞地面遍施浮雕纹样。窟室地面的正中刻着踏道，自窟门处伸向主尊宝座下部，踏道两边饰以联珠纹与莲瓣纹带（图2-3）。踏道的南北两侧对称浮雕着两朵圆形大莲花，莲花之间还刻着水波纹、小莲花以及忍冬纹等装饰。在环绕正、左、右三壁地面的倒凹字形浅坛表面也刻有水波纹，与侧壁的大像足下所踏莲台可形成一个整体，就好像是漂浮在水面上一样。同时，这些侧壁的大像就宛如脚踏出水芙蓉在水面宣法。在主佛宝座前右侧蹲狮足下，还刻有在水中嬉戏的童子与水鸟，活泼可爱。这种空间的设计，就将窟内表现成了一个完整立体的净土世界，整体构思精巧，匠心独运，表现着极高的艺术造诣。

宾阳中洞在窟内环三壁设立倒凹字形基坛，在坛上造像的设计思想，在江苏南京栖霞山开凿于南齐时期的小窟中就有所表现，为现今所见的最早之例。所以，这种布局方式很有可能是传自南朝。

1978年对宾阳三洞进行维修加固的工程中，拆除了原来清代砌筑的砖券窟门，使我们惊喜地发现了原来刻在中洞窟门门券侧壁的天神像二尊及其上方的供养菩萨像四尊，还有二身飞天[1]。两尊天神像虽然被清代安装的木质窟门破坏了许多，但仍然掩饰不住其精湛的工艺。北侧的浮雕天神像尚能窥见为一头四臂，饰有帔帛与璎珞，头戴盔，左上手握金刚杵，左下手似执箭，右上手执长柄三股叉，右下手已残。南侧天神保存较好，有三面四臂，发似火焰状，左上手持长柄三股叉，左下手提一桃形扇[2]，右上手持剑，右下手按金刚杵。该像胸腹部刻有人面，饰帔帛与裙腰，赤足下踏一夜叉（图2-8）。位于门券北南壁的这两身天神像，可能分别代表了帝释天和大梵天。帝释天是三界欲界中忉利天之王，居住在须弥山顶的善见城，是佛教

① 李文生：《龙门石窟的新发现及其它》，《文物》1980年第1期。

② 这种桃形扇多被北朝至唐朝的胁侍菩萨所持，如龙门石窟古阳洞正壁的右胁侍菩萨、宾阳中洞正壁的二胁侍菩萨、宾阳南洞的左胁侍菩萨等。据最新研究，它可能是源自古印度的一种桃形扇，常出现在侍者手中，由世俗生活进入佛教，后经西域传入汉地，出现在龙门。参见潘力、邱忠鸣：《中古中国菩萨像所持"桃形物"初步研究》，《故宫博物院院刊》2023年第6期，第24—35页。

图 2-8　龙门石窟宾阳中洞门券南侧壁大梵天浮雕（北魏，6世纪初，采自《中国石窟·龙门石窟》第一卷，图版31）

中的护法神。大梵天是三界色界中初禅天之王，又名尸弃。尸弃的意译即为头顶上结发髻如火。在释迦牟尼教化众生的生涯中，帝释天和大梵天经常护持左右。

二、帝后礼佛图

　　宾阳中洞东壁的窟门两侧，布置了精美绝伦的浮雕艺术品。其中最引人瞩目的就是位于第三层的帝后礼佛图。

　　这两幅礼佛图构图严谨，画面上分别以孝文帝和文昭皇后为中心，他们被侍从们前后簇拥着，组成了南北相对的礼佛行

进队伍①。北侧的帝王行列，以戴冕旒的孝文帝为中心，他穿着
衮服，后有执华盖的二人，执羽葆的二人，再后有众多的头戴
笼冠、身穿广袖宽博朝服的侍臣们紧紧相随（图2-9）。孝文帝
正以左手二指拈侍者捧来的香。大部分跟随的朝臣们和孝文帝
一样，将身体扭向其左侧，保持着整个队伍向窟门行进的方向。
有个别朝臣回首顾盼，似乎正在与他身边的大臣交头接耳说着
什么，给人以生动的感觉②。

　　窟门南侧皇后的礼佛行列，以头饰华冠的皇后为中心
（图2-10）。她的左臂张开，右手执一炷香，右侧有持莲花的盛
装女官，前有捧持香炉与花盘的侍女二人，左上角处有一持莲
蕾的双髻少女。皇后的身后依次排列着妃嫔与宫女们。最后还

① 张乃翥：《中外文化源流递变的
一个美学例证——龙门石窟宾阳
中洞帝后礼佛图雕刻的美术史考
察》，载中国古迹遗址保护协会石
窟专业委员会、龙门石窟研究院
编《石窟寺研究》第三辑，科学
出版社，2012，第168—189页。

②陈开颖：《宾阳中洞帝后礼佛图
供养人身份考释》，《中国美术研
究》2012年第3期。

图2-9　龙门石窟宾阳中洞前壁北侧《孝文帝礼佛图》（北魏，6世纪初，佛利尔与周
裕泰拍摄于1910年）

图2-10 龙门石窟宾阳中洞前壁南侧《文昭皇后礼佛图》（北魏，6世纪初，佛利尔与周裕泰拍摄于1910年）

有二女侍持羽葆。和孝文帝的礼佛图行列相对，皇后与侍从的礼佛队伍保持着向窟门方向行进的态势，虽然有个别妃嫔回首顾盼，但她们的身体都是扭向右侧。

两幅礼佛图尽管人物层次错综，却很和谐统一，显得动中有静，充满了既肃穆又祥和的气氛，真实地反映了当时帝王显贵们崇信佛教的情况。两个礼佛队伍都是向着窟门的方向行进着，似乎他们正在缓缓进入宾阳中洞这所佛殿，准备走向窟内中部的踏道，前往正壁主佛前进行礼拜。把他们的形象刻在这里，意味着他们将永远在此向佛礼拜，也就是永远积攒着自己的功德，同时也向后人展示着这对帝后的业绩。

　　然而不幸的是，这两幅无与伦比的礼佛图，在窟内存在了1400多年后却遭到了厄运。我们在本书开始就已讲到，由于美国大都会艺术博物馆策展人普爱伦的阴谋，这对帝后礼佛图遭到了盗凿，凿下的碎片被运往了北京古玩商人岳彬的公司。最后，普爱伦如愿得到了《皇帝礼佛图》，并于1935年将其入藏大都会艺术博物馆[①]（图2）。岳彬在当年得到《皇后礼佛图》后，却并没有立即售出，因为没有人再能以重价购买整件浮雕。他就只好把这幅浮雕分成了许多小块出售，都于1934—1935年间流散到了欧洲。对《皇后礼佛图》有复合之功的应属美国堪萨斯城纳尔逊艺术博物馆的首任东方艺术策展人与第二任馆长史克曼（Laurence Sickman，1907—1988）。史克曼与哈佛大学福格艺术博物馆馆长经过多年的努力搜寻，收集到了大部分被凿下的数百片《皇后礼佛图》碎石块，经过两年的修复，最终复原了这幅浮雕，并于1941年将其展出在该馆新开的中国雕塑展厅。中国人十分痛恨那些在古董交易中使中国国宝流失的古玩商人与外国策展人、学者或收藏家，但中国人民却十分敬重史克曼，并感谢他使这件国宝得以复原，尽管它仍然保存在美国。至于岳彬，根据中国学者们提供的证据显示，1952年他被逮捕下狱，并于1954年死于北京狱中。

　　再来看看宾阳中洞前壁其他浮雕。它们同样精美动人，但也同样命运悲惨。前壁浮雕内容最为丰富，可分为上下四层，左右对称分刻于窟门两侧，自上而下分别为维摩诘与文殊菩萨对坐说法图、本生图、帝后礼佛图、十神王像（图2-11）。

　　上起第一层是根据后秦高僧鸠摩罗什翻译的《维摩诘所说经》雕刻的维摩诘居士和文殊菩萨对坐说法图。南侧为坐于床帐内的维摩诘居士，帷帐的上部有山花蕉叶，床榻的正面有壶

[①] 参见王世襄《记美帝搜刮我国文物的七大中心》，《文物》1955年第7期，第45—55页。

图2-11　龙门石窟宾阳中洞前壁浮雕实测图（北魏，6世纪初，采自水野清一、长广敏雄《龍門石窟の研究》）

门，前后有三位侍女。这里的维摩诘完全是一副汉族士大夫崇尚的博学善辩的形象：他闲适自在地靠着隐囊，右手执麈尾，头戴冠，身穿褒衣博带服装，很适合汉族上层对男子的审美标准。北侧是奉释迦之命来访问病中维摩诘的文殊菩萨，两侧有菩萨与弟子侍立（图2-12）。这对维摩诘变相浮雕，其画面之宽广，形体之硕大，是龙门百余幅同类题材雕刻所不见的，在全国石窟群中也是最大的一处。把这种题材刻在皇室建造的石窟寺里，表明了以宣武帝为代表的北魏上层权贵们对维摩诘的极大兴趣。

图2-12　龙门石窟宾阳中洞前壁北侧上层文殊菩萨（北魏，6世纪初）

　　维摩诘用的隐囊是一种软性靠垫，用布缝制，高一尺左右，内以棉花装实，缝合以后，旁边系着二带，可以用手提。人们在榻上睡醒起来，用两肘靠着它可以小坐一会儿，会觉得安逸一些，这就是人们对隐囊的日常用法之一。此外，在人们坐车或在外面任何地方稍事休息时，也常用这种靠垫。根据北朝晚期的文学家、教育家颜之推（531—约590）撰写的《颜氏家训》中的《勉学篇》，在梁朝（502—557）全盛之时，贵游子弟在出游或家居时喜欢用隐囊。另据唐代李延寿撰写的《南史》卷十二记载，陈后主（583—589年在位）与宦者共商政事时，常倚隐囊，置张贵妃于膝上共决之[1]。因此，隐囊在中国很可能首先流行于南方，当孝文帝实施了汉化政治与文化改革之后，便从南方传入北方。隐囊也出现于印度佛教浮雕、壁画，以及印

① （唐）李延寿：《南史》卷十二，中华书局，1975，第348页。

度尼西亚婆罗浮屠的图像之中，但却不见于除龙门之外的中国北方其他石窟寺中。由此推测，隐囊很可能是从印度或南亚传入南朝控制的中国南方，之后才传入北方，出现在了宾阳中洞。

东壁上起第二层是两幅巨大的佛本生故事浮雕，分别表现萨埵那太子舍身饲虎和须大拏太子布施济众的故事。"本生"是指释迦前生累世修行、行善的各种故事。北侧是萨埵那太子本生，根据《贤愚经》等佛经所讲，宝典国国王有三个儿子，最小的名叫摩诃萨埵。一日，三子出游林间，见一母虎带着几个幼虎，饥渴交迫，于是母虎就想吃掉幼虎充饥了。萨埵那决定以身命来救这些饿虎。他爬上山岗，以利木刺项出血，跳下山岩，饿虎舐血后，吃了他的肉。后来他的两位兄长收拾遗骨，盛于宝函中起塔供养[①]。根据这个故事，艺术家在壁间雕刻出了山岳树林，萨埵那的二兄着衣冠站立于右侧，中间是一大二小共三只饿虎，虎前为萨埵那裸身蹲跪。中央上方刻着萨埵那裸身合掌投崖之姿势。在同一幅画面中，萨埵那共现身两次，表现他舍身饲虎的关键情节。这种单幅多情节的表现手法，在北魏的佛教艺术界很流行，也出现在了敦煌莫高窟的北魏壁画之中。

南侧为须大拏太子本生。根据《菩萨本缘经》等经记载，叶波国国王有个太子名叫须大拏，乐善好施，驰誉邻国。因为他布施无度，使库藏将空，还把国中一头力大善斗的神象误施舍给了敌国怨家，国王一怒之下，将太子驱逐出国。太子与妃子辞别国王，将所有财物布施给民众，然后携子出宫。在太子一家乘车向山中行进的途中，不时有婆罗门前来乞求施舍，最后太子把自己的一儿一女都施舍给了婆罗门做奴仆。天王见太子如此施舍，想进一步试探他的诚心，于是就变作一个奇丑无比的婆罗门，请求太子将妃子施给他做老婆。太子当即答应，

① （唐）李延寿:《南史》卷十二，中华书局，1975，第348页。

毫无悔意。天王深受感动，就帮助太子实现了重返故国与父王、爱子团圆的愿望①。这幅画面与上幅构图形式相同，也是单幅多情节的表现手法。图中左端四人为太子与妃辞别父母，中部为夫妻二人各抱一子徒步入山，右端为天王现身。在人物之间衬以山峦重叠、树木森茂。

本生故事旨在宣扬释迦牟尼的前世是如何行善的，从而告诫佛教僧俗们应该抛弃对一切身外之物的吝惜，去忍受无止境的屈辱和牺牲。只有这样，才能在来世修成正果。这正是佛教因果报应思想的直接艺术体现。这两幅本生故事画面中的人物与背景山水树石，都具有中国南北朝绘画作品中"或水不容泛，或人大于山"②的特点，完全符合当时山水画的表现手法（图2-13）。

令人痛惜的是，上述两层浮雕中的大部分，特别是其中的关键人物，都被有目的地盗凿了，致使整个画面残缺不全。上

① （孙吴）支谦译：《菩萨本缘经》卷中，载［日］高楠顺次郎、渡邊海旭主编《大正新脩大藏經》第三册，大正一切经刊行会，1924—1934，第52b—61b页。（西秦）圣坚译：《太子须大拏经》，载《大正新脩大藏經》第三册，第418c—424a页。

② （唐）张彦远：《历代名画记》卷一《论画山水树石》，载（唐）张彦远撰《历代名画记全译》修订版，承载译注，贵州人民出版社，2009。

图2-13　龙门石窟宾阳中洞前壁北侧萨埵那太子本生浮雕（北魏，6世纪初，1907年拍摄，采自沙畹《北中国考古图谱》）

①Chang Qing. "Search and Research: The Provenance of Longmen Images in the Freer Collection," *Orientations* 34 (May 2003) : 16–25.

层的维摩诘像,在流落了60多年以后,于2001年进入了美国华盛顿佛利尔美术馆①(图2-14)。其他被盗的浮雕至今下落不明。

　　第四层是前壁的壁基部分,雕刻着十身佛教中的护法神王像,南北两侧各五身。根据他们手中所持的物品或形貌,我们可以确定其身份。自南向北依次为:手托山岳的山神王,口吐串珠的珠神王,人身狮首的狮神王,人身象首的象神王,人身鸟首的鸟神王(图2-15),手持大鱼的河神王,身后立树的树神王,手托火种的火神王,一手戏龙的龙神王,怀抱风袋的风神王(图2-16)。他们的身体都侧向窟门一方,穿着的服饰与菩萨相同,只是装饰简单,体形也显清秀,展现着北魏晚期造像的普遍风格。十神王(或诸神王)都是守护佛法的善神,在中国北朝的石窟造像中十分流行,河南巩义大力山石窟、河南安阳

图2-14　龙门石窟宾阳中洞前壁南侧上层维摩诘像(北魏,6世纪初,美国佛利尔美术馆藏)

图2-15　龙门石窟宾阳中洞前壁南侧下层神王像（北魏，6世纪初）

图2-16　龙门石窟宾阳中洞前壁北侧下层神王像（北魏，6世纪初）

灵泉寺石窟、河北邯郸响堂山石窟、宁夏固原须弥山石窟中都有同样题材的雕刻[1]。而宾阳中洞的十神王像是中国石窟中现存时代最早的神王雕刻，且属于皇家的工程，对于后期神王像的雕造具有指导意义。

　　宾阳中洞正是以这些独具一格的艺术成就以及无与伦比的

[1] 常青：《北朝石窟神王雕刻述略》,《考古》1994年第12期。

特殊历史地位，不仅成为龙门北魏石窟的代表作，而且也对同时期的其他地区和后代的石窟艺术产生了深远影响。这是与印度不同的中国模式，而中国式佛殿窟的定型与发扬光大，正是从这里开始的。

宾阳南北二洞中的现存龛像大都是隋唐时代的作品。但南洞窟顶的莲花与飞天环绕的做法，与中洞的风格极为相近（图2-17）。南洞前壁壁基的神王形制虽与中洞神王不同，但排列顺序与位置却是基本相同的。北洞的窟顶装饰虽显粗劣，但仍然是北魏样式，在侧壁也分布着十神王。根据这些我们可以看出，南北二洞在北魏时已开凿出了洞体的雏形，并完成了窟顶的装饰，基本规划了造像的布局，然而却因故终究没有完工。

公元516年，宣武帝死后，年龄幼小的孝明帝元诩（516—

图2-17　龙门石窟宾阳南洞窟顶莲花与飞天浮雕（北魏，6世纪初）

528年在位）即位当了皇帝，北魏的政治大权实际上掌握在胡太后（？—528）手里。不久，领军元义（485—526）和当时主持宾阳洞工程的中尹、宦官刘腾等人发动宫廷政变，幽禁了摄政的胡太后，共同把持了朝廷大权。公元523年3月刘腾死去，胡太后又重新执政。她对刘腾恨之入骨，甚至掘了刘腾的坟墓，剖棺戮尸①。三个月后，刘腾主持兴建的宾阳北洞不得不草草收场。显而易见，刘腾之死应该是宾阳南北二洞辍工的直接原因。胡太后也非常崇信佛法，宾阳三洞工程虽然停止了，但皇家佛殿窟的样板已经形成，北魏晚期的佛教艺术界会按照这种开窟的模式继续走下去。宾阳南北二洞的重建，就只能等待着下一位功德主了。

① （北齐）魏收：《魏书》卷九十四《列传·阉官》第八十二，中华书局，1974，第2028页。（唐）李延寿：《北史》卷九十二《列传》第八十，中华书局，1974，第3039页。

三、莲花喻妙法，飞天舞翩翩

因为花色素雅，香味飘溢，出于污泥而不染，莲花在佛教中是圣洁清净的象征，同时也是"西方极乐世界"的象征。佛教认为，凡在今生今世能多行善事，常念佛名的人，死后就可以往生西方极乐世界，在莲花中再生，尽享人间所没有的快乐②。莲花也就因此成了佛教象征的名物。在石窟寺中，莲花多被用作图案装饰，绘或雕刻在石窟顶部的藻井也屡见不鲜。但在龙门石窟中，有一所洞窟的顶部雕刻着全国罕见的硕大精美的高浮雕莲花，显示出了无穷的艺术魅力。这个洁净的所在就是莲花洞③（图2-18）。

② 宣扬西方极乐世界的主要经典，是后秦鸠摩罗什译的《阿弥陀经》、曹魏康僧铠译的《无量寿经》、刘宋畺良耶舍（383—442）译的《观无量寿经》。

莲花洞，顾名思义，是以窟顶这个精美的莲花而得名的。这朵盛开的莲花，直径3.6米，厚0.35米，分有三个高低层次：

③ 刘景龙：《莲花洞：龙门石窟第712窟》，科学出版社，2002。

图2-18　龙门石窟莲花洞内景
（北魏，6世纪初）

最凸起的一层是莲蓬，中间刻着子房，周围环刻着联珠纹；第二层是向四周展开的三层莲瓣；第三层是为了突出莲花主题而特意雕刻的由多方连续忍冬纹饰组成的圆盘，进行烘托和映衬。在这朵异常突出的莲花周围，有六身飞天环绕翱翔着，他们形体清秀洒脱，轻盈自如，手中捧着水瓶、果盘、莲蕾等物，奉向正壁雕刻的释迦佛（图2-19）。那种衣袂飘动、裙带当风的飞舞动作，与盛开的莲花动静相生，使这一既富丽又典雅的宝莲藻井生机盎然、意味隽永。这件艺术精品充分发挥了雕刻所特有的效果，既有静止的简练与概括，又富有韵律的动态，在潇洒的形体之下体现着雕刻刀法的力度。莲花精巧、飞天奇妙，是烘托宗教气氛的完美陪衬。石窟内提供的礼拜空间以及正壁的主要崇拜偶像，是修凿莲花洞的主要目的。

莲花洞高5.9米，宽6.22米，深9.78米，是一所狭长而幽深的洞窟（图2-20）。从西壁与北壁保留岩体自然的侵蚀面来看，莲花洞原先应该是一所天然的溶洞，后被修凿成为佛窟的。在洞口的拱形门楣处，以浅浮雕的形式刻出了精美的火焰

图2-19 龙门石窟莲花洞窟顶莲花与飞天
（北魏，6世纪初）

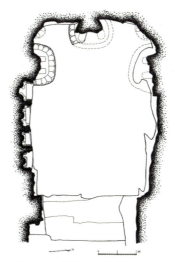

图2-20 龙门石窟莲花洞平面图
（北魏，6世纪初，作者自绘）

形尖拱，非常生动，窟楣的拱梁处刻成龙身状，中部还刻束莲
装饰。在门楣的中央刻一兽面铺首，是龙门石窟中仅有的一例
（图2-21）。窟门外北侧因岩石多被侵蚀而无法作细致的雕凿，
所以只在南侧雕刻了一身力士，头部已残，左手展掌于胸前，

图2-21 龙门石窟莲花洞门楣
（北魏，6世纪初）

右手残，似执一金刚杵，整体造型类似于宾阳中洞外的力士像，具有鲜明的北魏晚期特征。

莲花洞的正壁没有设置宝坛，主尊佛像与二胁侍菩萨直接站立于地面的覆莲花台之上。主像释迦牟尼佛高5.1米，头部已完全被盗凿，两手与双足也都失去，但从早年的照片来看，他面相长圆清秀，神态慈祥和悦，是典型的北魏晚期佛像风格（图2-22）。从整体雕造来看，这是一件优秀的作品：细颈、削肩、平胸、鼓腹等体形特征，略显娇柔无力；躯体修长且比例适度，表现出了一种闲适、温婉的动态。身穿宽大的褒衣博带式大衣，颇具南朝士大夫的思辨风神。衣纹刻画简洁流畅写实，较宾阳中洞的佛像更能表现出衣服的质感。有人说，这是表现释迦牟尼不辞劳苦、正在游方教化众生的形象。为了衬托出释

图2-22 龙门石窟莲花洞正壁主佛和弟子、菩萨（北魏，6世纪初，佛利尔与周裕泰拍摄于1910年）

迦的伟岸，在这尊立像的身后刻出了舟形大背光，下端与佛的双足平齐。两层火焰纹装饰带，似熊熊的烈焰直升窟顶莲花边缘。立像头后还刻出了圆形头光，内作两层莲花瓣，外绕以六道同心的光环，更增加了释迦的超凡神秘感。

释迦左右的两身胁侍菩萨，南北相对站立，头部都已被盗凿。其中右胁侍菩萨头部现藏日本大阪市立美术馆，面相圆润清秀，嘴含慈祥的微笑，是难得的艺术佳作[①]。身躯与装饰品也表现着北魏晚期的雕刻艺术手法。二菩萨右手握一朵莲蕾斜举于胸前，头戴花冠，宝缯垂肩，长长的帔帛与璎珞从双肩垂下，于腹前交叉。略显消瘦的躯体与微鼓起的腹部，给人以肌肤温软的生动感觉。

在主佛与二胁侍菩萨之间还有两身浮雕罗汉像，右为阿难，左为迦叶，他们的头部都是侧向主佛，现已残损。迦叶身体呈正面向，右手执锡杖，左臂平举胸前，在宽博的双领下垂大衣下面包裹着赢瘦的身躯，在领口处露出了条条肋骨。迦叶的头部现藏于法国巴黎吉美博物馆，他面容消瘦，高鼻深目，大耳垂肩，皱纹布满额头，宛如一位饱经沧桑的来自西方的域外老僧，极度夸张的手法将迦叶的神态刻画得淋漓尽致。这些独到之处，使之成为人们公认的龙门北魏最佳的迦叶雕像。阿难的体形较丰满一些，一手持莲蕾供养，原来的头部显示的是一位涉世未深的少年僧人。这两体浮雕衣纹极为流畅，衣裾处多作波状衣褶，使造像线条遒劲，趣味盎然，虽是浮雕，但立体效果明显。

在门洞内南壁下部刻有大碑一通，高1.68米，宽0.8米，下有长方形碑座。惜碑文已全部被磨掉了，上面刻出了北齐和唐代的若干小龛。这应该是莲花洞原来的造窟纪事碑。莲花洞内补凿的纪年小龛很多，最早的一处为北魏正光二年（521）。但

① 龙门石窟保管所等编：《中国石窟·龙门石窟》第二卷，文物出版社，1992，第247页。

①宿白:《洛阳地区北朝石窟的
初步考察》,载龙门文物保管所等
编:《中国石窟·龙门石窟》第一
卷,文物出版社,1991,第226页。

该洞的正壁大像与窟顶的莲花飞天显然是如期完成了。从南壁
下层四龛排列齐整的情况看,可能还有过一定的规划。通过分
析与比较这些主要造像的风格,我们大致可以推测莲花洞的主
要工程应完工于北魏宣武帝永平与延昌年间(508—515)①。

在莲花洞正壁与窟顶完工以后,接下来考虑的就是南壁诸
大龛的雕造(图2-23)。最下层的四大龛排列齐整,大小也相差
无几,如下层东起第三大龛高1.3米,宽1.3米,深0.44米,其
他三龛尺寸与之相仿。这四龛的龛楣都是尖拱火焰形,龛梁刻
作龙身状,两下角各刻一反顾的龙首。尖拱龛楣外侧于方形边
框内刻出帷帐装饰,龛外两侧的屋形檐下各刻一身一腿弓起的

图2-23　龙门石窟莲花洞南壁诸佛龛(北魏,6世纪初,佛利尔与周裕泰拍摄于1910年)

力士，以守护佛法。龛下都有一纪事碑，惜文字多已不存。在四龛的尖拱龛楣表面与龛楣、帷帐间极小的空间范围内，分别刻出了细密的飞天伎乐、维摩诘与文殊菩萨对坐说法，以及复杂而生动的火焰纹装饰（图2-24）。飞天体态清瘦，动作优美，潇洒飘逸，裙带飞动自如，手持羽葆或竽、笛、阮咸、古筝等乐器，共奏佛国妙乐以助佛教化众生。维摩诘居士坐于床帐内，手持麈尾，悠然自得，与坐于亭阁中的文殊菩萨问答佛理，身边都有众多的弟子拱手恭听，生动形象地再现了佛经中的"文殊师利问疾"的场面。龛内主像除西起第一龛为释迦与多宝佛对坐说法像外，其余三龛都是释迦牟尼居中而坐，两旁各有二

图2-24　龙门石窟莲花洞南壁下层东起第二龛（北魏，6世纪初，佛利尔与周裕泰拍摄于1910年）

弟子与二菩萨胁侍，像下有倒凹字形的基坛。佛像都身穿纯汉式的褒衣博带式大衣，右手展放于胸前表示正在为信徒们说法。但这些佛像的体形已不似古阳洞、宾阳中洞以及莲花洞主佛那样消瘦了，而是代之以较为丰满的身躯。正是这种造像作风，才开创了唐代人物丰满造型的先河。

南壁下层东起第二龛下还保存着一排十二身男女供养人像，都是用剔地薄雕的手法刻就的（图2-25）。其中女供养人仅存四身，头束丫形发髻，身穿广袖长裙，拱手向佛。男供养人前有一比丘持香炉前导，后随七身头戴笼冠、身穿褒衣博带服装的男子，颇具南朝士大夫们所崇尚的潇洒风度。

南壁下层东起第二龛内的两幅剔地薄雕小品很值得一提。在龛内主佛背部的舟形背光两侧上部，各刻一身体弯曲的清秀型飞天，裙带繁复华丽，身下有流云飘动。下部各为一幅剔地薄雕的佛传故事。有趣的是，这两幅雕刻内容看似相同，都是以悉达多太子半跏思维像为主体，但从相配的附属人物来看，却分别属于不同的故事情节。

图2-25　龙门石窟莲花洞南壁下层东起第二龛下男供养人（北魏，6世纪初）

　　右侧壁一幅，刻悉达多太子身穿菩萨装，于一树下半跏趺坐于束帛座上。他右臂弯曲，伸二指指向鼻前方作思维状。太子面前有一头戴冕旒的王者双手合十，似作跪姿，身穿广袖宽袍。王者身后有四位头戴笼冠、穿褒衣博带装的侍臣，执撑着华盖、羽葆、旌旗等仪仗（图2-26）。据东汉竺大力、康孟详翻译的《修行本起经·游观品》记载，一天，悉达多太子坐于阎浮树下，观看农夫们耕地。土中的小虫子被随锄翻了出来，鸟便立即飞来啄食。又有一些虾蟆在追咬曲蟮，这时蛇又从洞穴中钻出来吞食了虾蟆。孔雀从天而降啄吞了蛇。有一鹰飞来又搏取孔雀，最后又飞来了雕鹫搏吃了飞鹰……太子看见众生物之间这种相互吞食，毫无慈悯之心，哀叹不已，于是就端坐于树下陷入了深深的思考之中。这时，连树都具有了灵性，枝叶

图2-26　龙门石窟莲花洞南壁下层东起第二龛龛内右侧佛传故事拓本（北魏，6世纪初）

①（东汉）竺大力、康孟详译：《修行本起经》卷二，载［日］高楠顺次郎、渡邊海旭主编《大正新脩大藏經》第三册，大正一切経刊行會，1924—1934，第467b页。

主动弯曲下来，随着太阳光的移动而遮盖着太子的身躯。天色不觉已晚，国王在宫中思念太子，就带着侍臣们起驾前来。他们远远望见太子端坐在树下思维的神异景象，惊奇万分。国王情不自禁地下马来到太子面前，恭敬施礼……①

左侧壁一幅，画面与右侧的相对称，也刻悉达多太子于树下作思维相，动作与服饰均同右侧一幅，只是动作相反。太子身前一人呈跪姿，是王者形象，身材修长，面容清瘦，头戴笼冠，身穿广袖长袍，双手捧一圆形钵状物于太子面前。他的身后刻有三身戴笼冠的侍臣，分别持着华盖、羽葆、斧钺等仪仗（图2-27）。这也应该是一幅与国王身份有关的佛传故事。画面中的太子也穿着菩萨装，说明他那时还没有成佛。与右一幅相比，这身太子像的胸前似乎显现着肋骨，还有一些零乱破碎的衣带，表示太子苦修时的羸弱。根据孙吴支谦翻译的《太子瑞应本

图2-27　龙门石窟莲花洞南壁下层东起第二龛龛内左侧佛传故事（北魏，6世纪初）

起经》卷上所讲，悉达多太子出家之后，翻越了许多名山，来到了摩揭陀国，正好遇见该国的瓶沙王狩猎于田间。国王远远望见了太子，急忙赶来相见。他询问太子为何要放弃王位的继承而退隐山林。太子便向他讲述了人世间到处充满了痛苦，以及自己对安逸享乐的厌恶，所以才要进山修行，以寻求解脱的真理。瓶沙王闻言欣喜，并祝愿太子早成佛道，来度化自己[①]。由此可知，这幅画很可能是描绘了瓶沙王谒见太子的场面。

这两幅佛传故事浮雕有着极强的绘画趣味，既富于装饰效果，又重在宣传释迦牟尼的生平事迹，以期达到使佛性深入人心的目的。

南壁中上层也密布大小佛龛，都是北魏晚期具有代表性的龛形和造像，时代稍晚于下层四大龛。和下层四大龛形制相似，这些龛都有尖拱形龛楣，有的在上方还刻着帷幔装饰，在尖拱两侧分别刻维摩诘与文殊菩萨对坐说法图。

在西壁的浮雕罗汉两侧，均被北魏末年补刻的小佛龛与小千佛所占据。阿难的右侧已多被水侵蚀，在壁面结成了钟乳物，损伤了部分小龛造像。从这些小龛的形制来看，以圆拱尖楣龛为主，有的在龛额处装饰帷帐。阿难的头部左侧与迦叶的头部右侧还各有一处屋形龛，相互对称。二屋形龛上都刻有一片密集的小千佛，可以看出这是有计划安排的（图2-22）。这两片小千佛微小精致，排列整齐，是龙门石窟中形体最小的佛造像。

北壁没有作过统一布局规划，只是利用了原溶洞内较为平整的壁面刻满了密如蜂窝状的小龛，绝大部分都是北魏末年的作品（图2-28）。从小龛的形制来看，以圆拱尖楣龛形外饰帷帐者居多数，兼有少数盝顶龛与帐形龛，都是古阳洞与莲花洞南壁有过的龛形。其中以北魏孝昌三年（527）宋景妃雕造的像龛为代表。其基本形制与南壁下层四龛相同，在尖拱龛楣表面刻

① （孙吴）支谦译：《太子瑞应本起经》卷上，载［日］高楠顺次郎、渡邊海旭主编《大正新脩大藏經》第三册，大正一切经刊行會，1924—1934，第476b页。

图2-28　龙门石窟莲花洞北壁诸佛龛（北魏，6世纪初，佛利尔与周裕泰拍摄于1910年）

出了七身坐佛像，佛坛正面两端还各刻有一身狮子，相背蹲卧，以护持佛法。

北魏灭亡以后，莲花洞内仍有利用剩余空间补凿小龛的活动。最具代表性的有南壁北齐天保八年（557）比丘宝演造的无量寿佛龛及释迦像龛，武平六年（575）游达磨等造的菩萨像龛。此外，唐代的佛龛纪年者有高宗永徽（650—655）、玄宗先天（712—713）等年号，多位于南壁原北魏造窟碑之上。在莲

花洞外南侧还有北齐武平六年（575）邑师僧宝巩舍等造的坐佛
龛，以及唐太宗贞观二十年（646）张世祖夫妻儿子等造的释迦
与弥勒双佛并坐龛，这些都是研究中国古代佛教艺术的珍贵资
料。莲花洞门券南侧下部的后梁乾化五年（915）李琮造观世音
菩萨记，是龙门石窟中极为罕见的五代石刻之一。

　　除了造像以外，莲花洞还保存了三部石刻佛经。其中一部
是《佛顶尊胜陀罗尼经》，位于窟门外的北壁上方，是武周如意
元年（692）佛弟子史延福敬刻的。到了明代隆庆年间（1567—
1572），河南巡抚赵岩在这方石经上刻了"伊阙"两个大字，毁
掉了部分经文。另外两部都是《般若波罗蜜多心经》，均位于窟
内北壁上方，一部是北魏时期刊刻的，另一部是武周久视元年
（700）皇甫元亨所书。

　　总的来看，莲花洞的佛教石刻艺术既有整体的设计匠心，
又能充分发挥具体作品的艺术技巧。窟顶的莲花高度概括了佛
教教义的中心思想，达到了内容与表现形式的完美统一，显示
了北魏迁都洛阳以后汉化佛教美术发展的高水平。

四、讲经说法的一坛二龛式洞窟

　　上面谈到的宾阳中洞和莲花洞都属于佛殿窟一类。但此二
窟都不是龙门石窟中盛行的窟形，因为没有类似的窟形再现于
龙门。在宣武帝执政的晚期和孝明帝时期，在宾阳中洞题材与
造像布局的影响下，龙门出现了一批由高官显贵们出资开凿的
一坛二龛式洞窟，形成了北魏末年最标准的佛殿窟样式。这种
窟形是在马蹄形平面窟室的左、右侧壁分别开出一所大佛龛，

在正壁前部雕出一个高坛床，坛上雕刻释迦牟尼坐像与胁侍弟子、菩萨像等。在左、右壁大龛内侧分别雕刻过去佛（有的为释迦多宝并坐像）和未来佛。可见其题材仍然是云冈与宾阳中洞三佛的传统。不同的是，把释迦继续作为主尊安置在正壁坛床上，把过去佛和未来佛雕刻在侧壁的两个龛内。窟顶表面仍以莲花为中心，周围刻飞天环绕。普泰洞、魏字洞、皇甫公窟都是这样的结构，还有未完成的赵客师洞、唐字洞、药方洞等，都是这种窟室格局的原始设计。但是，由于北魏末年越来越激烈的政治动荡，后三窟不得不中途辍工，留至唐朝补凿完成。在这一小节中，我们先来看看普泰洞和魏字洞，两窟都位于龙门山的中段，属于中型规模（图2-29）。

在普泰洞的窟门外，以前在门上方刻有尖拱状的火焰形门楣，大部分已经残缺。在门外的南北两侧各雕了一身力士像，

图2-29　龙门石窟普泰洞、赵客师洞、破洞、魏字洞、唐字洞及其附近窟龛

这是延续宾阳中洞在窟外雕二力士的做法。其中南侧一身力士
保存较好，头部侧向窟门一方，右臂弯曲，右手握起放于腰间，
左手五指张开放于胸前，双腿分立，显得孔武有力，似是随时
准备击退来犯外道的态势。

　　普泰洞内部平面呈马蹄形，穹顶，高3.15米，宽5.14米，
深4.93米。窟顶正中的莲花没有雕出细部，在莲花两侧各有一
身飞天的轮廓，没有刻出细部。在西壁凿出一个佛坛，高0.73
米，宽3.3米，深0.9米，坛上造像一铺五尊，主像释迦牟尼居
中，结跏趺坐，他的两侧各雕二弟子和二菩萨。在南北两侧壁
上各开着一所大龛，东壁的门两侧也规划各有一龛，这就是该
窟的原始设计（图2-30）。

　　那么，普泰洞开凿于何时呢？在南壁西部胁侍菩萨像旁边
的上方，有一所永平四年（511）四月造的释迦像龛。在北壁西

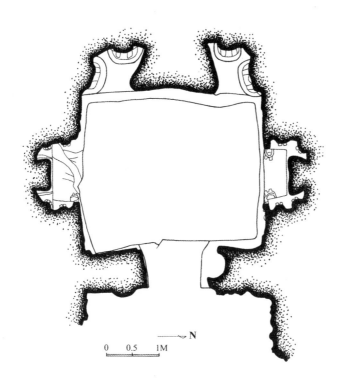

图2-30　龙门石窟普泰洞平面
图（北魏，6世纪初，作者自绘）

侧的胁侍弟子与菩萨像之间，有一所二立菩萨小龛，龛下刻有普泰元年（531）比丘道慧、法盛二人造观世音像记。这都是在普泰洞原始设计工程停止以后补刻的小龛。所以，普泰洞的开凿不会晚于永平四年，很有可能在宣武帝时期，最晚可能在正始、永平之间。普泰洞的旧名称是"第十四窟"，因为有这个普泰纪年题记，就改称"普泰洞"了。

西壁佛坛上的一铺主像表现出典型的北魏晚期风格（图2-31）。主尊释迦像的头顶有馒头形肉髻，面相长圆，五官宽大，在头身比例上头部显得较大，这也是很多佛像的比例特点，就是把头部做得稍大一些。其体形胖瘦适度，已没有了特别清瘦的感觉。但服装仍然是褒衣博带式的大衣，在胸前束有一带。仍像宾阳中洞主佛那样，将大衣的下摆垂覆在佛坛的表面，显

图2-31　龙门石窟普泰洞正壁（西壁）一铺主像（北魏，6世纪初）

示着佛的潇洒与飘逸神态。这尊佛像的两只手都已经残缺了，根据其他龛像的情况，它原来的右手应该是上举在胸部右前方，施无畏印，表示佛在成道以后的无所畏惧。它的左手原来应该是向下伸展，施与愿印，表示可以实现信徒们的任何愿望。主佛的身后刻着浅浮雕的舟形大身光，尖部折向了窟顶中央。两身弟子像身材矮小，左侧是迦叶，右侧是阿难，都身穿僧衣，体形消瘦，头后有圆形头光。再两侧是胁侍立菩萨像，头光呈桃形，戴冠，有帔帛在腹前交叉穿一环形物，面相清秀，表情和悦，体形较瘦，身躯显得娇弱无力，是典型的秀骨清像造型（图2-32）。这五身像之间的比例不可能是正常人的比例，因为艺术家有意将佛的形体雕造得高大，同时按照在佛教界的地位而将二弟子雕得最小，这就是佛教造像中的等级制度，普遍流

图2-32 龙门石窟普泰洞正壁（西壁）左胁侍菩萨（北魏，6世纪初）

行于各个时期和各个地区。本书讲到的龙门洞窟造像几乎都是这样的。

普泰洞的北壁主要开一所盝顶大龛（图2-33），在盝顶结构中分格，格内分别刻香炉、供养菩萨、七佛、飞天、化生童子等。在盝顶结构的两下角处各刻悉达多太子树下思维像，太子身前有王者跪拜，应该表现着与莲花洞南壁龛内类似的佛传故事题材。在盝顶结构外的两上角，分别刻着维摩诘与文殊菩萨

图2-33　龙门石窟普泰洞北壁
盝顶大龛（北魏，6世纪初）

对坐说法像，二人身边都有若干侍从。在龛的两侧上部和盝顶
结构的下部都刻着帷幔，在龛口上方的帷幔中央还有一个铺首。
龛内有一个倒凹字形佛坛，在坛上雕着结跏趺坐佛和二弟子、
二菩萨像，佛像的造型很像窟内正壁主佛，但这尊佛像的两手
保存完整，可以看到右手施无畏印。在龛口两侧各雕着一只蹲
狮，它们的职责是守护佛龛。

　　在龛口外的左右两侧还雕着一些小佛龛，多数应该是没有
经过统一规划。但佛龛右侧的浅龛与上方的盝顶结构紧紧挨
着，似乎是原始设计的。这个浅龛内刻着龙门少有的涅槃题材
（图2-34）。释迦躺在床榻上，头倒向一侧，榻前刻有壸门，释
迦的头部右侧有一身胡跪弟子，向着释迦双手合十。在床榻后
面还伸出了四位弟子的头部，都是面露戚容。相邻隔间内有两
身结跏趺坐的弟子，为正面相，头上悬挂着一口钟。根据佛经

图2-34　龙门石窟普泰洞北
壁大龛龛口左侧佛涅槃故事
（北魏，6世纪初，采自《中国
石窟·龙门石窟》第一卷，图
版79）

① (东晋) 法显译:《大般涅槃经》卷中,载 [日] 高楠顺次郎、渡邊海旭主编《大正新脩大藏经》第一册,大正一切经刊行會,1924—1934,第198c页。

记载,释迦是在鸠尸那城力士生地熙连河侧娑罗双树间入涅槃的①,这里把他安置在一个类似于中国汉族传统的房间里,让他躺在一个床榻上,让弟子们站在床后面和侧面哀哭,很有汉族的丧葬文化气息。

南壁也开着一个类似形制和大小的造像龛,龛楣也是盝顶形,附加帷帐装饰,帷幔中部也有铺首。盝顶结构的分格中刻有十方佛、摩尼宝珠、供养菩萨、七佛、飞天、化生童子等。在盝顶结构的两上角也刻着维摩诘和文殊菩萨对坐说法图像。龛内也是在倒凹字形佛坛上雕着坐佛与二弟子、二菩萨像。在龛外下部左右两侧各刻一身护法力士像,与莲花洞南壁一些大龛的做法相同。

在普泰洞的前壁北侧有一竖向圆拱形龛,龛内雕着立佛和二胁侍立菩萨像,三尊像都有着瘦高的身躯,都是北魏晚期的秀骨清像风格 (图2-35)。立佛的右手施无畏印,左手施与愿印,身后还有线刻的火焰背光。前壁门的南侧没有开龛,很可能是没有完成的结果。在前壁门的上部和北壁东侧,也有一些后期补刻的小龛,雕刻时代也应该在北朝。此外,在西壁基坛表面的南北两侧、门道的南北两壁以及东壁门南侧,有一些唐代开凿的小龛。

赵客师洞位于普泰洞南侧,窟内的原始设计和规模都与普泰洞十分相似,两窟又紧紧相邻,很可能在最初是以一组双窟的形式考虑的。首先开凿的是普泰洞,由于普泰洞没有最终完工,赵客师洞也就自然中途废弃了。

魏字洞位于普泰洞以南不远处,也是一座一坛二龛式佛殿窟,高4.39米,宽5.7米,深4.35米。该窟的基本形制和造像布局都和普泰洞极为相似,如同姐妹窟一般,应该是这段时期佛殿窟的标准做法 (图2-36)。同样,在西壁凿着一个平面半月形

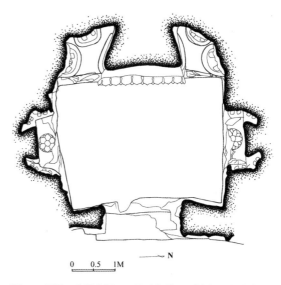

图2-35 龙门石窟普泰洞前壁北侧立佛与二胁侍菩萨（北魏，6世纪初，采自《中国石窟·龙门石窟》第一卷，图版80）

图2-36 龙门石窟魏字洞平面图（北魏，6世纪初，作者自绘）

的佛坛，坛上雕着结跏趺坐佛和二弟子、二菩萨像；在南北两壁分别开一个盝顶形大龛，龛内都有以佛为主尊的一铺像。窟顶雕刻比普泰洞有更多的细节：中央是大莲花，中心为莲蓬，外刻一圈莲瓣，再外是一圈卷叶忍冬纹，最外为一周宝装莲瓣；在莲花的南北两侧各浮雕两身供养天，形体清秀优美。

和普泰洞一样，魏字洞本身没有发现开窟记，但因为有不少北魏补刻的纪年小龛，所以被人们俗称为"魏字洞"。年代最早的一则题记刻在北壁胁侍菩萨左侧下数第二龛，这是一所交脚弥勒菩萨与二弟子、二菩萨、二狮子像龛，题记上说此龛是在孝明帝正光四年（523）九月九日由比丘尼法照为父母、师僧、十方众生造的弥勒像。比这个龛晚的还有正光四、五年（523，524）的三所像龛，孝明帝孝昌二、三年（526、527）的十一所像龛，北齐天统四年（568）一龛，北齐武平二年（571）一龛。因此，魏字洞的开凿应该在孝明帝的正光四年以前。

　　魏字洞西壁佛坛上的一铺造像仍然是秀骨清像风格（图
2-37）。主佛的姿态与服装都和普泰洞很相似，只是身体显得瘦
一些。佛坛上的弟子与菩萨像也是龙门北魏晚期的典型样式，
和普泰洞的很相似。不同的是，在坛下有一个矮台，主佛大衣
下摆的下面刻了一排覆莲瓣，表明在主佛的身下有一个莲花台。
佛坛前的两侧各有一只狮子，都是向着外侧蹲着，把内侧的前
肢抬起，回头看着主佛。抬起一个前肢的狮子，多见于南朝墓
葬之中，有保护墓葬主人的功能。因此，魏字洞狮子的造型，
无疑也有来自南朝的因素。从这些造像风格来看，魏字洞的开
凿可能比宾阳中洞要晚，大约在宣武帝的永平（508—512）到
孝明帝的神龟（518—520）之间。

图2-37　龙门石窟魏字洞正壁（西壁）一铺主像（北魏，6世纪初）

　　魏字洞的南北两侧壁也像普泰洞那样各开了一个盝顶大龛，样式相似，龛内都有倒凹字形基坛，在坛上造结跏趺坐佛和胁侍二弟子、二菩萨像，和西壁坛上的主佛共同组成了三世佛题材。在龛楣的盝顶结构表面也刻有成排的坐佛、飞天、化生童子、王者参拜悉达多太子思维像等。在盝顶结构外的两上角刻着维摩诘和文殊菩萨对坐说法图，其中位于右上角的文殊菩萨坐在宝帐之下，手里拿着如意钩（图2-38）；位于左上角的维摩诘居士坐在床帐之中，手执麈尾。北壁龛的盝顶结构下面也刻着释迦入涅槃的场景，也是像普泰洞那样将卧着的释迦安置在床榻上。不同的是，在床榻背面和释迦左侧的床上都有很多举哀弟子。在龛口两侧都有一身护法力士像，都是外侧一腿弓起，

图2-38　龙门石窟魏字洞北壁大龛龛楣右侧佛传故事和文殊菩萨（北魏，6世纪初，采自《中国石窟·龙门石窟》第一卷，图版92）

内侧一腿后蹬，袒裸上身，下身穿着长裙，露出外侧小腿部。力士将双拳握着，一副怒目冷对的表情。

在魏字洞的南北大龛外两侧以及东壁布满了小龛。这些小龛均是在窟内规划的主要作品完工之后补雕的，大致可以分为三类：盝顶龛和圆拱尖楣龛，龛内主尊多为结跏趺坐释迦佛和交脚弥勒菩萨；帐形龛，上饰垂帐，龛内主尊多为立菩萨，有二弟子、二菩萨胁侍。在南壁东侧的小帐形龛内，主尊也有释迦与多宝并坐的。在所有这些补刻的北魏小龛中，从正光四年（523）到孝昌二年（526）共有15所纪年龛，其中由优婆夷、比丘尼等女性出资雕造的共有11龛。那么，魏字洞所有作品的雕造，很可能是以某一尼寺中的比丘尼为主要功德主的。在西壁的弟子与菩萨之间，有一些唐代补刻的圆拱形小龛。

在魏字洞外，窟额已经毁坏了，原来似乎也刻有火焰形门楣。门外两侧各雕了一身力士，其中南侧力士身体多残，仅可看到其左手握着金刚杵。门北侧的力士双腿分立，重心放在左腿之上，左手放在腰间，身穿长裙垂于足下，是典型的北魏晚期力士形象。另外，唐字洞位于魏字洞的南侧，两窟相邻，很可能最初的设计也是一组双窟。和赵客师洞一样，唐字洞也没有按期完成。

综上所述，以普泰洞和魏字洞为代表的龙门新型佛殿窟，既有云冈和宾阳中洞的传统，又有来自南朝的新元素，还有自身的创新性。首先，窟内以三佛为主的题材是从云冈石窟那里继承来的。在侧壁龛内设倒凹字形基坛的做法，是对宾阳中洞三壁设坛的继承，只不过是把窟内的大坛缩小到了龛里。其次，在云冈石窟，孝文帝迁都洛阳以后开凿的第三期石窟中有很多三壁三龛式洞窟，也就是在正、左、右三壁间各开一所大龛的洞窟。魏字洞和普泰洞很明显就是在这种三壁三龛式洞窟的基础上发展来的，只不过是将正壁的大龛改成了通壁的大佛坛，并在坛上造像，这样做更能使窟内的空间显得宽阔。龙门北魏晚期的这种佛殿窟既不见于印度，也不见于中国其他地区，而在中国北方地区流传甚广的还是三壁三龛式洞窟。但在龙门，这种洞窟也不失为一种佛教石窟汉化进程中所形成的独特佛殿窟。另外，在造像的总体艺术风格方面，这两所洞窟造像已从云冈的浑厚粗犷完全转向了龙门的优雅端严。

五、诡异的六指佛窟

在龙门石窟的北魏晚期洞窟中，有一尊十分特别的佛像雕刻在龙门山南段的皇甫公窟内。这是一所和普泰洞、魏字洞的结构和造像布局很相似的洞窟，高4.5米，宽7.25米，深6.3米。根据窟外的碑刻题记，这所窟完成于孝明帝孝昌三年（527），主持人是孝明帝的母亲灵太后胡氏的舅舅太尉皇甫度（？—528）[①]。在窟内西壁也有一个坛床，上面雕着坐佛和二弟子、二菩萨像；窟顶雕一朵大莲花，周围环绕着八身飞天伎乐，演奏着中国传统乐器；南北两侧壁各开着一所大龛，在东壁门的南北两侧也各有一龛，龛内雕造立佛和二立菩萨像。坐在西壁坛床正中的大佛是该窟的主尊，通高3.18米，结跏趺坐，头部已经残缺，有着消瘦的体形，重在表现身躯的骨架特征（图2-39）。他穿着典型的北魏晚期佛像流行的褒衣博带式大衣，胸前有衣带垂下，右足出露，大衣下摆有四重垂覆在坛床前，充分展现着佛的飘逸风度。其右手放在腰部右侧，食指和拇指已残，其余三指拳起。最为奇特的是施与愿印的左手，虽然左

① 该窟的总体情况，参见马世长：《龙门皇甫公窟》，载龙门文物保管所等编《中国石窟·龙门石窟》第一卷，文物出版社，1991，第240—253页。刘景龙：《龙门石窟皇甫公窟》，外文出版社，2010。

图2-39　龙门石窟皇甫公窟正壁（西壁）一铺主像（北魏孝昌三年，527年）

手拇指已残，但却还有五指，合起来共有六指。

　　有六指的佛像，在全中国仅此一例，应当有特殊的指代。关于这个问题，我们先来看看这所洞窟所造功德的对象是谁，就比较容易推测了。功德主或所造功德的对象一般会表现在供养人像上。虽然同是一坛二龛式，皇甫公窟有很多地方不同于普泰洞和魏字洞，其中之一就是侧壁下部的两组供养人礼佛图浮雕[①]。在北壁大龛下的礼佛图保存状态较好，表现在三位僧人引导下一组人物的礼佛场面（图2-40）。这幅礼佛图中的主角的装扮类似皇帝，有着皇帝特有的伞盖和二羽葆等仪仗，由其身后的侍从们执着。主角的面相似一少年男子。当该窟完工时，孝明帝年仅17岁，因此，很可能表现的是孝明帝礼佛的场面。孝明帝的后面还有一位头戴笼冠的少年和一位年轻女子，此二人的身后只有侍从打着一个伞盖和一个羽葆，像是王和王妃身份。主要人物的身后都有侍女若干。窟内南侧大龛下部，刻的

①顾彦芳：《皇甫公窟三壁龛像及礼佛图考释》，《敦煌研究》2001年第4期。

图2-40　龙门石窟皇甫公窟北壁大龛下礼佛图（北魏孝昌三年，527年）

是另一组皇室礼佛图，以一个健壮的力士捧着一盘为中心，盘上是一香炉，炉侧饰以莲花荷叶（图2-41）。右侧是一中年男子引导的一组人物，左侧是一位妇女引导的一组人物，两组人物都面向着中间的香炉。两组人物的主角都有着皇家的仪仗，如

图2-41　龙门石窟皇甫公窟南壁大龛下礼佛图拓本（北魏孝昌三年，527年）

一副伞盖和两个羽葆等，表明他们的身份应该是皇帝和皇后一类。二人表现的很可能是宣武帝和胡太后，也就是孝明帝的父母亲。皇帝的身后还有两位头戴笼冠的王一级的人物，二人都只配有一个羽葆。所以，皇甫公窟所造功德的对象并不是皇甫度，而是孝明帝和他的父母亲。

在这所皇家洞窟内，把正壁主佛的左手雕了六根手指，不可能是雕刻者的错误，而应该是有意为之，来表现这尊有着特殊意义的佛像。这样做在北魏是有传统的。在5世纪中期的平城，北魏政府资助雕造了一尊大石佛像，以作为文成帝的化身佛像，并在脚上镶嵌有黑石，象征这位皇帝脚上的黑子[1]。昙曜在云冈开凿的五所大窟，每窟中的大佛像都象征着一位帝王[2]。龙门宾阳三洞的开凿是为了孝文帝和宣武帝。因此，这尊佛的六指，应该象征着当时在位的孝明帝实有的六根手指。既然北魏时代盛行模仿帝王躯体来镌造化身佛像，那么作为外戚的皇甫度在开凿这所石窟时，肯定是在用左手六指来模仿某个皇帝的体格特征了，那么这个被象征的对象就极有可能是孝明帝或者宣武帝了，因为在窟内有他们的礼佛图[3]。不论何者正确，窟内的主佛像一定是一位皇帝的化身佛像，这是从平城带来的帝王即是当今如来的礼佛与拜帝王相结合的传统。皇甫度这样做，不过是为了讨当时执掌朝政的胡太后和孝明帝的欢心。但是，史书里并没有记载宣武帝和孝明帝是否左手有六指。因此，这个六指佛给我们诉说着一个永远无法接近真相的千古之谜，也让我们永远品味着其中包含的神秘感。

皇甫公窟虽然与普泰洞和魏字洞属于同一类型，但在设计的精巧、雕刻的富丽方面都超过了后者，而且在规模上也要大很多。该窟的外立面在龙门石窟中也是少有的完备和精致。门楣呈尖拱形，尖拱的表面有七身浮雕坐佛像，表现着佛教历史

① （北齐）魏收：《魏书》卷一一四《释老志》，中华书局，1974，第3036页。

② 宿白：《云冈石窟分期试论》，《考古学报》1978年第1期，第26页。

③ 刘景龙：《龙门石窟——皇甫公窟》，外文出版社，2010。

的七世佛题材。龛梁作龙身形，在窟楣的下角处刻着反顾的龙首。窟门两侧各雕着一身力士像，残损严重，但仍可看出外侧一腿弓、内侧一腿后蹬的姿态，与魏字洞侧壁龛口外的力士动作相似。窟楣的两侧各雕着一身飞天，双腿都呈跪姿，向着中部飞动，其中南侧一身在弹琵琶，北侧一身在吹横笛，都是当时汉民族流行的乐器。窟楣和二飞天的上部雕出了汉族传统建筑的屋檐与瓦垄，还有屋脊（图2-42）。在屋脊的两端雕出了鸱尾，高度接近1米。这个屋檐虽然在构造上是汉民族传统的，但带有浓厚的佛教气息，因为在屋脊正中雕着一只金翅鸟，又名迦楼罗，是佛教的八部护法神之一，有吞食毒龙的本领。金翅鸟的两侧各有一个火焰宝珠，又叫摩尼宝珠，在佛教里，它们是可以随着人们的意愿而变现出种种珍宝的宝珠。这种宝珠还有除病、去苦的功能，用来譬喻佛法与佛的救度功德。

图2-42 龙门石窟皇甫公窟外立面（北魏孝昌三年，527年，贺志军拍摄）

在窟门外南侧力士的外侧有一通浮雕的螭首碑，高2.53米，宽0.87米，碑首镌刻着篆书"太尉公皇甫公石窟碑"九个大字。可惜碑文多已漫漶不清了，只能看到少量信息。可以知晓这座窟是在北魏孝昌三年（527）九月十九日完成的，度支尚书袁翻撰文，碑中提到的太原王实可能是书丹者，将作军主南阳张文可能是造碑的人。这里的太尉公皇甫公，指的是皇甫度，在唐李延寿撰《北史·外戚传》中有传记。皇甫度是胡太后的母舅，字文亮，封安县公，累迁尚书左仆射、领左卫将军。在正光初年，他担任光禄大夫。孝昌元年（525），他任司空、领军将军、侍中，以后又担任太尉。史书说他的为人是"孜孜营利，老而弥甚"，可知他为官贪婪。胡太后知道他是个无用之人，但碍于他的舅舅身份，不方便违背他的意思。但他用佛教石窟来逢迎佞佛的胡太后却很有办法。于是，这所华美的洞窟便如期开凿完成了。但这个功德并没有能保佑他自己，因为第二年他就在政治动乱中被人杀死了[1]。参与撰写碑文的袁翻，《魏书》卷六十九有传记，说他的字叫景翔，是陈郡项县（今河南省沈丘县）人，在少年时就很有才学，曾担任吏部郎中、安南将军、中书令、度支尚书、都官等职。史书中说他"既才学名重，又善附会，亦为灵太后所信待"[2]。那么，他和皇甫度的关系密切，就在情理之中了。袁翻死于建义元年（528）的河阴之变，也就是皇甫公窟完成以后的第二年。

与龙门其他北魏窟相比，皇甫公窟有一些独创之处。在一坛二龛式洞窟中，西壁坛上的一铺造像，实际上表现的是一幅简单的佛说法图。主佛是正在说法的姿态，两边有二弟子、二菩萨正在闻法。佛坛前有一低基坛，在南北两侧雕着两只蹲狮，两前肢分开支撑着，和宾阳中洞佛前狮子的做法相同。但在皇甫公窟中，二胁侍菩萨的外侧还各雕刻着一株菩提树，树叶呈

① （唐）李延寿：《北史》卷八十《外戚传》，中华书局，1974，第2692页。

② （北齐）魏收：《魏书》卷六十九《袁翻传》，中华书局，1974，第1536—1544页。

银橘叶状。这种树形见于南京西善桥南朝墓中出土的竹林七贤和荣启期画像砖[①]，应该是南朝传来的树的样式，但在此表现的是印度的菩提树，虽然树叶完全不相同。在菩提树上方，南壁有五身浮雕弟子像，北壁有六身浮雕弟子像，都是双手合十，将头部和身体扭向主佛一方（图2-43）。很显然，他们都是前来参加法会的弟子们。当然，佛经上说的参加法会的佛弟子绝不仅仅这些，而是一个庞大的僧团。这十一身弟子半身像只是在象征着众弟子而已。

　　在佛坛南北两侧的二菩提树下，分别雕着一身半跏思维菩萨像，都是内侧一腿下舒，外侧一腿盘起，相互对称（图2-44-1）。这两身像会让我们联想到莲花洞、普泰洞和魏字洞侧壁龛上雕

①韦正：《地下的名士图：南京等地竹林七贤壁画研究》，载《将毋同：魏晋南北朝图像与历史》，上海古籍出版社，2019，第50—89页。

图2-43　龙门石窟皇甫公窟北壁西侧菩提树与六弟子（北魏孝昌三年，527年）

刻的悉达多太子故事浮雕——在皇甫公窟中，这两个与悉达多太子思维故事有关的像被放大了，对称地刻在了西壁坛上的南北两侧，还省略了王者礼拜的场面。与此同时，菩提树冠向着思维菩萨的一侧倾斜，有意遮盖着他们的上方。这个做法正与佛经描述的悉达多太子在树下思维时的情景相同：枝叶主动弯曲下来，随着太阳光的移动而遮盖着太子的身躯。在北侧思维菩萨像的左侧还刻着一个花瓶，从瓶内升出莲花、荷叶，最上一朵莲花上坐着一身化生童子，有帔帛飘向身体上方，象征着在西方极乐世界的七宝莲花池中化生（图2-44-1）。这种表现手法很独特，既有装饰意味，也有宗教含义。

侧壁的二大龛也很有特点。北壁大龛的龛楣呈尖拱形，在龛楣表面刻着七身坐佛呈弯月形排列，佛的身旁都有立菩萨胁侍。

图2-44-1 龙门石窟皇甫公窟北壁思维菩萨、花瓶、"螺髻梵王"（北魏孝昌三年，527年，采自《中国石窟·龙门石窟》第一卷，图版194）

在龛楣外的两侧还有坐佛像，分三四层排列着，佛像身旁也有立菩萨胁侍。这些小佛像共同组成了众佛题材，来参与北壁龛内主尊释迦与多宝佛的共宣大法。龛内的二佛对坐，呈90度夹角，以展示佛经中说的二佛共坐于塔内说法的场景。在二佛内侧坛上雕着二弟子，二佛外侧各有一身菩萨像。龛口外两侧各雕着一身人物，东侧一身为菩萨形，头顶有高发髻，似以右手捧香炉；西侧一身着大衣，双手合十，手握莲花，头部已佚。从老照片看，西侧一身原头上有螺形发髻，有学者称这种形象为螺髻梵王[1]（图2-44-2）。所以，北壁大龛内表现的是过去世的多宝佛和现在世的释迦，但重点表现的是过去世（图2-45）。

南壁大龛是盝顶形。在盝顶结构的表面刻坐佛、立菩萨、众弟子、化生童子、维摩诘和文殊菩萨对坐说法等。盝顶结构

① [韩] 金理那：《六世纪中国七尊仏にみえる螺髻像について——"维摩经"の螺髻梵王とその图像——》，《佛教艺术》第219号，1995，第40—55页。

图2-44-2　螺髻梵王（头像尚在，北魏孝昌三年，527年，采自水野清一、长广敏雄《龙门石窟の研究》）

图2-45　龙门石窟皇甫公窟北壁大龛（北魏孝昌三年，527年，采自《中国石窟·龙门石窟》第一卷，图版193）

下方有垂幔和波状璎珞。龛口外两侧立柱，柱外各雕一身供养菩萨。其中东侧一身用右手托着香炉，西侧一身用双手向上供奉着一物，已经残缺了。龛内的主像是一尊结跏趺坐的菩萨，右足出露，帔帛在腹前交叉并穿一环形物，是典型的北魏晚期菩萨风格。菩萨坐在一个坛床上，坛上雕着二弟子、二菩萨作为胁侍，坛下刻着二狮子。在龛内主尊菩萨的背光外侧，还以浮雕的手法刻着另一对维摩诘与文殊菩萨说法图，其中的维摩诘也是坐在床帐中，右手拿着麈尾（图2-46）。但这个床帐有更多的细节，可以清晰地看到山花蕉叶、帷幔、垂带、维摩诘身下的莲花，还有站立在床后的众侍女。与北壁相对应，南壁大龛的主要题材是未来世的弥勒，只是表现形式与古阳洞的交脚弥勒菩萨有所不同。

　　但皇甫公窟的三佛题材还有其复杂性，那就是不仅在正、

图2-46　龙门石窟皇甫公窟南壁大龛内左侧维摩诘拓本（北魏孝昌三年，527年）

左、右三壁表现三世佛，还有前壁的三世佛题材。在前壁的窟
门南北两侧各雕着一个立佛像龛，并有二立菩萨胁侍，龛下部
有香炉和供养人残迹（图2-45）。可以看出，普泰洞东壁没有完
成的主题，在这里完成了。前壁上方门楣两侧雕出众佛像与北
壁上方的众佛题材可以衔接，共同表现着多佛世界主题。前壁
的门楣作尖拱形，表面刻着五个有尖拱形龛楣的小龛。中间三
小龛内都雕着释迦多宝对坐说法像，二佛都是侧身，身旁各雕
出一身菩萨立像，共有三身。两外侧的小龛内都是坐佛和二菩
萨像。很显然，东壁门楣的这些释迦多宝佛像龛表现的是过去

佛，和门的南北两侧立佛龛又可以组成三世佛题材。西壁和北壁、南壁大龛内的主尊又更清楚地表现着过去和未来佛的主题。这两组造像相辅相成，将三世佛表现得更加多样化。

　　与龙门其他北魏窟相比，皇甫公窟是仅次于宾阳中洞的华丽窟室。其巨大魅力在于立体的表现手法，即在四壁、窟顶、地面都有雕刻。把双层宝装莲瓣刻在地面四周，再从窟门到正壁佛坛中央下方刻出一条踏道，由联珠纹与向外的双层宝装莲瓣组成。踏道两侧各刻着三朵重瓣大形莲花，其中靠近东壁的莲花略小一些，莲花的中心都刻着莲蓬。莲花外面刻着忍冬叶。在西壁佛坛前二狮子之间的低坛上，还刻着五个小莲花（图2-47）。与宾阳中洞的地面相似，地面上的莲花装饰象征着佛教净土世界的莲花池——通过众生的虔敬礼佛就可以达到往生净土的目的，踏道则象征着通往极乐世界的途径。

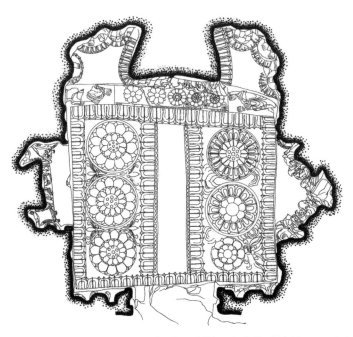

图2-47　龙门石窟皇甫公窟平面图（俞永炳、陈悦新、赵青兰、常青绘于1985年）

皇甫公窟也有若干晚期补刻的小龛，如在正壁高坛立面、南北壁大龛下、门道南北侧壁，以及窟外壁面上，都有数量不等的晚期小龛。这些小龛都是在该窟的主体工程完工以后补刻的，时期也属于北朝时期。门道北壁还有唐代补刻的小龛，规模小，也没有统一的布局规划，都是普通信徒的造像功德。

六、北魏最后的篇章——路洞

路洞是龙门石窟北魏时期开凿完成的最后一所大窟[1]。在过去，龙门石窟的前面就是车水马龙的公路，路洞位于龙门山南段下部，靠近公路，所以被俗称为"路洞"。有的学者认为它是北魏灭亡以后的东魏时代开凿的。但是在窟内前壁上发现了一个东魏元象二年（539）补刻上去的小佛龛，而元象二年上距北魏灭亡不过6年时间。这6年中，洛阳地区已经是东、西魏军队混战的主战场，绝不可能出现这么大规模的石窟工程。因此，路洞应该建于528—534年间。

与龙门其他北魏石窟相比，不论是窟的布局与装饰，还是雕像的风格与特点，路洞都是饶有意味的。洞口外的上方崖面，门楣处有浅浮雕的尖拱形火焰纹装饰，尖拱的两端原来各刻着一龙，呈俯冲的状态。双龙相对，口含拱梁。由于窟口北上方崩坍了，北侧的龙也就遗失了。门楣尖拱的上方刻着一只金翅鸟，它的作用是守护佛法。再上方的雕刻都已风化不清了。窟口外的南北两侧原来各雕着一身力士，由于窟口北侧崩坍，北侧的力士已不存在了。南侧力士面向窟门，头部已残损，仅存

① 王振国：《龙门路洞调查报告》，《中原文物》2000年第6期，第4—26页。

身躯，左手展掌于胸前，上身袒裸，下身穿长裙，仍是北魏晚
期的典型样式。

门券南侧壁刻有一身相当精美的大型浮雕天神像，头顶高
盘螺髻，面容清瘦略长，身穿交领广袖长袍，双手合掌持一
幡，面向着窟内的主尊释迦，神情宁静。（图2-48）。这个幡
的上部有一横梁，梁上鼓起一球面顶，四周装饰有火焰宝珠与
圆形花饰，梁下刻有丝织物垂下；再下垂有两条长长的飘带，
上部打结；二飘带之间又垂有一条细带。此幢幡由一长杆上
挑着。

在古代，有时用幢幡旌旗作为打胜仗的象征，有时也用作

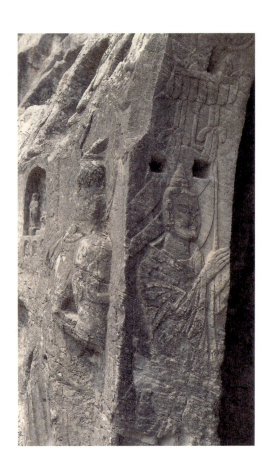

图2-48　龙门石窟路洞门券南
侧壁执幡天神（北魏，528—
534年）

帝王出行的仪仗。被佛教吸收以后，幡象征佛、菩萨的威德，也作为降魔的象征。在佛教经典中，常常鼓励人们造立幡幢，以获得福德，消除灾难，还可以获得佛教的觉悟。幡通常是以布制成的，也有金铜、杂玉、纸质的。至于悬挂的场所，可以把幡挂在堂内的柱子上，也可以竖立在佛堂的前庭，或者附着于一个天盖的四隅。按照作用或宗教功能，可分为命过幡（人死时，为死者积福）、续命幡（为祈延命而立）等几种[1]。在路洞门券上刻天神举幡，更加增强了幡的神圣力量。

洞内的平面略作马蹄形，该窟高4.2米，宽4.26米，深5.27米（图2-49）。正壁实际上是一个平面半圆形的帷幕大龛，下面

① （唐）道世：《法苑珠林》卷三十五、六十二，载［日］高楠顺次郎、渡边海旭主编《大正新脩大藏经》第五十三册，大正一切经刊行会，1924—1934，第567a、754c页。

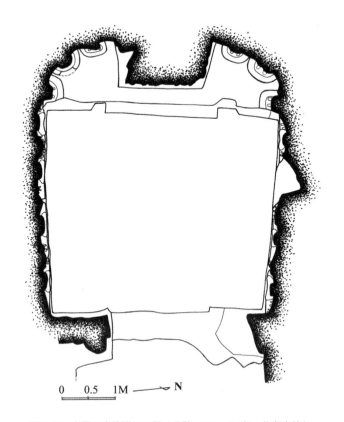

0　　0.5　　1M　　→　N

图2-49　龙门石窟路洞平面图（北魏，528—534年，作者自绘）

有一较高的佛坛，高0.87米，宽4.24米，深1.25米。在坛基中央刻着香炉，两侧各刻一狮，内侧前肢抬起。雕刻香炉和狮子是龙门北魏龛像下部的流行做法，如今被用在了路洞的佛坛正面。与上文讲述的洞窟正壁开凿的佛坛所不同的是，这个佛坛上方雕有帐形装饰，包括双层莲瓣、双层垂角、璎珞、帷幔等，还有帷幔垂挂在两侧，使窟的正壁如同一个大型的宝帐。这是为了表现龛中的坐佛、四弟子和二菩萨们都置身在一个宽大的宝帐之中（图2-50）。主尊是结跏趺坐佛，坐高1.56米，下坐方形束腰宝座，头手均残，双肩较圆，身躯显胖，胸前较鼓起，腹部内收；身穿褒衣博带式大衣，大衣下摆重叠繁复，垂覆在宝座的正面。在佛的身边胁侍四弟子的做法在龙门北魏石窟中

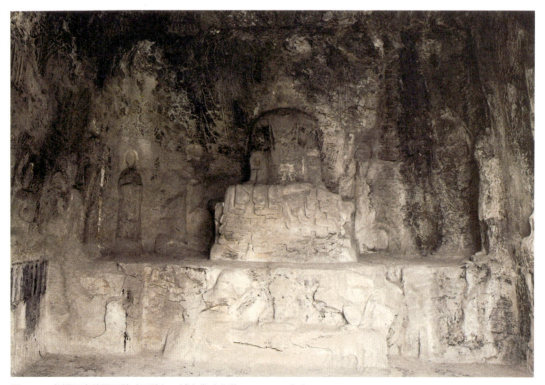

图2-50　龙门石窟路洞正壁（西壁）一铺主像（北魏，528—534年）

并不流行，但在四川成都万佛寺出土的梁朝造像中很常见，应
该是南朝因素影响的结果①。在四弟子像中，有一身保存较好，
身穿双领下垂式僧衣，双手于胸前合十。佛的身后有圆形头光
和舟形火焰大背光。在背光的南侧还以浅浮雕的手法刻着两排
胡跪弟子，都是双手合十，虔敬地向着主佛一侧。在下排弟子
的前部升起一朵由两片荷叶夹侍的莲花，花朵中间坐着一个双
手合十的化生童子，十分生动可爱（图2-51）。这就更加印证了
西壁主龛释迦说法的主题，连化生童子都前来闻法了，无疑会
给信徒们带来心灵震撼。

　　南北侧壁浮雕着上下四层内容（图2-52）。第一层，刻七
个殿堂形的浅佛龛，表现着大殿的正面和一个侧面，将殿的正

①四川博物院等编著：《四川出
土南朝佛教造像》，中华书局，
2013，第77、83、87、91页。

图2-51　龙门石窟路洞正壁（西壁）主佛背光南侧供养比丘群像与化生童子（北魏，528—534年）

面侧向中部，有不规则的透视感。屋顶都呈歇山式，下部雕着高台基。在屋脊两端有鸱尾翘起，屋檐处刻有瓦垄，檐下有一斗三升、叉手、立柱、横枋等仿木构件。各殿堂没有墙壁，但四周有陛阶、扶梯。北壁殿堂内刻出正在说法的坐佛像和胁侍二菩萨像，两侧有供养菩萨数身，都是身躯清瘦，有帔帛在腹前交叉；殿后和两侧都刻有树，树叶呈银杏叶状；殿前有莲花、荷叶，南壁殿堂内造像为一佛，两侧各刻供养菩萨若干（图2-53）。殿堂内的佛像都是结跏趺坐，有的身躯清瘦，有的略显胖，身穿褒衣博带式大衣，双手在腹前施禅定印。有的大殿上方还刻着坐佛和胁侍立菩萨。因此，这些殿堂式的浅佛龛表现的很可能是佛教的系列净土世界。

图2-52　龙门石窟路洞南壁佛龛群（北魏，528—534年，采自《中国石窟·龙门石窟》第一卷，图版210）

南壁第一层西起第一龛不是屋形，表现释迦降魔成道故事
（图2-54）。释迦牟尼坐在一个高方座之上，左手抚膝，右手已
残缺。他的双腿下舒，身下有一蹲跪状人物，用双手上托着他
的双足。佛的左右两侧各有一只正面相蹲狮。周围刻着恐吓佛
的魔众，他们手持长矛、长柄斧等各种武器，张牙舞爪。佛的
左下侧还有一身菩萨形人物合掌供养。这是龙门石窟唯一一幅
表现释迦牟尼击退天魔的猖狂进攻、成就佛道的浮雕，可惜风
化剥蚀严重[①]。

南北两壁的第二层各刻四个浅龛，内容都是基本相同的坐
佛与二弟子、二菩萨像。主佛都是结跏趺坐、施禅定印，大部
分身躯显胖，所穿的褒衣博带式大衣质感较轻薄，龛内壁的背

①张善庆：《论龙门石窟路洞降魔
变地神图像》，《中原文物》2009
年第1期。

图2-53 龙门石窟路洞北壁屋形龛（北魏，528—534年）

图2-54 龙门石窟路洞南壁第一层西起第一龛释迦降魔
成道故事和窟顶千佛（北魏，528—534年）

① 王振国认为，路洞侧壁第一、二层共十六龛，表现的是《法华经·化城喻品》中已成佛的十六王子像。他说，十六王子的老师大通智胜佛在未成佛前，先要在菩提树下破魔军。所以，任何人在成佛前必须要先经过"降魔"或"破魔"这一关。而本书所述的路洞南壁第一层西起第一龛的降魔成道图像，他认为是"十六王子中首先降魔成道的智积王子。"见《龙门路洞几个问题的讨论》，《中原文物》2001年第2期，第64、65页。此观点值得商榷。其一，说任何人在成佛前必须要先经过"降魔"或"破魔"这一关，没有根据。其二，认为路洞的降魔成道图表现的是智积王子，同样没有根据，因为经典没有记载该王子降魔成道。而更可能的是，这幅降魔成道图表现的是释迦。因此，十六王子的说法就更没有根据了，十六龛只是巧合。

光两侧还刻着莲花和树木。这些造像龛也可能表现着佛在不同时间和地点为大众讲经说法的场景①。

第三层是排列齐整、高举莲花的供养人群像，都是将双手放在胸前，腹部前挺的姿态，身体侧向正壁的主佛。第四层是保护佛法的神王像，两侧似乎各有五身，也是残破严重。其中一身保存较好，上身袒裸，饰有帔帛，有四臂，一手指向头顶的圆形幅面。

在前壁南侧下部刻有一夜叉，已模糊不清了。在窟门边处刻着一竖行伎乐天，衣带当风飘扬，各执乐器演奏着。在前壁还刻着立佛、坐佛、侍从、宝帐、树等，似乎与一些佛经故事有关。

在穹隆形的窟顶正中，仍然有一朵高浮雕的圆形莲花，莲花四周刻着密密麻麻、难以计数的佛头像（图2-54）。这在全国范围内也是独一无二的。窟顶可能表现着一个尚不为人所知的佛教故事，或是千佛题材的一种特殊形式，或是某个佛经描述的众佛参加法会的场景。

路洞的很多佛像造型，已经完全突破了北魏晚期消瘦的固定程式，显得更加丰富多样与自由化了。有些佛像虽然仍是身躯显瘦，还穿着褒衣博带式的服装，但主尊坐佛和侧壁龛中的许多坐佛像却一改过去流行的"秀骨清像"，变得丰满壮硕了。佛像的大衣比以前显得轻薄，衣纹的线条也更加流畅，且都紧贴着身体，衬托出圆圆的肩膀、鼓起的胸部，以及显胖的身躯，但不表现人物的身段美。

那么，佛像为什么在这个时候突然变胖了呢？原来，这又是南朝艺术风格变化影响的结果。自北魏迁都洛阳后，从社会的各方面向南朝学习的条件比以前便利多了。东晋以来流行的秀骨清像艺术风格，到了萧梁时期仍然发展着，但以丰满健康为美的新艺术形式已显端倪，张僧繇就是提倡这种艺术新风的代表人物[1]。

张僧繇是南朝最有影响力的大画家，吴（今江苏苏州）人。在梁武帝天监年间（502—519）担任武陵王国的侍郎，在宫廷秘阁中掌管绘画事务。他擅长人物故事画和佛教画。梁武帝是南朝有名的崇佛皇帝，凡是遇到装饰重要的佛寺，张经常受命去绘制壁画。凡是他绘的佛像，都自成一种独特的样式，被时人称作"张家样"，是绘画与雕塑艺术家们学习的楷模[2]。

张僧繇绘画中的人物形象特点，我们今天已经见不到实物了。但唐代和宋代的时候还流传着他的绘画真迹。唐代的美术理论家张怀瓘在《画断》一书中认为，张僧繇得到了人体肌肉画法的真谛。北宋书画家米芾（1051—1107）在《画史》中总结张僧繇画的天女、宫女是"面短而艳"。可见米芾与张怀瓘看到的张画中人物，都有一种面相与躯体肥胖的感觉，是与面长而清瘦完全不同的。这种艺术造型上的革新，对梁朝的绘画与雕塑产生了极大影响。

龙门以路洞为代表的新的胖型佛像，正是吸收了梁朝新的艺术思潮和新的审美情趣的结果，从而开启了中国北方佛教的艺术新风尚。过去流行的秀骨清像造型，正在随着时代的推移而被更加健康的形象所取代。在以后中国石窟发展的长河里，也能看到"张家样"的发展与更新，以及他对后代艺术家们所产生的深远影响。

在路洞的主体工程完工以后不久，北魏王朝就灭亡了。因此，以后利用剩余空间补刻的小龛都是北魏以后的，纪年有东魏元象二年（539）、武定七年（549），北齐天保元年（550）、天统元年（565）、武平三年（572）等。

[1] 宿白：《北朝造型艺术中人物形象的变化》，载《中国古佛雕——哲敬堂珍藏选辑》，觉风佛教艺术文化基金会，1989。

[2] （唐）张彦远：《历代名画记》卷七，载（唐）张彦远撰《历代名画记全译》修订版，承载译注，贵州人民出版社，2009。

七、别具特色的精巧小窟

龙门西山上还保存了一些北魏晚期开凿的小型洞窟，可能都开凿于孝明帝时期，也很有艺术造诣，在此从南到北择要介绍几处。

汴州洞（第572号）

汴州洞位于慈香洞以北不远处，在唐代开凿的惠简洞下方偏南处。因为窟内北壁上方刻着"汴州张丘造像五躯"题记，所以命名为汴州洞。这座小窟的外立面雕成了仿木构的屋檐形，在屋脊的中央刻着一只金翅鸟，屋檐部位刻有瓦垄，檐下雕着仿木构的椽子。这种屋形窟檐的做法是皇甫公窟的缩小版。窟门外的两侧各雕着一身力士，仍然保存着的右力士左手举于胸前，右手握拳下垂。在布局与样式方面都是北魏晚期龙门窟龛的一贯做法。窟内平面略呈马蹄形，中央有一坑（图2-55）。窟

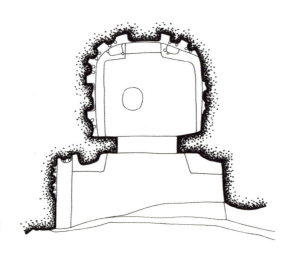

图2-55　龙门石窟汴州洞平面图（作者自绘）

顶是穹隆形，没有雕饰。窟内空间高1.27米，宽1.5米，深1.3米，最多只能容一人坐在里面。

窟内，与窟檐同属于北魏晚期作品的只有刻在北壁的盝顶形龛。在盝顶结构的表面，刻有坐佛、化生童子、帷幔等，龛口两侧各刻一力士像，面向着龛内，龛下中央刻一博山炉，下有覆莲瓣，炉的两侧各有一供养比丘和一只狮子。龛内雕有一铺五身造像，主尊是结跏趺坐佛，穿着褒衣博带式大衣，有三层下摆垂覆在佛坛表面，但身躯显胖，代表着新近从南朝传入的以胖为美的新风格（图2-56）。佛的身旁有二弟子、二菩萨胁侍，还有两身力士分别刻在五像的两下侧。龛外有头戴笼冠、穿褒衣博带服装的男供养人两身，身后各有头束双髻、穿交领衣、手持华盖的侍女，都是北魏晚期的装束。这种龛形和前面谈到的北魏晚期盝顶形龛基本一致，龛内造像也有北魏晚期的特点。

这个小窟没有按期完工。窟内正壁和南壁下部凿有通连的

图2-56 龙门石窟汴州洞北壁龛内一铺主像（北魏，516—528年，采自《中国石窟·龙门石窟》第一卷，图版38）

佛坛。在正壁坛的正中刻一博山炉，炉两侧各有一狮子，坛上雕着一尊结跏趺坐佛像，有二弟子、二菩萨胁侍。南壁佛坛表面中央刻一莲花，两侧各有一狮子，坛上有三尊造像，以弥勒菩萨居中，有二菩萨胁侍。在这两壁间雕刻的造像时代要晚于北壁，大约在东魏末或北齐时期。

慈香洞（第660号）

慈香洞位于老龙洞北侧偏上处（图2-57），平面呈马蹄形，在正、左、右三壁下部凿有倒凹字形基坛，在坛上雕出一铺五尊像。窟顶为穹隆形，窟顶中央刻莲花，莲花周围有六身飞天，动作舒展自如，还有化生童子伴随。窟口外面没有雕饰。窟内高约1.7米，宽2米，深2.2米。正壁坛的表面刻着一方比丘尼慈香、慧政造窟记，可知这个小窟是在孝明帝神龟三年（520）三

图2-57　龙门石窟慈香洞及周围窟龛

月二十□日完工的。

在正壁中央，主尊释迦牟尼结跏趺坐于方形高座之上，像高0.82米。这尊佛像继承了古阳洞主佛的特点，他的胸腹平坦，以瘦长的身体来表现秀骨清像风格。他的双手放在腹前施禅定印，身穿褒衣博带式大衣，繁复分层的衣裾垂覆在高座表面。在佛座两侧的坛前各雕着一只正面相的狮子。主佛身后有圆形头光，从内到外刻着莲花、数圈弦纹、七身小坐佛像，头光之外是舟形火焰背光。主佛的两侧各雕着一身矮小的弟子和菩萨像（图2-58）。

在主佛背光的左右两侧，以浅浮雕的形式刻着维摩诘和文殊菩萨对坐说法图，表现方式不同于别的北魏窟龛中的同类题材浮雕。刻在左侧的维摩诘身旁没有任何树、床帐之类的背景，

图2-58　龙门石窟慈香洞正壁（西壁）一铺主像（北魏神龟三年，520年）

而是直接胡跪在地面之上，右手执麈尾，身旁有三对结跏趺坐的弟子作为他的随从，还有数朵莲花、一个摩尼宝珠环绕，象征着佛教的洁净与救赎功能。刻在主佛背光右侧的文殊菩萨结跏趺坐在一个莲花台上，表现着他的神奇之处。在佛教艺术中，佛、弟子、菩萨等主要人物一般都是坐或站立在莲花之上。生活在公元2、3世纪的古印度大乘佛教著名理论家龙树在他的名著《大智度论》卷八说：莲花是柔软洁净的，凡是佛教人物欲显现他们的神力，就能坐在莲花上，还可以让莲花不损坏（"以莲花软净，欲现神力，能坐其上，令不坏故"）[①]。文殊的左手拿一个长柄状法器，可能是如意钩，两旁围绕着众多席地而坐的弟子，都是双手合十，把头部扭向文殊，场面比维摩诘的大多了。文殊的右侧上方还刻着一朵莲花，很不寻常，因为其周围刻着一圈物品，呈放射状分布着，莲花下面是流云。文殊的上方还有飞天，与窟顶的飞天衔接着。

在北壁下方坛的正面两端各雕着一只狮子，在坛上雕着一铺五尊像，为结跏趺坐佛像与立姿的二弟子、二菩萨像。南壁的造像布置和北壁相似，也是在基坛正面两端各刻一只狮子，在坛上造一铺五尊像，主像是交脚弥勒菩萨，旁边胁侍着二弟子、二菩萨。这些像都是北魏晚期的样式与风格。可以看出，西壁与南、北壁的主尊共同组成了三世佛题材。

弥勒洞（第822号）

弥勒洞位于莲花洞南部崖面下部，是一所高2.51米、宽2.9米、深3米的小窟。窟口外的门楣已经崩坍，门两侧各雕着一身力士像。窟内的平面呈马蹄形，窟顶微有弧形，表面没有雕饰。在正壁下部凿有佛坛，坛上雕着一铺五尊像。主尊是交脚弥勒菩萨，像高0.72米，他的左手掌展开放在左膝上，右手斜举在胸前，身披帔帛在腹前交叉穿一环，是典型的北魏晚期弥勒菩萨样式。弥勒的身旁有二弟子、二菩萨胁侍。在南北壁间都刻着一身立佛像，身材修长，穿褒衣博带式大衣，与正壁的弥勒共同组成了三世佛题材。这个小窟的特别之处在于：位于三世佛主尊地位的是未来成佛的弥勒菩萨。将弥勒放在三世佛的主尊地位，在以后的初唐时期将会流行。

　　弥勒洞的另一个特色是有丰富的供养人像。在北壁上部刻着男供养人六身，都是头戴笼冠，身穿褒衣博带袍服，足着高头履，手里拿着莲花，面向窟内佛像供奉着。南壁上部刻着七身供养人像，最前面有一位比丘作导引，后一人是贵妇人装束，再后面五人都是侍女，其中一人曳衣，一人执华盖，一人持羽葆，一人举莲花，另一人举莲蕾，代贵妇人向弥勒供奉。从这些供养人的形象和仪仗来看，我们可以推想弥勒洞的出资开凿者很可能是一家贵族，而女主人很可能来自皇室。侍女们都是头束丫形发髻，身穿交领广袖衣和长裙，反映着北魏晚期的女子服装风格（图2-59）。

图2-59　龙门石窟弥勒洞南壁女供养人（北魏，516—528年，采自《中国石窟·龙门石窟》第一卷，图版71）

弥勒洞北一洞（第788号）

在弥勒洞的北侧还开凿着两所小窟，俗称"弥勒洞北一洞"和"弥勒洞北二洞"。其中弥勒洞北一洞紧邻弥勒洞。窟内平面呈马蹄形，在正壁下部凿有佛坛，窟顶微曲，窟内空间高1.55米，宽1.43米，深1.48米。窟顶中央有高浮雕的莲花，周围有四个飞天环绕，一对向内，一对向外。在正壁佛坛上雕刻着一铺五尊像，有结跏趺坐的主佛，褒衣博带装的下摆垂覆在佛坛前，还有二弟子、二菩萨胁侍。南北两壁都雕着一尊立佛，立佛内侧各有一身胁侍立菩萨像。由于窟门及外立面已崩落，原侧壁立佛的外侧是否还有另一身立菩萨像已不可知晓。因此，窟内的主要造像是三世佛题材，并且都具有北魏晚期的样式与风格（图2-60）。

弥勒洞北二洞（第787号）

弥勒洞北二洞的洞窟形制和造像布局都与弥勒洞北一洞相

图2-60　龙门石窟弥勒洞北一洞（北魏，516—528年，贺志军拍摄）

似。窟檐已经崩坍，窟内平面呈马蹄形，高1.64米，宽1.45米，深1.2米。窟顶雕一朵莲花，周围环绕着四身伎乐天，分别演奏着箜篌、长鼓、笛、琵琶等乐器。正、左、右三壁下部凿有倒凹字形基坛，紧贴着这三壁各雕着三组造像。正壁坛上造像一铺五尊，主佛释迦牟尼，结跏趺坐于一个矮方台上，身穿褒衣博带式大衣，下摆垂覆在佛坛前三层，保持着北魏晚期流行的坐佛样式。但这身佛像的面相和身体已不再显瘦了，而是胖瘦适中，有着圆肩、胸腹平坦的特点（图2-61）。身旁有二弟子、二菩萨侍立。正壁上部刻着维摩诘与文殊菩萨对坐说法图，其中维摩诘刻在北侧，文殊刻在南侧。这里的维摩诘也是北魏晚期的样式，他坐在床帐内，右手执麈尾，前面有一天女，双手执花。文殊菩萨坐在一座四注顶的亭阁之中，屋脊上刻有一个摩尼宝珠，象征着佛教的性质。维摩诘与文殊上方各有一身供养天人，手持香炉和盒状物，向着主佛方向飞舞（图2-62）。南北壁的佛坛上均雕立佛和二胁侍菩萨像，和正壁主佛共同组成

图2-61　龙门石窟弥勒洞北二洞正壁（西壁）主佛（北魏，516—528年，采自《中国石窟·龙门石窟》第一卷，图版67）

图2-62　龙门石窟弥勒洞北二洞文殊菩萨上方飞天（北魏，516—528年，采自《中国石窟·龙门石窟》第一卷，图版69）

了三世佛题材。

　　石牛溪（第883号）

　　石牛溪是位于弥勒洞南侧的一个自然裂隙（图2-63），佛教信徒们利用这个裂隙的南北侧壁雕刻了大小佛龛共60多个。从龛的形制与造像特征来看，大部分龛雕刻于北魏晚期，少量补刻于唐代。

　　石牛溪北魏晚期的小龛形制可分为盝顶龛、圆拱尖楣龛、帐形龛三种（图2-64）。其中盝顶龛在盝顶结构中分格，格内刻小坐佛像。南壁有的小龛在格内浮雕维摩诘、文殊或莲花化生图像。在盝顶龛楣的左右两侧上角，雕刻一至三身比丘形象，或者刻维摩诘和文殊菩萨对坐说法图。在盝顶结构的下部刻出垂帐装饰。垂帐的下方分为三间，中部龛内雕结跏趺坐佛或菩

图2-63　龙门石窟石牛溪一带窟龛（贺志军拍摄）

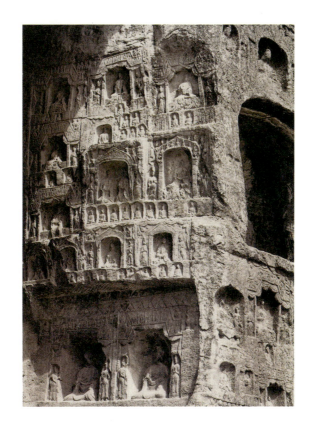

图2-64　龙门石窟石牛溪北壁
诸龛（北魏，6世纪初）

萨，有的是倚坐佛。有的主像是立菩萨，年代可能晚至东魏。
两侧间内各雕一身立菩萨像。此外，有的龛楣下部没有立柱分
间，龛内主像或是释迦，或是交脚弥勒菩萨，有二弟子和二菩
萨胁侍。

　　在北壁下部的一双盝顶形龛下有正光二年（521）七月的纪
年铭文题记，两龛上部有一个相连的横向仿木构件，上边装饰
三角纹、莲蕾，下部装饰双层垂角，以表示垂帐。盝顶结构下
面也没有分间，二龛内的主佛都是结跏趺坐佛，身材显胖，龛
口两侧各有一身立菩萨胁侍。

　　南壁有一龛的造像比较特别。龛内以交脚弥勒为主尊，脚
下一天神呈蹲坐之姿，双臂上举托着弥勒的双脚，长方形的座

端各雕一身护法狮子。龛两侧的夹侍（也叫胁侍）像分为上、下两排，上排每侧各雕三身弟子，下排为四身菩萨。另外还有手持金刚杵的二天王胁侍。在龛楣的两侧下部，还各雕一身下跪叩头的供养人。

圆拱尖楣龛龛内主尊一般是释迦和多宝佛，龛外两侧各有一身胁侍立菩萨。在尖拱形的龛楣处有的刻龙身龛梁，表面或素面，或刻小坐佛像。龛楣上方或刻供养菩萨，或刻众弟子。最上沿还刻着帷幔。

帐形龛仅有四例，南、北壁各有两例。除北壁上部一龛上刻圆形伞盖外，其他三例龛上部都刻垂帐。龛内造像主尊都是立菩萨，身旁还有二胁侍立菩萨。在南壁一所帐形龛下有"大魏永安"的纪年题记，题记两侧刻着供养人。

石牛溪还有一些唐代补刻的小龛，从龛边的题记内容可知，造像题材有阿弥陀佛、地藏菩萨、观世音、弥勒等。石牛溪的外部崖面也布满了小龛，形制与内部众龛大同小异。

党屈蜀洞（第1394号）

①王振国：《龙门党屈蜀洞及其相关问题》，《中原文物》1993年第4期。

因为这所洞内有西魏大统四年（538）六月六日党屈蜀造像记，所以将其命名为"党屈蜀洞"[①]。这个小窟位于药方洞的北侧上方，平面呈马蹄形，高2.51米，宽2.9米，深3.84米。窟顶的中央雕刻着一朵莲花，两侧各有三身供养飞天。在正壁凿有一个高0.72米、深0.6米的佛坛，在坛上雕着一铺五尊像。主像是一身结跏趺坐佛，面相清瘦、颈部细长、双肩削窄、胸腹平坦，身穿褒衣博带式大衣，衣摆垂覆在佛坛上，身下有一个矮台（图2-65）。佛的身后有舟形身光，尖部直抵窟顶。佛的身旁有二弟子、二菩萨胁侍，菩萨戴着U形璎珞，很特别（图2-66）。北壁刻有八龛，龛楣有的是尖拱形，有的是屋形，龛内雕佛和胁侍像。其中一龛为党屈蜀造像龛。南壁有四龛。

图2-65　龙门石窟党屈蜀洞正壁（西壁）主佛（北魏，516—528年）

图2-66　龙门石窟党屈蜀洞正壁（西壁）左胁侍菩萨（北魏，516—528年）

两侧壁的这些龛像都是在正壁一铺主像雕成以后补刻的，时代为北朝晚期。

六狮洞（第1418号）

六狮洞位于古阳洞的北侧上方，平面呈马蹄形，在正、左、右三壁下方凿出了倒凹字形基坛，窟顶中央刻着莲花，两侧各配三身飞天，他们手持莲花，与身下的流云共同飞动。窟内空间高1.95米，宽1.9米，深2.5米。正壁佛坛上雕结跏趺坐佛和二弟子、二菩萨像（图2-67）。正壁上方壁面刻维摩诘和文殊菩萨对坐说法图。维摩诘位于北侧，坐在帐内，前有一侍女，帐外有闻法弟子数身。刻在南侧的文殊菩萨坐在亭阁之中，身旁侍立着两位弟子，右上方有一身飞天。文殊的右侧还刻着八身

图2-67 龙门石窟六狮洞正壁（西壁）一铺主像（北魏，516—528年，采自《中国石窟·龙门石窟》第一卷，图版117）

戴冠、穿袍服的贵族男子，他们或持物，或双手合十。文殊的亭阁之下有三身跪姿的供养人，他们之间刻着一朵莲花。让北魏的贵族们参与维摩诘与文殊菩萨的辩论，是一种饶有趣味的跨时空设计，满足了这些贵族们仰慕两位圣者的心愿。北壁和南壁佛坛上都雕一铺五尊像，北壁的主尊是结跏趺坐佛，南壁的主尊是交脚弥勒菩萨，他们都有二弟子和二菩萨胁侍。正、左、右三壁间的主像构成了三世佛题材。

在窟内倒凹字形基坛的正、左、右三壁各雕着一对狮子，这是六狮洞名称的由来。这也是六狮洞的特色——龙门北魏窟龛中最为生动的狮子雕刻，在正壁基坛表面，两只狮子面对着中部的香炉侧身蹲着，头部向后仰，张口吐舌，内侧前肢抬起，如同相对起舞。南壁基坛表面的两只狮子也是侧身相对蹲着，但都闭口，凝视前方，也将内侧前肢抬起。北壁基坛表面的两只狮子与上述四狮子不同，而是相背蹲着，张口吐舌，扭头回顾着北壁坛上的主尊（图2-68）。

来思九洞（第1422号）

这个小窟位于古阳洞和药方洞之间。因为在窟内南壁内侧刻有来思九造像铭记，所以起了这个洞名。窟内平面呈马蹄形，窟顶呈穹隆形，窟内高1.37米，宽1.38米，深1.45米。在窟顶中央雕着一朵莲花，旁有二身飞天，相向飞舞着，演奏着钹和笛。在正壁下方设一较高的佛坛，高0.25米，坛上雕着结跏趺坐释迦牟尼和二胁侍弟子。主佛穿着质地轻薄的褒衣博带式大衣，右手施无畏印，左手食指、中指下伸，有圆肩、胖体的特征，衣摆垂覆在佛坛前，身后刻着舟形火焰背光。佛坛前主佛的衣摆两侧各刻

图2-68　龙门石窟六狮洞正壁（西壁）一铺主像（北魏，516—528年）

着二身供养人像，作跪状，有着高鼻深目、颈部粗壮的特征。他们身披僧衣，双手合十向着主佛，很像西域来的僧人（图2-69）。

在正壁坛前和左、右壁下方还凿着一个倒凹字形矮坛。在北壁内侧的矮坛上雕着一身菩萨像，菩萨的内侧刻着一支长茎莲花。北壁的外侧矮坛上刻着一只蹲狮，面向窟内，左前爪直立，右前爪握一长茎莲花。在狮子的外侧上方刻着礼佛的供养人像，前一身头戴笼冠，穿折领窄袖长服，右手举着莲蕾。中一身身材高大一些，似戴笼冠，冠侧平伸一板状物，穿着圆领斗篷，领结下垂。后一身风化严重，似有仪仗（图2-70）。南壁内侧也刻着一身菩萨像。这两身菩萨像都有帔帛在腹前交叉，是典型的北魏晚期样式。但南壁外侧残损严重，原来的狮子已

图2-69　龙门石窟来思九洞（北魏，516—528年，采自《中国石窟·龙门石窟》第一卷，图版127）

不存在了。把狮子刻在南北两侧壁上，在龙门北魏窟中很少见。

窟内正壁，有一些唐代小龛打破了主佛身后的火焰形背光。

驪骧将军洞（第1752号）

位于路洞北约15米处。由于窟外下方北侧刻有"邑子驪骧将军"的题记，就这样给洞窟命名了。外壁的窟楣作火焰尖拱形，有龙身拱梁，两端有反顾的龙头。窟门外两侧各雕着一身力士像，都是上身袒裸，下身着长裙，将内侧一手举于胸前，外侧一手垂直下伸，且双手大得夸张，显得孔武有力（图2-71）。窟外下方的北侧刻着供养人，只保存了九身，都是男子形象，身躯修长，头戴笼冠，穿着褒衣博带服装，双手放在胸前，有的持有莲蕾，侧身向着窟门，身旁都有榜题。其中

图2-70　龙门石窟来思九洞北壁供养人（北魏，516—528年）

图2-71　龙门石窟驪骧将军洞窟门外北侧力士（北魏，516—528年）

一条可以辨识："邑子骁骑将军李仲系。"所以，这个小窟应该是一群政府官员出资开凿的。

窟内平面呈马蹄形，穹隆形顶，在正、左、右三壁的下方凿有倒凹字形佛坛。在正壁坛基的两端各刻着一只狮子，坛上雕着结跏趺坐佛和二弟子、二菩萨像，北壁坛上的造像也是结跏趺坐佛和二弟子、二菩萨像，而南壁坛上雕的是弥勒菩萨和二弟子、二菩萨胁侍。三壁的三身主像组成了三世佛题材。

地花洞（第1776号）

此窟位于路洞北侧，因为窟内地面上刻有一朵精美的莲花而得名。洞窟形制和造像布置与来思九洞很相似。窟口外壁崩坍与风化严重。窟内平面呈马蹄形，窟顶的前半部崩坍，但仍可以看出原来在窟顶刻着莲花以及图案边饰，还有二身飞天。窟内空间高1.52米，宽1.54米，深1.4米。正壁佛坛表面中央刻一香炉，两侧各刻一只狮子。正壁坛上雕结跏趺坐佛并二弟子、二菩萨像（图2-72），主佛以右手施无畏印，左手施与愿印，双肩较圆，胸部鼓起，身躯显胖；身穿质地轻薄的褒衣博带式大衣，衣摆垂覆在坛前三层。主佛大衣下摆前刻着博山炉，下摆两侧各刻着一只蹲狮，狮子将内侧前肢抬起。在火焰形身光两侧刻维摩诘与文殊菩萨对坐说法图。刻在主佛背光右侧的文殊菩萨的头上有伞盖，下坐平面八角形的束腰覆莲座，他的左手拿着如意钩，左侧刻着一身弟子像。维摩诘位于主佛背光的左侧，坐在床帐中，右手执麈尾，身边有三位比丘、一身供养菩萨、一身侍女。

南北壁佛坛上雕结跏趺坐佛与二菩萨像，北壁主佛右手施无畏印，南壁主佛双手施禅定印，他们的体形和服装都和正壁主佛相似。在南北壁的内侧立菩萨和正壁的二立菩萨之间，还各刻着一身浮雕弟子像，身体侧向窟外一方。这种造像配置也

图2-72 龙门石窟地花洞正壁（西壁）一铺主像（北魏，516—528年，采自《中国石窟·龙门石窟》第一卷，图版202）

很特别。三壁间的主佛像都坐在覆莲台上，构成了三世佛题材。

　　窟底呈正方形，中央刻一朵精美的重瓣莲花，中心有莲蓬。莲花与四壁中部之间各刻着一朵四瓣花，呈十字形分开。在窟底的四角处也分别刻着一朵四瓣花，但花瓣都呈顺时针方向旋转，很像佛教中右旋的卐字符号（图2-73）。卐字符号被认为是一个神圣和吉祥好运的标志，地花洞窟底四角的四瓣花如此右旋，很可能是想表达这样的宗教含义。

　　龙门的这些北魏小窟，也像著名的大窟一样散发着自身的特色与异彩。这些窟内的主要造像题材是三世佛，是龙门北魏大、中型窟中的流行题材。在窟形方面，有的是受到了大窟的影响，如在正壁前设坛。但这些小窟普遍没有在两侧壁开龛，而是在正、左、右三壁前凿出倒凹字形佛坛，再在坛上雕三世佛和他们的胁侍像，这应该是洞窟体积太小而做的特殊设计。佛坛前一般雕香炉、狮子等，是大窟内小龛龛下的做法。窟顶

图2-73　龙门石窟地花洞地面（北魏，516—528年，采自《中国石窟·龙门石窟》第一卷，图版205）

一般都有莲花与飞天，是大、中型窟顶雕刻的缩小版。有的在正壁上方还有浮雕的维摩诘和文殊菩萨对坐说法图，但样式各异，显得丰富多彩。小窟内供养人的表现手法也有不同于大、中型洞窟中的情况，有的是小型礼佛行列，都是北魏世俗官宦形象的真实写照。总之，这些小窟虽然体量不大，但却有力地补充着龙门石窟北魏的艺术内容。在造像风格方面，很多佛像体形显胖，这在小窟内有着普遍性，说明了从南朝新近传入的风格更容易被小窟的功德主们接受。

八、政治动乱下的半成品

在龙门山的北部、中部、南部崖面，有六所大型或中型洞窟开凿于北魏晚期，但因某种原因半途而废，里面布满了后代补刻的小龛。自北向南依次是宾阳北洞、宾阳南洞、赵客师洞、唐字洞、药方洞、火烧洞，仍然可以从中看到一些北魏晚期最初设计时的构想和按时完成的部分内容。其中的宾阳北洞和宾阳南洞我们在前面已经谈到了，现在说说另外四座半成品洞窟。

赵客师洞

赵客师洞在普泰洞的南侧，很可能和普泰洞是最初设计的一组双窟，先开凿且基本完成了普泰洞，但赵客师洞却只凿出了雏形。由于在门壁北侧刻有唐高宗显庆五年（660）刘某于赵客师龛内敬造阿弥陀佛等像记，可知唐代人把这座洞窟叫作"赵客师龛"。在龙门石窟中，龛也有洞窟的意思。因此，人们就把这座洞窟习惯地称为"赵客师洞"了。

但唐人眼里的赵客师龛，很可能指的是现在窟内正壁造的一组大像和唐代的窟内空间。而正壁的一组大像没有北魏晚期的特征，却有着唐代初期的风格，很可能雕刻于唐高宗显庆五年之前不久的某个时间。那么，北魏晚期对这个洞窟的设计又是怎样的呢？

赵客师洞的窟口外壁窟楣是尖拱形的，表面刻着火焰纹。窟楣下有门梁，两侧似预雕出反顾的龙首。窟门两侧还保存着没有完工的力士像粗石胎，门南侧的一身已初显身姿，右臂下垂，双腿呈分立状，是北魏晚期力士的形制（图2-74）。这样的设计，同北魏晚期的窟龛外立面基本相同。

窟内平面呈马蹄形，穹隆形顶，高2.8米，宽3.8米，深3.6米（图2-75）。在西壁下部凿出了一个平面半月形的佛坛，边沿饰有一排覆莲瓣。基坛表面的南北两端各雕着一只蹲狮，胸部挺起。这些做法与北魏晚期龙门流行的一坛二龛窟中的正壁佛坛完全相同，只是现在坛上造的结跏趺坐佛和二弟子、二菩萨像都是在唐代补刻完成的。南壁开着一所大龛，北壁间的造像龛大小不等，说明起初是想在南壁开凿一所大龛。那么，窟内

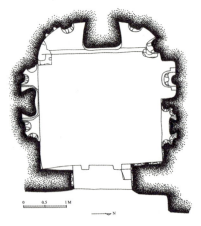

图2-74　龙门石窟赵客师洞外观（北魏，516—532年）　　　　图2-75　龙门石窟赵客师洞平面图（作者自绘）

　　的原始设计应该与普泰洞相近，即在正壁凿出佛坛，在坛上造一铺主像，再在南北两侧壁各开一大龛，形成一坛二龛窟的形制。但目前南北壁间的大小各龛都表现着唐高宗或武则天时期的造像风格，其中也有显庆五年的题记。在窟顶正中也像普泰洞那样雕着一朵大莲花，莲花的南北两侧各雕两身伎乐天，一个吹排箫，另一个吹洞箫。

　　开凿年代的线索来自东壁一龛。在东壁窟门的南北两侧共凿了18个小龛，大部分是唐代作品。其中门南侧有一个较大的盝顶天幕龛，中部立着二柱，分为三间，龛内的主佛穿双领下垂式大衣，结跏趺坐，大衣下摆有密集的衣褶。在两侧间各雕一弟子、一菩萨。盝顶结构龛楣的两上角刻着维摩诘和文殊菩萨对坐说法图。在主尊下部正中刻着香炉，两侧各有一只狮子。在龛下的北侧有一身丫髻女供养人，南侧有一身笼冠男供养人，他的身后有一侍者，二人都手执长茎莲蕾。可以看出，这是典型的龙门北魏晚期盝顶龛的形制和造像配置法。在龛下刻着铭文题记，上说此龛是永熙二年（533）七月十日佛弟子阳烈将军、羽林监太官丞樊道德为亡妻造的释迦像。那么，龛下刻的男女供养人就是这对夫妻的象征性肖像了。永熙二年离北魏灭亡只有一年了。这所小龛显然不是当初洞窟内造像的最初设计，而是在洞窟半途而废后补刻的。因此，永熙二年就可以作为赵客师洞废弃年代的下限，即在公元533年以前，赵客师洞就因故停工了。到了初唐的公元7世纪，才在窟内补刻了大小造像龛。

唐字洞

唐字洞位于魏字洞南侧，似乎与魏字洞有着一定的组合关系。在窟门外的崖壁上雕凿有屋形窟檐，表现为单层檐四注顶的形式，檐上刻着瓦垄，屋檐前伸，檐下雕出仿木构的椽子。屋脊正中立着一只展翅欲飞的金翅鸟，两旁脊上还各刻有一个摩尼宝珠，脊的两端各有一个尖部对卷的鸱尾，与皇甫公窟的窟檐做法基本一致（图2-76）。因此，它与皇甫公窟的开凿时间应该相近，也在孝明帝时期的正光、孝昌年间，但可能比皇甫公窟略晚一些。在窟外北侧崖壁有一通石碑，碑首刻二龙共托一摩尼宝珠，原来应该是刻造窟记的地方，上面的文字是唐代刊刻的，已经模糊不清了。

窟内的平面呈横向的椭圆形，顶部近平，高3.85米，宽4.22米，深3.18米（图2-77）。现西壁正中凿有一个高台，台上雕着一尊结跏趺坐佛像。西壁下部原来似乎打算凿一基坛，把窟内凿成类似魏字洞那样的一坛二龛式窟形。在这个残基坛的南北两端各雕着一身菩萨像。南壁凿有一个圆拱形大龛，内雕倚坐弥勒佛和二胁侍立菩萨像。北壁中央雕着一身菩萨像，其东侧有一身弟子，这里似乎以前有一所残龛。总之，周壁小龛与正壁大像雕刻布局较乱，没有统一的规划。除了东壁的两个帐形龛外，其余都是唐代补刻的，时间大约在公元7世纪。东壁

图2-76 龙门石窟唐字洞外观（北魏，516—528年）

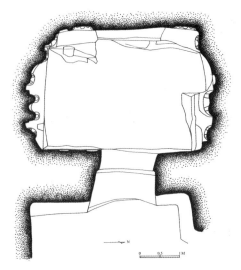

图2-77 龙门石窟唐字洞平面图（作者自绘）

窟门的南北两侧各凿着一所盝顶帐形龛，大小相近，形制大致相同。南侧龛下有大统七年（541）正月十五日的铭文题记，说明是在唐字洞废弃以后的西魏时期补刻的。在窟的崖面上也有二所帐形龛，形制同大统七年龛相似，也是北魏灭亡以后补刻上去的。

药方洞

药方洞位于龙门西山窟群偏南的崖面上，南距古阳洞10米左右，北临规模宏大的奉先寺大像龛15米左右。由于在窟内门券的南北两壁有唐代刊刻的药方，所以命名为"药方洞"。洞窟分为前庭与主室两部分，前庭现在没有顶部（图2-78）。主室的平面近似于马蹄形，穹隆形窟顶，东西进深4.4米，南北宽3.7米，高4.1米左右。窟内正壁的一铺大像、窟顶的莲花与飞天、窟门外的力士、门楣上方的大碑和飞天都是北齐时期的作品。南北两壁也布满小龛，没有统一的规划，应该是施主们各自寻找空间补刻成的。南壁正中开一大龛，北壁开了一所稍大些的

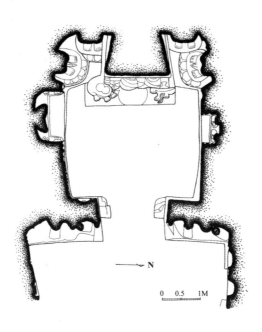

图2-78 龙门石窟药方洞平面图（作者自绘）

龛，两龛并不对称，但窟内侧壁的原始设计似乎也是各开一所大龛。在侧壁的这些龛中，我们发现了北魏晚期的遗迹，从而为药方洞的最初开凿时间找到了证据。

药方洞内现存最早的造像题记位于南壁西侧上部。这里有一所圆拱尖楣龛，高0.66米、宽0.46米。龛楣上雕着垂帐纹与众比丘像。龛内雕一佛、二弟子、二菩萨像，龛外两侧各有一身力士。龛下刻有男女供养人像，女的六身，男的仅存二身，中部的熏炉已经残损了。龛外的东侧刻着铭文题记，可知这所龛是由太中大夫、平南将军、南面大都督、清水县开国公李长寿的妻子陈晕割舍家财，造了这个释迦像龛，并且愿她的夫主可以得到"帝主宠念"，又祝愿她自己、已经亡故的儿媳妇能得到圣贤的保佑和帮助，使家眷安宁、长寿，一切如愿。时间是北魏孝庄帝元子攸的永安三年（530）六月十三日（图2-79）。这个时候，北魏政权已经风雨飘摇，离灭亡只有四年时间了。

晚于永安三年的北魏纪年小龛，还有刻在东壁门北侧中部

图2-79 龙门石窟药方洞南壁
西侧上部陈晕造释迦像龛（北
魏永安三年，530年，采自《中
国石窟·龙门石窟》第一卷，
图版100）

的两所圆拱尖楣龛，上龛纪年为普秦二年（532），下龛纪年为
永熙三年（534），也就是北魏灭亡的那一年。

北壁和南壁还有无纪年的北魏龛像，规模更大一些。北壁
东侧上部的盝顶形龛，南壁正中的圆拱尖楣大龛以及北壁等处
的圆拱尖楣龛、个别盝顶形龛等，雕造风格与上述三个纪年小
龛基本一致。圆拱尖楣龛的基本特征，是龛楣有的用细线阴刻
飞天，上部刻垂帐装饰，有的在正中刻兽面铺首。龛楣的两上
角分别刻维摩诘和文殊菩萨对坐说法的场面，周围有众比丘在
听法。龛梁处刻着龙身，有龙首向上卷向两侧，口里衔着忍冬
叶。这些特征都和龙门莲花洞南壁的龛饰相似，无疑也是在北
魏晚期雕刻成的。龛内的后壁凿着一个基坛，有的坛环绕着正、
左、右三壁下部作倒凹字形，也是很多北魏窟龛的做法。龛内
坛上雕一佛、二弟子、二菩萨像，基坛的两侧雕二狮子。北壁
大龛内的主像是释迦与多宝对坐说法（图2-80）。二佛都是结跏
趺坐，露着一足，面相清秀，胸腹部较平坦，但形体并不十分
显瘦，身穿褒衣博带式大衣，大衣下摆有密集的褶纹，垂覆在

图2-80　龙门石窟药方洞北壁释迦多宝像龛（北魏，516—530年）

基坛的表面。菩萨像身形消瘦，帔帛在腹下部穿一圆环或者交叉。龛外两侧屋檐下各雕一身力士，都是反顾回首的姿态，一腿弓起，一腿斜撑地，双肩耸起；头戴束发冠，上身袒裸，下身穿着拖地长裙，弓起的小腿裸露着。这些造像特征都是在龙门北魏晚期窟龛中流行的，和药方洞内永安、普泰、永熙三龛内的相关造像风格也很相似。所以，这些大小北魏龛的时代也应该是在永安（528—530）、普泰（531）、永熙（532—534）年间雕刻成的，或者略早一些。

　　前面提到的永安三年龛虽然是窟内最早的造像龛，但其位置较偏僻，绝不是最先开凿的。另外，药方洞南、北、东三壁的龛分布较乱，也不像普泰洞、魏字洞、皇甫公窟那样南北壁各开一所大龛、周围环列小龛的统一布局。同样，东壁小龛分布也没有一定的次序。从这些情况来看，药方洞并没有有计划地统一安排雕造内容，而是在中途因故停工了。永安、普泰、永熙纪年三龛，以及与之相似的北魏晚期中小形龛都是陆续补凿的，才会形成这种混乱的布局。但我们也可以由此推测，药方洞的开凿应当在北魏永安三年以前[1]。

在西壁大像的下部有一平面近似半月形的基坛，高 0.2—0.25 米，南北长约 4.23 米，两端又向内凹入约 0.22 米，打破了南北二壁西侧的小龛，雕造了正壁的二胁侍菩萨大像，年代应该晚于两侧壁的北魏末期小龛。因此，在洞窟初创时，艺术家们的构想可能类似魏字洞、普泰洞、皇甫公窟等北魏末期的标型佛殿窟，就是在西壁下部凿一个平面呈半月形的高坛，在坛上雕造一铺主像，高度大约与现存主尊坐佛的宝座等高。那么，现在西壁下部的半月形矮台，可能就是后代打破了原来高坛的残迹，而主尊佛座可能是利用了原高坛，从两侧向下凿而形成的。所以，主尊佛座的高度就是最初设计的佛坛的高度。

火烧洞

火烧洞位于古阳洞和皇甫公窟之间，是古阳洞以南最大的一所洞窟（图 2-81）。窟内平面呈略长的马蹄形，高 10 米，宽 9.5 米，深 12 米，窟顶为穹隆形。窟内岩石剥落严重，壁面上的龛像大部分都崩毁了。这个大窟的工程并没有按时完工，南北侧壁并不规整，应该是因故停工后，人为毁坏了壁面上已经雕成的造像。数年以后的北魏末年，又有人在两侧壁的下方补凿了一些龛像（图 2-82）。

位于西壁（正壁）的主像是一铺五尊。主像释迦牟尼结跏趺坐于西壁中央，双手施禅定印，身穿褒衣博带式大衣，身体表面还保存着一些阶梯状衣纹，坐在高方座之上。佛座的前方

①李文生：《龙门石窟药方洞考》，《中原文物》1981 年第 3 期。常青：《龙门药方洞的初创和续凿年代》，《敦煌研究》1989 年第 1 期。

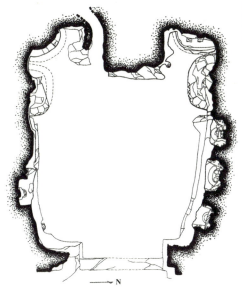

图2-81 龙门石窟火烧洞、皇甫公窟一带崖面（20世纪 80年代拍摄）

图2-82 龙门石窟火烧洞平面图（作者自绘）

两侧各雕着一只狮子，身体都已残破，仅存部分狮爪和狮尾。佛座的南侧前方有一溶洞，直通岩壁深处。佛身旁的二弟子也雕在西壁，仅仅保存着很少的残迹。二胁侍立菩萨像雕在南北两侧壁的西端，也仅仅保存着轮廓，但仍可见菩萨脚下的重瓣覆莲台。火烧洞正壁的一铺大像与宾阳中洞正壁坐佛以及二弟子、二菩萨的排列方式很相似，都是把二胁侍菩萨雕刻在两侧壁的里端。这种相似性说明二者的雕刻年代应该相差不远。

在窟内西壁大像之间的下部，以及东、北壁下部部分区域，保存有一些北魏末年补刻的小龛，以正光纪年（520—525）的为最多。因此可以推测，火烧洞的开凿，应该在北魏正光以前的孝明帝时期，或许可以早到宣武帝时期。火烧洞的规模非常宏伟，超过了宾阳中洞。所以，开凿这所大窟的功德主很可能和北魏皇帝或高官显贵有关[1]。其半途而废和被故意毁坏，可能

① 焦建辉：《龙门火烧洞（第1519窟）与北魏孝文帝》，《中原文物》2016年第5期。

和主持开凿的人的失势有关。

火烧洞停工和被毁坏以后，在北魏孝明帝晚期至北魏灭亡前，有不少佛教信徒还曾出资在窟内补刻了一些龛像。在北壁下部开有三所大龛，龛内造像都是一佛二弟子二菩萨，其中西部两龛的主尊为倚坐佛像，是龙门北魏窟龛中少有的佛像坐姿，下有两只护法狮子（图2-83）。在西侧的一龛外保留着一身力士。这三所大龛的龛内平面都是马蹄形、穹隆顶，环绕着正、左、右三壁下方有倒凹字形基坛，很像前文提到的北魏末年开凿的小窟形制。因此，这三所大龛应该是北魏末年完成的。在龛楣的表面装饰着垂帐，中部雕一铺首，口衔璎珞，垂在龛口

图2-83　龙门石窟火烧洞北壁下部西侧倚坐佛像龛（北魏，516—530年，采自《中国石窟·龙门石窟》第一卷，图版184）

的上部边缘。在南壁中部最下方保存着四层供养人行列，他们之中有出家的僧人，也有世俗人的装束（图2-84）。旁边的铭文题记刻着他们的姓名，还提到了释迦像。可知在这些供养人行列的上方原来雕刻着释迦像，但早已不存在了。

唐代对火烧洞进行了大规模的补凿。例如，南壁东侧下部有一所优填王像龛，龛内周壁雕出千佛。龛下还有一些唐代小龛。南壁上部有两所唐代大龛，内部也雕着千佛。从造像风格来看，这些龛可能开凿于唐高宗时期。此外，窟内还发现有武则天垂拱二年（686）、垂拱三年（687）的造像题记。

可喜的是，这所毁坏严重的洞窟，却在门外的窟楣处及其两侧保存着完好精美的大型浮雕，而且还是龙门北魏窟龛中独一无二的题材（图2-85）。窟门外的左右两侧雕着类似于宾阳

图2-84 龙门石窟火烧洞南壁下部供养人行列（北魏，516—530年，采自《中国石窟·龙门石窟》第一卷，图版182）

中洞外那样的力士像，其中的北侧力士已经残缺，南侧力士身体部分保存完好，头顶也雕出了屋檐，遮盖着力士。窟楣与两侧的浮雕总宽9.8米，高3.5米。窟楣是尖拱形，表面刻着火焰纹，中央刻一宝盆，向上伸出了三束莲梗，中间一枝上部为一朵盛开的莲花，两侧二枝斜向上各有一朵莲蕾，总高1.1米。唐代慧琳在《一切经音义》卷二十一中将盛莲花的器物称作"满瓶"①。

在窟楣的两侧雕着骑龙、骑虎天人形象。二天人的服饰基本相同，身穿交领广袖长袍，腰间束带，有裙腰，小腿裸露，作跪姿，不穿鞋。天人的体形较瘦，面相长而清秀，腹部向前挺起，显得潇洒自如。南侧一身的头顶束着两朵圆形发髻，发髻下部两侧垂下两条带状头巾，天人右手持一鞭状物，穿着的裙间褶纹较多，应该是女性。她身下骑着的飞虎像奔马一般，虎身长达3.1米，虎的口中向着北方吐出上下翻卷的长忍冬叶。北侧的天人头戴高冠，很像通天冠，应为男性。他右手抱着龙颈，左手向后扬起，执一长柄拂尘，飘向身后。他所骑的飞龙长度也约3.1米，也是像飞马一样奔跑着。这个龙口中吐出的忍

①［日］宫治昭著，李萍、张清涛译：《涅槃和弥勒的图像学》，文物出版社，2009，第43页。张晶：《中印早期佛教宝瓶莲花图像流播》，《中国美术研究》2018年第4期，第4—15页。史一帆：《南朝画像砖"满瓶莲花"纹饰之管窥》，《中国美术》2023年第1期，第87—93页。［日］高楠顺次郎、渡邊海旭主编：《大正新脩大藏經》第五十四册，大正一切经刊行會，1924—1934，第437b页。

图2-85 龙门石窟火烧洞门楣浮雕测图（北魏，516—530年，作者自绘）

冬叶仅剩下根部，大部分都残缺了。龙颈上部还装饰有一个火焰宝珠。这两位骑龙、虎的天人身下都刻着流云，飘向身体后方，给人一种疾速的感觉。在两身骑龙、虎天人的下方，南侧刻着莲蕾和莲瓣，再下是窟门南侧力士头顶的屋檐装饰。北侧雕着一身化生童子，双手合十于胸前，端坐在一朵莲花之中。全部浮雕采用减地阳刻的技法。

从二身骑龙、虎者相对飞翔的情况看，与东王公、西王母的题材很相近。东王公和西王母是一对夫妻，是秦汉以来死后成仙世界的主神。四川地区的一些东汉崖墓中，常常雕刻东王公、西王母一类的神仙题材，还在前厅左右壁面配以青龙、白虎，在中国传统文化与信仰中象征东、西方位[1]。所以，以虎配西王母，以龙配东王公，就在情理之中了。此外，他们经常分别以驾着龙车和凤车在天上飞行的形象出现在汉代以来的艺术作品之中[2]。二身骑龙、虎天人在佛教石窟中出现，应该是借用了中国传统的东王公、西王母的形象，来表现佛的护法天部，也就是忉利天主帝释天和帝释天妃的。帝释天本来是印度教的神明，掌管雷电与战斗，后来进入佛教，成为佛的护法神。帝释天和帝释天妃的形象见于敦煌莫高窟、云冈石窟、麦积山的北魏石窟之中[3]。火烧洞的这幅浮雕是同类题材中规模最大的一例，在全国石窟中也是独一无二的，而且还把其他石窟中的乘龙凤车改成了单人骑龙、虎的形象。把帝释天和帝释天妃刻在窟外门楣的左右上角，配合门外两侧的力士共同守护佛法，也保护着窟内佛的法会，更具有宗教的感染力。

上面提到的半途而废的洞窟，应该和北魏末年越来越激烈的政治动荡有关。孝明帝元诩是一位傀儡皇帝，朝廷的大权完全掌握在胡太后的手里。她荒淫奢侈，却又深信佛法，大肆兴建寺塔，著名的洛阳永宁寺就是这些土木工程中最为壮丽的一

①如成都曾家包汉墓就刻有青龙与白虎。参见中国画像石全集编辑委员会：《中国美术分类全集·中国画像石全集7·四川汉画像石》，河南美术出版社、山东美术出版社，2000年，第44页。

②李山林：《东王公与西王母》，新疆人民出版社，1994。

③段文杰：《早期的莫高窟艺术》，载敦煌文物研究所编《中国石窟·敦煌莫高窟》，文物出版社，1982，第179页。

龙门石窟艺术史

①中国社会科学院考古研究所：《北魏洛阳永宁寺：1979—1994年考古发掘报告》，中国大百科全书出版社，1996。

②（北齐）魏收：《魏书》卷十《孝庄纪》、卷十三《宣武灵皇后胡氏传》，中华书局，1974，第255—256、340页。

③东魏杨衒之《洛阳伽蓝记》卷一，载［日］高楠顺次郎、渡邊海旭主编《大正新脩大藏經》第五十一册，大正一切经刊行會，1924—1934，第1001a页。原文："洛中草草，犹自不安。死生相怨，人怀异虑。贵室豪家，并宅竞窜。贫夫贱士，襁负争逃。"

所①。公元528年，已经长大成人的孝明帝非常怨恨胡太后的专权，他秘密命令在晋阳（今山西太原市）拥有重兵的大都督尔朱荣（493—530）前来洛阳，胁迫胡太后交出朝廷大权。但孝明帝做梦也没有想到，他依靠的却是一个阴险毒辣的武夫。尔朱荣接到这个密旨高兴极了，立即命令大将高欢（496—547）为前锋，发兵赶赴洛阳。大军刚到上党（今山西壶关县），胡太后就觉察到了，她立刻毫不犹豫地杀死了孝明帝。此后，尔朱荣拥立长乐王元子攸为皇帝（魏孝庄帝，528—530年在位），举兵攻入洛阳，把胡太后和年幼的小皇帝沉于黄河。然后，尔朱荣借口祭天，北魏王公大臣2000多人召集至河阴（今河南孟津县），趁他们没有任何防备，用铁骑包围起来，乱箭发射，再用马蹄践踏，屠戮殆尽。当时去的北魏诸王全部遇害。太后的妹妹胡玄辉收了太后的尸体，葬在了双灵寺。这就是著名的"河阴之变"②。从此以后，尔朱荣掌握了朝政，使大量武将进入政治舞台，中国北方从此又开始了军阀混战的时代。

面对北魏统治集团内部的这场大屠杀，东魏杨衒之在《洛阳伽蓝记》中写道：洛阳一带十分萧条，人们没有安全感。朝中的贵族和富裕家庭无不惊骇万分，纷纷隐居起来，以躲避灾祸。贫苦人家则带着包袱争相逃命③。这种兵戈四起、民不聊生的社会环境，必然对佛教的发展产生影响，不仅使北魏王朝走向了衰亡，洛阳也从此失去了往日的繁荣景象。作为北魏佛教圣地的龙门石窟，大规模地开窟造像工程这时候基本上停止了，小型造像也急剧减少，相当一批洞窟半途停工，如宾阳南洞、宾阳北洞、火烧洞、赵客师洞、唐字洞和药方洞。以后，直到北朝结束，虽然还有雕凿之举，但很少开凿大窟，雕刻工艺也与以前差别较大。龙门石窟的第二个春天，只能等待洛阳的再次兴盛了。

九、传遍北方的中原模式

北魏迁都洛阳以后，由中原兴起的修建塔寺、开窟造像、广泛地为皇帝或自己的亲人们做功德的崇佛热潮，迅速地风靡北方各地。根据《魏书·释老志》统计，在512—515年间，北魏各州郡的僧尼寺院共有13727所，到了520年以后，全国的寺院已发展到了3万多所，僧尼的总数超过了200万人[①]。从北方现有的大大小小的石窟群来看，有相当多的一部分就是开凿在北魏建都洛阳的时代里（图2-86）。首都洛阳的重要地位决定了这里佛教事业的特殊地位。龙门石窟作为洛阳地区石窟寺的代表，又有国家的最高统治者直接参与，其他地区开窟造像时，必然或多或少地以龙门（包括巩县石窟寺）为榜样而加以效仿。因此，对当时其他地区的艺术家们来说，龙门的北魏窟龛造像

① （北齐）魏收：《魏书》卷一一四《释老志》，中华书局，1974，第3048页。

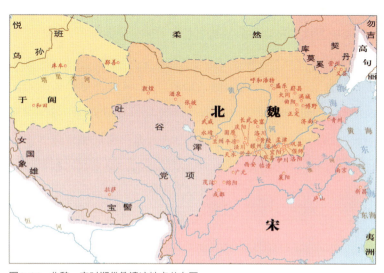

图2-86　北魏、宋时期佛教遗迹地点分布图

就是佛教艺术的模范。

但是，全国各地在接受了来自都城的影响之后，是不可能创作出千篇一律的艺术作品的。因为各地区原本就拥有自己的文化面貌与艺术传统，再加上出资开窟的功德主们对佛教艺术的不同理解、创作者的艺术水平差异以及对美的不同追求等，就形成了中国佛教艺术丰富多彩的地方特色。它们所表现出的时代共性，就是以龙门为代表的都城佛教艺术的影响，主要体现在洞窟形制与造像风格两大方面。就佛像而言，即表现为褒衣博带服装与"秀骨清像"风格，这是推动石窟寺汉民族化的一个强大的冲击波。下面我们选择一些各地在北魏晚期开凿的重要石窟群，看看它们都包含着哪些来自洛阳北魏晚期的时代共性，以及自身的风格特点。

在洛阳周围，除了巩义大力山之外[1]，还分布着一些小规模的北魏晚期石窟群，它们的开凿时代均晚于龙门，都是在不同程度地接受龙门影响下形成的。

鸿庆寺石窟，位于渑池东部、洛阳市以西55公里的白鹿山下，保存着六所中小型石窟洞，大小造像共275身[2]。鸿庆寺第2窟西壁圆拱尖楣龛内的主佛穿着褒衣博带式大衣，下摆的三层衣褶垂覆方法与龙门慈香洞主佛相似。

水泉石窟，在北魏洛阳故城以南大约20公里的沙河东岸峭壁间，属于偃师县寇店乡水泉村，是一所深9.5、宽6.4米的大型敞口纵长方形的佛殿窟[3]。它与龙门古阳洞、莲花洞一样，也是在天然溶洞的基础上修凿而成的。窟室后壁雕刻着通高5米多的两身立佛像，额较宽、肩略平，站立的姿态与大衣的刻法都与宾阳中洞侧壁的立佛相似，完工于北魏孝明帝时期（图2-87）。在洞窟内外的小龛中，也有很多与龙门的褒衣博带装坐佛相似的佛像，也都是在北魏末年雕刻成的[4]。

①巩义大力山石窟以北魏中心柱窟为主，应该是与龙门北魏石窟并列发展的石窟群。参见河南省文物研究所编：《中国石窟·巩县石窟寺》，文物出版社，1989。

②李文生：《渑池鸿庆寺石窟》，载龙门文物保管所等编《中国石窟·龙门石窟》第一卷，文物出版社，1991，第254—264页。

③温玉成：《洛阳市偃师县水泉石窟调查》，《文物》1990年第3期，第72—77页。

④参见刘景龙、赵会军编著：《偃师水泉石窟》，文物出版社，2006。余江宁、王宏涛：《豫西中小石窟：水泉石窟》，上海交通大学出版社，2021。

万佛山石窟位于洛阳市吉利区万佛山森林公园内,分为上、下寺院两区,现有洞窟五所,一个摩崖立佛像龛,石雕造像共计300余身[1]。上寺的第1—3窟都是平面近马蹄形,在正、左、右三壁前凿有较浅的倒凹字形矮坛的小窟,三壁间的主佛构成了三佛题材,并有弟子、菩萨胁侍,窟顶雕莲花,窟门外两侧各有一身力士。这些内容布局都与龙门石窟北魏晚期的中小型洞窟如皇甫公窟、魏字洞、普泰洞、六狮洞、弥勒洞、地花洞等类似。在三壁前凿倒凹字矮坛,在坛上雕像,则是龙门宾阳中洞的北魏皇家洞窟模式。第2、3窟窟内地面浮雕的莲花图案,又与龙门石窟北魏末年开凿的地花洞做法相似。下寺的第6号窟的主要内容也是三佛题材,但平面近似圆形,三壁下部也有矮坛。在第2、3、6窟的基坛侧面刻有丰富的供养人行列,是万佛山石窟的一大特色。第5窟是一所残损的中心柱窟,仅在中心柱

① 参见宫大中:《龙门石窟的"卫星窟"——万佛山石窟》,《中原文物》1993年第4期,第24—26、34页。

图2-87 河南偃师县水泉石窟内景(北魏,6世纪初)

①［韩］金理那：《六世纪中國七尊仏にみえる螺髻像について—"維摩経"の螺髻梵王とその図像—》，《佛教藝術》第219號，1995，第40—55頁。

②贺玉萍认为此为"奉鱼供养天"，此观点有误。见氏著：《万佛山摩崖立佛龛奉鱼供养天考释》，《中原文物》2008年第3期，第100—102页。

③温玉成：《河南新安县西沃石窟》，《考古》1986年第2期，第132—134页。

④杨超杰：《洛阳周围小石窟全录》第二卷，外文出版社，2010，第95—120页。

的正面保存有造像龛，龛外两侧的着僧装、头顶有大螺髻的合掌人物，也见于龙门石窟皇甫公窟北壁大龛西侧，且造型相似。在学术界，这种人物或被称为"辟支佛"，或解释为"螺髻梵王"①。上寺的第4号是大立佛像龛，高4.7米多。这种大立佛像使我们联想到水泉石窟的二大立佛像，和巩县石窟第1窟外的大立佛像龛。其规模也和龙门石窟莲花洞正壁的主尊立佛相仿，应该与北魏洛阳模式的流布有关。第4号大立佛龛下基坛表面还刻有一香炉、二狮子、四神王像，其中有左手托鱼的河神王，表现法与龙门宾阳中洞、巩县石窟中的神王相似②。

西沃石窟，位于河南省新安县正北40公里西沃乡东边黄河南岸的垂直峭壁，下临黄河水面约有7米③。在崖面上由东向西依次排列着四座浮雕石塔、两所石窟和塔与石窟上的若干佛龛。第1窟的拱门两侧各雕着一身金刚力士，内部是一所平面长方形的小型窟室，在环绕三个壁面的宝坛上，正壁前雕着坐佛与二弟子、二菩萨立像，左右两壁前都雕着一尊立佛和两身胁侍菩萨，穹隆形窟顶上刻着莲花宝盖和四身飞天。这所小窟的布局直接承袭着宾阳中洞的做法，制作于北魏孝昌年间（525—528）。第1窟的立佛较龙门北魏晚期的佛像更显消瘦，佛的内衣胸前不束带，呈流行于后代的双领下垂式。西沃第2窟也是一所长方形平面的小窟，正面有一个佛坛，形成了一个有帷帐装饰的佛龛，建成于普泰元年（531），很像龙门北魏末年开凿的路洞，主佛形象也与路洞侧壁龛内的坐佛很相似。

洛阳附近还有一些北魏晚期开凿的小型石窟。河南嵩县铺沟石窟④，现存六所石窟，创建于北魏晚期，窟中的主尊佛像面部多丰满而稍长，衣纹流畅而多褶，近似于龙门北魏正光、孝昌年间的窟龛造像。孟津谢庄石窟、宜阳虎头寺石窟等，时代均属于北魏晚期，在雕刻内容和风格方面，都可以在龙门找到相近似的因素①。

另外，在郑州市曾先后发现了两批石刻造像②。赵安香造像主尊是穿着褒衣博带装的立佛，像的背面刻着释迦太子树下思维场面，与龙门莲花洞的同类题材浮雕十分近似。正光二年（521）扈滕造像为三佛题材，主尊结跏趺坐，左右分别夹侍以倚坐佛与交脚菩萨像，佛像都穿着褒衣博带式大衣。孝昌三年（527）扈文思造像，为身穿褒衣博带装、手施无畏印的结跏趺坐佛。正光二年口德何造像，主尊为褒衣博带装呈右腿下舒坐式，与龙门石窟研究院收藏的北魏晚期舒相坐佛相似。从这些单体造像身上，我们也能看到强烈的龙门北魏晚期色彩。

1959年，在山西沁县南涅水出土的北魏造像中，纪年最早的是北魏永平三年（510）③。这些造像中的褒衣博带装坐佛像，都有面相清秀与削肩的形体特征，大衣下摆垂覆在座前，有数层衣褶纹，和龙门宾阳中洞、普泰洞、魏字洞、皇甫公窟主佛有相似之处。所以，山西的这批北魏晚期造像，与东部的中原地区有一定的关系。

陕西地区的佛教艺术以长安为中心，而现存西安地区及其周围的北魏佛教造像与石窟表现出洛阳的影响与自身的地方特点。在长安以西的丝绸之路沿线现存众多的北魏石窟之中，也常常可以见到直接或间接的来自中原洛阳的影响④。

甘肃庆阳北石窟寺，位于庆阳西峰镇西南25公里处，现存大小窟龛共计295所，北魏至宋代的石雕造像2000多尊，是甘肃陇东地区内容最丰富的一处石窟群⑤。在北石窟寺中，雄居窟群中央、最大和最有代表性的第165窟，是由北魏泾州刺史奚康生（467—521）在公元509年主持修建的。平面呈横长方形，盝顶，窟内高14米，宽21.7米，进深15.7米。窟内环绕正、左、右三壁下部凿有倒凹字形基坛，在坛基上共雕出了7身8米左右

① 宿白：《洛阳地区北朝石窟的初步考察》，载龙门文物保管所等编：《中国石窟·龙门石窟》第一卷，文物出版社，1991，第225—239页。

② 郑州市博物馆：《郑州市发现两批北朝石刻造像》，《中原文物》1981年第2期。

③ 郭同德：《山西沁县南涅水的北魏石刻造像》，《文物》1979年第3期。

④ 常青：《北魏关中地区佛教造像风格的多元化》，载《长安与洛阳：五至九世纪两京佛教艺术研究》，文物出版社，2020，第211—241页。

⑤ 甘肃省文物工作队等编：《庆阳北石窟寺》，文物出版社，1985。

的立佛像。这些立佛像面相方圆，双肩稍窄，身体显得消瘦修长，褒衣博带大衣内有两重交领式的僧祇支，很有潇洒的风度（图2-88）。立佛大衣衣裾平静下垂的方式，与龙门宾阳中洞立佛相似。

南石窟寺，位于甘肃泾川县东7.5公里的泾河北岸崖壁上，共有五所洞窟[1]。其中第1窟是奚康生在公元510年主持建造的，在洞窟形制和造像布局方面都和北石窟寺的第165窟如出一辙，只是在规模上略小一些。窟内环绕三壁的倒凹字形台基上雕造了7身高6米的大立佛像，还有14身高3.5米的胁侍菩萨像。这些佛教人物在身体比例上均头部显大，身材粗短，是奚康生造的这两所大窟的共同特点。不过相比之下，南石窟寺第1窟的佛

[1] 甘肃省文物工作队等编：《陇东石窟》，文物出版社，1987。

图2-88　甘肃庆阳北石窟寺第165窟七佛局部（北魏永平二年，509年）

像显得略微清俊一些。

泾州是北魏王朝的西北重镇之一，正位于丝绸之路的东段北道之上，北魏历任泾州刺史大多数由当时的朝廷权臣担任，可见北魏统治者对陇东地区的重视。奚康生来自洛阳，他的洞窟依据的佛像样式应该直接来自首都，但也做了一些创新。陇东地区除了南北石窟寺外，还分布着众多的北魏石窟龛像，并且在雕造技艺方面都达到了相当高的水准。

须弥山石窟，在宁夏固原西北55公里处，有132所石窟分散开凿在山麓东南向崖面上，创建于北魏，兴盛于北周和唐代[1]。从北魏末年开始，这一地区称作原州，是丝绸之路东段北道上的一个重镇，对于中原王朝经营西北地区有着举足轻重的作用。在子孙宫区的崖面上，第14、24、32窟都是方形平面的中心塔柱窟，这里的塔柱更像方形平面的楼阁式宝塔，少的有三层，多的可达七层，在塔柱体的每层四面都开龛造像（图2-89）。有的窟在其室内的壁面也开龛造像。这三所洞窟的造像有交脚坐的弥勒菩萨，有单独的坐佛或立佛，而中心塔柱四面的大多数龛内造的是一佛二菩萨，即形体高大的坐佛像和侍立于两边的菩萨像。三窟中的佛教人物形象都是面形清瘦、身材修长，属于北魏晚期的时代风格，而在有的佛像宽大服装的表面刻着排列密集的衣纹线，则是北魏时期流行于西北地区的地方雕刻艺术特色。固原新集公社出土的北魏建明二年（531）西征都督金神庆造像碑中，上层雕出着褒衣博带装的释迦多宝对坐说法像，下层雕有饰帔帛交叉的立菩萨像，这些样式均可见于洛阳龙门北魏窟中[2]。

天水麦积山石窟第115窟内保存了一则"大代景明三年（502）九月十五日"施主张元伯的长篇发愿文，是麦积山石窟群中现存最早的一条造窟纪年题记。麦积山的北魏晚期洞窟中，

①宁夏文物管理委员会编：《须弥山石窟》，文物出版社，1988。

②固原县文物站：《固原县新集公社出土一批北魏佛教造像》，《考古与文物》1984年第6期，第34—35、55页。

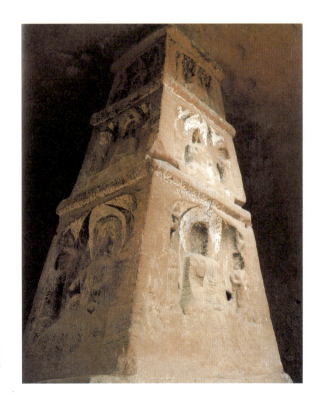

图2-89 宁夏固原须弥山石窟第24窟中心柱（北魏，6世纪初）

有的是平面方形的平顶窟，在侧壁上都开了一个大龛，窟内四壁的上方还加凿了小型列龛；有的洞窟平面呈马蹄形，顶部则是穹隆形；还有顶部呈套斗形藻井的洞窟和形制特殊的大窟等。这些洞窟里的塑像题材除了三佛外，还出现了一佛二弟子二菩萨或者再加二力士的新组合形式，以及七佛、十大弟子等，都可以在龙门北魏石窟中见到。在麦积山北魏晚期开凿的洞窟中，塑像人物都具有体形修长、面容清秀消瘦的特点，体现了当时风靡全国的"秀骨清像"式造型艺术（图2-90）。如第142窟正壁坐佛像，身躯瘦长，身穿褒衣博带大衣，下摆垂覆在座前的部分甚为宽大，共有四层之多，最外层自双膝与双脚腕处垂下四条长舌形的衣裾，露出右足[①]。这种大衣的垂覆方式也见于龙门沔州洞北壁龛主佛、莲花洞南壁大龛内主佛、魏字洞南北壁

① 中国美术全集编辑委员会编：《中国美术全集·雕塑编8·麦积山石窟雕塑》，人民美术出版社，1988，图版40、55、56。

图2-90　甘肃天水麦积山石窟
第147窟主佛（北魏，6世纪初）

大龛坐佛、药方洞北壁大龛内的释迦多宝像等，只是龙门佛像
的舌形衣裾下垂较短。保存在麦积山的《大魏沙弥法生造像碑》
碑文提到在北魏晚期的麦积山修行的法生和尚俗姓刘，是洛阳
人[①]。可知当时麦积山有直接来自洛阳的僧人参与造像活动，因
此，来自洛阳的样式与麦积山的地方特点相结合，就是很自然
的事了。

　　在北魏晚期，甘肃永靖炳灵寺的凿窟活动主要转移到了崖
面的下方，保存至今的窟龛共有33处。其中的8所洞窟大部分
是方形或长方形平面，低穹隆形窟顶，在窟内正壁和左右壁下
部凿有倒凹字形低坛，在坛上雕出佛、菩萨等像。第126、128、
132窟是左右毗邻、形制相近的一组洞窟，雕刻在正壁的主尊都
是释迦和多宝佛并坐像，在左右壁分别雕出佛与二菩萨或者交

①麦积山石窟艺术研究所编：《麦
积山石窟资料汇编》初集，1980。

脚坐的弥勒菩萨与二菩萨像。这种造像布局形式与龙门宾阳中洞、慈香窑相似。佛像都穿宽大的褒衣博带服装，头部像圆柱一样，下颏较平，身躯十分消瘦，出露右足下垂（图2-91），这种姿态可见于龙门魏字洞。但这里的坐佛将大衣下摆的三层衣褶刻作密集的两排同心圆形，则富有装饰色彩[1]。

甘肃张掖马蹄寺千佛洞第8窟中心柱南面下层龛内绘制的释迦多宝像，大有龙门北魏坐佛之风姿[2]。

在敦煌莫高窟北朝第三期洞窟中，彩塑佛像均改为面相清秀、身体消瘦单薄、颈部细长的秀骨清像式。有的佛像穿上了褒衣博带式大衣，如第249、285窟的主尊倚坐佛像，其坐姿和衣纹走向都和龙门石窟火烧洞北壁西龛的倚坐佛像相似[3]，只是身躯更显清瘦而已（图2-92）。第285窟的开凿不晚于西魏大统

① 甘肃省文物工作队等编：《中国石窟·炳灵寺石窟》，文物出版社，1986，图版80—100。

② 中国美术全集编辑委员会编：《中国美术全集·绘画编17·麦积山等石窟壁画》，人民美术出版社，1987，图版38、40。

③ 龙门文物保管所等编：《中国石窟·龙门石窟》第一卷，文物出版社，1991，图版184。

图2-91　甘肃永靖炳灵寺石窟第125号龛释迦与多宝（北魏，6世纪初）

五年（539）。在北魏孝昌元年（525）以前不久，北魏宗室东阳王元荣（？—542）自洛阳来到敦煌担任瓜州刺史。元荣死后，他的儿子元康、女婿邓彦相继担任瓜州刺史，直至大统十一年（545），前后共计20年时间。元荣一家都很崇信佛教，大作佛事，莫高窟北魏晚期到西魏的清秀型佛像，应该和元荣家族将洛阳的文化带到敦煌有直接关系[1]。

　　四川北部的广元和巴中一带，是古代中原北方通往四川秦蜀走廊的重要地段。大约从北魏晚期开始，佛教僧侣们就注意到了这个南来北往的行人所必须经过的地区。于是，中国西南最早的石窟寺艺术首先在这里发展起来了。皇泽寺石窟，坐落在广元市以西1公里的嘉陵江上游西岸，与东岸的千佛崖石窟隔江遥遥相望。这里现存有50所窟龛，1200多躯造像[2]。皇泽寺

①宿白：《东阳王与建平公（二稿）》，载北京大学中国中古史研究中心编《敦煌吐鲁番文献研究论集》第四辑，北京大学出版社，1987。

②广元市文物管理所等：《广元皇泽寺石窟调查记》，《文物》1990年第6期。

图2-92　甘肃敦煌莫高窟第249窟正壁（西壁）主佛（北魏，6世纪初）

第45窟是四川地区极其罕见的一所中心塔柱窟。在这座方形塔柱的每一层都刻着佛龛，龛内有坐佛和两身胁侍立菩萨像。这些人物造型都是身体修长消瘦，佛穿的大衣都是宽大的褒衣博带式，大衣下摆还分成八字形披覆在宝座前面。

位于广元市以北5公里、西临嘉陵江的千佛崖石窟共有54所洞窟，819所佛龛，造像7000余身，其中的第7窟和第21窟，也是难得的北朝石窟①。第7窟的平面略呈马蹄形，正壁雕着一尊高4米多的立佛像，头和手都已经残缺了，原来施说法印，很有龙门石窟莲花洞中立佛像的风姿；在左右两侧壁前雕的胁侍立菩萨像，穿着打扮也完全是北魏晚期龙门石窟中所常见的样式（图2-93）。第21窟内三龛主尊坐佛的褒衣博带式大衣分呈八字形披覆在座前，坐姿和龙门慈香洞主佛、路洞侧壁龛内的坐佛相同。

① 史岩：《关于广元千佛崖造像的创始时代问题》，《文物》1961年第2期，第24—26页。

图2-93　四川广元千佛崖第7号立菩萨（北魏，6世纪初）

广元地区的北魏晚期风格造像应该与北魏有直接的关系，所以其中才会包含着来自中原地区的艺术因素。根据《魏书·世宗纪》的记载，公元504年12月，萧梁朝据守汉中的将领夏侯道迁投降了北魏，通往四川盆地的门户就完全向北魏敞开了。第二年，北魏的统军王足屡次打败梁朝军队，进入了剑阁，又先后攻陷竹亭、新城、涪城、益州，占领了广大川北地区①。因此，广元在公元505年以后就属于北魏，中原石窟艺术风格传播到这里，也就是完全可行之事了。这些四川北部地区的北朝洞窟使我们看到了渊源于南方的艺术形式，以及从中原地区反馈回来的特定时代的宗教精神风貌。

河北省的北魏晚期造像也有洛阳的影响因素。1954年10月，在河北曲阳县宋代修德寺旧址中发现了大批北朝至隋唐时期的石造像，其中不乏北魏晚期的褒衣博带装佛像，还有施无畏印的倚坐佛像，与龙门火烧洞北壁龛内倚坐佛像相似②。1924年在河北定县出土的正光五年（524）金铜释迦立佛像，现藏于美国纽约大都会艺术博物馆，制作精美，具有鲜明的龙门北魏佛像样式特征③（图2-94）。2012年，中国社会科学院考古研究所邺城考古队在东魏北齐邺南城（今河北临漳县西南）东郭城区北吴庄村附近发掘了一处佛教造像埋藏坑，出土了各类造像2895件（块）④。其中有北魏太和十九年（495）魏郡邺县民刘伯阳造释迦牟尼并二胁侍立菩萨像，主佛结跏趺坐，穿着典型的褒衣博带式大衣。还有一件残立佛并二胁侍立菩萨像，雕刻于正始二年（505），主像也穿着褒衣博带装。这两件佛像都体现了北魏晚期洛阳佛像样式。

从中原兴起的南朝风格造像也影响到了山东。济南历城黄石崖石窟现存大窟1个、小龛28个，造像79躯，有北魏正光至东魏兴和年间的造像记八则。其中北魏晚期至东魏初年的造像，

① （北齐）魏收：《魏书》卷八《世宗纪》，中华书局，1974，第198—201页。

② 《河北曲阳发现的古代雕刻造像》，《文物参考资料》1954年第2期。杨伯达：《曲阳修德寺出土纪年造像的艺术风格与特征》，《故宫博物院院刊》1960年总第2期。龙门文物保管所等编：《中国石窟·龙门石窟》第一卷，文物出版社，1991，图版184。

③ Denise Patry Leidy and Donna Strahan, Wisdom Embodied: *Chinese Buddhist and Daoist Sculpture in the Metropolitan Museum of Art*, New Haven and London: Yale University Press, 2010, pp.66–69.

④ 中国社会科学院考古研究所邺城考古队：《河北邺城遗址赵彭城北朝佛寺与北吴庄佛教造像埋藏坑》，《文物》2013年第7期，第54、55页。

图2-94 金铜释迦并胁侍像
（北魏正光五年，524年，美国
纽约大都会艺术博物馆藏）

①张总：《山东历城黄石崖摩崖龛窟调查》，《文物》1996年第4期。

结跏趺坐佛与立佛像都身穿宽博厚重的褒衣博带式大衣，坐佛大衣的长下摆垂覆在座前两重，雕刻风格粗犷有力，都表现出清秀潇洒的风范。菩萨像的帔帛在腹下部交叉。大窟西壁立佛的头光上部还浮雕飞天七身，都有清瘦的形体与飘扬的帔帛、裙带。这里的北魏晚期造像同样也可以在龙门找到相似风格，同时又具有山东特有的简练风格与表现手法①。

在青州龙兴寺出土的造像中，北魏雕造的佛与菩萨像都有来自洛阳的影响因素。这些佛与菩萨像都是秀骨清像，佛都身穿褒衣博带装，菩萨像都有帔帛在腹前交叉，有的还身挂长璎珞。这些都是龙门北魏佛菩萨像的基本特点。那里的背屏式佛说法雕刻很具山东特色。所谓背屏式造像，并非有真正的背屏，而是以石刻背屏的形式表现一佛二菩萨身后的身光，从视觉上看就像是竖立在他们身后的背屏。青州造像背屏的上部边沿，以浮雕的形式刻出众伎乐天共托一塔，或者在伎乐天的中间刻一舞龙及化佛。最具山东特色的则是在佛的身体下部两侧各刻一飞舞的龙，从龙的嘴里分别向左右两侧吐出一朵带荷叶的莲花，形成二胁侍菩萨的台座，既具有装饰意味，又极具艺术的表现魅力[1]（图2-95）。

万佛堂石窟，在辽宁省义县西北9公里的万佛堂村大凌河北岸崖面上。石窟分为东、西两区，其中西区有9窟，东区有7窟。西区第5窟是太和二十三年（499）北魏营州刺史元景为孝文帝造的，东区第5窟有景明三年（502）北魏慰喻契丹使韩贞

①常青：《背屏式佛三尊造像》《佛造像》，载青州市博物馆编《青州龙兴寺佛教造像艺术》，山东美术出版社，2014。

图2-95 山东青州龙兴寺遗址出土的背屏式佛三尊像（北魏—东魏，6世纪上半叶）

①阎文儒：《辽西义县万佛堂石窟调查及其研究》，《文物参考资料》1951年二卷9期，第135—190、134页。

②关于万佛堂石窟的更多信息参见刘建华：《辽宁义县万佛堂北魏石窟分期研究》，《考古学报》2001年第2期，第159—188页。刘建华：《义县万佛堂石窟》，科学出版社，2001。

等人的造窟铭记，表明万佛堂石窟的开凿年代当在北魏太和末年以后的北魏晚期[①]。元景是北魏宗室，他在营州担任刺史，必然会引入中原一带的文化传统。西区第1窟是万佛堂石窟中最具有代表性的洞窟，平面呈方形，平顶，内部空间约有7米见方，高5米多。窟内中间立着一座方形塔柱，直通窟顶。在窟内平顶表面刻着七身飞天，衣带飘洒飞扬，面相清秀，与龙门北魏晚期宾阳中洞、魏字洞、莲花洞等窟飞天很相似[②]。

　　浏览了各地在北魏晚期开凿的石窟之后，我们可以大概了解以龙门石窟为代表的北魏晚期洛阳一带的佛教造像模式，在北魏所属的区域内到底有多大的影响力。我们还可以看出由洛阳扩散的南朝风格，是如何与全国其他地区北魏晚期造像的地方特征融为一体，带动并形成了中国佛教艺术史上的第一次全国性的开窟造像高潮。因此，在北魏迁都洛阳的时代，各地区竞相效仿龙门模式，标志着传自印度的佛教石窟汉民族化进程的完成，后面的只是随着汉化程度的加深，出现更为新颖的汉化形式。

第三章

丧乱中的精神慰藉
——北朝晚期至隋代

　　高欢，是鲜卑化的汉族人。他祖籍渤海蓨县（今河北省景县）。他的祖父高谧（428—472）曾经在北魏官至侍御史，后来因为犯法被流放到怀朔镇（今内蒙古包头市固阳县）。到高欢的父亲时早已家道中落。高欢出生不久，母亲就去世了，他是由姐姐和姐夫抚养长大的。由于从小生长在边镇，周围都是鲜卑军人，高欢就完全被鲜卑化了。他很善于把握时机，很有政治头脑，在北魏末年各种政治力量的斗争中，他逐渐培养起了自己的势力。他先是投奔葛荣（？—528），后又投奔尔朱荣（493—530）。尔朱荣死后，高欢收编了六镇余部，于公元532年攻入洛阳，消灭了当时最强大的尔朱氏军事集团，另立元脩为

① 高欢事迹，见（唐）李百药：《北齐书》卷一《帝纪》第一《神武》上、卷二《帝纪》第二《神武》下，中华书局，1972，第1—25页。

皇帝，就是魏孝武帝（532—535年在位）。从此，北魏政权从尔朱氏转到了高欢手里。他自称大丞相，居住在晋阳（今山西太原），遥控着北魏朝廷①。

魏孝武帝不甘心受高欢胁迫，做傀儡皇帝。公元534年，他逃出了洛阳，投奔关中的宇文泰（507—556）集团，建立了西魏，高欢只好再立元善见为皇帝，即魏孝静帝（534—550年在位）。从此，北魏分裂成了东魏、西魏两个国家。由于洛阳太靠近关中，不利于防守，高欢就让孝静帝迁都邺城（今河北临漳县）。十余年后，高欢的儿子高洋（550—559年在位）于公元550年废掉了东魏皇帝，建立北齐国，自己当皇帝。宇文泰的儿子宇文觉（542—557）于公元557年废掉西魏皇帝，建立北周国。

在北朝晚期的东西分立之际，洛阳多属于东魏、北齐的势力范围，是高氏集团西拒宇文氏的西部重镇。而西魏、北周的东进，也必须占领洛阳。因此，从洛阳到潼关一线，实际上已变成了高氏、宇文氏两大势力的决斗场，这无疑会给洛阳佛教的发展带来毁灭性的打击。例如，公元538年，东魏侯景（503—552）、高敖曹（501—538）等领军围攻西魏独孤信

② （北宋）司马光主编：《资治通鉴》卷一五八，梁武帝大同四年（538），中华书局，2013，第5056页。

③ （北魏）杨衒之：《洛阳伽蓝记序》，载〔日〕高楠顺次郎、渡邊海旭主编《大正新脩大藏經》第五十一册，大正一切经刊行會，1924—1934，第999a页。

（504—557）于洛阳，侯景烧毁了洛阳内外的许多官寺，民居只有十分之二三存留②。经此战役之后，杨衒之于武定五年（547）调查了洛阳寺院，但见"寺观灰烬，庙塔丘墟"，昔日京城里外有一千多座寺院，"今日寥廓，钟声罕闻"③。作为原北魏首都的洛阳，往日佛教的繁荣局面已不复存在了。

④ （北宋）司马光主编：《资治通鉴》卷一五六，梁武帝中大通六年（534），中华书局，2013，第5018页。（东魏）杨衒之：《洛阳伽蓝记序》，载〔日〕高楠顺次郎、渡邊海旭主编《大正新脩大藏經》第五十一册，大正一切经刊行會，1924—1934，第999a页。

根据杨衒之的《洛阳伽蓝记》和其他历史文献记载，高欢东迁邺城时，洛阳很多寺院的僧尼也跟着一同来到了邺城，同时迁徙的还有洛阳居民40万户④。于是，北魏洛阳的佛教事业主要转向了东魏，开始了新的发展。此时的洛阳已失去了北魏时期中国北方佛教中心的地位，但还不能表明洛阳佛教已就此

中断。当时的洛阳还有寺院421所，佛教仍有相当程度的保留，因为佛教的信仰者仍然存在，信徒们还会将自己今世与来世的愿望寄托于寺院中或石壁间的偶像①。

在龙门石窟，大规模的开窟造像活动也停止了，直到隋代都没有起色。在这段时间里，信徒们只是在龙门山利用前朝洞窟内外的剩余空间补刻了一些小龛，又续凿完成了一所北魏创始的中型洞窟——药方洞。1989年，我在龙门石窟系统地调查了这段时期的遗迹，发现纪年龛像共30处②。它们的尺寸都不大，大部分高度在0.5米左右，最高的1.23米，最低的只有0.125米。与前人调查并收入旧金石录中的条目相比，显然实际遗存要多一些③。但由于年久石刻的残泐，有的我们已无从确认核对了。这些作品反映了北魏样式与风格的延续，也有来自长安和邺城的因素，因为那里是当时北方的两个佛教及其艺术的中心（图3-1）。

① 虽然北朝晚期的洛阳寺院处在衰落时期，但部分寺院由于与统治集团关系密切，仍然保持着长盛不衰的局面，创建于北魏的洛阳平等寺寺就是这样。参见段鹏琦：《洛阳平等寺碑与平等寺》，《考古》1990年第7期，第632—637页。

② 常青：《龙门石窟北朝晚期龛像浅析》，载龙门石窟研究所编《龙门石窟一千五百周年国际学术讨论会论文集》，文物出版社，1996，第44—73页。

③ [日]水野清一、長廣敏雄：《龍門石窟之研究》，京都，1941。此书汇集了各家金石著作，并编写了《龙门石刻录目录》，其中西魏七例，东魏18例，北齐23例。

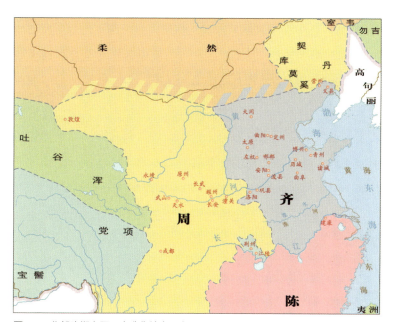

图3-1　北朝晚期主要石窟造像地点分布图

一、东魏小龛

保存至今的龙门石窟东魏纪年龛有11处，分别位于普泰洞、唐字洞、古阳洞、路洞等处。这些小龛的形制主要有两种。以外方内尖龛为主，共有九例。外方内尖，是指外缘呈长方形，上部雕刻着垂幔，内部套着一个尖拱形龛楣，龛口的形制又是圆拱形。这种龛就是前面曾经提到的圆拱尖楣龛，曾在北魏晚期的石窟流行。这九例龛的装饰有繁有简，但时代风格变化并不明显，基本都是北魏晚期样式的延续。下面，我们来看看这些外方内尖龛的几种类型。

古阳洞天平三年（536）昙会阿容造像龛、天平四年（537）孙思香造像龛（图3-2），以及路洞武定七年（549）法相造像龛（图3-3），在尖楣的表面都刻着火焰纹，龛梁两下角刻鱼形物口衔忍冬叶或者莲蕾。在尖楣的上方有维摩诘和文殊菩萨对坐说法图，他们的周围刻着众弟子闻法场面。在龛口外的两下侧各刻着一身力士像，双足踏着长梗莲花，头顶刻有屋檐。龛口的正下方刻发愿文题记，题记上部刻香炉与两只狮子，题记的两侧刻供养人像。法相龛的供养者只有左侧一身比丘。在长方形外缘上部的左右两侧，还刻有圆形与椭圆形相间的边饰。

在古阳洞，有僧人昙静出资雕造的大小二龛，时间都是武定三年（545）。其中大昙静造像龛装饰比上述三龛要简单一些，在龛口两侧立有龛柱，两身护法力士被安置在龛柱的外侧，他们的头顶刻着仿木构的横枋，枋上各有一身跪状的供养比丘像。此外再没有其他装饰（图3-4）。

图3-2　龙门石窟古阳洞南壁
孙思香造观世音像龛（东魏
天平四年，537年）

图3-3　龙门石窟路洞北壁法相造像龛（东魏
武定七年，549年，采自《中国石窟·龙门石窟》
第一卷，图版219）

图3-4　龙门石窟古阳洞西壁大昙静造释迦像龛（东魏武
定三年，545年）

　　唐字洞外的天平四年（537）惠相造像龛和路洞的元象二年（539）刘大安造像龛（图3-5）的龛口两侧也刻有龛柱。在龛柱的外侧分别刻着一身胁侍立菩萨像，尖拱形龛楣的上部有闻法比丘像。惠相龛在主佛的基坛表面还刻着香炉与四身供养比丘像。

　　在古阳洞，天平四年（537）曹敬容造像龛、武定三年（545）小昙静龛、天平口年尼法明造像龛的装饰最为简单。法明龛虽然在龛口有龛柱和柱头斗，但柱的外面同样没有其他装饰。法明龛与曹敬容龛的正下方刻有供养人，而前者供养比丘

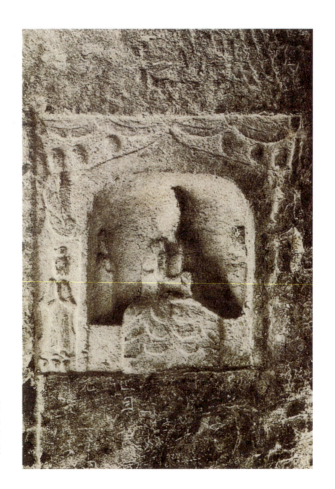

图3-5　龙门石窟路洞东壁南侧刘大安造像龛（东魏元象二年，539年，采自《中国石窟·龙门石窟》第一卷，图版222）

的配置显然是一种简化做法。

盝顶龛，是模拟中国古代盝顶建筑的一种变形做法，在北魏晚期的洞窟中很流行。龙门石窟东魏时期雕造的盝顶龛在龛楣的表面装饰有坐佛、化生、飞天等，龛楣外的两上角分别刻维摩诘、文殊菩萨对坐说法，都没有超出北魏晚期的表现形式。其中古阳洞天平二年（535）长孙僧济造像龛的维摩诘与文殊菩萨身旁还有侍者和闻法比丘，在龛口两侧还立着间隔柱，二胁侍菩萨站立在柱的外侧。普泰洞天平四年（537）道显造像龛没有间隔柱。这两所龛的供养人都刻在龛下方。

上面谈到的东魏造像龛在造像组合方面也没有超出北魏晚期的设计。其中有三例一铺七尊式，即主尊（坐佛或立菩萨）并二弟子二菩萨二力士；一铺五尊式的有五例，即主尊（坐佛或交脚菩萨）并二弟子二菩萨；一铺三尊式的有两例，即主尊（坐佛或立菩萨）并二菩萨胁侍。路洞的法相龛主尊为坐佛，有二力士胁侍，但其他胁侍已经残损不清了。

在造像题材方面，有的造像记中仅指明主尊的称谓，如古阳洞孙思香、昙会阿容龛的主尊都是立菩萨像，在其题记中都说是"观世音"。古阳洞长孙僧济龛的主尊是交脚菩萨，题记称其为"弥勒佛"。古阳洞的大小昙静龛、普泰洞的道显龛主尊是"释迦"。此外，路洞法相龛、古阳洞法明龛、曹敬容龛的造像记都只记载是造"石像"，所以具体称谓不清楚。还有两所造像龛的题记残破不清，题材也就不明了。可以看出，释迦题材仍然居于主导地位，他与弥勒菩萨、观世音都是北魏晚期曾经流行的题材。

唐字洞的一所东魏小龛表现着龙门独特的佛传故事（图3-6）。这所小龛位于唐字洞外北侧偏上处，龛内口雕结跏趺坐佛和二弟子，龛口外两侧各雕一身菩萨。主佛的下方有香炉和二狮子。

图3-6　龙门石窟唐字洞外北侧有佛传故事的小龛（东魏，贺志军拍摄）

这些像都具有东魏风格。在二菩萨的上方各刻一幅佛传故事。其中南侧的仅见一弟子手持锡杖，他的右侧是一个束帛座，原来在上面刻的思维菩萨像已遗失了。北侧雕出的释迦坐在高台座上，右腿盘起，左腿已残，头顶有肉髻，双手于腹前施禅定印，身后有一株树。这尊释迦上身袒裸，骨瘦如柴。他的身后左侧立着一位头顶饰有三瓣发髻的女子，身穿交领广袖衣，双手捧一钵于胸前。这个浮雕表现的是释迦成道前牧女奉献乳糜的故事情节。据佛经记载，悉达多太子出家后，在苦行林中苦行，日食一麻一米，最后是七天才食一麻一米，使自己身形消瘦，如同枯木。这样修行了六年，不得解脱。他就放弃了苦修，来到尼连禅河，入水洗浴。洗完后，有一牧牛女子，名叫难陀波罗，取乳糜献给太子。太子食后，身体光悦，气力充足。然后他就前往菩提伽耶的菩提树下，成就了佛道[1]。

　　这些东魏龛的造像特征主要继承着北魏晚期的做法。主尊为结跏趺坐佛的共有七龛，除路洞法相龛的主佛残损外，其余六龛主佛都穿着褒衣博带式（或双领下垂式）大衣，以右手施

①（刘宋）求那跋陀罗译：《过去现在因果经》卷三，载〔日〕高楠顺次郎、渡邊海旭主编《大正新脩大藏經》第三册，大正一切经刊行會，1924—1934，第639b页。

无畏印、左手施与愿印为主。主佛大衣的衣质轻薄，下摆一般悬覆在座前二至三重。在造像风格方面，路洞刘大安龛与普泰洞道显龛的主佛双肩稍窄，仍然是北魏晚期的秀骨清像式，其余龛内的主佛像都表现为丰满的圆肩，造型已趋向丰硕，但胸腹部却比较平坦，是从北魏晚期龙门部分窟龛已经开始的传自南朝的新型丰满造像风尚。弟子和菩萨都是直立的姿势。作为主尊的立菩萨的帔帛在腹前交叉时都穿有一环形物，而胁侍立菩萨的交叉帔帛一般不穿环（仅普泰洞道显龛左菩萨例外）。他们的体形都不显消瘦，但也没有身段的刻画。古阳洞昙会、孙思香、小昙静龛的立菩萨帔帛在腹下重合为一个大圆环，是一种新的表现法。古阳洞昙会、孙思香、路洞法相龛的力士都是双腿分开站立着，身穿菩萨装，帔帛在腹前交叉。古阳洞大昙静龛的力士一腿弓起，一腿后蹬，弓起的小腿裸露，帔帛分垂于身体两侧，力士的身体都显得清瘦。普泰洞道显龛下部的男、女供养人造型都是典型的"秀骨清像"，身穿宽博广袖服装。而同期的古阳洞孙思香龛男供养人体形却稍显丰满，衣袖也不十分宽大。

这11个东魏纪年龛的基本特征，有的继承着前朝遗风，有的受到了同时期其他地区的影响，还有就是出于作者的创新。那么，龙门的东魏小龛是以哪一种因素为主呢？这些小龛都是在北魏开凿且已布满雕刻的洞窟内寻找可利用的空间而插补刻成的作品。当时龙门石窟已经存在的大量的北魏雕刻是其可以参照并且最容易获得的样本。例如，龙门北魏时期的普泰洞北壁、魏字洞南北两壁、皇甫公窟南壁都有通壁大盝顶龛，其布局与古阳洞长孙僧济、普泰洞道显龛相同。在盝顶龛内雕造交脚弥勒菩萨像，以古阳洞北壁中层的四大龛为代表。与东魏外方内尖龛形制相同的有莲花洞北壁孝昌三年（527）宋景妃造像

①张乃翥:《龙门石窟维摩变造像及其意义》,《中原文物》1982年第3期。

龛,还有同窟南壁下层的一列四大龛等。东魏龛楣上的维摩诘和文殊雕刻是龙门北魏晚期很流行的题材,以宾阳中洞前壁上方的大型维摩诘与文殊像为代表①。一佛二弟子二菩萨的组合形式见于宾阳中洞、慈香洞、莲花洞、魏字洞、皇甫公窟等。以立菩萨为主像的造像龛,可见于魏字洞正光四年(523)田氏龛、石牛溪永安二年(529)张欢□龛、古阳洞永平四年(511)姜氏龛,都表现的是观世音。古阳洞孙思香等龛两屋檐下雕力士的做法,以宾阳中洞窟外的二力士像为代表,在小龛龛口两侧雕力士的可见于莲花洞南壁下层列龛。我们可以清楚地看到,龙门东魏的纪年龛像应该同北魏的窟龛有着一定的间接或直接继承关系。

　　同时,北魏晚期与东魏龛像的相似性,也反映在龙门与洛阳以外其他地区的东魏窟龛造像上。东魏、西魏分立以后,高欢在晋阳(今山西太原)总揽东魏的军政大权,使晋阳成为东魏的政治、宗教中心。目前,可以确定属于东魏时期开凿的石窟,仅有位于晋阳附近的天龙山石窟的第2、3窟②。两窟都是方形平面窟室,在正、左、右三壁各开一龛,窟内穿着褒衣博带装的结跏趺坐佛身躯丰满、衣着厚重,有浓重的龙门北魏末年坐佛的遗风,同时也与唐字洞天平四年(537)的惠相龛主佛相似。第3窟三龛(有的为圆拱尖楣龛)主佛两侧各雕着一身胁侍立菩萨像,门壁两侧各浮雕一身弟子像,这种龛形与造像组合特点也见于路洞刘大安、法相,唐字洞惠相,古阳洞昙静、曹敬容等龛。可以看出龙门石窟东魏纪年龛中的造像也包含着鲜明的东方艺术特色。

　　特别是新的以崇尚体形丰满、服装趋于轻薄简洁为主要特征的东魏时代风貌,流行于东魏的晋阳、邺城等中心地区。这种造像新风的雏形,在北方最早见于龙门的北魏窟龛之中,但

②中国美术全集编辑委员会编:《中国美术全集·雕塑编13·巩县天龙山响堂山安阳石窟雕刻》,人民美术出版社,1989。李裕群:《天龙山石窟调查报告》,《文物》1991年第1期,第32—55页。

东魏时期的洛阳已不再是佛教艺术中心了。在东魏首都邺城，官员和普通百姓经常施舍自己的住宅，让僧人们建立新寺院。朝廷不得不在公元538年下诏禁止这种做法。但在兴和二年（540）的春天，皇室又诏令把邺城的旧宫殿改建为天平寺[1]。从中不难看出，大肆建造佛寺在邺城的泛滥，仿佛是过去洛阳崇佛景象的再现。同时，高欢父子和东魏皇室都很崇信佛法，大力推动着东魏佛教事业的发展[2]。龙门石窟东魏纪年龛像与东方造像的相似性，应该代表了反馈自邺城、晋阳一带的新型样式。

二、西魏小龛

占据着关中及其以西地区的宇文泰，民贫兵弱。公元534年，魏孝武帝前来投奔，宇文泰便"挟天子以令诸侯"，政治地位大大提高了。公元535年，宇文泰杀死魏孝武帝，立元宝炬为皇帝，即西魏文帝（535—551），完全控制了西魏朝廷，成了东魏高欢在北方的唯一劲敌。

根据唐代李延寿撰写的《北史》卷五《魏本纪第五》记载，公元537年冬10月，西魏将领宫景寿、杨白驹率兵进攻洛阳，东魏大都督韩贤带兵将其击退。不久，西魏又派遣元季海、独孤信进逼洛阳，东魏刺史广阳王元湛弃城逃回了邺城，西魏军队就此占据了洛阳[3]。直到公元543年3月，高欢带兵在洛阳的北邙山大败西魏军，洛阳一带又归属了东魏[4]。但是在公元537—543年西魏军队逗留洛阳期间，曾有过数次拉锯战载于史册，因此双方都没有完全占据这一地区。所以，元象二年（539）刘大安在路洞出资雕造佛龛时，仍然使用了东魏年号。

① 事见（北齐）魏收：《魏书》卷一一四《释老志》，中华书局，1974，第3047页。

② （唐）李百药：《北齐书》卷二十四《杜弼传》，中华书局，1972，第348页。武平三年（572）《冯翊王高润修平等寺碑》，参见李献奇：《北齐洛阳平等寺造像碑》，《中原文物》1985年第4期，第89—97页。

③ （唐）李延寿：《北史》卷五《魏本纪第五》，中华书局，1974，第187页。

④ （北齐）魏收：《魏书》卷十二《孝静纪》，中华书局，1974，第306页。

龙门石窟现存五处西魏纪年小龛，最早的是大统四年（538）六月，最晚的为大统七年（541）四月，都是东、西魏军队对峙于洛阳时期雕刻成的。这些佛龛使用西魏年号，应该和西魏军队这次大规模东进有直接关系。

　　五所西魏纪年龛分别位于魏字洞、唐字洞、古阳洞、党屈蜀洞，其龛形可以分为三类。三例外方内尖龛，基本形制与东魏的同类龛相同。古阳洞大统六年（540）苏方成龛（图3-7）与唐字洞外大统六年韩道人龛都有龛柱，两身力士刻在龛柱外侧。这两所龛的下部都刻着供养人。苏方成龛的装饰较复杂一

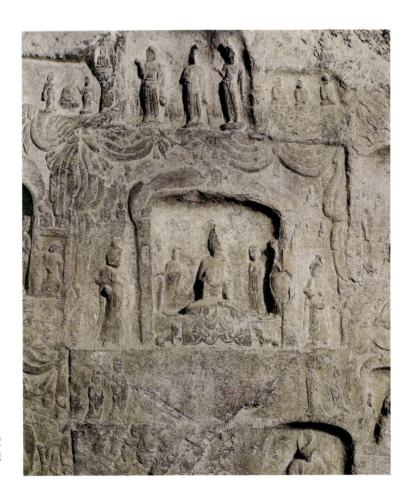

图3-7　龙门石窟古阳洞西壁苏方成造释迦像龛（西魏大统六年，540年）

些，在尖拱形龛楣的正中与楣外的两侧还刻着坐佛。位于魏字洞外的大统七年（541）严戈兴造像龛最简单，龛口外面没有其他造像。屋形龛只有一例，是党屈蜀洞的大统四年（538）党屈蜀造像龛（图3-8）。盝顶帐形龛也有一例，是唐字洞的大统七年（541）沙门璨造像龛（图3-9）。与该龛对称的位于唐字洞东壁北侧另一所同类型造像龛，也是同时期的作品。

这五所西魏龛的造像组合也没有超出北魏晚期的龙门模式。一铺七尊式的有三例，表现一佛二弟子二菩萨二力士像。唐字洞的沙门璨龛造像是释迦与多宝佛并坐，旁边有四弟子、二菩

图3-8　龙门石窟党屈蜀洞北壁党屈蜀造像龛（西魏大统四年，538年，采自《中国石窟·龙门石窟》第一卷，图版113）

图3-9　龙门石窟唐字洞东壁沙门璨造像龛测图（西魏大统七年，541年，作者自绘）

萨胁侍。魏字洞严戈兴龛造像是一佛二菩萨。因此，一铺七尊式似乎已经是西魏造像的主要组合形式了。

　　在造像题材方面，只有古阳洞苏方成龛的铭文题记明确地指出主尊是释迦，其他四龛的题记只说是造立"石像"。唐字洞沙门璨龛的主像是二佛并坐，明显表现着释迦与多宝佛对坐说法。其他三龛的主尊都是佛像，因此很可能也是表现释迦题材的，说明在西魏时期的龙门仍然以释迦题材为主。

　　龙门这五所西魏纪年龛的造像特征表现着多样性。五龛的主尊都是结跏趺坐佛，除唐字洞韩道人龛残破不清以外，其余都穿着双领下垂式大衣，也就是简化的褒衣博带式大衣，大衣下摆垂覆在座前二至三重，只有魏字洞严戈兴龛例外。这五身主佛在体形特征上可以分为以下四种：古阳洞苏方成龛的消瘦型，也就是"秀骨清像"；魏字洞严戈兴龛、党屈蜀龛的圆肩丰满型；唐字洞沙门璨龛的丰满胖大型；唐字洞韩道人龛的低肉髻、宽肩、细腰、身体健壮型。从雕刻的衣质方面看，除唐字洞沙门璨龛主佛的大衣稍显厚重外，其他佛像的大衣都显得较单薄。我们知道，厚重的大衣往往与清瘦的形体相配，而轻薄的大衣常常和丰满的身躯相伴，但也有例外。可以看出，这些佛像既有北魏晚期最为流行的秀骨清像式，也有在北魏末年才传入北方的丰满型。菩萨像的帔帛多数在腹部下方交叉，仅党屈蜀龛立菩萨帔帛已基本重合为大圆环状。古阳洞苏方成龛的力士姿态基本是直立。党屈蜀龛的力士则是一腿弓、一腿蹬，弓起的小腿袒裸，作回首状，与北魏晚期的很多力士像一致，也与东魏古阳洞大昙静龛力士动作相似。古阳洞苏方成龛的男供养人头戴笼冠，着宽博大袖服装，身体与同龛主佛一样显得消瘦。供养人的身后还刻有伞盖和侍女二人，以显示他的高贵身份。

与龙门北魏窟龛比较，这五所西魏纪年龛具有一定程度的相似性。屋形龛与盝顶帐形龛是龙门东魏纪年龛中所不见的。但在北魏时期石窟中，古阳洞正始四年（507）安定王元燮造像龛以及刘智明造像龛都雕成了歇山或四注顶的房屋形状。在慈香洞南侧、古阳洞北壁上部还各有一例屋形龛，以表示佛在殿堂中说法。唐字洞与皇甫公窟还在窟门上方雕出四注式屋檐。龙门北魏石窟中的这种使用汉民族建筑的表现手法，应该是党屈蜀龛龛形的渊源。唐字洞沙门璨龛的盝顶帐形在龙门北魏窟中没有发现，但象征性的垂莲与垂角帐饰龛楣则见于古阳洞南壁中层大龛。垂莲与垂角装饰还见于宾阳中洞的窟顶大华盖。

① （唐）道宣：《续高僧传》卷一《菩提流支传》、卷二十四《道臻传》，载［日］高楠顺次郎、渡邊海旭主编《大正新脩大藏經》第五十册，大正一切经刊行会，1924—1934，第429b、631b页。

② 王麟昌、魏益寿：《麟游出土两方北朝石佛造像》，《文博》1992年第3期，第85—86页。

③ 中国美术全集编辑委员会编：《中国美术全集·雕塑编3·魏晋南北朝雕塑》图版119，人民美术出版社，1988。

④ ［日］濱田耕作：《西魏四面像に就いて》，《史學研究會講演集》第四册，富山房，1912。

⑤ 赵康民：《陕西临潼的北朝造像碑》，《文物》1985年第4期，第22—23页。

比较而言，尽管西魏纪年龛的独特之处多一些，但仍显示出了与龙门北魏窟龛的关系。

西魏在龙门凿龛的同时，首都长安的佛教事业也在蓬勃发展着。宇文泰和西魏文帝都很信仰佛教，倡议兴建了许多大寺院，任命道臻为佛教统领，整顿佛教，弘扬佛法，佛教在首都长安有了相当深厚的积淀①。石窟造像风格显示了北魏清瘦型的艺术特征，也出现了龙门路洞一系造像丰面胖体的特点，说明梁朝张僧繇的艺术风格已经对西魏长安的佛教艺术产生了影响。然而，关中地区现存有明确大统纪年的佛教造像与东魏相比却为数不多。陕西麟游县博物馆藏大统三年（537）平西府开府主簿焦伏安造像碑中的主佛坐像，是西魏丰满型佛像中年代较早的一例，但其他的胁侍像仍然是秀骨清像型②。上海博物馆藏大统十六年（550）岐法起等造石佛像，服装虽仍然是复杂的褒衣博带式，但质地较薄，造型已呈现着丰面胖体，这点与唐字洞沙门璨龛的双佛比较相似③。日本京都大学藏大统十七年（551）艾殷造四面像出自西安附近，造像体形丰满，只是服装稍显厚重一些，四面像的上部雕刻着与唐字洞沙门璨龛相近的天幕宝帐形④。陕西西安临潼博物馆藏大统六年（540）吉长命造像碑，菩萨的身体稍显胖，与龙门党屈蜀龛、魏字洞严戈兴龛、唐字洞沙门璨龛的菩萨像相近⑤。另外，陕西铜川市药王山博物馆收藏的造像碑中，大统十五年（549）夫蒙洪贵碑、大统十七年（551）七十六人等造像碑以及大统十五年法寿碑中的造像，尤其是主佛，都具有肩宽和身体硕壮的特征，与唐字洞韩道人龛有相似之处。这些都是西魏造像较北魏传统样式进步的一面，接受了更多的南朝张僧繇一系丰满型人物的风格。此外，还有一些西魏造像仍然直接继承着北魏龙门样式，表现为质地厚重的服装与"秀骨清像"的结合，龙门古阳洞苏方成龛也是这样的。

　　龙门魏字洞严戈兴龛、党屈蜀龛与东魏造像类似的因素，使这个地区的西魏造像艺术更趋于多样化。这两龛造像都是轻薄的服饰与丰满身躯相结合。这充分说明了龙门东、西魏艺术风格有着相当的穿插成分。同时代的艺术，虽然来自不同的区域，但都具有同一个艺术传统，因此它们之间是完全可以相互借鉴的。在河南巩义大力山石窟中，西魏大统四年（538）魏文口造像龛与东魏天平三年（536）赵胜荣造像龛如出一人之手，极为相似，就是非常典型的例证[①]。他们也极有可能是由当地同一个工作组雕造的，只是按当时的不同政治形势而刻上了不同的年号。

①傅永魁：《河南巩县石窟寺再次发现造像龛》，《考古与文物》1984年第4期，第13—21页。

　　综合其艺术多样性的渊源，可以看出龙门西魏龛像是在继承龙门北魏样式的基础上，又汲取了西魏关中一带的艺术样式。这种反馈于长安地区的因素，应该与西魏军队的东进有关。同时，个别龛像又体现了龙门东、西魏造像的兼容性。从以后北齐、北周时代造像的发展情况看，关中与龙门西魏造像较东魏显得落后一些。因为相较于东魏，他们更多地保留了源自洛阳龙门的北魏传统风格。

三、北齐小龛

　　龙门石窟有北齐纪年龛14处，分别位于万佛洞、莲花洞、魏字洞、药方洞、古阳洞、路洞等窟内外。和东魏与西魏龛像相比，北齐龛像在继承前朝传统的基础上变革的成分很大，同来自其他地区的影响有关。龙门的北齐纪年龛形制有继承前朝的因素，但有些龛形趋于简化，大致可以分成如下几类。

盝顶龛：仅药方洞天保四年（553）僧严造像龛一例
（图3-10）。其形制与上述东魏的同类纪年龛一样，在龛口的两
侧设有二间隔柱，仅在一铺主像的安置上有所不同。

外方内尖龛：有二例，是药方洞天保四年（553）龙华寺比
丘造像龛和魏字洞外天统四年（568）合邑十五子造像龛。其中
龙华寺比丘龛的雕刻复杂一些，但这两所龛的形制都可以在东
魏的同类龛中找到相似性。

方形龛：有三例，都位于莲花洞内。其中的天保八
年（557）宝演造像龛与释迦龛除了主像外，没有其他装饰
（图3-11）。莲花洞武平六年（575）游达磨造像龛也是表现手法
简洁，仅仅在龛的上沿刻简单的帷幔。

圆拱尖楣龛：有七例。万佛洞下天统四年（568）赵某龛是
现存最早一例，其余的都刻于武平年间（570—576）。这种龛都
没有华丽的装饰，仅有二例在龛下雕出了香炉与狮子，是古阳
洞武平三年（572）赵桃科造像龛（图3-12）和路洞外武平三年
□雅造像龛。另外，莲花洞外的僧宝巩舍造像龛呈圆拱形，尖

图3-10　龙门石窟药方洞僧严
造像龛测图（北齐天保四年，
553年，作者自绘）

图3-11　龙门石窟莲花洞南壁释迦龛和宝演龛（左上，北齐天保八年，557年）

图3-12　龙门石窟古阳洞北壁赵桃科造像龛（北齐武平三年，572年）

状龛楣已经残缺了，也可以归入这一类（图3-13）。

　　帐形龛：只有一例，是药方洞武平六年（575）道兴造像龛（图3-14）。这所龛模仿的原型应该是唐字洞的西魏沙门璨龛一类，但其舍去了上部的盝顶，增加了垂挂的四串流苏。在龛的下部雕刻香炉与二狮子小龛的做法，与同时期的圆拱尖楣龛

图3-13　龙门石窟莲花洞外南侧僧宝巩舍造坐佛像龛（北齐武平六年，575年）

图 3-14　龙门石窟药方洞门
券北壁道兴造释迦像龛测图
（北齐武平六年，575 年，作
者自绘）

相同。

在造像组合方面，一铺九尊式一例，为药方洞僧严龛的一佛四弟子二菩萨二力士。用四身弟子像作胁侍，最早见于南朝梁的石造像，在龙门北魏窟龛中也有个别的例子，都应该是梁朝影响的结果。一铺七尊式二例，为药方洞龙华寺比丘龛与道兴龛的一佛二弟子二菩萨二力士。一铺五尊式三例，为莲花洞宝演龛与释迦龛、路洞口雅龛的一佛二弟子二菩萨。一铺三尊式五例，表现为一佛二菩萨或一佛二弟子，有万佛洞下方的赵某龛、魏字洞外的合邑十五子龛、洪连义龛、路洞县山龛和古阳洞的赵桃科龛。两尊式只是表现二菩萨并立，有莲花洞游达磨龛。只雕一尊佛像的有路洞张子绍龛和莲花洞外僧宝龛。可以看出，这些北齐纪年龛在造像组合方面没有显著的变革，只是在武平年间造三尊像的小龛比较多，这是北齐龛像简化的又一种表现形式。

根据造像题记，莲花洞释迦龛、魏字洞合邑十五子龛、万佛洞下赵某龛、药方洞道兴龛主尊的题材是释迦牟尼；莲花洞宝演龛的主尊是无量寿佛；路洞外囗雅龛的主尊是阿弥陀佛。这些题材都没有超出前朝的范围，而且仍然是以释迦题材为主。

龙门北齐龛像呈现出了全新的时代风格，可以分为如下三类。第一类，较多地继承了东魏时期的造像传统，共有三龛，以药方洞龙华寺比丘龛为最早，中间的有药方洞僧严龛，最晚是魏字洞外合邑十五子龛。这三龛的佛、弟子、菩萨像都具有较丰满的身材，但不显身段与力度。佛像都穿着双领下垂式大衣，下摆垂覆座前一至二重。菩萨的帔帛一般在腹前交叉，力士都穿着菩萨装。僧严龛的力士直立，而龙华寺龛的力士是一腿弓、一腿蹬。他们都可以在北魏晚期或东魏龛中找到相似的形象来源。

第二类，丰硕颇具力度的造型，最早可见于莲花洞天保八年（557）宝演龛与释迦龛。这两龛造像风格明显地比上述三龛要丰壮有力，身体表面的衣纹也趋于稀少。释迦龛主佛大衣的下摆已经不再垂覆座前，下座也改北魏与东魏流行的坛床为方形束腰叠涩座了。菩萨的体形已略带优美的身段，释迦龛菩萨的重心放在外侧腿上，而内侧腿稍弯曲，这是北魏与东魏不见的做法。菩萨的帔帛多已不再在腹前交叉，而是从双肩处直接分垂于身体两侧。很多菩萨有宽肩的特点，有的腹部较鼓起，整体造型如筒状。这类风格在武平年间更趋成熟：佛像头顶的肉髻较低平，佛的服装以传自印度的通肩式为主，大衣的下摆都不再垂覆座前了。佛座有方形束腰座、方形束腰叠涩座、圆形束腰座等，比以前更加丰富了。所有造像的衣质显得轻薄，衣纹更加简洁、洗练。这一类正是龙门典型的北齐造像特征。

第三类，仅药方洞道兴龛一例。这所龛的佛、弟子、菩萨像在保持丰满身材的同时，已开始注意到身段的优美。主佛身下的方形束腰仰覆莲座，菩萨的帔帛绕于腹下两周，力士仅仅穿着齐膝短裙，袒裸上身，都是新出现的做法，将在以后的时代里流行。

可以看出，龙门北齐纪年龛像已经基本脱离了北魏传统样式的框架，但相似性仍然存在，盝顶龛与外方内尖龛无疑是继承了北魏和东魏的传统，因为北齐的艺术家也摆脱不了龙门本地的传统艺术因素。北齐的独特之处，集中表现在造像特征中的第二类，与前朝的风格完全不同。因此，龙门石窟北齐样式的成立，应该归结于外来因素的影响。

公元550年，北齐取代了东魏，进而定邺城为上都，定晋阳为下都。北齐历代皇帝仍然遵循着前朝的崇佛风尚，他们礼敬僧人、奖励译经、建立寺塔[1]，使邺城的大寺院达到了4000余所，僧尼近八万人，整个北齐境内僧尼发展到了200余万人，寺院四万余所，真可谓香火兴盛[2]。北齐皇帝还经常前往晋阳，也在晋阳建寺造像。据唐代李延寿撰的《北史》卷八《齐本纪》记载：北齐后主高纬（565—577年在位）开凿晋阳西山，雕出了一尊巨大的佛像，在那里举办佛教仪式时，一夜间燃油万盆，灯光照亮了皇宫内[3]。1980年，考古工作者在蒙山北峰开化寺西北二里大肚崖发现了这座巨像遗迹。河南浚县大伾山坐高约27米的倚坐弥勒大像，也可能凿于北齐时期[4]。在这种宗教形势的烘托下，北齐的开窟造像与刻经事业有了长足发展。现存北齐石窟的代表作有河北邯郸北、南及小响堂山石窟，山西太

① （唐）李延寿：《北史》卷七《齐本纪》中，中华书局，1974，第256页。（唐）道宣：《续高僧传》卷二《那连提黎耶舍传》《彦琮传》，卷六《真玉传》，卷七《慧隆传》，卷八《法上传》《道慎传》，卷九《灵裕传》《慧藏传》，卷十六《僧稠传》，载［日］高楠顺次郎、渡邊海旭主编《大正新脩大藏經》第五十册，大正一切経刊行會，1924—1934，第432a—433b、436b—439c、475b—475c、482c—483a、485a—486a、495b—498c、553b—555b页。

② （唐）道宣：《续高僧传》卷八《法上传》、卷十《靖嵩传》，载［日］高楠顺次郎、渡邊海旭主编《大正新脩大藏經》第五十册，大正一切経刊行會，1924—1934，第485b、501b页。

③ （唐）李百药：《北齐书》卷八，中华书局，1972，第113页。

④ 宿白：《南朝龛像遗迹初探》，《考古学报》1989年第4期，第389—413、524—525页。

原天龙山石窟，以及河南安阳灵泉寺和小南海石窟。可以说，它们代表了北齐邺都与晋阳间的典型石窟造像模式，对北齐其他地区有着深远的影响。下面，我们来看看龙门北齐纪年龛和这些北齐石窟造像的相似性。

北响堂石窟，是北齐诸石窟中规模最大的一处，大约开凿于天保年间（550—559），资助者很可能是北齐皇室。这处石窟群中的北洞、中洞、南洞三窟规模可观，是北齐石窟艺术中的杰作①。窟内造像表现出了不同于北魏、东魏的北齐时代特点，即所谓的"北齐样式"。面部丰圆适度，宽肩、身躯丰硕呈直筒状，服装轻薄、衣纹简洁，是这三窟造像的基本特征。龙门北齐第二类小龛造像风格都可以在这里找到相似的因素。北响堂南洞坐佛像都穿着双领下垂式大衣，佛座有方形束腰与圆形束腰两种，和龙门北齐造像的佛座样式一致（图3-15）。北响堂的

① 北响堂北齐三窟年代年推定，参见中国美术全集编辑委员会编：《中国美术全集·雕塑编13·巩县天龙山响堂山安阳石窟雕刻》，人民美术出版社，1988。[日]曾布川宽：《響堂山石窟考》，《東方學報》（京都）1990年第六十二册，第165—207頁。

图3-15 河北邯郸北响堂山南洞东壁龛（北齐）

①该碑发现于1986年，参见孟繁兴：《南响堂石窟清理记》，《文物》1992年第5期，第16—18、98—100页。碑文参见［日］曾布川宽：《響堂山石窟考》《東方學報》1990年第六十二册。邯郸市峰峰矿区文管所、北京大学考古实习队：《南响堂石窟新发现窟檐遗迹及龛像》，《文物》1992年第5期，第1—15页。

②邯郸市文物保管所：《邯郸鼓山水浴寺石窟调查报告》，《文物》1987年第4期，第1—23、97—99页。

③丁明夷：《巩县天龙响堂安阳数处石窟寺》，载中国美术全集编辑委员会编：《中国美术全集·雕塑编13·巩县天龙山响堂山安阳石窟雕刻》。李裕群：《天龙山石窟分期研究》，《考古学报》1992年第1期，第35—62、129—130页。

④河南省古代建筑保护研究所：《河南安阳灵泉寺石窟及小南海石窟》，《文物》1988年第4期，第1—14页。关于小南海三窟的图像研究，参见颜娟英：《北齐禅观窟的图像考——从小南海石窟到响堂山石窟》，载《镜花水月：中国古代美术考古与佛教艺术的探讨》，石头出版社，2016，第261—320页。

菩萨像有似莲花洞游达磨、路洞外口雅龛的帔帛在腹前交叉的样式，也有似莲花洞宝演龛、释迦龛的袒裸上身没有任何装饰的形象。北响堂石窟北齐造像龛楣的表面多刻成了天幕形，与药方洞的道兴龛一致。龛下正中雕熏炉与二蹲狮或者二供养人的做法，也见于路洞外口雅龛、莲花洞释迦龛、古阳洞赵桃科龛、药方洞道兴等龛。北响堂南洞窟外的金刚力士穿着菩萨装，呈直立的姿态，一手握拳于胸前，与药方洞僧严龛的力士很相似。北响堂北洞中心柱胁侍立菩萨像一腿直立、一腿微屈的姿态，还有他们的着装样式，都与莲花洞天保八年（557）释迦龛的立菩萨完全相同。

位于鼓山南麓的南响堂石窟，根据第2窟门外的隋代重修碑《滏山石窟之碑》记载，是北齐天统元年（565）由灵化寺比丘慧义辟山草创，北齐大丞相淮阴王高阿那肱（？—580）出资营建的，可以当作显贵高僧开窟的中心区域①。与北响堂隔山相峙的水浴寺石窟（俗称小响堂）西窟为中心柱式，后壁的武平五年（574）明威将军陆景口张元妃敬造定光佛并三童子发愿记，表明该窟大约开凿在北齐武平初年②。天龙山西峰第1、10、16窟大约开凿于北齐文宣帝高洋（550—559年在位）经营晋阳别都之时③。安阳小南海中、东、西窟都是方形窟室，大约完成于北齐天保元年至六年间（550—555）。三窟是高僧方法师首创，僧稠“重莹修成”，堪称北齐名僧的杰作④。这些著名的北齐石窟造像艺术作品，在造像龛的样式、造像组合、造像风格等方面都和龙门的北齐纪年龛存在着相当的近似成分。可以看出，龙门石窟的北齐纪年龛像，就样式与风格来看，应该同以上述北齐石窟为代表的邺都、晋阳间的造像模式有着密切的关系。也就是说，龙门的主要北齐造像龛风格是在邺城和晋阳一带的影响与传播之下形成的。这是由邺都、晋阳的政治与宗教地位的重要性所决定的。而此时的洛阳仅仅是北齐的一个西部重镇，很难想象有反向影响的可能性。

从龙门石窟北朝晚期的纪年龛铭文题记来看，在这个龙门石窟的萧条时期，出资造像的功德主身份是以僧人和平民为主，基本看不到皇室成员和高官显贵。这是造像事业不发达的重要标志。此外，龙门石窟还有很多没有纪年的造像龛，如果与纪年造像的时代风格作比较，有些也可归纳入东魏、西魏、北齐时期。但这项工作还有待于全面的分期类型排比研究。

龙门没有发现北周纪年龛像，这可能与不信佛的北周武帝宇文邕（561—578年在位）的毁佛有关。在周武帝东进占领洛阳、消灭北齐国的同时，也伴随着扫荡佛教。因此，洛阳在北周统治的时间里，龙门石窟自然就没有什么开窟造像活动了。

龙门石窟的北朝晚期纪年龛像虽然呈现出了丰富多样的复杂形态，但它们在造型上不断地摆脱北魏晚期洛阳固有的模式，而趋向于饱满健硕的风尚则是明确的。这种特点在其他地区的石窟（如河南巩义大力山石窟）中也有反映。在东魏、西魏、北齐、北周时代，佛教艺术造型日渐丰满强健，这与世俗的人物画及雕塑的发展是相辅相成的。这是中原地区在造型艺术方面的一次大变革，与北方各统治集团的锐意汉化、模拟南朝制度和文化习俗有直接的关系。我们在前面已经谈到，一改前朝体形清秀纤细的形象，而创作丰腴健壮的人物造型，南朝萧梁的著名画家张僧繇是最关键的人物。他的人物造型丰满的"张派"画风，后来被北齐的画家曹仲达和杨子华继承，成为当时的北朝艺坛竞相模仿的南朝新样式[1]。在这样的历史背景下，东魏、北齐的佛教艺术模仿南朝，仅仅是南朝影响北方诸多文化中的一小部分而已。

在现存为数不多的南朝纪年造像中，上海博物馆收藏的梁

[1] 宿白：《北朝造型艺术中人物形象的变化》，载哲敬堂珍藏选辑《中国古佛雕——哲敬堂珍藏选辑》，觉风佛教艺术文化基金会，1989。

中大同元年（546）释慧影造释迦贴金石像，主尊坐佛的体形已经是丰硕的风格，但他穿的大衣仍然显得厚重。两身胁侍菩萨如筒般直立，身体表面光滑，几乎不刻衣纹，与后世的北齐菩萨像风格完全一致[1]（图3-16）。在成都万佛寺旧址出土的众多梁朝石像中，普通四年（523）康胜造的释迦文石像一龛，中大通五年（533）上官口光造的释迦口口一龛，中大同三年（太清二年，548）观世音造像一龛，都可以清晰地看出重在表现丰腴形体的特点[2]。人物的服饰也趋向简洁，与东魏时期新的丰满型

①丁文光：《梁中大同元年造释迦石像》，《文物》1961年第12期，第4、50—51页。

②刘志远、刘廷璧：《成都万佛寺石刻艺术》，中国古典艺术出版社，1958。

图3-16 释慧影造释迦贴金石像（梁中大同元年，546年，上海博物馆藏）

造像风格基本相同。特别是中大同三年的观世音龛造像，已明显地接近南、北响堂石窟中的北齐菩萨像，尤其是二胁侍菩萨也是一腿微屈的站立姿态。北齐时期流行的敦厚、饱满、衣纹疏简、平滑圆润、颇具力度的造型特征，可见于万佛寺出土的梁中大通元年（529）鄱阳王世子侍从造的释迦立像，以及重庆市中国三峡博物馆收藏的大同六年（540）铭石造二佛并立像龛[1]。虽然二像也体现出了与北周造像相似的因素，但这种同时代所共有的风格，正有力地说明了萧梁一代对北齐与北周造像的影响[2]。这不仅是龙门北朝晚期造像新风的渊源所在，也开启了隋唐的人物塑绘风尚。

　　当然，萧梁王朝对东魏、西魏、北齐佛教艺术的影响并非机械的。东魏、北齐样式的形成，应该还包含着相当的对北魏洛阳模式的继承，以及部分传自印度和西域的因素。就北朝晚期的龙门石窟——这个政治风云多变，东西方政权交叉地带的造像而言，对北魏传统样式的继承，对来自洛阳而反馈于长安、邺城的艺术风格的再接受，对发源于南朝而传自东西两京的新的造像特征的汲取，无疑较其他地区表现得更为突出。在此，继承与发展新型的造像艺术风格，是这一时期龙门龛像演变的主流。

① 四川博物院等编：《四川出土南朝佛教造像》，中华书局，2013，第20、21、186、187页。

② ［日］冈田健：《北齊樣式の成立とその特質》，《仏教芸術》159增大號，1985，第31—48頁。

四、药方洞的续雕

　　在洛阳动荡与战乱的公元6世纪下半叶，药方洞是龙门石窟唯一的一座续雕完成的中型洞窟。在北魏完成的洞窟雏形的基础上，北齐的佛教徒们续凿完成了药方洞西壁的一铺大像、窟顶的莲花飞天，还有窟门外崖壁上的窟楣、力士、纪事碑、飞天等。这也是龙门石窟最大的北齐艺术作品。

确定药方洞续雕工程的年代，主要依据的是门券北壁北齐武平六年（575）《都邑师道兴造像碑记》与门外侧束莲柱的关系。道兴造像龛的铭文题记刻在龛外侧的一个小型螭首碑上，但这个小碑的东边被窟门北侧的束莲柱打破了，这就证明束莲柱的年代要比这个小碑晚（图3-17）。窟门北侧的这个束莲柱平面呈八角形，在柱身上有束莲装饰。在窟门南侧也雕着同样的束莲柱，他们共同组成了窟门两侧的立柱，貌似承托着尖状火焰门楣。有的学者认为，道兴龛的碑记与其所属的碑都刻于北齐武平六年，门北侧的立柱打破了道兴碑的东边，而立柱和门外两侧的力士像都是同期完工的，因此窟门外的立柱与二力士

图3-17　龙门石窟药方洞门券北侧壁都邑师道兴造像龛、造像记、石刻药方与门外两侧束莲柱关系（北魏—北齐，贺志军拍摄）

像都应该晚于公元 575 年。他们还注意到在窟门外南侧有唐高宗永徽四年（653）的小龛，证明二力士像的雕刻年代不晚于永徽四年。于是，他们认为包括西壁一铺主像和门外二力士、二飞天、大碑在内的对药方洞的续雕可能完工于唐太宗贞观十年（636）或稍晚一些[1]。

但是，《都邑师道兴造像碑记》的文字与小碑是不是同时期雕造的呢？如果说这个小碑和碑文都是在同一时期雕刻成的，既然小碑的东边被打破了，那么碑文必然是不完整的。这个小碑通高 0.6 米，残宽 0.29 米，碑文一开始说的是："夫金躯西奄，仪像东流。""夫"是古代佛教碑刻开头的惯用语，可以看出碑文是完整的，没有被毁坏。碑文还述说了都邑师道兴合邑人等"敬造释迦尊像一躯，并二菩萨、二僧侍立"，目的是为了使仰慕佛法的人能皈依佛教，所有在世的众生都能获得福报。碑文最后的年代也是完整的，是"大齐武平六年（575）岁次乙未六月甲申朔"。所以，应该是这个小碑被束莲柱先打破，道兴等人再在残碑上刊刻了自己的造像记[2]。

这个刻在门券北侧的小碑原来是做什么用的呢？小碑的碑首刻有相盘的二龙，龙首分向了两侧下部，东侧龙首被门外北侧的束莲柱打破了。这个小碑的样式与皇甫公窟外南侧孝昌三年（527）的《太尉公皇甫公石窟碑》、宾阳中洞外南侧北魏晚期原刻的《伊阙佛龛之碑》的碑额都有相似之处。据此推测，药方洞的这个小碑可能刻于北魏末年，原先是为了刊刻开凿这所洞窟的功德记，后来因为洞窟的停工，这个小碑也就没有使用。佛教徒们在续雕门外北侧的束莲柱时打破了小碑的东边之后，道兴等人才于北齐武平六年在残碑表面刻了自己的造像记。

小碑上的造像铭记所记载的功德应该指的是碑上方的一所龛。从《都邑师道兴造像记》的内容可知，道兴等人雕刻的是

[1] 温玉成：《龙门唐窟排年》，载龙门石窟研究所等编《中国石窟·龙门石窟》第二卷，文物出版社，1992，第177—179页。

[2] 常青：《龙门药方洞的初创与续凿年代》，《敦煌研究》1989年第1期，第38—43页。

释迦与二弟子二菩萨像。在小碑的西侧上方有一所小龛,高0.69米,宽0.58米,紧贴着门券北壁的上边沿。龛楣为天幕帐形,上部雕刻着摩尼宝珠、莲花、莲瓣、流苏、垂角等,都是宝帐装饰的必要元素。龛内造像是一佛二弟子二菩萨二力士,在一铺主像的下部雕刻着三个小龛,中间龛内雕熏炉,两侧龛内各雕一只蹲狮,胸部鼓起,具有较强的装饰性(图3-14)。这些像的雕造风格既不是北魏末期的潇洒清秀,也不同于唐代初年的优美写实,而是开启了唐代丰满造型风尚但略显呆板。在狮子与熏炉小龛之间刻着功德主的名字,西侧的已残,东侧的题刻中有"都邑师道兴"。这里的道兴和小碑上的道兴应该是同一人,龛内造像的题材也与《道兴造像记》上提到的相同,可以知晓这个小龛就是道兴等人所开的龛。他们利用了右下方的残碑刊刻了发愿文,而将一些主要功德主的姓名刊刻在龛下。

因此,药方洞的续雕年代应该在北齐武平六年以前。那么,具体又在什么时候呢?我们首先要注意的是,洞内西壁的一铺五尊主像都具有鲜明的北齐风格(图3-18)。主尊结跏坐佛高2.3米,头顶肉髻低平,面相宽胖,体形丰壮,身穿褒衣博带式大衣,衣质显得轻薄。这种质朴庄重的风格,与山西太原天龙山石窟、河北邯郸响堂山石窟中的北齐佛像相似之处较多,具有较明显的6世纪下半叶的时代风格[1]。右胁侍菩萨通高2.45米,头戴较高的花冠,面相方圆,五官宽大,体形较胖,呈直筒状,腰部较粗,略显臃肿,腹部较平坦,饰有项圈与长璎珞,帔帛于腹下部绕两周。这些特征与道兴龛中的胁侍菩萨基本相同,只不过道兴龛的菩萨像形体较小,项圈璎珞的细部不清楚。道兴龛是补凿的小龛,可能受西壁大像的影响。此外,西壁主佛身下的蹲狮、熏炉也与道兴龛下的同类小造像有许多相似之处。窟内北壁中部上方刻着僧严等道俗38人造像龛,纪年为

① 常盘大定、关野贞:《支那文化史迹》第八辑,法藏馆,1939,图版VIII-4、VIII-23、VIII-28。

图3-18　龙门石窟药方洞正壁（西壁）一铺五尊大像（北齐）

"天保四年（553）三月囗日"。在窟内南壁东侧上方有龙华寺比丘匙，纪年是"天保四年二月廿一日"①。由此可知，在北齐天保四年，药方洞中曾有过雕凿。我们可以在此推想，西壁大像的雕造时代很可能在武平六年以前的北齐时期，即天保（550—559）到武平（570—576）年间。

①关于这二条北齐造像记，参见刘景龙、李玉昆：《龙门石窟碑刻题记汇录》，中国大百科全书出版社，1998，第392、399页。

　　药方洞的窟顶呈穹隆形，西壁主尊身后的尖状身光折入窟顶，遮盖了中央圆形莲花的西侧，这是沿袭龙门北魏宾阳中洞的传统。因此，窟顶雕刻与西壁大像是统一布局的。窟顶正中的莲花由中央莲蓬与外部双层莲瓣组成，四周雕刻着飞天伎乐，南侧的吹排箫、洞箫，北侧的吹竽和手持莲花。这些伎乐天都是袒裸上身，下身平直，穿着长裙，有裙腰。帔帛在身后绕成了圆环状，衣纹有厚重感。他们既不同于北魏末期伎乐天的清秀潇洒，也不同于唐代初年伎乐的体形写实，倒是很像北齐不成熟的新风格。

在窟外崖面，从北齐武平六年（575）刊刻于门券北壁残碑表面的《都邑师道兴造像记》来看，门外侧束莲柱的年代应该早于武平六年。河北邯郸南响堂石窟群开凿在北齐天统元年（565）和以后不久的时间里，窟门两侧立柱和龛边立柱表面多有束莲装饰[1]。这些立柱断面为八角形，多饰两朵束莲。有的在龛梁上也有束莲装饰。在唐代以后开凿的石窟中，束莲柱就基本绝迹了。因此，药方洞门外两侧的束莲柱很可能是受北齐响堂山石窟的影响，年代应该在早于武平六年的北齐时代。

药方洞门楣与其上部的二侏儒、龟、石碑基本位于同一垂直立面上，门外两侧的二力士与碑两侧的二飞天均向崖体凹入，但门外的二束莲柱又与二力士的高度相协调（图3-19）。因此，外立面雕刻的时代就有两种可能性：其一，门楣与上部的侏儒、龟、石碑略早于门柱、力士与碑两侧的飞天；其二，整个外立面的雕刻是在统一布局规划之下完成的。不论哪一种推测更为合理，他们都早于北齐武平六年[2]。

门外南北两侧的力士像，在头身比例上头部略显大，头顶束着高发髻，袒裸上半身，体形较宽，肌肉发达，但多不合比例。一臂弯曲至腹间，一臂后扬握拳，与头平齐。下身穿着遮膝短裙，双腿分立，身体重心放在一条腿上。帔帛在身后绕一大圆环。这些特点都与道兴龛中的力士像相似，而与唐代龙门石窟的力士像明显不同。门楣上方的石碑碑身高2.84米，宽1.14米，碑首略高于半圆形，与北魏晚期雕刻的宾阳中洞、皇甫公窟外的碑首有所不同。但这通碑的表面仍刻有传统的二龙图案。该碑两侧的飞天都是向下飞舞，平行弯曲飞向石碑，帔帛在身体上部绕一大圆环。衣纹雕刻厚重，写实感不强，与窟

①邯郸市峰峰矿区文管所、北京大学考古实习队：《南响堂石窟新发现窟檐遗迹及龛像》，《文物》1992年第5期，第1—15页。

②一些前辈学者也持同样的观点。李文生认为药方洞窟外立面的束莲柱、力士、飞天、侏儒雕于北齐武平六年（575）至北齐亡之间，见李文生：《龙门石窟药方洞考》，《中原文物》1981年第3期。宫大中认为窟内主像为北齐时期雕造，窟外的力士、飞天与窟内主像是同期造像。见宫大中：《龙门石窟艺术》，上海人民出版社，1981，第118页。也有学者认为束莲柱刻于北齐、北周、隋代之间，详见［日］水野清一、長廣敏雄：《龍門石窟の研究》，座右寶刊行會，1941；同朋舍，1980复刻版。

图3-19　龙门石窟药方洞外立面（北齐，1907年拍摄，采自沙畹《北中国考古图谱》）

内顶部伎乐天的雕刻手法基本一致，就连身躯扭动的姿势也很相近。因此，这些窟外崖面的雕刻应是北齐时代的作品。

　　进入唐代以后，信徒们主要利用药方洞中的东、南、北三壁下部和其他空间，或在窟外的南北两壁补刻一些小龛。在这些唐代小龛中，年代最早的是唐太宗贞观二十三年（649），还有唐高宗永徽（650—655）、显庆（656—661）、麟德（664—665）、永隆（680—681），武周长寿（692—693）等纪

①刘景龙、李玉昆:《龙门石窟碑刻题记汇录》,中国大百科全书出版社,1998,第392—415页。

②参见宫大中:《龙门石窟艺术》,上海人民出版社,1981,第283—289页。另外相同观点详见龙门文物保管所编:《龙门石窟》,文物出版社,1980。

③丁明德:《洛阳龙门药方洞的石刻药方》,《河南文博通讯》1979年第2期。

④范行准:《两汉三国南北朝隋唐医方简录》,《中华文史论丛》第六辑,1965。

⑤李文生:《龙门石窟药方洞考》,《中原文物》1981年第3期。

年小龛。窟外门楣上方的石碑被唐代人磨光,重刻了《究竟庄严安乐净土成佛铭记》,完成时间是唐高宗永隆二年(681)四月廿三日①。

在门券的南北两壁刊刻有药方,这是药方洞命名的由来。关于这个药方的年代,学术界的看法不同,有北齐说②、北齐至唐代说(575—664)③、唐代说(650年以后)④、唐代说(627—741)⑤。我同意最后一种观点。药方分布在武平六年《道兴造像记》的下部外围,文字连贯,没有被题记或小龛叠压、打破的现象(图3-20)。这种迹象表明先有《道兴造像

图3-20 药方洞门券南侧壁(左)与北侧壁(右)刊刻的药方与北侧壁右上角的《都邑师道兴造像记》碑拓本(北齐—唐,采自《支那文化史迹》图版II-46)

记》，然后再环绕着题记来刻药方。因此，药方年代的上限不会早于北齐武平六年。另外，门券北壁药方的剩余部分转刻在了窟内东壁门北侧的下部，上部有一所北魏永熙三年（534）开的小龛。在永熙龛下题记的南侧有一个长方形小龛，高0.1米，宽0.075米，这个小龛打破了永熙龛下的题记。龛内刻有两身立菩萨，身材修长优美，是唐高宗时期的风格。在永熙题记的下部还有一个横向的长方形浅龛，长0.46米，高0.14米，龛内雕了七身小坐佛像，也是初唐时期的作品。而自门券北侧延伸至窟内东壁北侧下部的药方，分别刻在上述二菩萨与七小坐佛龛的南侧与七小坐佛龛的下部，并与这两个小龛保持着一定的距离，明显是在有意避开小龛。再从药方内容来看，语句完整而连贯，并没有被小龛叠压或打破。可以证实，药方不会早于这两个唐代小龛。门券南壁也刻着药方，面积较大，同样绕过了中部的一所北齐小龛，上部的一些唐代小龛、七小坐佛龛分布于门券上部边沿，也是在有意避开北齐小龛。因此我认为，药方与七小坐佛龛的时代基本同时。从现存窟内保存的唐高宗、武周时期纪年的众多小龛来看，药方的刊刻年代或许就在这一时期。

至于刊刻药方的动机，可能是初唐人看见北齐《都邑师道兴造像记》里有"若不勤栽药树，无以疗兹聋瞽"之语，有感而镌刻的。把药方刻在佛教石窟内，有病之人可以来此得到医治的药方，更能体现佛教济世救人的宗教思想。

药方洞中的最晚纪年小龛刻在南壁中部。这里有一所小帐形龛，龛内刻着一身立菩萨像，两侧各有一身胁侍很像菩萨（或是供养人）。龛下铭文题记的年代是北宋天圣四年（1026）三月二日。

五、隋代小龛

公元581年，隋朝建立，并于589年消灭了江南陈朝，再次统一了大江南北。从此以后，中国佛教开始了集南北之大成的重要时期。隋文帝杨坚（581—604年在位）是一位极力提倡佛教的皇帝。他鼓励民间人人都来造佛像、写佛经。据唐代和尚道世写的《法苑珠林》统计，在隋文帝时代，共造了106580尊佛像。隋炀帝杨广（605—618年在位）也始终崇信佛教。他当年带领军队进攻江南陈朝的时候，很担心因为战争使这个文化最发达地区的佛经与佛像化为灰烬，于是传令各军，留心收集南朝的佛教艺术品，并把它们全部运回了长安。在杨广执政的年代里，全国整修了旧佛像101000尊，又制造了3850尊新佛像[1]。可以看出，在大一统的隋朝，西方东方、大江南北的佛教艺术精华，都汇聚到了首都长安，各地高僧也云集关中，使佛教的发展盛况空前，为中国佛教艺术发展高峰的来临奠定了坚实的基础。

隋朝虽然只有短短的37年，但留下的石窟寺数量却是相当可观的。甘肃省保存最多，宁夏、陕西、河南、河北、山西、山东等省也保存了数量不等的石窟与摩崖造像。其中河南安阳灵泉寺大住圣窟，山西太原天龙山第8窟，山东益都云门山石窟、驼山石窟，甘肃敦煌莫高窟的80所隋代洞窟等，都是隋代佛教艺术的杰作[2]。

然而，洛阳的政治与文化地位在隋文帝执政时期仍然不见好转。大业元年（605），隋炀帝命令朝廷有关部门在洛阳故王

① （唐）道世：《法苑珠林》卷一百，载［日］高楠順次郎、渡邊海旭主編《大正新脩大藏經》第五十三冊，大正一切經刊行會，1924—1934，第1026b页。

② 常青：《隋代造像的创新性与保守性》，《美术观察》2020年第3期。［韩］梁银景：《隋代佛教窟龛研究》，文物出版社，2004。

城以东营建东京，不久就迁都洛阳。在他的倡导下，洛阳佛教才有些起色，重新兴起了翻译佛经事业，建立了翻经道场，提供给印度十余名僧人翻译佛经[1]。龙门东山香山寺的佛事在大业年间似乎也很兴旺[2]。然而，随之而来的隋末政治动荡，也很难使洛阳的佛教艺术有所发展。因此，作为中国三大石窟艺术宝库之一的龙门石窟，只有三处隋代纪年小龛，与隋代艺术在北方的兴盛形成了鲜明的反差，这是一个值得思考的问题。根据风格分析，还有一些无纪年小龛也可归入隋代。

龙门石窟的三所隋代纪年龛都刻在宾阳洞一带[3]。开皇十五年（595）六月四日行参军裴慈明等造的弥陀像龛，位于宾阳中洞外的《伊阙佛龛之碑》北侧，高0.69米，宽0.36米。这是一个圆拱形龛，在龛楣处浮雕一丛娑罗树叶，龛内雕结跏趺坐佛并二立菩萨像。在一铺主像的上方刻出娑罗树冠的造型，起源于印度。美国波士顿艺术博物馆收藏的河北出土的一组金铜造像，做于隋开皇十三年（593），工艺精良，上方也有娑罗树冠。这种做法应是表现佛在娑罗树下涅槃前说法的情景。裴慈明龛的主佛是阿弥陀佛，有圆肩、身躯丰满、胸腹较平坦等特征，但身体表面细部残损很多，大衣下摆垂覆矮台座前。二胁侍菩萨都是直立的姿态，身材较瘦，显得窈窕，表面的细节也多残损。总体来看，这个龛的雕刻技艺很拙劣。

在大业十二年（616）四月二十五日，蜀郡成都县募人季子赟在宾阳中洞外北侧力士像右侧出资雕造了观音像一躯（图3-21）。这个小龛高0.29米，宽0.24米，是一个很简单的圆拱形龛，没有龛楣。龛内的观音立像雕刻技艺更为粗劣，身体的高度仅为头高的两倍，比例极不谐调。可看出头上戴冠，上身袒裸、下身穿长裙，但没有细部的刻画，身躯像直筒一样，明显带有北齐遗风。

[1] 事见（唐）杜宝：《大业杂记》，载（唐）章术、杜宝撰，辛德勇辑校《两京新记辑校、大业杂记辑校》，三秦出版社，2006，第2、5页。（唐）道宣：《续高僧传》卷二《达摩笈多传》《彦琮传》，第435b—439c页。

[2]（唐）章术、杜宝撰，辛德勇辑校：《两京新记辑校、大业杂记辑校》，三秦出版社，2006，第27页。

[3] 常青、王振国：《龙门隋代和唐代贞观期龛像及其保守与多样风格》，载中国古迹遗址保护协会石窟专业委员会、龙门石窟研究院编《石窟寺研究》第八辑，科学出版社，2018。

图3-21 龙门石窟宾阳中洞外北侧力士像右侧的蜀郡成都县募人季子赟造观音像一躯（隋大业十二年，616年，贺志军拍摄）

大业十二年七月十五日，河南郡兴泰县人梁佩仁在宾阳南洞北壁出资雕造了释迦像二龛，龛内有四身胁侍菩萨、香炉、狮子等。这是二所并列的圆拱形龛，有火焰形龛楣，其中左龛高0.92米，宽0.6米，右龛高0.75米，宽0.6米（图3-22）。二龛中间刻着圆形螭首碑，碑上刻发愿铭文。二龛内都刻着结跏趺坐佛和二胁侍立菩萨像，风格极为相似。主佛头部显大，头顶肉髻低平，胸腹平坦，不显身段。与上述裴慈明龛主佛一样，

图3-22　龙门石窟宾阳南洞北壁N49河南郡兴泰县人梁佩仁造释迦像二龛（隋大业十二年，616年）

这两所龛也明显包含着北周遗风，与1975年西安草滩出土的北周白石造像龛中的坐佛身形很相似①。衣纹刻画没有任何写实感，表现出了低劣的技艺。雕刻技艺低下、样式保守，都反映了隋代龙门石窟佛教艺术事业的低落。艺术的重新繁荣，还需要洛阳首先重新拥有政治与文化的活力。

① 中国石窟雕塑全集编辑委员会编：《中国石窟雕塑全集5：陕西宁夏》，重庆出版社，2001，图版140。

第四章

<h1 style="color:red">西京长安传来的佛音
——唐太宗与高宗期</h1>

　　隋炀帝凭借隋文帝辛苦积累起来的巨大民力和财富，无止境地推行他的强国梦想。他征高丽，修运河，这些宏伟项目大大超出了民众的负荷，终于激起了四方起义和暴动。公元618年，当时替隋朝镇守太原的大贵族李渊也乘机起兵，攻占长安，建立了唐朝。在以后的几年时间里，李渊（唐高祖，618—626年在位）依靠二儿子李世民（唐太宗，627—649年在位）的谋略和战术，相继消灭了全国的割据势力，中国的封建社会从此进入了鼎盛时代。

　　在唐高祖和唐太宗相继执政的31年间，为后世留下的石窟寺和其他佛教艺术品寥寥无几，与隋代37年产生的佛教艺术不可同日而语。因为这两个皇帝不怎么信佛，唐太宗在贞观十一年（637）下诏曰："道士女道士可在僧尼之前。"[①]在这样的历史背景之下，龙门石窟没有唐高祖时期的作品，在唐太宗年间只续雕完成了宾阳南洞，还在一些前朝的洞窟内外雕了一些零散的小龛[②]。历史证明，佛教艺术的发展，需要国家君主的扶持与提倡，这是佛教徒们早已坚信的一个"真理"。

公元650年，李世民的第九个儿子李治即位当了皇帝，即唐高宗（650—683年在位），唐朝的佛教进入了极盛时代，在中国佛教发展史上形成了一个高峰。这是因为唐高宗非常笃信佛法。公元656年，他的皇子李显（即唐中宗，656—710）降生了，李治竟然给他赐名号"佛光王"，还为李显特意剃度了7个和尚，请玄奘法师（602—664）主持仪式，希望李显的一生能得到佛的保佑[③]。公元660年，唐高宗派人去岐州法门寺迎请了护国真身释迦佛指骨，到东都洛阳皇宫里供养[④]。这枚指骨就是1987年在陕西扶风县法门寺塔唐地宫中发现的佛指舍利[⑤]。在这个信佛皇帝的倡导下，全国各地立寺、建塔、造像成为一时风气。佛教石窟的开凿，也迎来了空前绝后的繁荣时代。

唐代的中国，国力强盛，制度完备，经济基础坚实，是当时世界上第一流的强国。唐人很善于总结继承前人的成就，又善于吸收消化外来文化中的丰富营养，从而创造出五彩斑斓、璀璨夺目的崭新文化[⑥]。首都长安城就是上演这种唐文化的国际性大舞台。在那里，各种外来的宗教都得到了传播和发展，展现出了百花齐放的繁荣景象。

初唐时长安城有佛寺80多座，数量之多、规模之大和级别之高，在全国首屈一指。唐代佛教各宗派的僧侣在那里有异常活跃的表现，印度和中亚各国的僧人也有很多来到长安施展自

[①]（唐）道宣：《续高僧传》卷二十四，载［日］高楠顺次郎、渡邊海旭主编《大正新脩大藏經》第五十册，大正一切经刊行會，1924—1934，第635c页。

[②]常青、王振国：《龙门隋代和唐代贞观期龛像及其保守与多样风格》，载中国古迹遗址保护协会石窟专业委员会、龙门石窟研究院编《石窟寺研究》第八辑，科学出版社，2018，第130—165页。

[③]（唐）慧立、彦悰撰：《大唐大慈恩寺三藏法师传》卷九，载［日］高楠顺次郎、渡邊海旭主编《大正新脩大藏經》第五十册，大正一切经刊行會，1924—1934，第272a页。

[④]（南宋）志磐：《佛祖统纪》卷三九，载［日］高楠顺次郎、渡邊海旭主编《大正新脩大藏經》第四十九册，大正一切经刊行會，1924—1934，第367b页。

[⑤]陕西省法门寺考古队（韩伟等）：《扶风法门寺塔唐代地宫发掘简报》，《文物》1988年第10期。

[⑥]王仁波：《唐代文化的繁荣与开放政策》，《文博》1988年第4期。

①王仁波:《唐长安城的佛教寺院与日本留学僧》,《文博》1989年第6期,第13—20页。

己的才能,日本国僧人则不断地成批前来学习与求法①。可以想象,当时长安城的寺院建筑是何等壮观,寺院里又有多少无与伦比的精美艺术品。在长安佛教不断影响下,龙门石窟终于迎来了开窟造像发展的最高峰。

一、魏王李泰的工程

唐高祖武德四年(621),李世民率领唐军平定了盘踞在洛阳的军阀王世充(591—621),从此洛阳归唐朝管辖。但李世民当时并没有计划来经营洛阳,而是焚毁了隋朝东都洛阳的乾阳

②(北宋)司马光等:《资治通鉴》卷一八九,中华书局,2013,第6111页。

殿、则天门及阙,还废除了大部分佛教寺院,只在洛阳城中保留有名德的僧尼各30人,其余的都让他们还俗②。这无疑再次压制了洛阳佛教的发展。这也是在现存龙门石窟造像中不见有唐高祖武德(618—626)纪年作品的原因。到了唐太宗贞观年间(627—649),李世民将洛阳作为行宫,号称"洛阳宫"。从此,洛阳的政治地位再次得以提升,也为将来的文化艺术发展带来了契机。

魏王李泰(618—652)是李世民的第四个儿子,以爱好文学而知名,曾经主编完成了中国古代著名的地理著作《括地志》。公元636年,他的母亲、皇后长孙氏(601—636)去世,为给长孙氏做功德和死后追福,李泰从长安来到洛阳,在龙门山选择了北魏宣武帝没有完成的宾阳南洞,雕造了正壁的一铺

③张若愚:《伊阙佛龛之碑和潜溪寺、宾阳洞》,《文物》1980年第1期。

大像,还把宾阳中洞的雕刻重新加以修葺、装饰,使他们更加庄严雄伟③。那么,保存在宾阳中洞壁面上的彩绘,就有可能是那个时候的遗存。

　　为了使这个功德流芳百世，李泰还命令把宾阳中、南洞之间的北魏大碑磨平，请当朝重臣中书侍郎岑文本（595—645）撰写了一篇碑文，再由大书法家褚遂良（596—659）书丹，于贞观十五年（641）十一月刻在了这块旧碑上。这就是著名的《伊阙佛龛之碑》（图2-1、图4-1）。这通高3.65米、宽1.9米的大碑的全文有1600多字，北宋学者欧阳修（1007—1072）的《集古录》和赵明诚（1081—1129）的《金石录》等书，就已经从金石学的角度评价了该碑。清代学者王昶（1725—1806）的《金石萃编》还对碑文作了全文抄录，可见古代学者对这个碑文的重视程度。文中赞扬了长孙氏的贤德、李泰的忠孝与才华，以及他对亡母的不幸逝世所寄托的无限哀思。碑文中还提到了"灵龛星列"，是指同时雕刻在宾阳南洞南北壁间众多的如众星

图4-1　位于宾阳中、南洞之间的《伊阙佛龛之碑》（采自《支那文化史迹》图版II-20）

捧月般的贞观纪年小龛。这些龛很多是跟随李泰从长安来到洛阳的政治团队参与这一功德的遗存，当然其中也有为自己求福报的目的①。

从书法角度而言，《伊阙佛龛之碑》碑文字体清秀端庄，瘦劲有力，是很标准的初唐楷书，受到了历代学者的高度评价。书丹者褚遂良，字登善，钱唐（今浙江杭州）人，曾任起居郎、谏议大夫、中书令等职，后封为河南郡公②。他少学时代在官员学者虞世南（558—638）门下学习书法，长大后以东晋大书法家王羲之（303—361）的书法为师。所以，他的楷书甚得媚妍情趣。他同另外三位书法家欧阳询（557—641）、薛稷（649—713）、虞世南并称为"初唐四家"。

宾阳南洞是一所马蹄形平面、穹隆顶的大型洞窟，高9.85米，宽8.7米，深8.18米（图4-2）③。在窟顶尚存有北魏晚期完成的浮雕圆形伞盖与一组飞天伎乐（图2-17），在东壁以及南北

① 关于《伊阙佛龛之碑》的碑文全文参见刘景龙：《宾阳洞：龙门石窟第104、140、159窟》，文物出版社，2010，第299—230页。

② 褚遂良事迹，参见（后晋）刘昫等撰：《旧唐书》卷八十《列传第三十》，中华书局，1975，第2729—2739页。

③ 本节所述宾阳南洞、北洞的总体情况，参见刘景龙：《宾阳洞：龙门石窟第104、140、159窟》，文物出版社，2010。

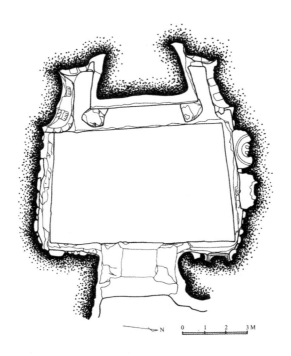

图4-2 龙门石窟宾阳南洞平面图（作者自绘）

两壁东端下部有一组未完成的神王像。这种窟形和伞盖、飞天、神王的布局与按期完工的宾阳中洞一致，是当年统一规划但没有按期完工的遗存。北魏晚期的宾阳南洞正壁很可能已经凿出了一铺主像的雏形，后来经过李泰的资助方得以续凿完成，但已经不是北魏晚期的样式与风格了。

正壁有近似圆雕的造像五身（图4-3）。主像阿弥陀佛结跏趺坐于方形束腰叠涩座上，通高8.2米，面相饱满，额方颐丰，

图4-3　龙门石窟宾阳南洞正壁（西壁）一铺主像（唐贞观十一至十五年，637—641年）

肉髻表面刻有水波纹，面相丰满长圆，眼似弯月，颈部刻三道蚕节纹，右手展掌举于胸前施无畏印。他躯体丰硕，胸腹部微鼓，不显身段，双腿显得较短。他身穿褒衣博带式大衣，内有僧祇支，在胸前束带垂下，自左肩处以带系着袈裟。身躯丰硕、不显身段是北齐与北周佛像的特点，也被隋代继承。在佛像发际表面刻水波纹，可见于北周佛像①。自左肩处系带垂下袈裟的做法，见于隋开皇年间雕凿的山东青州云门山第1窟、驼山第2窟主佛，以及济南神通寺千佛崖唐贞观十八年（644）僧明德造的二尊佛坐像。因此，有的学者认为这种衣饰是由山东传入洛阳的②。但我觉得，这尊佛像更多的风格应来自长安北周传统。虽然在长安地区出土的北周与隋代佛像中还没有发现自左肩处垂带系袈裟的例子，但也不能说明在当年长安一定没有过这种服装样式的佛像。宾阳南洞主佛的头光表面刻着缠枝花草纹样，与陕西彬县大佛寺大佛洞贞观二年（628）完工的主佛头光中匝纹样结构相近③。彬县大佛寺是唐太宗李世民倡议开凿的大型石窟寺，时间早于李泰在宾阳南洞的工程，宾阳南洞主佛头光的纹样很可能是来自彬县大佛寺所反映的长安地区的佛教装饰图案。

在主佛的旁边，迦叶居左，双手合十微闭目；阿难居右，双手持物于胸前。他们的外侧还各有一躯身躯丰硕的菩萨立像，帔帛在腹下绕作两道圆环，是北周菩萨像的特点，见于1975年西安草滩出土的北周白石造像龛中的菩萨像、宁夏固原须弥山石窟第46窟中的北周菩萨立像④。此外，这两尊立菩萨像还饰有璎珞，其中左菩萨身挂两条璎珞：一条璎珞在腹前交叉穿一圆形饰物，是北魏晚期以来的菩萨像传统，也见于北周菩萨像；另一条璎珞与前一条璎珞在双膝部位交错，这是北周菩萨像的特点（图4-4、图4-5）。这五尊大像极有可能是李泰为其母做功

① 如2004年在西安市未央区中查村出土的一件北周佛头雕像，参见中国社会科学院考古研究所编著：《古都遗珍——长安城出土的北周佛教造像》，文物出版社，2010，图版37。

② ［日］曾布川宽著，颜娟英译：《唐代龙门石窟造像的研究》，《艺术学》第7、8期，第163—268页。

③ 常青：《彬县大佛寺造像艺术》，现代出版社，1998，第29页。

④ 中国石窟雕塑全集编辑委员会编：《中国石窟雕塑全集5·陕西宁夏》，重庆出版社，图版179，2001。

图4-4　龙门石窟宾阳南洞正壁（西壁）左胁侍弟子、菩萨（唐贞观十一—十五年，637—641年）

图4-5　汉白玉贴金彩绘观音立像（北周，通高0.94米，1992年陕西省西安市汉城乡西查村出土）

德而造的新像。造像的艺术手法显得较为古拙，身体丰硕而僵直，在一定程度上保留着北周与隋代造像的遗风。

　　贞观十五年（641）应该是宾阳南洞正壁一铺大像完工的时间，而不是贞观年间从长安来到洛阳的一批朝廷官员在龙门雕凿之始。李泰的一组龙门石窟现存唐太宗贞观纪年龛像最早的雕于贞观十一年（637），是位于破洞西壁的刘太妃为道王元庆造倚坐弥勒佛像龛。结合李泰母亲长孙皇后去世于贞观十年（636）的史实，这项功德的起始时间因有大像工程也非一年可

① 有学者认为，宾阳南洞后壁一铺主尊大像为魏王李泰为其母文德皇后造的功德，开凿年代当在贞观十五年（641）。详见李文生：《龙门石窟的新发现及其它》，《文物》1980年第1期。张若愚：《伊阙佛龛之碑和潜溪寺、宾阳洞》，《文物》1980年第1期。另有学者认为，宾阳南洞主像有可能是隋代作品。详见宫大中：《龙门石窟艺术》，上海人民出版社，1981，第122页。

② 常青、王振国：《龙门隋代和唐代贞观期龛像及其保守与多样风格》，载中国古迹遗址保护协会石窟专业委员会、龙门石窟研究院编《石窟寺研究》第八辑，科学出版社，2018，第130—165页。

以雕就，开始时间应该在贞观十五年以前①，可能是贞观十一、十二年间（637—638）。宾阳南洞最晚的贞观纪年龛像雕刻于贞观二十三年（649），即李世民执政的最后一年。李泰对长孙氏所做的功德，也许有他夺嫡的政治目的，但绝不仅仅是出于这一动机。李泰在贞观十七年（643）就夺嫡失败了，如果宾阳南洞的续凿工程确实与李泰的夺嫡阴谋有关，在他已经失势后，就不可能会有官吏平民在其功德窟内大事补凿龛像了。

二、保守与多样的贞观风格

在唐太宗执政中期，李泰和他的追随者在宾阳南洞大造功德，引发了后来者在太宗晚期的续雕之举，最终形成了如众星捧月一般的众小龛拱卫正壁大像的功德。在宾阳南洞的四壁间，有大小150多个佛龛星罗棋布，大部分都是在唐太宗贞观年间（627—649）完成的（图4-6）。除了宾阳南洞以外，在普泰洞、老龙洞、莲花洞、药方洞、破洞、唐字洞等处也保存了一些贞观时期的纪年小龛。包括宾阳南洞，我们总共在龙门石窟发现了大约36所唐太宗贞观时期的纪年小龛②。从全国范围来看，这是最大的一批贞观年间的纪年龛像，为研究唐太宗时期的佛教造像的面貌提供了极好的材料。

这些贞观纪年龛主要是圆拱形的，并有少量的尖拱形龛，龛楣刻作火焰形，但没有细部的火焰纹雕饰。从龛形而言，龙门北魏小龛设计要华丽、复杂得多。长安地区发现的北周小龛与邺城一带的北齐龛像仍有华丽的龛饰。入唐以后，龛形变得朴素而简单。这些龙门贞观期小龛很符合即将兴起的唐代龛像

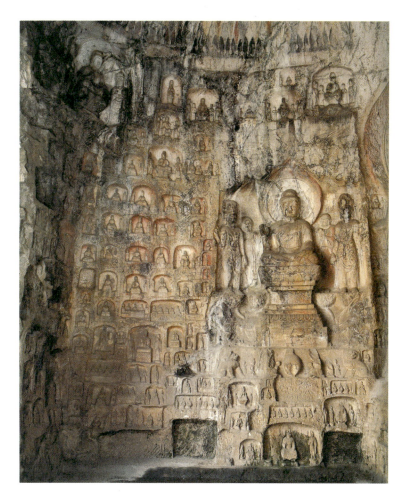

图 4-6　龙门石窟宾阳南洞南壁众佛龛（唐贞观年间，627—649年）

设计风格。

　　在造像组合方面，有单身结跏趺坐佛，单身倚坐佛，单身立菩萨，结跏趺坐佛与二菩萨，结跏趺坐佛与二弟子、二菩萨，倚坐佛并二菩萨，倚坐佛并二弟子、二菩萨，倚坐佛与二弟子、二菩萨、二力士，结跏趺坐佛、倚坐佛或菩萨并二菩萨，三身结跏趺坐佛与二菩萨，四身结跏趺坐佛与二菩萨，五身结跏趺坐佛。中国佛教造像组合的大体演进趋势是从简单到复杂，但仍有较晚的时代使用简单组合的例子。在贞观纪年龛像中最为复杂的佛与二弟子二菩萨二力士的组合早已在龙门北魏晚期开凿的宾阳中洞出现。倚坐佛在北魏时期就已经有了，但入唐以后开始流行，在贞观期小龛造像中成为风靡一时的图像形式。后三种组合不常见，特别是四佛与二菩萨的组合，在整个中国佛教艺术史中也不多见。这些组合反映了龙门贞观期造像多样性的特点。

根据造像题记，可知这些贞观纪年龛像的题材有阿弥陀佛、弥勒佛、救苦观世音菩萨、观世音菩萨二躯等。还有释迦与弥勒的组合。阿弥陀、弥勒、观世音都是前朝流行过的造像题材，见于龙门石窟北魏晚期开凿的古阳洞造像。但与前朝不同的是阿弥陀佛题材明显增多，成为最流行的题材，并在后世一直延续。造双观世音菩萨像的传统始于北魏，早期之例可见于龙门普泰洞的一所双观音像龛，表现并列而立的两身观音像，雕造于北魏普泰元年（531）。但以双观音像胁侍，贞观年间的龛像是现存最早之例。总体来看，这批纪年龛像的题材主要继承前朝，也有新时代的特点，还有一些新题材。

下面，我们来选择其中的几个龛例，进一步看看龙门石窟贞观时期造像风格的特点。

在宾阳中洞外北侧，贞观十一年（637）正月二十一日洛州城乡老人出资雕造了一所佛龛，高1.82米，宽1.3米，深0.4米[1]。这是一所圆拱形龛，没有龛楣，内造结跏趺坐佛并二弟子、二菩萨像，龛下有香炉和两只狮子，龛的南侧浮雕着一通螭首碑，上面刻着造像记。佛头已经残损了，从一些老照片中可以看到其原貌（图4-7）。佛与二菩萨是高浮雕，二弟子是浅浮雕。主佛的身躯丰壮，很有北齐遗风。大衣下摆垂覆于座前，虽然是北魏晚期遗留下来的做法，但却没有写实与飘逸的感觉，只有抽象性。主佛头顶高而大的肉髻，又是唐代的风格。二菩萨的

①对此龛年代的考证，参见李玉昆：《龙门杂考》，《文物》1980年第1期，第25—33页。

图4-7　龙门石窟宾阳中洞外北侧洛州城乡老人造像龛（唐贞观十一年，637年，采自《支那文化史蹟》图版Ⅱ-8）

身躯直立，略显身段，是北齐的风格之一。但帔帛在腹下交叉，也是北魏的遗风。

宾阳南洞南壁有贞观十五年（641）三月十日豫章公主造像一塔（即龛，编号S19，图4-8），高0.41米，宽0.5米。这是一所圆拱形龛，没有龛楣，龛内雕着结跏趺坐佛像和二立菩萨像。豫章公主是李世民的女儿。根据北宋欧阳修撰的《新唐书》卷七十六《列传第一·后妃上》记载：唐太宗的下嫔因为

龙门石窟艺术史

① （北宋）欧阳修：《新唐书》卷七十六《列传第一·后妃上》，中华书局，1975，第3470页。

② （北宋）欧阳修：《新唐书》卷八十三《诸帝公主》，中华书局，1975，第3646页。

生豫章公主而死，长孙皇后抚养她长大，就像是对待自己亲生女儿一般①。有这种密切的关系，当李泰为长孙皇后在这个洞窟做功德时，豫章公主也随同前来参与，就在情理之中了。豫章公主在贞观十一年（637）下嫁唐朝凌烟阁二十四功臣之一唐俭（579—656）的儿子唐义识，夫妻二人死后陪葬于唐太宗的昭陵②。根据造像铭文题记，公主造此龛的目的是为自己和儿子平安。龛中的主佛有宽大的肉髻，长圆的面相，衣纹刻画拙劣，衣裾披覆于座前，只有一层衣褶，与东魏的一些丰满型佛像相似，如龙门古阳洞南壁曹敬容龛主佛。二菩萨的帔帛在腹下绕两周，是北周菩萨像的传统。

在宾阳南洞南壁，有贞观十五年（641）六月五日岑文本敬造的西坩（即龛）一佛二菩萨（S32），高0.34米，宽0.47米，以及岑嗣宗敬造的东坩一佛二菩萨（S33，图4-8），高0.33米，宽0.33米。他们是兄弟俩，二龛并列在一起，都是圆拱形龛，有火焰形龛楣，内造结跏趺坐佛与二胁侍立菩萨像。该主佛像有圆肩、丰胸、腹部略收、身体显胖的特点，与东魏和北齐的一些丰满型佛像相似。二菩萨像的身体像直筒一样，帔帛分垂于身体两侧，是典型的北齐菩萨像风格。

在宾阳南洞南壁，有贞观十五年五月一日魏口王监陆身造像龛（S24，图4-8），高0.33米，宽0.46米。这是一所圆拱形龛，有火焰形龛楣，龛内雕结跏趺坐佛与二胁侍立菩萨像。主佛像的面部很长，类似北魏的秀骨清像型佛像，但身体却显得丰满。右菩萨的帔帛似直接自双肩分垂于身体两侧，而左菩萨的帔帛则是在腹下环绕两周，这两种帔帛披挂方式曾经分别流行于北齐与北周。

在宾阳南洞东壁，有贞观十八年（644）十月二十五日洛阳宫留守、右领军将军、柱国、京兆公阎武盖造像龛（E60），高

图4-8 龙门石窟宾阳南洞南壁部分小龛（唐贞观年间，627—649年）

图4-9 龙门石窟宾阳南洞东壁E60洛阳宫留守、右领军将军、柱国、京兆公阎武盖造阿弥陀佛一躯并二菩萨（唐贞观十八年，644年）

0.98米，宽0.85米。这是一个圆拱形龛，有火焰形龛楣，根据铭文题记，龛内雕着阿弥陀佛和二胁侍菩萨（图4-9）。主佛像有宽肩、体型丰硕如直筒的特点。这种健硕的身躯是一些北齐佛像的风格，如龙门石窟路洞外南侧武平三年（572）口雅造像龛、古阳洞北壁武平三年赵桃科造像龛中的主佛（图3-12）。另外，阎武盖龛主佛的衣裾垂覆于方座前，又是北魏晚期佛像的传统，但却没有北魏晚期佛像衣裾刻画的规整性，也没有写实感。

在宾阳南洞南壁，贞观二十年（646）二月十二日清信女赵氏出资造了一龛（S23，图4-8），高0.37米，宽0.42米。这是一所圆拱形龛，没有龛楣，龛内雕着结跏趺坐佛像与二胁侍立菩萨像。主佛的肉髻高而大，头部显得很大，是头身比例不协调的表现。他面相胖圆，身材丰满，胸部略挺起，穿着双领下垂式大衣，衣裾垂覆身下方座前部。这尊佛像明显有着北周遗风，但肉髻高而大是唐代的新风尚。

莲花洞外有贞观二十年三月二日张世祖夫妇与儿子等造像

龛（第739号），残高0.66米，残宽0.77米（图4-10）。这是一所圆拱形龛，龛楣已经残损，龛内雕着结跏趺坐佛与一坐像并二胁侍立菩萨像，其中右侧主像与菩萨头部及龛的右侧残损。龛外左侧尚存一男二女供养人，都是唐代男女的装束。供养人的上方有浅浮雕飞天，龛下刻着香炉与二只蹲狮子。从原来龛内右侧主像残存的方座和座前二束莲台来推测，原来刻在这里的坐像可能是一身倚坐佛或菩萨像，表现弥勒。因此，这个小龛的题材应该是释迦与弥勒，表现现在佛和未来佛的继承关系。释迦佛有宽圆肩和硕壮的身体，穿着质地轻薄的双领下垂式大衣，是典型的北齐佛像风尚。左菩萨像的身躯僵直，也是北齐的风格，但帔帛在腹下交叉，又是北魏晚期以来的遗风。

在宾阳南洞东壁，贞观二十一年（647）三月六日洛州嵩阳县令慕容氏出资造了一龛（E59，图4-11），高、宽均0.4米。这是一所圆拱形龛，有火焰形龛楣，龛内雕刻着结跏趺坐的阿弥陀佛像和二胁侍立菩萨像。主佛的头顶肉髻高而大，面相长圆

图4-10 龙门石窟莲花洞外张世祖夫妇与儿子等造像龛（唐贞观二十年，646年）

图4-11 龙门石窟宾阳南洞东壁E59洛州嵩阳县令慕容氏造弥陀像一躯（唐贞观二十一年，647年）

而略显清秀，溜肩，身躯较修长，但不显瘦。有衣摆披覆座前，使人联想到北魏晚期流行于北方的秀骨清像型佛像和下垂的衣裾。但这里的衣摆风格有所不同，显得简略。二菩萨像的长帔帛在腹下交叉，也是北魏晚期以来的传统。

在宾阳南洞北壁中部，有隋大业十二年（616）河南郡兴泰县人梁佩仁造的两个并列小龛（N49）。在这两龛的下面，是贞观二十二年（648）四月八日洛州河南县思顺坊老幼造的弥勒佛像龛和纪事碑（图4-12）。这个龛高2.5米，宽2.8米，深0.85米，龛口呈圆拱形，有火焰形龛楣，龛内雕着倚坐佛和二弟子、

图4-12　龙门石窟宾阳南洞北壁N96洛州河南县思顺坊老幼造弥勒像一龛（唐贞观二十二年，648年）

二菩萨、二力士像。在唐代，倚坐佛一般都表现未来的弥勒佛，这是时间较早的一例。这尊主佛头顶的肉髻呈大馒头形，面相长圆，双腮丰满，具有较多的典型唐风；但他的胁侍菩萨像风格保守，有帔帛在腹前交叉，是北魏晚期以来的旧传统。

龙门石窟的贞观纪年龛像提供了年代学标尺，以此可以判断出一些宾阳南洞的无纪年龛像年代。其实，在宾阳南洞的南北两壁贞观纪年龛之间，有一些造像龛的体量高大，地位更加重要，却没有纪年铭文，也应该是贞观年间的作品。例如，从宾阳南洞南壁诸龛分布情况看，明显有过统一规划（图4-6）。第S51号龛位于南壁最显要的位置，靠近窟内正壁的一铺大像。S51东侧的众龛力求横竖排列齐整，里面就包括许多贞观纪年龛像。其中的许多无纪年小龛从造像风格来看，也可划归到贞观时期。因此，南壁的统一规划应是在贞观年间进行的。

S51是南壁最重要的大龛，也是宾阳南洞窟内除正壁一铺大像之外体量最大的造像龛，可以为我们提供更多的贞观期造像艺术的信息。这所龛高4.95米，宽3米，深0.44米，是一所竖长方形帷幕龛，内雕结跏趺坐佛与胁侍的二弟子、二菩萨、二力士像（图4-6）。主佛头顶的肉髻呈大馒头形，不太高，是北周与隋代低平肉髻向唐代高肉髻的过渡形式。佛挺胸收腹，表现着北齐佛像健壮的特点。二菩萨像身躯基本直立，身段的表现不充分。右菩萨璎珞仅从右肩挂下，左菩萨没有璎珞，帔帛在腹下绕两周，这些都是北周与隋代的旧样式。这所龛表现的唐代新样式是：二弟子与二菩萨足下所踏的莲花之长茎都是由佛座底部伸出的，以后将在唐高宗与武则天时期流行于龙门石窟中。龛楣处还有两身相对飞舞的飞天，也将在以后的唐代造像龛中流行。总体来看，这所大龛应该雕凿于贞观年间，有相当的保守性，但也展示了少许唐代新风尚。

　　宾阳南洞北壁众龛不如南壁排列齐整，但也有一定的规划（图4-13）。我认为，北壁之所以规划得不够齐整，主要是因为隋代大业十二年（616）在这个壁面的中层偏东位置刻凿了一组双龛。在这样的条件下，重新规划北壁，N66号龛的位置就显得十分重要，因为其题记碑与东侧的大业双龛相接，基本位于北壁的中部，向西又靠近正壁的一铺大像。贞观二十二年（648）刻成的N96号龛位于N66的右下侧，这所龛的圆拱之上沿紧接着N49号龛和N66题记碑的下沿。这种迹象只能解释为N96或与N66是一起规划的，或者比N66晚而居于其右下侧较次要的位置。因此，从相对年代的迹象判断，N66很可能比N96年代略早。此外，在N96的东上部与N66的西侧诸龛也是力求横竖排列齐整，其中不乏贞观纪年龛。另外，再结合这些无纪年龛像的风格综合分析，这里的许多小龛也是在贞观年间雕刻完成的。

　　N66是一所尖拱形龛，高3.35米，宽1.7米，深0.95米，内雕立佛像一身（图4-13）。这尊佛像通高有2.65米，头顶的肉髻高大，是唐代佛像肉髻的样式。他有宽肩、细腰、宽胯的特点，很像以后流行的唐代立佛的体型。但他的双肩过于宽圆，胸部只是微挺，使得体形写实感不强，更多地表现着北周或北齐佛像的风格。他足踏覆莲台，身后有浅浮雕的桃形头光与火焰身光。头光内匝雕一周莲瓣，中匝雕缠枝花草与七身小坐佛像，外匝刻火焰纹，与彬县大佛寺大佛洞贞观二年（628）完工的主佛头光纹样基本一致，后者只是多了外匝火焰中的小坐佛像[1]。可以看出，这龛佛像的前朝风格和唐代新样式都十分明显，是贞观期造像风格不稳定的表现。

　　宾阳南洞东壁门两侧诸小龛排列与北壁相似，虽然不整齐划一，但也曾经力求横竖排列整齐。现存贞观纪年龛像主要集中在窟门的南侧下段。如果分析、比较这里的无纪年龛像，我

[1] 常青：《彬县大佛寺造像艺术》，现代出版社，1998，第29页。

图4-13　龙门石窟宾阳南洞北壁众佛龛实测图（采自刘景龙《宾阳洞》）

们会发现具有贞观年间小龛特点的还有很多，包括窟门北侧的一些小龛。因此，东壁的大多数小龛也是在贞观年间雕刻完成的。在规划之时，有意避开了北魏晚期就已经设计好的下层的一排神王像。

　　纵观唐太宗时期的龙门造像，风格多样，没有统一的时代风格。有些龛像明显继承着北齐、北周、隋代的风尚，有的风格甚至可以上溯到北魏晚期或东魏时期。有些似乎继承着龙门隋朝龛像风格，但雕技粗劣。就总体情况而言，使用前朝风格是这些贞观龛像的主要特点。另外，对一件具体龛像而言，也往往表现为样式与风格的多样性，如有的龛中佛像体形似北周风格，而菩萨像却更多地表现为隋代风格。有的则兼有东、西方的地域特色，如佛像有北齐流行的宝座，而菩萨像却具有北周流行的帔帛与璎珞披挂方式。有的在一尊造像身上也表现为东、西方风格的结合，如宾阳中洞北壁贞观二十三年（649）佛弟子赵才造像龛（N29）中的菩萨像帔帛绕腹下两周流行于北周，而一腿微屈姿态又流行于北齐（图4-14）。有些龛像只是在

图4-14　龙门石窟宾阳南洞北壁N29赵才造像龛（唐贞观二十三年，649年）

一些细节上带有长安传来的造像新风尚，也就是日后流行于高宗、武则天时期的典型唐代风格，如佛头顶的高大肉髻、佛的头光纹样、菩萨头顶的高发髻等。换句话说，龙门贞观期龛像主要表现为以多样的旧风格为主、新旧风格并存、工匠雕刻技艺参差不齐的特点。这一切都说明了龙门贞观期佛教艺术尚处于不稳定时期，还没有形成一种本身应有的统一的时代风尚。

唐代贞观年间，中国还没有形成新的统一的佛教艺术样式，而自北魏灭亡以来，没有全国统一的时代艺术风尚至此已延续了一百年时间了。洛阳地处原东魏、西魏、北齐、北周两大势力互斗的中间地带。因此，贞观时期的龙门艺术家继承与面对的有北魏晚期、东魏、西魏、北齐、北周、隋等前朝风格。吸收东、西方两地的特点，也许正是洛阳地区的艺术家自6世纪中期以来的传统。这种多样性以及对前代特征过多地保留，说明了唐代初年洛阳佛教艺术界的保守性，以及表现形式的不成熟性。在全国其他地区还有一些零散的贞观纪年造像，也基本表现着类似的保守、多样与不成熟特征[1]。

① 对全国地区唐贞观期造像的总结，参见常青：《彬县大佛寺造像艺术》，现代出版社，1998，第216—227页。

三、宾阳北洞与潜溪寺——典型唐风的起步

从唐朝据有洛阳的公元621年开始，到唐太宗逝世的649年，共有28年时间，包括太宗执政的23年。这期间龙门只造出了上述有限的龛像。然而，唐高宗与武则天执政的时间只是这28年的一倍（649—705），却造出了不可胜数的窟龛造像，占龙门所有作品总数的三分之二。这种强烈的反差应该与李渊、李世民父子对佛教的漠视有关。在唐朝建国初期，出于政治上的

需要，李世民也曾经为战争中阵亡的将士建立佛寺，超度他们的灵魂，这对佛教的发展起了推动作用①。例如，陕西彬县大佛寺石窟的大佛洞，里面雕了一尊高约20米的大佛，还有两身立菩萨胁侍，就是李世民在公元618年平定了来自甘肃的军阀薛举（？—618）之后，为了纪念阵亡将士而开凿的石窟，于贞观二年（628）完工②。等到全国局势稳定下来以后，许多不信佛教的朝中大臣与道士，纷纷向皇帝建议在全国范围内消除佛教③。李渊和李世民都自称他们李家是道教始祖老子李耳的后代，本来就对道教有好感，再加上这些反佛声音的影响，于是便采取了一系列严格限制佛教发展的措施。唐太宗认为，如果要安邦治国，还是儒家的思想最好。若论其他宗教的地位，道教也应该位居佛教之上④。在这种形势下，佛教的发展被大大限制住了，佛教艺术的创作也基本上陷入了停滞状态。

晚年的唐太宗常常忧虑自己在世的时间不多了，这才抽空留意了一些佛教关于来世的说法。就在这时，传来了一件轰动全国的消息——玄奘法师从印度取经回来了。

玄奘是唐代著名的旅行家、翻译家和佛教哲学理论家。他俗姓陈，13岁出家当了和尚。在以后的10多年时间里，他废寝忘食地钻研佛教典籍，产生的疑问也越来越多。为了彻底弄清楚佛教的理论，他决心去佛教的发源地——印度去求"法"。公元627年，也就是李世民当皇帝的第一年，玄奘离开了长安，独自开始了到印度取经的壮举。贞观十九年（645）正月二十四日，玄奘满载着从印度求取的梵文佛经回到长安，受到朝野僧俗的热烈欢迎，偌大城门被拥挤得水泄不通。他的探险经历后来被明代的吴承恩编写成了神话小说《西游记》。

玄奘惊人的毅力、渊博的学识，以及回国后宏伟的佛经翻译事业，都使李世民深受感动。公元648年，李世民亲自为玄奘

①（唐）道世：《法苑珠林》卷一〇〇，载［日］高楠顺次郎、渡邊海旭主编《大正新脩大藏經》第五十三册，大正一切经刊行會，1924—1934，第1027a页。（唐）道宣：《广弘明集》卷二十八《于行阵所立七寺诏》，载《大正新脩大藏經》第五十二册，第328c—329a页。（唐）道宣：《续高僧传》卷二十四《明瞻传》，载《大正新脩大藏經》第五十册，第633a页。

②李淞：《唐太宗建七寺之诏与彬县大佛寺石窟的开凿》，《艺术学》第12期。李淞：《彬县大佛开凿时间新考》，《文博》1995年4期，第72—75、70页。

③（唐）彦琮：《唐护法沙门法琳别传》卷上，载［日］高楠顺次郎、渡邊海旭主编《大正新脩大藏經》第五十册，大正一切经刊行會，1924—1934，第200c页。原文曰："秃丁之诮，闾里盛传；胡鬼之谣，昌言酒席。"这里的"秃丁""胡鬼"均为傅奕诽谤佛教徒的语言。

④事见（唐）道宣：《集古今佛道论衡》卷三，载［日］高楠顺次郎、渡邊海旭主编《大正新脩大藏經》第五十二册，大正一切经刊行會，1924—1934，第382c页。

①（清）王昶：《金石萃编》卷四十九《大唐三藏圣教序》。

②见（唐）慧立、彦悰撰：《大慈恩寺三藏法师传》卷七，载［日］高楠顺次郎、渡邊海旭主编《大正新脩大藏經》第五十冊，大正一切経刊行會，1924—1934，第260a页。

③（唐）道宣：《续高僧传》卷四，载［日］高楠顺次郎、渡邊海旭主编《大正新脩大藏經》第五十冊，大正一切経刊行會，1924—1934，第457b—458a页。

翻译的佛经撰写了序言——《大唐三藏圣教序》①，还下令剃度了18050名和尚和尼姑。李世民开始相信佛教了，还经常感叹自己与玄奘大师相逢太晚了，没有能够弘扬佛法！②也许这就是佛教再次勃兴的前兆吧，龙门石窟也将在下一代皇帝时期再度兴盛。与高祖、太宗不同，高宗和他的皇后武则天崇佛极甚。高宗本人也十分敬重玄奘③，唐代佛教的勃兴与典型唐风艺术的真正形成也正是在这个时期。

　　高宗即位以后，宾阳南洞仍然是一些高官显贵们造功德的主要区域之一。例如，永徽元年（650），即高宗即位的第一年，汝州刺史、驸马都尉、渝国公刘玄意等人在宾阳南洞出资雕刻了阿弥陀佛龛像，他本人又于麟德元年（664）在窟门北侧发愿雕造了一身金刚力士像，通高2.9米（图4-15）。据《新唐书·诸

图4-15　龙门石窟宾阳南洞窟门北侧驸马都尉刘玄意等造金刚力士（唐麟德元年，664年）

公主传》记载，刘玄意是唐太宗女儿南平公主的后夫。南平公主的第一位丈夫是王敬直，因卷入太子李承乾（619—645）谋反一案，被流放到岭南。从那以后，南平公主就再嫁刘玄意[1]。刘玄意和南平长公主后来还在山东历城朗公谷千佛崖出资造像。那里有两所造像龛，都是在唐高宗显庆二年（657）完成的：一所龛内雕的是结跏趺坐佛，造像主人是南平长公主；另一所龛内主佛是倚坐弥勒佛像，龛外两侧分别浮雕了一身勇猛的金刚力士，是由刘玄意出资造立的[2]。那时，刘玄意的官职是齐州（今济南市）刺史。他们夫妻二人联袂建立功德，不失为一段李唐皇室崇佛史上的佳话。另外，在宾阳南洞的两侧壁和东壁的下部、上部还有很多高宗时期补刻的小龛。在西壁弟子迦叶像的下方，有四次出使印度的外交家王玄策在唐高宗麟德二年（665）的造像记[3]。但此时的宾阳南洞能够利用的空间已经不多了，必须要重新寻找别的开窟造像地点。龙门石窟在这个新时代起步走向繁荣的标志，就是宾阳北洞的续雕和潜溪寺的开凿。

　　宾阳北洞的结构、造像布局和宾阳南洞大体一致，略有不同。它的平面前部呈长方形，后部为椭圆形，窟顶呈穹隆形，高10米，宽9.73米，深9.5米（图4-16）。窟内造像都是初唐时代雕刻成的。正壁是一铺五尊近于圆雕的大像，以阿弥陀佛居中，高7.25米，他结跏趺坐于方形叠涩束腰座上（图4-17）。这尊佛像面相胖圆，胸部明显隆起，体魄强健而有力度，饱含着相当的贞观期佛像遗风，因此我们怀疑这尊大佛像在贞观末年已经雕出了雏形，到了高宗时代才得以完工。他的右手施特殊的手印，好像在作出剪刀手的姿势，引起了人们的好奇。佛座中部还浮雕着张臂托扛的三个力士，勇猛有力。主佛身旁的二弟子与二菩萨像，雕刻线条流畅柔和，已经具有了明显的身段

[1]（北宋）欧阳修：《新唐书》卷八十三《诸帝公主》，中华书局，1975，第3645页。

[2]关于神通寺千佛崖，参见［日］阪井卓：《神通寺千仏崖の唐代初期造像について》，《仏教芸術》159增大號，1985。

[3]李玉昆：《龙门石窟新发现王玄策造像题记》，《文物》1976年第11期。

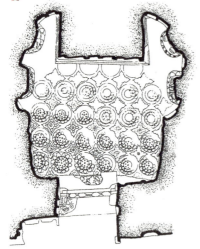

图4-16 龙门石窟宾阳北洞平面图（俞永炳、陈悦新、赵青兰、常青绘于1985年）

图4-17 龙门石窟宾阳北洞正壁（西壁）一铺主像（唐高宗初年，650—665年）

优美的刻画，是典型的唐高宗时期风格，表明了龙门唐代造像将从此走向成熟。

　　另外，宾阳北洞前壁窟门两侧各有一身大型的浮雕天王像，是龙门初唐浮雕天王像之最，高度为4.15米。佛教世界里有四大天王，带领兵将守护着四方与佛法。但在中国佛教艺术中，常常只选择两身天王对称安置在佛的两侧，以代表四大天王的存在。至迟在南朝的萧梁时期，二天王就已经加入了佛的胁侍行列，见于四川成都万佛寺发现的梁朝造像[1]。但在北方，直到唐高宗时期，才开始流行在石窟内雕二天王，这不得不说是北方佛教艺术界的一项变革，使造像组合达到了最多的一铺九尊式。这两身天王相视而立，面部呈夸张的忿怒相，表现着亦人亦神的特征；他们体魄魁梧，身披铠甲，双足踩着蹲跪状的夜叉，其中北侧一身天王右手执短矛，有着较高的艺术水平（图4-18）。

　　宾阳北洞地面浮雕着28朵圆形莲花图案，象征着莲花宝池

①四川博物院等编：《四川出土南朝佛教造像》，中华书局，2013，第77页。

图 4-18　龙门石窟宾阳北洞
东壁北侧天王（唐高宗初年，
650—665 年）

（图 4-16）。这是自宾阳中洞以来在地面雕刻莲花做法的延续，
以便表现窟内如西方极乐世界一般的立体空间。在窟门的下一
级台阶表面刻着流云纹。石门槛的两侧雕出龙首，扭向窟外，
承担着护守洞窟的作用。门槛表面还刻着龟背状的连续团花和
联珠纹边饰，都是匠心独运的艺术设计。此外，宾阳北洞还利

用剩余空间补凿了一些小龛，从造像风格来看都是唐高宗时期的作品。

在宾阳三洞外，我们还可以看到大小窟龛如同蜂窝状密布于三个斩山造成的崖面之间。这里著名的窟龛有北崖开凿于高宗永徽元年（650）的王师德造像龛（第102号），以及南崖高宗年间开凿的腾兰洞，都表现着初唐开始成熟的造像风格。

从宾阳三洞向北不远处就是潜溪寺，这是龙门石窟最北端的一座大窟，开凿于唐高宗执政的早期，应是另一所初唐皇家工程，很可能和高宗本人的功德有关。潜溪寺洞可分为前室和后室。前室的顶部已经塌毁，壁面上分布了一些后代补凿的龛，里面的像已经不存了。门道下部有一较高的台阶。后室平面呈马蹄形，穹隆顶，高9.7米，宽9.45米，深6.72米（图4-19）。

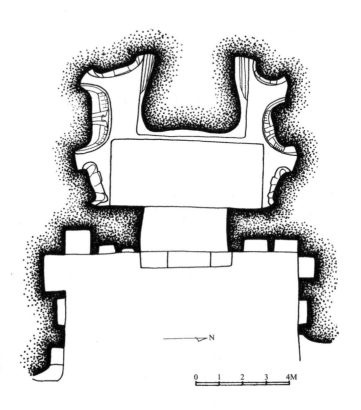

N

0 1 2 3 4M

图4-19 龙门石窟潜溪寺洞平面图（唐高宗初年，650—665年，作者自绘）

窟顶正中浮雕一朵大莲花，是北朝以来的旧传统。环绕着正、左、右三壁下部凿出了倒凹字形矮基坛，在坛上雕出一铺七身大像，也是继承着龙门宾阳中洞和一些北魏窟龛在三壁设倒凹字形坛的传统①。

　　潜溪寺基坛上部的西壁雕出一尊结跏趺坐佛像，坐在方形束腰叠涩座上，高达7.8米（图4-20）。这尊佛像也是一改前朝的风格，表现着浑圆的面相，宽肩、挺胸、细腰的特点，衣纹雕刻写实感较强，展示着男性般的体魄健壮造型。在西壁主佛的两侧各雕着一身弟子像，左侧是迦叶，双手合十；右侧是阿

①关于潜溪寺洞的年代，参见张若愚：《伊阙佛龛之碑和潜溪寺、宾阳洞》，《文物》1980年第1期，第19—24页。也有认为该窟造于永徽末至显庆年间（655—661），参见温玉成：《龙门唐窟排年》，载龙门石窟研究所等编《中国石窟·龙门石窟》第二卷，文物出版社，1992，第182页。

图4-20　龙门石窟潜溪寺洞正壁（西壁）主佛与弟子、菩萨（唐高宗初年，650—665年）

难，双手在胸前握一宝珠。还有二菩萨与二天王像环列左、右
两侧壁的基坛上（图4-21）。立菩萨像的面部较胖，有圆肩、胸
腹鼓起、细腰、胯部较宽的特点，形体既丰满又婀娜窈窕，也
是龙门石窟中前朝造像所不见的新风尚。胁侍菩萨的胯部微微
向主佛一侧扭动，几乎是直立的姿态，是唐高宗早期的做法。
在这两尊菩萨像身上，我们仍然能看到一些前朝的遗风，比如
北齐时期流行的帔帛从双肩处分垂于身体两侧，长璎珞在腹前

图4-21　龙门石窟潜溪寺洞南
壁菩萨、天王（唐高宗初年，
650—665年）

交叉穿一圆形饰物，表现着唐人对前朝传统的继承。头上戴冠、身材魁梧、身披铠甲的两身天王像站在菩萨的外侧，比宾阳北洞的做法更进了一步，直接参与到了佛的胁侍行列。他们面相忿怒，起着震慑愚痴之人的作用。在高宗早期，天王一般是直立的姿态，潜溪寺的天王是其中的代表作。

潜溪寺窟内的一铺大像在头身比例上都头部显大，特别是靠近窟门处的二天王像表现得更加明显。因为这座洞窟的造像形体高大，窟内可供信徒们活动的空间相对较小，人们只能仰视这些造像。由于斜向上的视角关系，把造像的头部做得大一些，反而会使观者感觉其形体的和谐。

宾阳北洞和潜溪寺的唐高宗初期造像，反映的是典型唐代的造像风范。那么，唐代特有的风格究竟是什么呢？概括起来说，唐代佛教造像已经能够充分揭示出人体优美的姿态了。唐代造像不仅仅是单纯地表现人的丰满躯体，或是隋代那种不成熟的身段美。他们充分吸取了前朝艺术的丰富营养，创造出了身体各部分比例匀称、胖瘦适度、胸肌发达、细腰矫健、身段优美、体魄健康的佛教人物形象。人物的面部包含了更多的思想内容，双眼透露出慈悲心肠，再加上服装衣纹完全写实的雕刻手法，使得这些佛教尊神显得更加亲切、更能震撼人心。

这些典型的唐代造像风尚首先出现在了长安及其周边的石窟造像中，在唐太宗创始的彬县大佛寺大佛洞中，我们可以看到胯部向主佛一侧扭动的高大的胁侍菩萨像（图4-22）。在唐高宗初年开凿的位于皇室夏宫九成宫边缘的陕西麟游慈善寺石窟中，我们可以看到身材健美的佛像与体态婀娜的菩萨像[1]。长安就是这种典型唐代造像风格的发祥地，随着皇室、显贵、僧侣从长安来到东都洛阳，便出现在了龙门石窟之中。

①常青：《陕西麟游慈善寺石窟的初步调查》，《考古》1992年第10期，第909—914页。

图4-22　陕西彬县大佛寺石窟大佛洞主佛与左胁侍菩萨（唐贞观二年，628年）

四、敬善寺——皇太妃的祈愿

　　离开了宾阳三洞，沿着小路转向南走，就是敬善寺区，直到巨大的摩崖三佛龛为止。这是一片中小型石窟群，聚集着唐高宗时期开凿的众多的小型窟龛，其功德主有政府官吏，也有普通的佛教僧侣和在家信徒。敬善寺洞是这个区唯一的一所中型佛殿窟，规模最大，所以把这个区称作"敬善寺区"。

　　敬善寺洞由前廊和后室组成。前廊平面呈横向的椭圆形，窟顶的前部和前门大部分已经塌毁，原来的顶部为券顶。在北、南二壁下部分别凿出一个半月形的矮台，台上各雕着一身立菩萨像。在前室西壁门两侧各雕出一身力士像，足下踏着山石。
在圆拱形窟门的上方两侧，各雕一身飞天，相对飞舞着。门券
下部凿出门槛（图4-23）。

后室平面近似于马蹄形，穹隆形顶，高3.5米，宽3.7米，
深3.52米。从前廊到后室正壁总深6.3米（图4-24）。后室内的
主像排列方法与潜溪寺洞很像，但在正、左、右三壁下部不设
坛，而是直接依靠着三壁雕出了一铺七身主像。在正壁前雕着
结跏趺坐佛像，通高2.55米，坐在八角形束腰莲花座上，佛座
底部还依覆莲瓣雕刻着两只小狮子（图4-25）。主佛身后有舟形
大背光直达窟顶，表面刻着莲花和火焰纹。在两侧壁雕着二弟
子、二菩萨和二天王像（图4-26）。作为胁侍的弟子、菩萨都是
站立在一个圆形束腰仰覆莲台上。另外，在二弟子与二菩萨之

图4-23　龙门石窟敬善寺洞外观（唐麟德二年前后，665年前后）

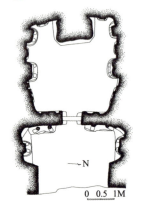

图4-24 龙门石窟敬善寺洞平面图（作者自绘）

图4-25 龙门石窟敬善寺洞正壁（西壁）主佛与二弟子（唐麟德二年前后，665年前后，采自《中国石窟·龙门石窟》第二卷，图版38）

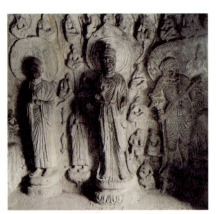

图4-26 龙门石窟敬善寺洞北壁弟子、菩萨、天王（唐麟德二年前后，665年前后）

间各浮雕一身比丘（或比丘尼）像，分别站立在一个短茎莲花上，身体和面部都侧向主佛一方，是一副虔敬供奉的姿态。与潜溪寺不同的是，二天王为浮雕像，他们身披铠甲，面部侧向窟门一方，胯部也向门一侧略微扭动，暗示着他们守护窟门的职责。二天王手持宝剑，双腿分开站立，足下踏着两个蹲坐着的小鬼，以表示天王统帅的夜叉兵。敬善寺洞的造像身下虽然没有基坛，但基本排列方式仍然属于环绕着正、左、右三壁凿出倒凹字形基坛、再在坛上造像的列像窟一类。龙门的唐代洞窟仍然沿用北魏以来在窟顶雕刻莲花和飞天的做法，只是采用唐代特有的飞天风格，展示着健康优美的身姿，还有各种飞舞动作。在敬善寺洞的后窟穹隆顶的中心也雕着一朵双层瓣大莲花，莲花四周雕出八身凌空飞舞的供养天人，其飞舞方向基本朝向正壁主尊一方。

在正壁主佛的两侧下部，各浮雕着一身体态婀娜的立菩萨像，侧身向着主佛一方，站立在从地下涌出的长梗莲花上（图4-25）。他们的形体较小，不是正规的胁侍菩萨，似乎和窟内壁的附属小菩萨像有关。在窟内正、左、右三壁上部，以及弟子、菩萨、天王像之间，都浮雕出姿态各异的小菩萨像，每身都坐在一朵仰莲花上，莲花下面的长梗由下向上伸出，分杈相连，象征着朵朵莲花上坐着的小菩萨都是来自同一个莲花之根（图4-25、4-26）。这样的设计使洞窟内的气氛热烈而祥和，也使我们有理由推测窟内的主佛很可能是阿弥陀佛，因为这些小菩萨像很可能表现着从西方极乐世界的七宝莲花池中化生的天人。只有积攒下一定功德的人，才会有这样的福报。

敬善寺洞中的主要佛教人物雕刻，都具有十分典型的初唐艺术风格。佛和菩萨像的身体都是比例匀称、丰满健美的，并有着优美的身段刻画。菩萨的身上挂着长璎珞，在腹前交叉并穿过一个圆环形装饰品，身躯略微向主佛一侧扭动着，都是唐高宗时期的特点。弟子安静地站立着，面含微笑地聆听着佛法。弟子和菩萨的体型都比较写实，头身比例在1:6左右。浮雕的天王也是气度不凡，耸着双肩，一副警惕的神态（图4-26）。门外的金刚力士突出表现发达的肌肉，用手指着窟门，睁大眼睛看着准备进入窟门的众生，充满动势地站立着（图4-23）。总之，各类佛教人物都有着鲜明的个性。比起唐太宗时代在宾阳南洞的雕刻，这些造像成熟多了。与在宾阳北洞、潜溪寺里的造像一样，这样典型的唐风艺术似乎来得太突然了，因为在以前的龙门艺术中找不到类似的形象。其实这正是初唐长安城的艺术风尚向东影响到洛阳的结果。而李治和武则天就是推动这种风尚东来的最关键人物，也与这座洞窟的功德主有关。

在敬善寺前室门北侧力士的左上方，刻着一块小碑，是宣德郎、守记室参军事李孝伦撰写的《敬善寺石像铭》，可知这所洞窟在唐代被称作"敬善寺"，是纪国太妃韦氏（597—665）资助的功德窟。韦氏是唐太宗李世民的妃子，是太宗第十四子纪王李慎（628—689）的生母。这个铭文上说，韦氏是京兆（即长安一带）人，很有姿容和高贵的仪态。她从长安来到洛阳，在龙门石窟开窟造像，一定有她的原因，但在造像记中没有明确提到。她的儿媳妇是纪国陆妃，麟德二年（665）死于泽州（今山西晋城）馆舍，享年35岁。纪王李慎曾经担任邢州（今河北邢台市）和贝州（今河北清河县）刺史，陆妃很可能是李慎从长安或洛阳前往邢州或贝州任上的途中去世的。根据陆妃死后所立的《纪国陆妃碑》记载，当陆妃去世时，纪国太妃当时就住在洛阳，听到这个噩耗后，非常悲痛，立即送信前去悼念。可知韦氏在唐太宗死后就住在洛阳，没有跟随儿子到任上去。那么，敬善寺洞就很可能开凿于麟德二年（665）前后，正当韦太妃居住在洛阳之时[1]。那么，在主室的弟子和菩萨之间似僧人的形象，很可能是比丘尼，她们代表着韦氏，永远在这里供养佛祖。

敬善寺完工以后，还有一些初唐时期的补刻，最有意思的刻在门券两侧壁上。在门壁的北侧刻出六排小坐佛像，每排八身，其中靠内侧的四身已佚，最下还有两身，都手施禅定印，双手隐于袖内（图4-27）。下部的铭文题记说，垂拱二年（686）五月十五日，夏侯为合家大小造业道像五十躯，"愿一切含生，离苦解脱"。业道，本指业作用的场所，或者指有情众生苦乐果报的通道，分为十善业道与十恶业道两类[2]。同时，业道也指监视人们善恶作业的天神地祇。但很有意思的是，夏侯出资雕造的业道像都是用小佛像来表现的，也许是因为佛本身最具有监视人们善恶作业的能力吧。

在门券的南侧壁刻着五层小坐佛像，出资雕造的人都是杜法力，但想表达的愿望却不相同。自上而下，第一层是一身结跏趺坐佛，下部铭文说："杜法力为太山府君造像一区。"第二

①阎文儒、常青：《龙门石窟研究》，书目文献出版社，1995，第59、60页。李玉昆认为敬善寺洞开凿于麟德二年，参见刘景龙、李玉昆主编：《龙门石窟碑刻题记汇录》，中国大百科全书出版社，1998，第27页。

②（后秦）鸠摩罗什译：《成实论》卷八《十善道品》，载［日］高楠顺次郎、渡邊海旭主编《大正新脩大藏經》第三十二册，大正一切经刊行會，1924—1934，第306b页。（东晋）瞿昙僧伽提婆译：《中阿含经》卷三，载《大正新脩大藏經》第一册，第440b页。

图4-27　龙门石窟敬善寺洞门券北壁夏侯为合家大小造业道像五十躯（唐垂拱二年，686年，贺志军拍摄）

层也是一身结跏趺坐佛，下部铭文说："杜法力为阎罗大王造像一区，及七代先亡并倍业造。"第三层是一所小龛内雕着三身结跏趺坐佛，下部的铭文说："杜法力为五道将军及夫人、太山府君录事敬造一区。"第四层是七身并排的小坐佛像，两侧二身已残损，下部铭文说："杜法力为天曹、地府各造五区，牛头狱卒各一区。"第五层是一排八身小坐佛像，内侧一身已残损，下部铭文说："杜法力为阿修罗王及乾闼婆王、南斗、北辰各二区。"（图4-28）

　　杜法力做功德的对象，很多是与死后的阴间世界有关的神灵，有些是来自中国传统信仰。太山府君就是泰山府君，中国

图4-28　龙门石窟敬善寺洞门券南壁杜法力造像局部（唐，7世纪下半叶，贺志军拍摄）

①《十王经》经题有："成都府大圣慈寺沙门藏川述。"

②（陈）真谛译：《阿毗达磨俱舍释论》卷六，载［日］高楠顺次郎、渡边海旭主编《大正新脩大藏经》第二十九册，大正一切经刊行會，1924—1934，第199b页。原文说，"释曰：于三界中说有五道，如前所立名，谓地狱、畜生、鬼、神、天人"。

人伪造的《十王经》①说他是第七阎魔王的书记，记人善恶。阎罗大王是掌管地狱的总司，也是审判坠入地狱众鬼的鬼官总管。五道将军来自中国传统道教和佛像信仰的结合。在佛教中，五道是指地狱、畜生、鬼、神、天人五处轮回之所②。在道教信仰中，五道将军是在冥间掌管人的生死的鬼吏。随着道教和佛教思想的结合，五道将军也就与佛教中主管五道轮回的神灵结合在了一起。因此，五道将军就与泰山府君、阎罗王一起成为冥界主神，这也是民间信仰中重要的一部分。太山府君录事，就是泰山府君下面的办公人员。天曹是道家所谓的天上的官署，地府是人死后居住的阴间世界，牛头狱卒是在地府管制众鬼的当差，或为牛头之形，或为马头之形。阿修罗王是六道之一，也是佛的八部护法之一。乾闼婆王也是佛的八部护法之一。南斗是人马座的六颗恒星，在南天排列成斗（或勺）形。北辰就是北极星。天上的星辰可以给人间带来好运，也可以引来灾祸，而人的运势也和这些星辰有一定的关系。为了解除地狱之苦，为了好运与福报，唐朝的杜法力就为这些神灵造了佛像，也就是给这些神灵造功德。把他们供养好了，这些与人们的生死直接相关的神灵也就自然不会亏待他了。这种题材是全国石窟中独一无二的，为我们研究中国传统信仰和佛教的结合提供了珍贵资料。

五、印度原味的优填王像

在敬善寺区，倚坐佛像是数量最多的一类造像，他们一般千篇一律，不同于其他造像风格。这些像的高度在1米多，坐在高方座上，双足踏着圆形仰覆莲台。他们的右手施无畏印，左手仰掌放在左膝上，施与愿印。头顶的肉髻低矮，几乎看不到肉髻和头盖骨的分界线，发际表面打磨光滑。面相长圆，表情肃穆，身上穿着传自印度的袒裸右肩式大衣，衣质轻薄，紧贴着身体，衬托出了身体的外形。从头身比例来看，头部略显大，肩部宽而圆，胸前略挺，细腰收腹，有着矫健的男性般的体态。最引人瞩目的是，他们的身体表面没有刻任何衣纹。在他们的身后还以阴刻线的技法刻出了圆形头光和像椅子一样的靠背，靠背的上部呈三角形，两侧边是连续的凹弧形。椅背的左右两侧还各刻着一只站立的羊（图4-29）。可以看出，这些像与我们前面讲述的佛像样式与风格完全不同。

在敬善寺区，这种倚坐佛像分布在21所小窟龛中，包括

图4-29 龙门石窟敬善寺的优
填王像（唐高宗初期，650—
665年，采自《中国石窟·龙门
石窟》第二卷，图版50）

残像和遗迹在内，原来的总数不低于40尊。这些像一般都是
分别位于一所马蹄形或方形平面的小型窟室后壁，小窟内的
空间一米多见方，窟顶略圆，或是前低后高的斜坡顶。例如
位于敬善寺南侧下部的沈襄洞，高1.4米，宽1.5米，深0.94
米，开凿于公元660年12月至661年11月，正壁原来雕着这类
佛像，在左右两侧壁各雕一身胁侍菩萨像，平顶没有雕饰。在
有的窟顶上还刻着莲花、飞天，和别的龙门唐窟的窟顶做法相
统一。有的在窟内正壁中央雕着这类佛像，左右两侧还雕着二
弟子、二菩萨像，就像别的窟龛中用弟子和菩萨来胁侍主佛
一样。总之，这类佛像的功能和龙门别的唐代窟龛中的佛像
应该是相同的。在敬善寺区，大部分这类佛像所在的窟龛构

造很简单，仅仅在崖壁上凿一个方形浅龛，龛内雕一尊、二尊、三尊乃至六尊之多的此类佛像，在窟内四壁没有任何雕饰（图4-30）。有的是凿出龛形和高方座，再另雕一尊单独的像安置在高方座上。如今像已不存，只留下空龛和方座了。

　　这些佛像都是在表现什么呢？很多保存下来的题记为我们解答了这个问题。根据这些铭文题记，我们知道这类佛像叫"优填王像"，纪年最早的是唐高宗永徽六年（655，图4-30左像），稍晚一些的造于龙朔三年（663）[①]。有一则题记是"显庆四年（659）二月八日洛阳县武骑尉、文林郎爨君协为亡妻张敬造优填王像一区"。这里的优填王像，就是优填王所造佛像的意思。爨是唐代云南地区少数民族的姓氏，爨君协应该是归降唐朝的云南少数民族。

　　娄氏洞（第440号）位于敬善寺南侧，窟内平面呈马蹄形，高1.52米，宽1.53米，深1.02米，窟顶略微隆起。窟内西壁（即正壁）原有榫式插入的优填王像一躯，像已失了，在西壁间

①关于龙门石窟优填王造像，参见李文生：《我国石窟中的优填王造像》，《中原文物》1985年第4期。［日］冈田健：《关于优填王造像的若干报告——讨论东南亚对中国唐代佛教造像的影响》，载龙门石窟研究所编《龙门石窟一千五百周年国际学术讨论会论文集》，文物出版社，1996，第144—150页。高俊苹：《试论龙门石窟优填王造像》，《丝绸之路》2012年第10期。

图4-30　龙门石窟敬善寺的优填王像（唐高宗初期，650—665年）

还保存着背光、头光雕刻。另外，在南壁东端有圆雕菩萨像一躯。在窟内北壁凿有高1.12米、深0.35米的圆拱形空龛。在窟楣处刻有铭文题记，可以知晓是唐高宗龙朔元年（661）十一月二十三日洛阳县文林郎沈里为亡妻娄氏敬造优填王像一龛。题记说娄氏很早就开始坐禅修行，高宗显庆五年（660）十二月二十八日去世于私宅。沈里在安葬了亡妻约11个月以后，为了给她造功德，就在此敬造优填王一龛，并且祝愿皇帝陛下和法界苍生都能成就佛道。

优填王（Udayana）是佛在世时憍赏弥国（今印度北方邦境内）的国王，笃信佛法。根据东晋罽宾三藏瞿昙僧伽提婆译《增壹阿含经》卷二十八记载，帝释天请佛到三十三天为他的母亲说法，人世间就有些天见不到释迦牟尼了。优填王很想念佛，就请国内的能工巧匠，用印度所产的一种香树木料——牛头旃檀雕刻了一尊佛像，有五尺高[1]。这就是优填王像。高僧玄奘在印度求法时，在憍赏弥国见到了这尊佛像。随着佛教的广泛传播，四方的信众越来越多地仿造这尊佛像了，也曾经传到了位于今新疆的于阗国（今和田地区）。梁朝高僧慧皎（497—554）撰写的《高僧传》一书中说，"明帝即令画工图写，置清凉台中及显节陵上"[2]。东汉明帝（57—75年在位）派遣中郎将蔡愔去西域寻找佛法时，蔡愔就曾在今新疆地区画了优填王像——倚坐姿势的释迦牟尼像，并将画像带回了洛阳。公元645年，玄奘从印度求法归来时，在他所带的物品中，有一尊用旃檀木雕刻的佛像，加上背光和座总高一尺五寸，就是模仿印度的优填王像刻成的[3]。仅仅十年之后，大批的优填王像就开始陆续出现在了龙门石窟之中，使我们有理由认为这些像的原型就是玄奘从印度带回国的那一尊像。印度原始的以及最早传入中国的优填王像究竟是何种面貌，已经无从知晓了。但龙门石窟保存

---

[1] ［日］高楠顺次郎、渡邊海旭主编：《大正新脩大藏經》第二册，大正一切经刊行會，1924—1934，第706a页。

[2] （梁）慧皎：《高僧传》卷一《竺法兰传》，载［日］高楠顺次郎、渡邊海旭主编《大正新脩大藏經》第五十册，大正一切经刊行會，1924—1934，第323a页。

[3] （唐）玄奘：《大唐西域记》卷十二《记赞》，载［日］高楠顺次郎、渡邊海旭主编《大正新脩大藏經》第五十一册，大正一切经刊行會，1924—1934，第946c页。原文曰："刻檀佛像一躯，通光座高尺有五寸，拟憍赏弥国出爱王思慕如来。"

的大量优填王像，就为我们想象印度优填王像原来的样子提供了实物依据。其实，这很像当时在印度流行的笈多王朝（Gupta Empire，319—550）佛像风格，因为笈多及其以后的佛像就很流行在服装表面不刻任何衣纹（图4-31）。

在龙门石窟中，优填王像在宾阳洞区和一些别的洞窟中也有发现。宾阳洞区的优填王像分布在十个窟龛中，共有15尊，有一尊位于宾阳北洞的北壁，其余都在宾阳三洞外的窟龛中。永隆元年（680）完工的万佛洞内南北两侧壁的上方各有一小龛，龛内就雕着一尊优填王像，纪年是调露二年（680）七月

图4-31　印度奥兰加巴德埃罗拉石窟第10窟中心塔正面倚坐佛（约7世纪）

十五日。调露二年八月改元永隆，所以，永隆元年和调露二年是同一年。在老龙洞外北上方的崖壁间有两所毗邻的优填王像龛。此外，在莲花洞外南崖壁、赵客师洞北壁、赵客师洞外南崖壁、破洞东壁、古阳洞北壁下层、陈抟碑上方龛内都有优填王像，保存状况有好有坏。在东山擂鼓台中洞（大万伍佛洞）还有残存的优填王像四尊。在古阳洞北壁下层唐高宗年间续凿完成的一大龛中，优填王像的周围和左右侧壁上刻满了千佛，龛顶还刻着莲花与飞天，在优填王像龛中属于内容丰富的案例。据统计，龙门的优填王像龛至少有42处，总数不少于70尊，主要造于唐高宗时期。优填王像在别的石窟群中也有发现，如河南巩义大力山石窟第5窟外东侧千佛龛内，雕刻时间也是唐高宗时期[1]。敦煌莫高窟中有不少优填王像的壁画，主要表现与这个像有关的佛教史迹故事。

然而，也许是因为优填王雕像太过于忠实地仿照印度的佛像样式，在中国流行的时间很短，算是昙花一现。到了武则天执政时期就基本见不到了。这告诉我们一个事实：外来的文化与艺术形式，只有同中国本土的文化与审美情趣相结合，才会有长久的生命力。

在敬善寺区，除了规模最大的中型窟敬善寺洞和众多的优填王像窟龛外，还有几所小型洞窟也有精彩的雕刻。

韩氏洞

韩氏洞位于敬善寺的北部，有前后二室。在前室的左右两侧壁分别雕着一身天王和一身力士像，天王的脚下踩着夜叉，而右侧壁的天王和力士大部分已经残损了。在北壁天王和力士之间刻着开窟造像的发愿文，说龙朔元年（661）洛州人杨妻韩氏在此敬造阿弥陀像一龛，还有千佛。可知这座小窟的功德主是杨姓男子的妻子韩氏，窟内的主尊是阿弥陀佛。在这方造像

① 河南省文物研究所编：《中国石窟·巩县石窟寺》，文物出版社，1989，图版251。

记的下面有一所方形小龛，龛内雕着一身男供养人，头戴幞头，身穿圆领窄袖长袍，左手持着香炉，右手在添香，是典型的唐朝官员的形象。前室右侧壁的天王与力士之间刻着一身跪姿女供养人像，身穿齐胸长裙。这应该是这对夫妻的模拟肖像了。韩氏洞的后室平面呈马蹄形，进深1.9米，宽1.16米，高1.6米，正壁前雕着一铺五尊像，以结跏趺坐的阿弥陀佛居中，左侧有迦叶，右侧有阿难，二弟子以浮雕的手法刻成，还有二身胁侍菩萨像。在南北两侧壁有浮雕千佛，与造像记的描述相同（图4-32）。

袁弘勣洞

袁弘勣洞位于敬善寺洞北部，在窟门上方有一所小龛，是麟德二年（665）四月廿四日宪台令史袁弘勣为亡父和见存母亲

图4-32　龙门石窟敬善寺区韩氏洞内景（唐龙朔元年，661年）

造的观世音菩萨一区，是在主窟完工以后补刻上去的，可知该窟应开凿于麟德二年以前的唐高宗前期。因此，这座小窟被命名为"袁弘勣洞"。这座窟的内部空间高2.2米，宽2.5米，深2.1米，窟顶正中雕着大莲花，但周围没有飞天。窟内正壁前的下部凿有高0.05米的低坛，在坛上雕着结跏趺坐佛和二胁侍菩萨像。左右侧壁各有浮雕天王像一身，都是唐高宗时期的造像风格。窟内的特别之处是主尊佛像，他坐在仰覆莲台上，莲台的下面是一个高台座，台座的前部雕刻香炉和两只蹲狮（图4-33）。这尊佛像身穿传自印度的通肩式大衣，而当时在龙门石窟流行的佛装是汉民族式的褒衣博带或双领下垂式大衣。另外，该佛的双手相并放在胸前，也很特别。二胁侍立菩萨的胯部明显地向着主佛一侧扭动，体态窈窕。在佛的左右两下侧分别刻着男、女供养人和侍从的跪像，应该是一对夫妻，表现

图4-33　龙门石窟敬善寺区袁弘勣洞正壁（西壁）主佛与左菩萨（唐高宗初期，650—665年）

图4-34　龙门石窟敬善寺区袁弘勣洞正壁（西壁）主佛右下侧女供养人（唐高宗初期，650—665年）

着开凿此窟的功德主（图4-34）。窟门外两侧雕着力士，也是将胯部扭向窟门一侧。这些都是唐高宗早期龙门菩萨像和力士像的典型风格。

六、大内道场的功德窟——万佛洞

　　从敬善寺区向南，经过一段数百米的很少有造像龛的山崖，就到了龙门西山的中段，唐高宗中晚期开凿的窟龛就位于这里。很显然，宾阳洞区和敬善寺区已经不能再给信徒们提供更多的雕刻空间了，人们就到这里来寻找新的开窟造像地点（图4-35）。万佛洞是这个区域里最为华丽精美的一所大窟[1]。

① Amy McNair. "On the Patronage by Tang Dynasty Nuns at Wanfo Grotto, Longmen," *Artibus Asiae* LIX.3-4 (2000)：161-188.

图 4-35　龙门石窟万佛洞、清
明寺洞、蔡大娘洞外观（采自
《中国石窟·龙门石窟》第二卷，
图版 60 ）

　　万佛洞由前后两室组成。在前室门的南、北两侧各雕着一
身力士，高度在3.5米左右。他们戴着束发冠，面相忿怒而狰狞，
夸张地表现着硕大的上半身和无比健壮的裸露着的身体，使人感
受到一种不可侵犯的态势。他们在胸前握着拳，将身体侧向准备

进入窟门的众生，两眼也在注视着人们，有力地守护着洞窟内的佛教世界。这两身力士仅仅穿着齐膝短裙，还有长璎珞在腹前交叉穿一圆形饰物，是唐高宗期力士像的装饰。在前室南北两侧壁的西部下方各开凿着一个狮龛，大小相近，龛内的狮子动作相同，都是蹲姿，将身体侧向窟外一方，又将头部转向窟门一方，内侧前肢抬起，还将爪子握起，但方向相对。两件狮子像都已经被盗凿了，在老照片中可以看到原来的样子。北壁龛内的狮子高1.34米，硕大的狮头昂起，口张开，表现着兽中之王的威慑力，现藏在美国堪萨斯城纳尔逊艺术博物馆。南侧狮子与北侧狮子有所不同：嘴里衔着一串璎珞，项下还挂着铃铛（图4-36）。南侧壁的狮子现藏在美国波士顿艺术博物馆①。

①路伟：《流失美国的龙门石窟文物——近年的调查新发现》，《美成在久》2017年第6期，第25、26页。

图4-36　龙门石窟万佛洞前室门南侧力士和狮子（唐永隆元年，680年，佛利尔与周裕泰拍摄于1910年）

万佛洞主室平面是长方形的，正壁呈弧形，微微向内凹入
（图4-37），内部有着宽敞的空间，高5.8米，宽5.87米，深6.85
米。在正壁下方凿有一矮坛，坛上雕一佛、二弟子、二菩萨像
（图4-38）。主尊是神态慈祥、身躯饱满的阿弥陀佛像，结跏趺
坐于八角形束腰叠涩仰覆莲座上，通高5.65米，在佛座的束腰
处雕刻四身用力托扛着仰莲台的力士像，衬托出了佛的伟岸。
这尊主佛像头顶的肉髻表面刻着水波纹，有着宽额、丰颐的面
相，五官宽大，眉间有圆形白毫，颈部刻着三道蚕节纹，都是
佛的特殊身体特点。他穿着轻薄的褒衣博带式大衣，右手于胸
前施无畏印，左手抚左膝，有着圆肩、胸部隆起、细腰收腹的

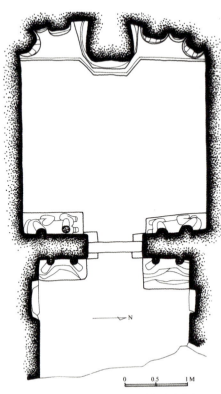

图4-37　龙门石窟万佛洞平面图（作者自绘）

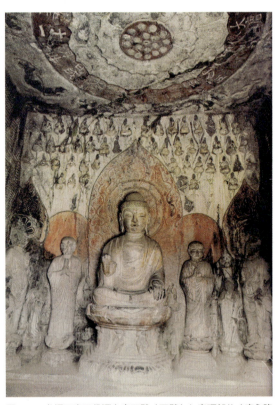

图4-38　龙门石窟万佛洞主室正壁（西壁）与窟顶部分（唐永隆
元年，680年，采自《中国石窟·龙门石窟》第二卷，图版64）

特征，在头身比例上头部显大，是典型的唐高宗朝佛像的健美风格。主佛身后的圆形头光表面刻着莲瓣、七小坐佛，舟形大背光表面刻着缠枝花草和火焰纹。

在主佛的旁边站立着两身弟子像，高3.4米。迦叶在左侧，双手在胸前持一物，有着饱经沧桑的老年僧人面孔。阿难在右侧，双手于胸前合十，有着少年般的稚气面容。这两位弟子都是身躯直立，穿着双领下垂式的僧衣，是唐高宗期弟子像的特征。弟子的外侧是两身立菩萨像，高3.6米。体态丰腴，身段窈窕，有圆肩、鼓胸、细腰、收腹、宽胯等特征，且胯部略微扭动着。他们上身袒裸，下身着长裙。此外，身挂长璎珞并在腹前穿一圆形饰品，帔帛在腹部以下绕作两道圆环，这是前朝遗留下来的做法。这些都是唐高宗期菩萨像的特征。阿弥陀佛的两位胁侍大菩萨是观世音和大势至。站在左侧的菩萨以左手下提净水瓶，右手在胸前执柳枝，是观世音。右侧的菩萨以左手向上持一物，右手下伸提着一物，是大势至。

与前面谈到的高宗期的一些窟相似，万佛洞也是把二天王雕在了前壁窟门的两侧。所不同的是，这是两身近似于圆雕的天王像，高2.6米。他们的身材格外宽大魁梧，身披铠甲，一手叉腰，一手上举；外侧一腿伸直，内侧一腿略微弓起，脚下都踩着一个趴在地上的夜叉。两个夜叉用一手支着头部，面部扭向上方的主人，一副顺从的姿态（图4-39）。

与敬善寺洞类似，在正壁一铺大像上部有高浮雕小菩萨像54身，由上升的莲梗莲花承托（图4-38）。他们有的结跏趺坐，有的一腿下舒，有的双腿下舒，有的呈游戏坐姿。有的一手伸向旁边的菩萨，似乎正在交谈，有的正在用手比画着。所有菩萨坐着的莲花都源自下方的主梗，象征着来自同一个根，向上节节生枝，枝枝生莲，每个莲花中再生出一位菩萨，烘托出了

图4-39 龙门石窟万佛洞主室
前壁南侧天王（唐永隆元年，
680年，采自《中国石窟·龙门
石窟》第二卷，图版78）

窟内热烈的气氛。

在南北两侧壁雕满密集的小佛像，其中北壁共有85排，每排有72身左右的小佛像（图4-40）。南壁有88排，每排有73身左右的小佛像。在前壁二天王的身旁空余处也刻着同样的小佛像，总数很可能在15000尊左右。每排小佛像的身下都有统一的横向矮台，使横排齐整。另外，所有佛像在竖行上也排列整齐。

图4-40 龙门石窟万佛洞主室北壁万佛与舞乐（唐永隆元年，680年，佛利尔与周裕泰拍摄于1910年）

大部分佛像都是直接坐在横向矮台上，有的佛像身下还有各自的小仰莲台。所有佛像的坐高在5厘米左右，都是身穿双领下垂式大衣，双手在腹前施禅定印，且不露双手。他们身躯丰满，是典型的初唐风格。

在南北两侧壁的下部各浮雕着一排六身舞乐图。靠近正壁的一身是舞伎，在悠扬的乐曲声中翩翩起舞，体态轻盈，婀娜多姿。其余都是乐伎，他们穿着和菩萨一样的服装，用浅浮雕的技法在后壁刻着飞扬的帔帛。他们跪或坐在覆莲台上演奏着不同的乐器，有箜篌、钹、腰鼓、横笛、筝、曲颈琵琶、笙等，既有中原传统乐器，也有西域外来乐器，中西合璧地演奏着天国美妙的音乐①。

窟顶是平的，中央雕着一朵巨大的莲花，莲花中心是莲蓬，周围有四层莲瓣。莲花的外围有八身飞天当空飞舞着。在

① 吴璇：《龙门石窟万佛洞乐舞图像研究》，《洛阳理工学院学报》（社会科学版）2017年第3期。刘晓玉：《浅析龙门石窟万佛洞中伎乐造像的舞蹈形态》，《美与时代》（下）2019年第10期。

莲花周边有这样的阴刻大字题记:"大监姚神表、内道场运禅师一万五千尊像龛,大唐永隆元年十一月卅日成。"(图4-38)这个珍贵的铭刻为我们提供了这所精品大窟的基本信息。永隆是唐高宗的一个年号,在公元680至681年间使用。永隆元年是公元680年,就是万佛洞的完工时间。大监是宫中的女官名,视同二品。内道场就是宫廷内的佛教道场。由此可知,这所万佛洞是由宫廷中的女官大监姚神表和大内道场的尼姑运禅师共同督造完成的。这个窟的造像主题是一万五千佛,正是窟内侧壁和前壁小佛像所表达的,所以被人们称为"万佛洞"。

至于修造万佛洞的目的,窟门北壁上方的一块题记可以说明一切,上面刻着:"沙门智运奉为天皇、天后、太子、诸王敬造一万五千尊像一龛。"这里的沙门智运,就是窟顶题记中的运禅师。天皇天后,就是李治和武则天。上元元年(674)秋八月,唐高宗与皇后武则天并称为"二圣",唐高宗称"天皇",武则天称"天后"[1]。这里用的就是他们的新称号。太子指武则天所生的第三个儿子李显(656—710)。在调露二年(680),武则天的第二个儿子李贤(655—684)的太子地位被废黜,李显继立为太子[2]。万佛洞就在同一年改元永隆以后完工。这所制作精细的大型洞窟,是由来自长安大内道场的上层尼姑们直接为唐朝皇室的最高成员做功德的。以浮雕形式刻在正壁弟子和菩萨之间的比丘尼供养像,表现的也应该是唐朝大内道场的尼姑,很可能其中就有智运的模拟肖像。

在窟门的南侧壁还雕着五百尊倚坐小佛像,排列方式和窟内的万佛相同,都是在每排佛的下部有统一的矮台,上下竖行也对齐整。这些小佛像大部分以右手施无畏印,个别的以右手抚膝。在这个壁面的中部有一个小龛,龛中雕着一身倚坐佛像,下垂的两脚踩着两朵莲花,座下有两只蹲狮,身旁有二弟子、二菩萨胁侍(图4-41)。在龛下有铭文题记,可知是在大唐永隆

[1] (后晋)刘昫:《旧唐书》卷五《高宗下》,中华书局,1975年,第99页。

[2] (后晋)刘昫:《旧唐书》卷五《高宗下》,中华书局,1975年,第106页。

图4-41　龙门石窟万佛洞门券南壁处贞造弥勒像五百区（唐永隆元年，680年，贺志军拍摄）

元年（680）九月三十日处贞造的弥勒像五百区。这五百弥勒的完成时间比万佛洞的全部完工早了两个月，应该是大内道场的策划者有意设计的。因此，这位功德主处贞也应该是大内道场的一位尼姑，在参与为皇室开凿万佛洞的同时，也为自己在门券的侧壁造了功德。

万佛洞完工以后，很多信徒在窟内前壁、门券侧壁、前室壁面补凿小龛，以便为自己造功德。位于窟门外南侧的一身观世音菩萨立像，是由来自许州（今河南许昌）仪凤寺的比丘尼真智敬造的。菩萨身体扭作优美的"S"形，右手上执柳枝，左手下提净水瓶，面相丰润，体态丰腴婀娜，具有较高的艺术水平，是7世纪下半叶小型观音像中的杰作（图4-36）。在门券北侧壁有二比丘尼供养像，都是面向着窟内主佛，其中西侧一身手持长柄香炉，头呈圆球形；东侧一身个子较矮，双手合十（图4-42）。在小龛的两侧边沿刻着铭文题记："此是行香上座。"在佛教僧团中，以先出家受具足戒者为上座，是对较为资深成

图4-42　龙门石窟万佛洞门券北壁比丘尼行香上座供养像（唐永隆元年，680年，采自《中国石窟·龙门石窟》第二卷，图版79）

员的敬称。这位行香者很可能也是大内道场或某个尼寺的资深尼姑。看来，万佛洞是龙门唐代女尼们造功德的一个重要场所。

在万佛洞的周围还开凿着一些小窟，有的也和阿弥陀佛信仰有关。

清明寺洞（第557号）

清明寺洞位于万佛洞下方，平面呈方形，高2.45米，宽2.3米，深2.8米。在窟内外有很多后期补刻的小龛，其中位于甬道北侧壁的一龛，是上元二年（675）佛弟子王仁恪补刻的，说明这个小窟应该开凿在上元二年以前的唐高宗执政中期。在窟顶有莲花藻井，正壁雕着阿弥陀佛坐像和观世音、大势至菩萨立像，是这个小窟最初设计的主像。观世音也是站在左侧，左手上执莲蕾，右手下提净水瓶。大势至站在右侧，右手上捧花朵，左手下伸挽着一缠枝莲梗——从他站立的圆形束腰仰覆莲台伸出，绕过手腕直达肩部，自下而上分出莲蕾、初开和盛开的三朵莲花。他们的胯部都已明显地扭向主佛一侧，是唐高宗中期菩萨像的一个显著变化（图4-43）。到了高宗晚期，菩萨像胯部扭动的幅度就更大了，使躯体形成了优美的"S"形。补刻在门券南侧壁的一个二立菩萨像龛，就是唐高宗晚期菩萨像的杰作。此龛是由清明寺比丘尼八正造于仪凤三年（678），这也是该小窟被命名为"清明寺"的原因。在窟门南侧壁还开龛雕了一座五层密檐式佛塔，模仿着唐代的石塔样式。

蔡大娘洞

蔡大娘洞也位于万佛洞下方，清明寺的北部，是一所平面呈马蹄形的小窟，高2.05米，宽2.5米，深3米。在正壁雕刻阿弥陀佛与胁侍的二弟子、二菩萨像。位于佛左侧的观世音菩萨手里提着净水瓶，位于佛右侧的是大势至。窟顶有浅浮雕的双重瓣莲花，但没有刻飞天。窟内南壁有武周天授二年（691）蔡

图4-43　龙门石窟清明寺洞门券南壁清明寺比丘尼八正造二菩萨像（唐仪凤三年，678年）

图4-44　龙门石窟药师洞药师佛与胁侍菩萨（唐高宗中晚期，665—683年，采自《中国石窟·龙门石窟》第二卷，图版59）

大娘补刻的两所小龛，据此推测洞窟的完工时间可能在高宗执政中晚期。

药师洞

在紧邻万佛洞的南侧偏下处有一所小窟，约高2米，纵券顶。正壁雕一身穿通肩式大衣的立佛像，右手向上托着一钵（图4-44），在龙门唐代洞窟中不多见。从造像风格来看，可能开凿于唐高宗中晚期。这尊主佛表现的是药师佛。

药师佛位于东方，全名叫药师琉璃光如来，他的宗教功能是解脱众生的生老病死和痛苦忧患。药师佛的国土清净庄严，没有污垢和欲望，以白银琉璃为地，宫殿楼阁都是用七宝筑成，如同阿弥陀佛的西方极乐世界一般。往生药师佛的国土，也是众生的愿望。如果有人愿意往生西方阿弥陀佛国，或是想去兜率天见弥勒，药师佛也可以帮助他达成所愿。药师佛的信仰在南北朝时期就有了，但从隋代开始，人们才用托钵的佛来表现药师。因为钵在印度常被用来盛药，故用托钵的佛像来表现药师佛为众生治病。

七、弥勒佛降临人间

在万佛洞南侧有一所敞口的中型洞窟，原来可能有前壁和窟门，后来塌毁了。现在的窟内平面近似于马蹄形，高4.2米，宽3.52米，深2.8米。靠西壁下部凿出了一个半圆形的基坛，坛上雕着一铺五尊大像（图4-45）。主尊是倚坐佛，头顶的肉髻和发际表面刻着水波纹，面相胖圆，身躯丰满，有着宽圆肩、丰胸、收腹的特点（图4-46）。双小腿平行下舒，右手抚右腿，左手仰掌放在左膝上。他身穿双领下垂式大衣，下坐高方座，足

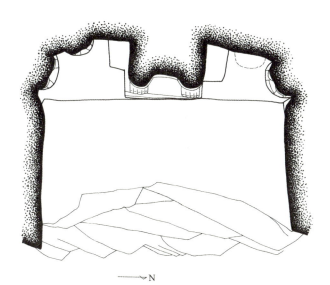

N

图4-45 龙门石窟惠简洞平面图（作者自绘）

图4-46　龙门石窟惠简洞内景（唐咸亨四年，673年）

下还有一个矮台。头后有圆形头光，表面刻一周莲瓣。他的身
后还以浅浮雕的手法刻着类似于敬善寺区优填王像那样的靠椅
背，内部分格，刻着圆幅面等图案。在椅背的最上横梁两端分
别向外伸出一龙首，两侧也是分别向外站立着一只羊，两前肢
腾起。这种图像有密教的色彩，会在后文中提到。

倚坐佛的两侧雕着二弟子与二菩萨像。阿难站在主佛的右
侧，露着稚气的微笑。但主佛左侧的迦叶已经不存在了，只留
着刻在后壁上的圆形头光。在迦叶像的后壁位置，刻着一些同
是高宗朝中晚期风格的小佛龛。说明这尊弟子像是在雕成不久
就被铲去，再补刻了这些小龛的。这就不得不使我们怀疑原来
雕在左右侧壁上的二天王和二力士像的命运，那里也只留下了
浅浮雕的桃形头光，原来造像的身体被完全铲去，还把壁面刻

凿得很平整。看来，这所洞窟刚开出不久，就有人想把里面的像都铲去，把壁面凿平，任由别人在里面补雕龛像。

南壁近洞口处有一则发愿文题记，上面说："大唐咸亨四年（673）十一月七日，西京法海寺僧惠简，奉为皇帝、皇后、太子、周王敬造弥勒像一龛，二菩萨、神王等，并德成就，伏愿皇帝圣花无穷，殿下诸王福延万代。"因此，我们可以清楚地知道，这所洞窟是咸亨四年来自西京长安法海寺的惠简和尚，特意为唐高宗、武则天、太子李弘（653—675）、周王李显建造的。法海寺在长安城朱雀街西长安县布政坊的西门之南。法海寺高僧惠简，来到龙门为皇室成员造功德。这种用宗教神权为当朝统治集团背书的手法非常鲜明。

然而，政局的变化，使他辛苦督造的石窟被有意铲除，险些化为乌有。李弘是武则天的长子，显庆元年（656）被立为皇太子。李弘很聪慧，在文学和政论方面都有自己的见解，还因仁孝而得到朝野内外的赞誉。他经常向高宗提出自己对治国的建议，被高宗采纳。咸亨二年（671），高宗巡幸东都洛阳，命令太子李弘在长安监国，可见高宗对李弘能力的信任。当时正好遇上大旱，关中闹起了饥荒，李弘很体恤民情，关心士兵们的生活。李弘有两个异母姊姊，即义阳公主与宣城公主，她们的母亲萧淑妃（？—655）是武则天的情敌加政敌。萧淑妃被武则天杀害以后，两姐妹一直被幽禁在掖庭，年过20都还没有出嫁。宅心仁厚的李弘发现此事后，既震惊又同情，便上书高宗请求让两位姊姊出嫁。这件事触怒了武则天，李弘从此失宠。但高宗仍然对李弘又信任又喜欢，还把李弘召到东都洛阳。咸亨四年（673）二月，李弘纳大臣裴居道（639—690）之女裴氏为妃。然而，上元二年（675）四月，李弘随帝后出行洛阳时，在合璧宫绮云殿猝然离世，年仅23岁。高宗非常悲痛，破例将他谥为"孝敬皇帝"，葬

①李弘事迹，见（后晋）刘昫：《旧唐书》卷八十六《高宗中宗诸子传·孝敬皇帝弘》，中华书局，1975，第2828—2831页。（北宋）欧阳修：《新唐书》卷八十一《三宗诸子传·孝敬皇帝弘传》，中华书局，1975，第3588—3590页。

②（北宋）司马光《资治通鉴》卷二○二，中华书局，2013，第5678页。

于恭陵，而且使用皇帝之礼举办丧事①。不少史学家认为李弘是被武皇后毒杀的，《资治通鉴》的作者北宋司马光（1019—1086）就持这种看法②。当然，也有人认为他是病死的。

不论李弘是何种死因，他在死前不讨武则天的喜欢是无疑的。也不论高宗如何喜欢李弘，又是如何为李弘办皇帝规格的丧事，我们可以想象武则天的真实想法，即很可能是消极对待，或是从心里有抵触情绪。再来看看惠简洞，那是长安的高僧专门为皇室成员开凿的功德窟，于李弘去世的两年前完成。按补刻在原迦叶像所在壁面上的小龛风格，迦叶像被铲去应该在李弘去世不久的时间里。如果没有皇室掌权者的暗中允许，有谁胆敢去铲掉窟中的五尊造像呢？笔者大胆推测，暗中下令铲去窟中五尊造像的人就是武则天，因为她不喜欢这个儿子，也就不希望让他的功德窟继续留在世上。而且很明显，她的目的是要铲去窟内所有造像的。后来很可能被高宗知道了此事，下令制止，才保住了窟内其他四尊像。

从惠简洞的造窟记可知，窟内的主像是弥勒，窟内原来还雕着两尊天王像，因为古代常常称护法天王为"神王"。用倚坐佛来表现未来佛弥勒，在龙门石窟最早可见于破洞西壁的贞观十一年（637）刘太妃为道王元庆造的倚坐弥勒佛像龛。但那时的倚坐弥勒佛形象并不流行。此时，弥勒便以佛的形象在一所中型洞窟中担任主尊了，并且还出现在了别的洞窟之中。这说明在唐高宗年间，人们已经不再满足于弥勒仍然居住在兜率天宫中还没有成佛的交脚菩萨或是倚坐菩萨的形象了。既然未来的弥勒佛国是无比理想和美好的，人们就希望在自己的有生之年能见到弥勒的降临，而不是把自己的祈盼寄托在遥不可及的未来之上。于是，倚坐佛就全面代替了交脚菩萨或倚坐菩萨，成为弥勒下生人间成佛的形象，直至今日。

再说倚坐佛，这种坐姿的佛像在北魏时期就已经有了，在云冈和龙门的北魏石窟中都有发现[①]。但那些倚坐佛像不一定代表着弥勒佛，有的很可能是表现释迦的。到了唐太宗与唐高宗时期，佛教艺术界就以倚坐佛来表现特定的弥勒下生人间成佛的形象了。于是，在龙门石窟中，凡是有铭文题记的唐代倚坐佛像，都指明了是弥勒题材。龙门，也是全国倚坐弥勒佛造像最多的地点，说明了东都洛阳造立弥勒佛形象的发达。

在唐高宗年间，除了惠简洞外，以倚坐弥勒为主尊的洞窟还有几例。

梁文雄洞

梁文雄洞在敬善寺北邻，窟门外两侧各雕一力士像。窟内的空间高2.1米，宽1.9米，深1.9米，窟顶没有雕饰。在正壁前凿有一个高7厘米的低坛，坛上雕倚坐弥勒佛像和胁侍二弟子、二菩萨像（图4-47）。弥勒佛的双腿平行下舒，双足各踏着一朵

① 如云冈石窟北魏第6窟中心柱西面下层佛龛内的倚坐佛，见云冈石窟文物保管所编：《中国石窟·云冈石窟》第一卷，文物出版社，1989，图版57。

图4-47　龙门石窟敬善寺区梁文雄洞正壁（西壁）一铺主像（唐高宗时期，650—683年，采自《中国石窟·龙门石窟》第二卷，图版28）

仰莲花。左侧弟子双手合十，右侧弟子在胸前捧一物，分别表现的是迦叶与阿难，是把释迦的二弟子给了弥勒。二菩萨都用外侧一手提着净水瓶，身姿婀娜地将胯部扭向主佛。这五身像都有较好的身段刻画，表现着人体的健美。在前壁窟口两侧还有浮雕二天王像，其中南侧的天王持长矛，北侧的天王持宝剑。在左右侧壁刻出姿势不同的坐菩萨像，分五层排列，各有25身，分别坐在覆莲台上（图4-48）。他们有的交脚坐，有的游戏坐，

图4-48　龙门石窟敬善寺区梁文雄洞北壁众菩萨和梁文雄父供养像（唐高宗时期，650—683年，采自《中国石窟·龙门石窟》第二卷，图版30）

有的将二脚掌相并，身姿与手势也各不相同，似乎是一个菩萨群体的大聚会，正在热烈地讨论佛教理论问题。这些菩萨群像的表意很可能和敬善寺洞、万佛洞壁面上的众小菩萨相似，只是他们身下的莲台没有用梗相连。

在梁文雄洞北壁众菩萨的下部西侧浮雕着一身男供养人，呈胡跪姿势，身穿圆领窄袖长袍，腰间系带，手持香盒，西侧榜题上刻着"梁文雄父供养"（图4-48）。在南壁的相同部位刻着一身同样大小的跪姿女供养人，穿着窄袖齐胸长裙，手持两支莲蕾，西侧的榜题上刻着"梁文雄母供养"。两个题记表明，这是梁文雄为父母做功德而开凿的小窟。两身有着典型的唐代男女装束的供养人代表着梁文雄的父母，他们都侧身向着窟内主佛，表现着虔诚的姿态。

双窟

双窟位于万佛洞北侧下方，是一组并列的有着共同前廊的双窟，在龙门唐窟中是一个特例①。前廊高2.84米，宽6.57米，深2.25米，在北洞和南洞窟口外侧各雕一身力士，两洞口之间还有一身力士，共有三身力士守护二窟门。南洞主室靠内壁处凿成马蹄形平面，略宽于左、右两壁。窟内空间高3.1米，前部宽1.87米，后部宽2.47米，总深7.3米。在正壁前凿一低坛，在坛上雕出倚坐弥勒佛与二弟子、二菩萨像（图4-49）。主尊弥勒佛通高2.1米，也是二小腿平行下舒。二弟子也是迦叶和阿难的形象。在左、右两侧壁分层雕出千佛像，每身小佛都位于一个圆拱形小龛内，横竖排列整齐。北洞主室高3.5米，宽3.6米，深6.9米，窟顶雕着莲花，周围有八身飞天环绕。与南洞不同，在北洞环马蹄形平面的主室三壁雕出三世佛并胁侍弟子与菩萨像，诸像身下却没有基坛。位于正壁的主佛结跏趺坐，右手施无畏印，通高2.25米，旁边有二弟子胁侍（图4-50）。在南北两

①温玉成：《洛阳龙门双窟》，《考古学报》1988年第1期。

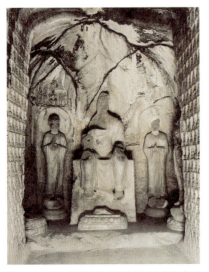

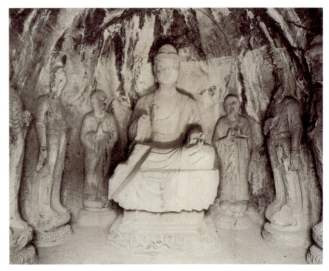

图4-49　龙门石窟双窑南洞内景（唐高宗时期，650—683年）

图4-50　龙门石窟双窑北洞正壁（西壁）一铺主像（唐高宗时期，650—683年，采自《中国石窟·龙门石窟》第二卷，图版55）

侧壁各雕立佛和二胁侍立菩萨像，在靠近窟门处还各有一身天王像。三佛的服装有所区别：正壁坐佛穿双领下垂式大衣，两侧立佛着通肩式大衣。可以看出，北洞是以释迦佛为主尊的三世佛题材。我们还可以了解到，在高宗年间，汉式和印度式的佛装已经不再有时代特色了，因为它们都被佛教艺术界采用了。双窑南北二洞的题材相结合，就是在表现弥勒与释迦之间的继承关系。在前廊和两窟内还有不少后期补刻的小龛，纪年有武周天授二年（691）和唐玄宗开元五年（717）。

八、老龙洞和破洞——两座溶洞内的作品

龙门石窟所依山岩的石质是石灰岩，山体内有泉水，容易

形成溶洞。古阳洞和莲花洞原本都是自然溶洞，后经过修凿而形成。还有两座洞窟老龙洞和破洞，也是自然溶洞，但没有刻意修凿成比较规整的洞窟，而是利用壁面随意开凿小龛，没有统一的布局（图4-51）。也有学者认为这两所洞窟并不是自然溶洞，而是在隋代开凿出来的，因为停工没有完成，被唐人用来随意造像了。但是，如果是人们有意凿成的洞窟，就应该有比较规整的形制，最起码也要有个像样的窟门，但这两窟显然没有。

老龙洞的平面呈长马蹄形，顶部近于穹隆形，高8米，宽5.6米，深9.8米（图4-52）。窟内的雕刻没有进行过统一规划，是在不同时期内陆续雕造的，所以没有居于主导地位的一铺大像。全窟密密麻麻地凿出了众多的造像龛，规模大些的有54所。

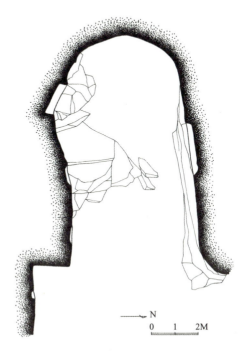

图4-51 龙门石窟老龙洞和莲花洞外观（《中国石窟·龙门石窟》第二卷，图版91）

图4-52 龙门石窟老龙洞平面图（作者自绘）

根据窟内南壁的贞观十二年（638）清信女某造像记、北壁的贞观二十一年（647）新息县令田弘道等造菩萨像记可知，在唐太宗贞观年间开始在洞内雕造龛像。但窟内绝大多数造像龛雕于高宗时期，且龛的体量也大，纪年龛像从永徽元年（650）到上元三年（676）；少量的造于武则天时期，一般体量较小。

老龙洞北壁有贞观二十一年（647）四月七日新息县令田弘道与他的妻子、儿女共造的菩萨像龛，高0.39米，宽0.4米。这是两个尖拱形龛连在一起的小龛，每龛内雕立菩萨像一身（图4-53）。铭文题记虽然没有明说菩萨的身份，但很可能指的是观音，因为自北魏晚期开始有的信徒就喜欢造两身站立的观音像。这两身菩萨手里都拿着一朵莲花，胸腹平坦，但有细腰

图4-53　龙门石窟老龙洞北壁众佛龛（唐，7世纪，佛利尔与周裕泰拍摄于1910年）

宽胯的特点，且下身穿的裙子宽大，如喇叭口状，没有写实的
人体身段美。帔帛在双腿部位交叉，是承自北魏晚期以来菩萨
像帔帛的缠绕方法，展示着贞观年间龛像的保守性。在这所双
观音像龛的上部有两所尖拱形小龛，龛内都雕着结跏趺坐佛与
二胁侍菩萨像，主佛下坐高方座，风格与宾阳南洞的一些贞观
期小龛相似，也应该是在唐太宗时期雕成的。

　　西壁上方有并列的两龛，高有1米多（图4-54）。北侧一龛
的龛口为圆拱形，有火焰状龛楣。龛内中部造结跏趺坐佛，穿
着褒衣博带式大衣，身躯健壮，圆肩、挺胸、收腹，下坐六边
形束腰仰覆莲座。身旁有二弟子与二菩萨胁侍。二弟子都是浮
雕，双手合十，左侧是迦叶，右侧是阿难。二菩萨身体直立，

图4-54　龙门石窟老龙洞正壁
（西壁）众佛龛（唐，7世纪，
佛利尔与周裕泰拍摄于1910年）

帔帛在腹下绕作两道圆环。在主龛口下部开着三个长方形浅龛，中间的刻有题记："永徽元年（650）四月八日洛州净土寺主智傅敬造阿弥陀像一区，同学智翔共崇此福。"题记的两侧各浮雕着一身胡跪比丘像，侧身向着题记，手里拿着香炉作供奉状。他们两人应该是智傅和智翔的模拟肖像。两侧的浅龛内各雕着一只蹲狮。南侧一龛在大小、龛形、造像组合等方面都与北侧龛相近似，只是主龛口下方正中刻的是香炉，香炉两侧各有一身俗装供养人和他们的侍从像。

上述两龛的下方有一所大龛，在老龙洞中尺寸最大、位置最为显要（图4-54）。这所龛通高有2.3米，为尖拱形，龛内雕着结跏趺坐佛和二弟子、二菩萨像。主佛的身份很可能也是阿弥陀佛，双肩下削，胸腹平坦，没有健壮的身躯；下坐方台座，座下有一排覆莲瓣，大衣下摆垂覆在方座前，有前朝的遗风。头后刻着桃形火焰头光。两身浮雕弟子像都将身体侧向主佛，双手合十。其中左侧的迦叶呈侧面相，是一个西域老僧的形象。二菩萨身躯直立，腹部前挺，略显身段，有北齐遗风。左侧一身菩萨挂着一条长璎珞在双膝前绕作圆环，是北周菩萨像璎珞的做法。龛口下方中央刻着香炉和二蹲狮，二狮子都是侧身向着香炉。右侧一狮的右后肢抬起抓弄着头部，姿态生动。二狮子的外侧各雕着一身力士，有帔帛和齐膝短裙，或握拳扬起，或握拳回收，身材粗短但有力度。很明显，这个龛内的造像有很多前朝旧风格，如果不是雕刻在唐太宗时期，就是在高宗初年雕刻的带有贞观期保守风格的作品。

老龙洞北壁上方有一所长方形大龛，龛内雕刻了一身和真人基本等高的立菩萨像（图4-53）。这尊菩萨身材粗壮，略显细腰，帔帛在腹部以下绕作两道圆环。他的头后有桃形火焰头光，脚下有仰莲台。从该龛铭文题记可知，这是樊庆为自己的亡兄——前兖州参军樊玄道出资敬造的等身救苦观世音像，希望他的哥哥能借此功德往生净土，唐高宗永徽元年五月五日起造，永徽二年（651）九月三十日功毕。等身像就是和真人等高的造像，这种造像理念起源于印度[①]。在南北朝时期，造等身像的思想就已经在中国的大江南北存在了[②]。唐代的佛教艺术家们也继承了这一传统。等身的造像能直观、鲜活地表现佛教神灵，给信徒们带来佛和菩萨亲临人间、普度众生的感觉，这正是其魅力所在。

在北壁还有几所大龛，有的高达 2 米多，龛内的造像都是结跏趺坐佛与胁侍二弟子、二菩萨像。主佛都有丰满健康的体魄，身下坐的都是六边形束腰仰覆莲座，二弟子都是身躯直立，大部分造像双手合十。这些都是唐高宗初期的造像风格（图4-53）。

老龙洞的南壁有一所尖拱形大龛，高2.6米，龛内雕着一尊立佛和二胁侍立菩萨像。主佛身穿通肩式大衣，阴刻线衣纹呈向上的同心圆分布在胸、腹、腿间，浮雕感较强。造像没有更多地表现人物身躯的立体感，只是大略地展示佛的身段。二胁侍立菩萨身躯如直筒状，表面基本不刻衣纹，很有北齐菩萨像风格；帔帛在腹下环绕两周，又是北周菩萨像的做法。二菩萨的下部各有一只蹲狮。这个龛有很多唐太宗贞观年间的保守风格（图4-55）。其实，在老龙洞中，还有更多体量较小的龛也有贞观风格，和宾阳南洞的贞观期小龛很相似。所以，这里应该是贞观年间除了宾阳南洞以外又一个造像比较集中的地点。同时，南壁还有很多高宗初年的造像龛，如上述立佛大龛东侧的一所大龛，与西壁的高宗期诸大龛在龛形和造像组合方面都很相似。三壁现存的很多小龛也具有高宗期的风格。

破洞的平面近似椭圆形，顶部近似穹隆形，高 6.2 米，宽

① 唐代高僧道宣（596—667）在高宗永徽元年（650）撰成的《释迦方志》卷中记载，中印度曲女城"河西寺东起宝台，高百余尺，中有等身金像"。《释迦方志》卷下又记中印度的摩揭陀国陀罗炬吒山，"接北山阳，孤起顶上，东西长临崖。西陲砖室，广高奇制，其户东开，佛住世五十年，多居斯室说法。今作等佛身像，昔影坚王为听法故"。详见［日］高楠顺次郎、渡邊海旭主编：《大正新脩大藏經》第五十一册，大正一切经刊行會，1924—1934，第958a、964a页。

② 据道宣于唐高宗麟德元年（664）撰成的《集神州三宝感通录》卷中《梁高祖等身金银像缘三十》，载［日］高楠顺次郎、渡邊海旭主编《大正新脩大藏經》第五十二册，大正一切经刊行會，1924—1934，第420a页。原文记载："梁高祖（即梁武帝，502—548年在位）登极之后，崇重佛教，废绝老宗，每引高僧谈叙幽旨，又造等身金银像两躯，于重云殿晨夕礼事五十许年，冬夏踏石六时无缺。"法琳（约571—640）的《辩正论》卷三《十代奉佛上篇第三》，载《大正新脩大藏經》第五十二册，第508a页。文中记载：北周明帝宇文毓（557—560年在位）于武成二年（560）奉为先皇敬造"等身檀像一十二躯……丽极天成，妙同神制"。

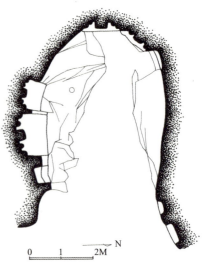

图4-55　龙门石窟老龙洞南壁立佛大龛
（唐贞观年间，627—649年，采自《中
国石窟·龙门石窟》第二卷，图版96）

图4-56　龙门石窟破洞平面图（作者自绘）

5.45米，深8.85米（图4-56）。和老龙洞一样，这座窟也是在平
整的自然溶洞中陆续雕出造像龛的，没有窟门，也没有统一的
规划，被人们俗称为"破洞"。在洞内的三个壁面间造出了43
所具有一定规模的小龛，最早的纪年龛是位于窟内西壁的贞观
十一年（637）道国王母为道王元庆造弥勒像龛。这是一所圆拱
形龛，高1.1米，宽0.7米，龛楣已经残缺了。龛内雕倚坐佛一
身，坐在坛床上，身穿双领下垂式大衣，有着面相丰满、宽圆
肩、细腰收腹的特征，已经略微具有一些典型唐风的佛像风格
了。他的右手向着右侧伸展，左手下抚左腿膝部。在龛外右侧
有一通浮雕螭首碑，上面刻着造像发愿铭文。龛外左侧有一个
小圆拱形龛，里面刻着两身供养人，向着主龛内的弥勒作礼拜
状（图4-57）。

　　题记中提到的道国王母就是唐高祖的刘婕妤。唐高祖共有
22子，刘婕妤生的儿子就是李元庆（623—664），是高祖的第

图4-57 龙门石窟破洞西壁道国王母为道王元庆造弥勒像龛（唐贞观十一年，637年，采自《中国石窟·龙门石窟》第二卷，图版107）

16个儿子，也就是唐太宗的同父异母弟弟。李元庆在唐高祖武德六年（623）被册封为汉王，武德八年（625）被册封为陈王。唐太宗贞观十年（636），他又被册封为道王，任豫州刺史。唐高宗时期，他相继担任过滑、徐、沁、卫四州刺史，很有政绩。他去世于麟德元年（664），时年42岁[①]。因此，这所像龛是在李元庆被封为道王之后的第二年，由他的母亲刘太妃特意为儿子造功德而雕刻的。

破洞内只有这一所贞观纪年像龛，但贞观年间雕成的小龛应该还有不少。例如，北壁的一所小龛内雕着三身结跏趺坐佛像，都穿着通肩式大衣，圆肩，身躯略显丰满，但没有典型唐风那样的写实性身段刻画（图4-58）。这三身坐佛像与宾阳南洞南壁唐贞观十六年（642）韩方往妻李氏造的着通肩式大衣的坐

① （后晋）刘昫：《旧唐书》卷六十四《列传第十四·道王元庆传》，中华书局，1975，第2432页。（北宋）欧阳修：《新唐书》卷七十九《列传第四·道王元庆传》，中华书局，1975，第3556页。

图4-58 龙门石窟破洞北壁三坐佛小龛（唐贞观年间，627—649年，采自《中国石窟·龙门石窟》第二卷，图版107）

佛像（S34）很相似，因此，这所小龛很可能雕于贞观年间。此外，破洞内还有很多雕刻在唐高宗时期的造像龛，纪年早的有北壁永徽五年（654）五月五日洛阳县邓思孝等兄弟为父母造的释迦像龛，主尊是立佛，身旁有二弟子、二菩萨胁侍，保留着很多贞观年间不成熟的遗风。晚的纪年有总章二年（669），这也是破洞内最晚的一所纪年造像龛。可知破洞诸龛像主要雕刻于唐高宗时期，和老龙洞一样，佛像以阿弥陀佛题材为主，表现着典型的唐代风格。

九、地藏菩萨——地狱众生的拯救者

① （唐）玄奘译：《地藏十轮经》，载［日］高楠顺次郎、渡邊海旭主编《大正新脩大藏經》第十三册，大正一切经刊行會，1924—1934，第722a页。

地藏是大乘佛教中的大菩萨。唐僧玄奘翻译的《地藏十轮经》称他是"安忍不动犹如大地，静虑深密犹如秘藏"，所以称作"地藏"①。这部佛经认为他像大地一样，含藏着无量善根种子。地藏菩萨受释迦牟尼的嘱咐，在释迦灭度以后，弥勒在未来下生人间成佛之前，要在这二佛中间的无佛世界里教化六道众生。佛教认为，世间众生在天、人、阿修罗、地狱、饿鬼、畜生这六道的生死世界中循环轮回不已。如果在今生积了"善德"，那么下世就可以生到天界，或是重返人间。相反，如果今生有"恶行"，下辈子就要下地狱，或者变成饿鬼，或者转世投胎变成畜生。地藏菩萨发誓要尽度六道的有情众生，然后才愿意成佛。关于地藏的身世，说法不一。唐代来华的于阗国（今新疆和田）僧人实叉难陀（652—710）翻译的《地藏菩萨本愿经》上说：地藏的前身是很久以前的一位大长者的儿子，曾经在一位过去佛的面前发愿，要想尽办法来解救因罪过而坠入六道的众生。地藏的前身还曾经是一个婆罗门家庭的女儿，有一天她端坐修行，神游地狱，从鬼王那里得知她的亡母与其他地狱里的鬼都上生到了天界，就发誓愿，今后要广设方便，让有罪苦的众生解脱①。总之，地藏菩萨的宗教职责，就是解脱六道众生。

另据北宋赞宁（919—1001）《宋高僧传》卷二十《唐池州九华山化城寺地藏传》《安徽通志》《九华志》等书记载，地藏菩萨降生到了位于朝鲜半岛的新罗国（668—901）的王族家庭，名叫金乔觉（696—794）。他相信佛法，就削发出家为僧，渡海来到唐朝，在今天安徽南部的九华山上修行数十年②。他圆寂以后，人们相信他就是地藏菩萨的化身，九华山也就成了人们心中的地藏菩萨成道的地方。这其实是中国人将佛教中国化的一种做法。

观世音菩萨能度人世间的各种痛苦和烦恼，地藏菩萨则是专门解脱轮回于六道的众生。自从玄奘于永徽二年（651）翻译出了《地藏十轮经》以后，地藏菩萨的信仰就在中华大地流行

① [日]高楠顺次郎、渡邊海旭主编：《大正新脩大藏經》第十三册，大正一切经刊行會，1924—1934，第778b、779a頁。

② （北宋）赞宁：《宋高僧传》卷二十《唐池州九华山化城寺地藏传》，载[日]高楠顺次郎、渡邊海旭主编《大正新脩大藏經》第五十册，大正一切经刊行會，1924—1934，第838c—839a頁。

起来了，还引发了信徒们造立地藏像，以求得无上功德的愿望。在佛教盛行的初唐高宗（649—683年在位）与武则天（690—705年在位）时期，洛阳的龙门石窟是当时的开窟造像中心。单就地藏菩萨像而言，数量之多，时代之早，也是全国之最。还有保存完好的大量石刻题记，为我们了解初唐以来的地藏菩萨信仰提供了珍贵的实物资料。总的来看，龙门石窟的地藏菩萨像分为两种，一种穿着菩萨装，另一种像僧人。

菩萨装地藏像

在龙门石窟中，凡保存有铭文题记的地藏像都穿着菩萨装。我在龙门石窟发现了有明确题记的地藏菩萨像34处，分别雕刻在药方洞外、宾阳南洞、老龙洞、普泰洞外、万佛洞、袁弘勋洞、莲花洞、龙华寺洞外、北市彩帛行净土堂、东山擂鼓台、双窑、敬善寺区、蔡大娘洞、清明寺洞、惠简洞、石牛溪、唐字洞、古阳洞等地[①]。

这些地藏菩萨像在造型与装束上，都与龙门初唐时期的其他菩萨像没有多少差别。绝大多数地藏菩萨在动作方面表现为左右舒坐式，也就是一腿盘起、一腿下垂的姿势，有的左腿下舒，有的右腿下舒。最大的一尊左腿下舒的坐菩萨像位于慈香窑北侧的一个大龛内，通高0.86米，他的身旁有二弟子、二菩萨胁侍，也应该属于地藏菩萨题材（图4-59）。另外，地藏菩萨还有站立的形象，如普泰洞外的一所小龛内雕着一尊坐佛和二立菩萨像，铭刻发愿记："上元二年（675）二月六日，佛弟子某某为母乔等造阿弥陀佛、救苦观世音菩萨、地藏菩萨，祝愿一切苍生都有这个好福份和果报。"因此，这尊阿弥陀佛身边的两位立菩萨，分别代表着观世音和地藏。这些地藏菩萨像都是袒裸上身，下身穿着长裙，装饰着帔帛和项圈，大部分有着窈窕优美的体态，具有初唐风格菩萨像的共性。

①常青：《龙门石窟地藏菩萨及其相关问题》，《中原文物》1993年第4期。

图4-59　龙门石窟慈香窑北侧一龛内的地藏菩萨像（唐，7世纪下半叶，贺志军拍摄）

　　龙门目前所见最早的纪年地藏菩萨像，是药方洞外的麟德元年（664）五月六日定州安喜县口丞张君实为法界众生、合家眷属乞平安、口舌消除敬造的地藏菩萨像一躯。但这并不能说明它就是龙门最早的地藏像。在宾阳南洞有一龛，题记写，"李口静造地藏菩萨一躯"，没有纪年。这是一尊立菩萨像，身躯直立，显得呆板，虽然有细腰宽胯的刻画，但却胸腹平坦，没有婀娜窈窕的身姿。帔帛在腹下交叉，左手下提一瓶。头部饰有头巾，分披在双肩部位（图4-60）。这种造型与宾阳南洞东壁贞观二十一年（647）三月六日洛州嵩阳县令慕容氏造的阿弥陀佛像龛，以及贞观十八年（644）十月二十五日洛阳宫留守、右领军将军、柱国、京兆公阎武盖造像龛中的立菩萨像基本一致。因此，这尊地藏菩萨像的雕刻时代有可能早至唐太宗贞观末年

图4-60 龙门石窟宾阳南洞李口静造立姿地藏菩萨像（唐贞观年间，627—649年，作者自绘）

或唐高宗永徽年间（650—655）。在无纪年但有题记的地藏像龛中，有一些题记中的"地藏"都刻作"埊藏"，如惠简洞一龛地藏菩萨像的发愿记"清信女贾为亡夫造七佛又造地藏菩萨一区"中就是这样的，显然使用的是武则天在武周年间造的新字。那么我们就可以大致推测此地藏像龛的年代为天授元年（690）至神龙元年（705）之间了。最晚的一例地藏菩萨纪年龛刻在东山擂鼓台区，时间是唐玄宗开元二年（714）四月十五日。

这34例有纪年的地藏菩萨像龛当然不能代表龙门的全部地藏菩萨像了。日本学者水野清一、长广敏雄编著的《龍門石窟の研究》中的《龙门石刻录目录》[①]中，根据前人的金石著作收录了许多地藏造像的题记目录，有的已无法找寻了。另外，龙门石窟还保存了大量的无纪年左右舒坐菩萨像，大部分位于西

① ［日］水野清一、長廣敏雄：《龍門石窟の研究》中的《龍門石刻録目録》，京都：座右寶刊行會，1941。

山的北段与中段，其造型特征也多是唐高宗与武则天年间的风
格。因此，龙门石窟无疑是唐代地藏菩萨像保存最多的石窟群。

僧装地藏像

龙门的僧装地藏菩萨像仅发现四例，他们的形象与弟子相
仿。这四例地藏像都没有绝对纪年，也没有留下任何题刻文字。

在宾阳北洞上方有一所小窟，编为第166号，一身立姿的僧
装地藏菩萨像雕刻在窟内正壁主尊位置。他通高1.61米，身旁
有二弟子侍立（图4-61）。这尊像的光头如僧人一般，身穿通肩
式大衣，手腕处戴着手镯，结合着僧人和菩萨的特点。他的头
微向右偏，胯部也向右侧扭动，显出了窈窕的身姿，足下踏着
仰莲台。他的左臂下垂，右臂弯曲斜举，右手张开，从手心处
向斜上方引出了五条阴刻线，线间浮雕出飞天、合掌直立人物、

图4-61　龙门石窟宾阳北洞外
上方第166号窟内正壁地藏菩
萨立像与右弟子（唐，7世纪下
半叶，贺志军拍摄）

奔马、跪状人物等。

王元轨洞位于普泰洞上方（图4-62）。在南壁有一所圆拱形小龛，内雕二佛并坐。龛下题记说这个龛是垂拱三年（687）王元轨妻刘氏为其亡姊崔夫人、王元轨为亡妻刘氏各造的阿弥陀佛像一躯。因此，我用"王元轨"来命名这座洞窟。王元轨洞的平面呈马蹄形，在正壁和左右侧壁的西部向内凹入一些，在下部凿出了倒凹字形基坛，在坛上雕刻一佛二弟子二菩萨像，在二菩萨的外侧还各雕了一身左舒坐的僧装人物（图4-63）。其中南侧一身高1.01米，北侧一身高0.96米（图4-64），二像各自位于一所圆拱形龛内，是与主像同时设计、雕造的。这二像都是光头僧人的形象，身穿双领下垂式大衣，右臂弯曲于胸前，

图4-62　龙门石窟普泰洞、赵客师洞、王元轨洞外观

图4-63　龙门石窟王元轨洞内景（唐，7世纪下半叶，贺志军拍摄）

图4-64　龙门石窟王元轨洞北壁地藏菩萨（唐，7世纪下半叶，贺志军拍摄）

右手握着一颗圆珠，左手抚膝，下坐圆形束腰莲座。王元轨洞的造像时代应该在垂拱三年（687）以前的唐高宗时期。

在龙门西山南部的八作司洞外下方有一龛，龛内雕了一尊与王元轨洞相同的僧样人物，高0.92米，有帔帛自双肩处垂下，在胸前交叉，还穿着齐胸的内衣。他左手抚膝，右手斜向上拿着一颗圆珠。

这四例僧装人物都是表现地藏菩萨的，年代在唐高宗至武则天时期。据佛经记载，地藏虽然是菩萨，却常常变化成声闻形（或是沙门形），也就是僧人的模样，去度化六道众生[1]。唐代的僧装地藏菩萨像在西安一带发现比较多，展示着当年西京长安造的地藏菩萨样式[2]。地藏手中拿的圆珠叫"如意珠"，可以化现万物，法力无边，是为了专门救度饿鬼用的。

宾阳中洞上方小窟中的立姿僧装地藏像的右手引出的飞天、人、跪者、马等，分别代表了六道中的天、人、饿鬼、畜生道。西安地区出土的一件唐代陶质的善业泥像表现左舒坐僧装地藏

[1] 如《大方广十轮经》（失译）序品曰："是地藏菩萨作沙门像。"载［日］高楠顺次郎、渡邊海旭主编《大正新脩大藏經》第十三册，大正一切经刊行會，1924—1934，第681c页。《地藏菩萨陀罗尼经》也有同样的说法，载《大正新脩大藏經》第20册，第656a页。

[2] 如西安碑林博物馆藏的唐代善业泥沙门形地藏与六道轮回像，参见 Annette L. Juliano, ed.,*Buddhist Sculpture from China: Selections from the Xi'an Beilin Museum Fifth through Ninth Centuries*, New York: China Institute Gallery, 2007, p.132。

图4-65 陕西省西安市出土的
善业泥沙门形地藏与六道轮回
像（高7厘米，唐，7世纪下半
叶，西安碑林博物馆藏）

①（唐）实叉难陀译：《地藏菩萨
本愿经》卷下，载［日］高楠顺
次郎、渡邊海旭主编：《大正新脩
大藏經》第十三册，大正一切经
刊行會，1924—1934，第783c—
789c页。

菩萨像，以右手引出六道轮回，与龙门的表现手法接近，展示
着地藏菩萨救度六道众生的功能（图4-65）。《地藏菩萨本愿经》
卷下说：在六道中轮回的众生，如果在命终时能够听到地藏菩
萨的名字，就不会轮回到地狱、饿鬼、畜生这三种恶道中去受
苦。另外，一个人去世之前，如果他（她）的亲人把他（她）
的住宅和财物衣服都施舍了，请人雕塑或是绘画地藏菩萨像，
如果有重病，就会立即痊愈，还会延长寿命。如果确实到了命
终的时候，他（她）的所有业障都将消除，还会在死后重新做
人，或是上生到天界去享受无比的幸福和快乐①。这种图像展现
着以解救众生脱离六道轮回痛苦为己任的地藏菩萨，正在不辞
疲倦地工作着。

　　在中国其他地区的石窟艺术中，地藏菩萨多是以僧装面貌
出现的。甘肃敦煌莫高窟的壁画中，宁夏固原须弥山石窟开凿
于初盛唐时期的第105窟，河北邯郸南响堂山石窟第3窟武周证

圣元年（695）开凿的第39龛，河南巩义大力山石窟第5窟的北壁，四川资中重龙山第54窟，都有唐代的僧装地藏像。另外，重庆大足北山佛湾、大足石篆山、大足宝顶大佛湾、四川安岳圆觉洞、四川内江翔龙山、陕西麟游蔡家河摩崖造像、浙江杭州慈云岭资贤寺摩崖造像中还有五代、两宋的僧装地藏像。比较而言，龙门的四例僧装地藏菩萨像，无疑是年代最早、地位最重要的遗存。

十、卢舍那佛之光

　　前文说的唐代在龙门大造功德的工程，都不是皇帝和皇后亲自参与的。这并不意味着他们不想参与，而是有更加宏伟的工程在等待着他们。所有以前提到的石窟规模，都比不过龙门西山中段最醒目位置上的奉先寺大卢舍那像龛，那才是由李治和武则天亲自建造的真正的皇家石窟工程。

　　公元657年，唐高宗李治第一次与皇后武则天从长安来到洛阳，将这座城市定为大唐帝国的东都。在此后高宗执政的26年间，他曾九次来洛阳居住，共住了11年3个月。这可能是武则天让他这么做的。在武则天的有生之年，总共在洛阳居住了49年。有一种传说，武则天当年害死了萧淑妃，导致这个冤魂经常在她的寝宫中作祟，使她不敢在长安居住[①]。但真正的原因，应该是出于她政治统治的需要，因为换一个政治中心，更能培养起她自己的政治势力。那时的武则天已经代替高宗处理政务了，正一步步爬向权力的最高峰。在这样的政治背景下，龙门山的佛教圣地，又同武则天的政治思想配合起来了。当跟随李

① （北宋）欧阳修：《新唐书》卷七十六《后妃上》，中华书局，1975，第3473—3474页。

治、武则天从长安来到洛阳的皇亲国戚、达官显贵、地方官吏、上层僧侣们纷纷在龙门开窟造像时，这位皇帝和他的皇后已经选择了龙门山中部最显眼的位置开凿他们流芳百世的功德杰作了（图4-66）。这就是龙门石窟的象征、宏伟的奉先寺大卢舍那像龛。因此，前面提到的与皇室有关的唐代大、中、小型石窟，在伊阙山间也只不过是起陪衬作用的。

根据唐玄宗开元十年（722）刻在这个大像龛主佛座下束腰处北侧的《河洛上都龙门山之阳大卢舍那像龛记》记载，这个大像龛就是大唐高宗天皇大帝亲自倡建的，当然也少不了武则天的费心。为了使这项工程圆满完成，李治和武则天亲自任命了一个施工班子。长安实际寺的善导禅师、法海寺的惠暕法师被特意调到洛阳，担任大像龛的检校僧，负责检查这个艺术项目是否符合佛教义理。这位善导大师（613—681）是中国佛教净土宗第二代祖师、净土宗的实际创始人。惠暕就是为皇室主持开凿惠简洞的惠简和尚。当时著名的建筑设计专家、司农寺

图4-66　龙门石窟奉先寺大卢舍那像龛远景（唐上元二年，675年，佛利尔与周裕泰拍摄于1910年）

卿韦机担任这项工程的大使，也就是总工程师和艺术顾问。另外还配备了几名官员作为副手，如东面监上柱国樊元则担任副使，支料匠是李君瓒、成仁威、姚师积等。可以想象，这是一个很专业和权威的工程指挥班子。

这个大像龛将龙门山中段崖面全部挖开，声势极为浩大。相传在伊河对岸的一个大石台上专门有一批人擂鼓助威，鼓声和号子震荡在整个山谷，至今人们仍把那个大石台叫"擂鼓台"。咸亨三年（672），大龛已经初具规模。为了加快工程进度，皇后武则天赞助脂粉钱两万贯，以示关怀。上元二年（675）十二月三十日，这个不朽的作品终于问世了。

到了调露元年（679），高宗又命令在大像龛的南部建立大奉先寺，召集了27位高僧创建寺院基址，主持寺务。第二年正月十五日，李治还亲自给这个寺院题写匾额，前后度了16位僧人。因为这个铭文题记中还说了这些内容，以后的人们就误把这个大像龛叫"奉先寺"了。这个大龛的原名应该叫"大卢舍那像龛"。

大卢舍那像龛，实际上是一座没有顶部和前壁的超级规模的露天大龛[1]。它的平面呈马蹄形，东西进深38.7米，南北宽约33.5米。下面环绕着正、左、右三个壁凿了倒凹字形的基坛，在正面坛上雕刻出了背依岩壁的大卢舍那佛像和胁侍二弟子、二菩萨像，在侧壁坛上雕着二天王与二力士像，拱卫着中部的主尊佛（图4-67）。这就是初唐典型的列像窟排列雕塑人物的方法，只不过这所大像龛太大了，所以处理成了露天的形式。在窟内环三壁前部凿出倒凹字形基坛、坛上雕刻列像的做法，早在北魏时期的龙门石窟中就有了。唐太宗开凿的陕西彬县大佛寺石窟的唐贞观年间的小窟内也有这种基坛[2]，所以，可以确定在上元二年以前大像龛开工时，长安地区的石窟建制或佛寺殿

①对龙门奉先寺大卢舍那像龛的研究，参见［日］冈田健：《龙门奉先寺的开凿年代》，《美术研究》1984年2期。温玉成：《略谈龙门奉先寺的几个问题》，《中原文物》1984年第2期。温玉成：《〈河洛上都龙门山之阳大卢舍那像龛〉注释》，《中原文物》1984年第3期。［日］田邊三郎助：《竜門石窟奉先寺洞本尊盧舎那仏像》，《國華》第1128號，1989，第43—46页。张锴生：《洛阳龙门奉先寺大像龛开凿年代浅说》，载龙门石窟研究所编《龙门石窟一千五百周年国际学术讨论会论文集》，文物出版社，1996。［日］肥田路美：《龍門石窟奉先寺洞の盧舍那仏像》，"Ars buddhica"（295），2007年11月，第59—73页。阮考：《论龙门石窟奉先寺石刻的本土化与民俗化特征与其独特的艺术魅力》，硕士学位论文，鲁迅美术学院，2013。［日］八木春生：《龍門石窟第1280窟（奉先寺）の再評価について》，《中国考古学》（14），2014，第165—191页。

②如彬县大佛寺第2、3窟，参见常青：《彬县大佛寺造像艺术》，现代出版社，1998，第56—60页。

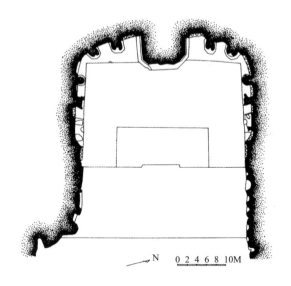

图4-67　龙门石窟奉先寺大卢舍那像龛平面图（唐上元二年，675年，作者自绘）

堂内已经具有这种列像的排列法。为了保护大像龛不受流水的侵蚀，当时还专门在龛顶开凿了长达120米的人字形排水防护沟，保护效果很好。

　　正壁的主像是一尊卢舍那大佛，端坐在八角形束腰叠涩仰覆莲座上，总高度17.14米，头部高4米许，耳长1.9米（图4-68）。这尊佛像虽然巨大，但却雕造得极为精湛，既有匀称的身体比例，又有写实性的刻画：宽宽的肩膀、鼓起的胸部、细腰收腹等都把握得恰到好处，如同一个巨大而真实的伟人展现在人们面前。造像还有精致的细节描写：头顶发际的水波纹；通肩式大衣紧贴着身体，衬托出身体优美的体型特征；在大衣表面刻出具有写实感的同心圆衣纹等。佛像的双手和腿的前部残损了，被美术家们奉为残缺美的典范。按照双手残缺处的位置，他的右手原来应该施无畏印，左手很可能施与愿印，表达着佛的威力和慈祥。

　　卢舍那是报身佛[①]，是表示可实证的绝对真理获得了佛果，显示着佛的智慧的佛身。他同法身的毗卢遮那、应身的释迦牟

①（南宋）法云编：《翻译名义集》卷一，载［日］高楠顺次郎、渡邊海旭主编《大正新脩大藏經》第五十四册，大正一切经刊行會，1924—1934，第1059a页。

图4-68 龙门石窟奉先寺大卢舍那像龛（唐上元二年，675年，作者于2019年拍摄）

尼同称为三身（即三种佛身）。这尊卢舍那大像着力刻画出佛的庄严雄伟、睿智慈祥的性格，不同凡响，匠心独运。唐代众多的佛像面部，都有一些相似特征，而这件卢舍那佛却不同于世界上任何佛像，其面部被赋予了更多的女性特征。他仪表堂堂，有着典雅庄严的神态，秀美的双目俯视着众生，其视线与虔诚的信徒和礼佛者仰视的目光正好相遇，令人可敬可亲。宽额与圆润的面颊，精致的五官，面含温厚、亲切、慈祥的笑意，具有理想化了的人的属性。同时，他又有肉髻、长耳、颈部三道纹等佛的特征（图4-69）。

有学者认为，这尊卢舍那佛是按照武则天的形象雕刻成的，是这位皇后的化身佛像[1]。这个说法很有道理。首先，从北魏起，帝王们就很喜欢按自己的形象去雕造大佛，这样拜佛就等

①原龙门石窟研究所研究员宫大中先生，是首次提出大卢舍那佛像为武则天模拟像的学者。以后此观点便风靡全国，颇受前来龙门的参观者欢迎。但鲜有知晓始论者何人。详见宫大中：《龙门石窟艺术》，上海人民出版社，1981，第142页。

图4-69 龙门石窟奉先寺大卢舍那像龛主佛特写（唐上元二年，675年，贺志军拍摄）

①（唐）法藏：《华严经探玄记》卷二，载［日］高楠顺次郎、渡邊海旭主编《大正新脩大藏經》第三十五冊，大正一切经刊行會，1924—1934，第146c页。原文曰："卢舍那者，此翻名光明照。毗者，此云遍。是谓光明遍照也。"

于是忠君。武则天当上皇后不久，便很快显示出了卓越的政治才能，主宰了军国大事。她在这个时候正需要树立自己的威望，更希望臣民们都对她绝对忠诚，她是完全有理由这样做的。其次，武则天对于这项不朽的艺术工程极为关切，还特意为这项工程捐助脂粉钱两万贯。再者，卢舍那佛来自《华严经》，而《华严经》又是华严宗信仰的根本经典，武则天就对华严宗的实际创始人法藏大师（643—712）十分敬重。更重要的是，在印度梵语中，卢舍那是"光明遍照"的意思①。后来武则天当了皇帝，给自己起名叫"武曌"，而"曌"与"卢舍那"恰好是同一意思。这个历史性的吻合，不正好说明了武则天要借助卢舍那佛智慧的光芒去普照四方吗？

为了陪衬这个化身佛的高大艺术形象，艺术家们还特意运用对比和夸张的手法，雕刻出了众胁侍栩栩如生的性格特征（图4-68、图4-70）。老年弟子迦叶站在佛的左侧，高10.3

图4-70　龙门石窟奉先寺大卢舍那像龛右弟子、菩萨（唐上元二年，675年）

米，虽已遭到自然的破坏，但从仅剩的半个头部来看，俨然是一位老成持重、饱经风霜的高僧。少年弟子阿难站在佛的右侧，高10.65米。他身披双领下垂式的僧衣，内有中国传统的交领衣，衣纹刻画写实而流畅，其文静温顺、天真无邪的面容与迦叶形成了鲜明的对比。两身胁侍菩萨的身高都是13.25米，有着华丽的服饰，很像雍容华贵的贵族妇女，代表着文殊、普贤二位菩萨。他们头戴繁复而精致的花冠，长发披肩，头部略微偏向主佛，内侧一腿直立，外侧一腿微曲，胯部向着主佛一侧扭动着，有着鼓胸、细腰、收腹、宽胯的女性体型特征。他们上身袒裸，装饰着华丽的项圈，还有手镯和斜向的胸巾；下身穿长裙，长长的帔帛自双肩处垂下，在双腿部位环绕两周。他们身上还挂着两条长璎珞，均从双肩处垂下，一条在腹前穿过一个圆形饰物，另一条在双膝间绕作一个圆环。这种复杂的璎珞装饰是从北周菩萨像开始使用的，被这两尊大菩萨像继承着。北侧的多闻天王高10.5米，身材魁梧，头上戴冠，身披铠甲，横眉怒目，威风凛凛；右手托宝塔，左手叉腰；左腿直立，右腿弓起，脚下踩夜叉，是唐代勇猛善战将军的真实写照（图4-71）。被天王踩着的夜叉只穿着短裙，坐在地上，他用右手撑地，用头、左臂及弓起的左腿膝部支撑着北天王，展示着特有的力度。北天王的左侧还站着一位赤膊上阵、咄咄逼人的金刚大力士，身高9.75米，他骨骼宽大，肌肉发达，穿着齐膝

图4-71　龙门石窟奉先寺大卢舍那像龛北侧壁天王、力士（唐上元二年，675年）

短裙，还戴有菩萨一般的宝冠、项圈、臂钏、手镯、帔帛、璎珞等装饰；右手叉腰，左手斜举于胸前，胯部向龛外侧扭动。他面目狰狞，张嘴怒目，注视着前方，似乎在向众生传达着佛国的规章，表现了较多忿怒神的属性。位于南侧壁的南方增长天王和金刚大力士已毁坏，他们的高度与北壁的天王与力士基本相等，二天王的动作也相同，只是方向相对。南天王脚下的夜叉呈跪姿，他用右手撑地，用臀部和左肩承托着南天王，但依然昂首怒视前方（图4-72）。南侧的力士像动作也不同于北侧壁的力士，他是将胯部扭向龛内一侧，右手叉腰，左手握拳向后扬起，一副准备战斗的姿态。南北两侧壁的天王和力士遥相呼应，都是将头扭向龛外，注视着前来礼佛的众生，共同守卫着神圣的佛法。在天王和菩萨之间还各雕着一身头顶束两朵发

图4-72　龙门石窟奉先寺大卢舍那像龛南侧壁天王脚下夜叉（唐上元二年，675年）

髻的供养童子像，高6米。11身大像经过巧妙安排，形成了浑然天成的内在整体，与现实中的帝王、后妃、文臣武将、侍者间的臣属关系更加接近。

龙门的这所大卢舍那像龛无与伦比，并与长安地区有着一定的关系，因为其设计者就来自长安。主尊大卢舍那佛像的头光内匝为一圈莲瓣，中匝为波状连续的花草纹样，这种组合法与彬县大佛寺大佛洞主尊完全相同，而且内匝莲瓣的形制也极为相似，莲瓣尖部都是向内折入的做法（图4-69）。所不同的是，大佛洞主佛背光内匝的一圈小坐佛像被移到了大卢舍那佛头光中匝的表面，并加上了二胁侍菩萨。此外，在大卢舍那佛像的头光中匝之外又添外匝，并刻火焰纹装饰。

大卢舍那佛像背光内匝饰火焰纹，外匝饰飞天伎乐人物演奏着琵琶、横笛、铜钹、排箫、竖笛、笙等乐器①，这也与大佛洞主佛背光伎乐天的排列法基本一致（图4-73）。所不同的是，

①吴璇：《龙门石窟奉先寺卢舍那大佛背光乐伎研究》，《河南科技大学学报》（社会科学版）2017年第2期。

图4-73　陕西彬县大佛寺大佛洞主佛头部与背光特写（唐贞观二年，628年）

大佛洞主佛背光上部的弥勒宝阁被卢舍那佛头光上部的一佛二菩萨像所替代了。

大卢舍那佛头顶的水波纹以及胸前衣纹呈平行的阶梯状上弧线，与陕西铜川市药王山摩崖造像第12龛的初唐坐佛像头部、服装，以及彬县大佛寺千佛洞初唐Q54龛主佛衣纹很相近[①]。

大卢舍那佛宝座的束腰处刻着13身神王，都是武将装束，身下都有夜叉，一立一坐交替着，立姿的都用一手和头部用力托扛着上部的台座。类似的神王托扛像也见于西安碑林博物馆藏的龙朔三年（663）《同州三藏圣教序碑》碑座表面，其完工比大卢舍那佛龛早12年。

大卢舍那像龛的二胁侍立菩萨在头身比例方面头部明显较大，宽肩、细腰、胯部向主佛一侧扭动，具有明显的夸张身段的表现，这又与彬县大佛寺大佛洞以D25、D77龛为代表的初唐立菩萨像十分相似，只是后者没有龙门流行的长璎珞装饰。

大卢舍那像龛南北两侧壁的天王与力士像，雄伟高大（图4-71），但他们的动作却和大佛寺千佛洞初唐Q91龛中的天王、力士有着惊人的相似性[②]。

开凿彬县大佛寺大佛洞是唐太宗李世民的功德壮举，虽不见于唐人史书记载，想必在当时是朝野上下妇孺皆知的。龙门的大卢舍那像龛则是唐高宗李治与武则天的敬佛功德工程，在宗教意义上有继承性，那么在场面规模与艺术造型方面也必然有所模仿。因此，在这所大像龛里表现出的诸多长安地区已有的因素，特别是彬县大佛寺大佛洞中的艺术特色，也就不足为奇了。龙门的大卢舍那像龛虽然是冠盖天下、名满于世的艺术杰作，但也只不过是目前已知的以最大规模再现长安地区所特有的佛教造像样式而已。

在大像龛中，主尊卢舍那佛的比例很和谐，但众胁侍像却

①常青：《彬县大佛寺造像艺术》，现代出版社，1998，第125、250页。

②常青：《彬县大佛寺造像艺术》，现代出版社，1998，第142页。张砚、李安福：《陕西省甘泉县佛、道石窟调查简报》，《考古与文物》1993年第4期，第26—39页。

是头部与上半身明显较大，这也许是因为他们都过于高大而在视觉上所作的特殊处理。在大卢舍那像龛的带动下，特别是到了武则天时代，一大批中小型的列像式佛殿窟在龙门西山南段崖间开凿出来了，如蜂窝般密集地排列着。也只有唐朝对外开疆拓土、军威四震，国内统一安定，经济繁荣，并且对外来文化无所顾忌地兼收并蓄，才能创造出这样惊心动魄的艺术巨制。

第五章

女皇治下的神都风范
——武周期

　　武则天是中国历史上通晓文史、擅长权谋、刚强机智的女政治家[①]。她14岁时，因容貌美丽被选入宫，做了唐太宗的才人，以后又和太子李治有了感情。唐太宗去世后，武则天和一些宫女被送到感业寺去当尼姑。大约在公元651年，唐高宗又把她召进宫，并大加宠爱。655年，武则天采取阴谋手段，使唐高宗废掉了王皇后（622后—655）和萧淑妃，立她为皇后，很快展示了她的政治才能。就在同一年，武则天残忍地杀害了王、萧二人。因为经常梦见她们二人披发沥血的惨状，武则天以后就多在东都洛阳生活。从660年起，唐高宗以自己有病为由，委托武则天处理朝政，使武则天逐渐加强了自己的政治势力。到

[①] 关于武则天事迹，参见胡戟：《武则天本传》，北京大学出版社，2011。

了664年，武则天已经实际掌握了国家的最高权力，当时大臣们称高宗与皇后为"二圣"（两个皇帝的意思）。

武则天虽出身于官僚家庭，但与大门阀士族还是有区别的。当时社会上仍然盛行魏晋以来讲究出身门第的风气，高贵的门阀士族们依然掌握着许多重要权力。武则天为了巩固自己的统治地位，主要依靠中下层官僚地主的支持。为了使她以皇后的身份名正言顺地处理朝政，逐步削弱李姓皇室的权力，就需要在思想上树立起一套意识形态来为她服务。李世民不是以老子李耳的后代自居，主张道教应该在佛教之上吗？[①]武则天就一定要反其道而行之，大力提倡佛教，并发布命令，宣布佛教应该位居道教之上[②]。这样就使佛教同君主的统治紧密地结合在一起，佛教僧侣可以借助官僚们的权势，去毫无顾忌地放手大造偶像了。

公元683年，唐高宗去世，武则天的三儿子唐中宗李显和四儿子唐睿宗李旦在一年之内相继即位。但他们都是傀儡，实权掌握在武则天手里。在唐睿宗光宅元年（684），武则天以太后的身份临朝，改东都洛阳为"神都"。688年，她在神都立高祖、太宗、高宗三庙，四时享祀，如在长安的西庙之仪。690年，是唐高宗逝世的第7年，武则天又在洛阳建立了武氏七庙，把他们武家的地位抬高到和李唐皇室一样了。此时的洛阳已成为全国的政治中心，同时也是佛教中心了，武则天已经做好了取代李家王朝的一切准备。

但是，在中国传统的观念中，女人是不能主政的。她为了给自己的新王朝增加一点神圣的色彩，还需要求助于佛教，以证明自己以女性的身份君临天下的合法性。于是，在载初二年（690），她的男宠、白马寺的和尚怀义（662—695）、法明等伪造《大云经》，"言则天是弥勒下生，作阎浮提（人世间）主，

①唐太宗于贞观十一年（637）明令"道士女冠可在僧尼之前"。见唐道宣：《集古今佛道论衡》卷三，载［日］高楠顺次郎、渡邊海旭主编《大正新脩大藏經》第五十二册，大正一切经刊行会，1924—1934，第382c页。

②天授二年（691），武则天"令释教在道法之上，僧尼处道士女冠之前"，见（后晋）刘昫：《旧唐书》卷六《则天皇后本纪》，中华书局，1975，第121页。

唐氏合微"①。将武则天夺取李唐政权说成是符合弥勒的授记。怀义的做法，可能是武则天授意的。《大云经》，就是中天竺僧人昙无谶在北凉国译出的《大方等无想经》。当武则天颁《大云经》时，此经已存在了两百多年，谈不上是薛怀义等人伪造。他们的目的只是附会武则天乃弥勒下生，为其当女皇制造舆论而已。《大云经》上讲，净光天女曾在同性灯佛那里"闻《大涅槃经》，以是因缘今得天身。值我（即释迦）出世，复闻深义。舍是天形，即以女身当王国土，得转轮王所统领处四分之一。得大自在，受持五戒，作优婆夷，教化所属城邑聚落男子女人大小，受持五戒，守护正法，摧伏外道诸邪异见。"②这就是说，佛祖认为女性是可以主宰天下的。《大云经》中的女国王是菩萨转世，武则天要让天下人相信，弥勒天国已经到来了，她就是弥勒佛的化身，当女皇是天经地义的事。公元690年9月，唐睿宗退位，67岁的武则天登上了皇帝宝座，成为中国历史上唯一的女皇帝，称为"圣神皇帝"。同时改国号为"大周"，改元天授。她的王朝直到705年为止。与此同时，她还命令把《大云经》向天下颁布，"寺各藏一本，令升高座讲说"。③并且"令诸州各置大云寺，总度僧千人"。④

为了顺应这个神学预言，东都洛阳掀起了一股大造弥勒佛像的风气。公元695年，怀义和尚在洛阳明堂的北侧建造了一座一千尺高的功德堂，在里面安置了一尊高九百尺的大佛像，仅佛像的一个脚趾缝就能坐进去18人⑤。这尊像很可能是弥勒佛像。704年，武则天又让普天下的和尚、尼姑出钱，在洛阳北邙山白马阪制作了一身佛像，想必也是大弥勒像了，耗资上亿⑥。当年冬天完成后，武则天亲自率领百官前去礼拜。在这种政治与宗教风气影响下，龙门石窟的倚坐弥勒佛像还在继续雕造，并且地位大大提升了⑦。在龙门，武则天时期的洞窟主要开凿在

①（后晋）刘昫等撰：《旧唐书》卷一八三《薛怀义传》，中华书局，1975，第4742页。

②（北凉）昙无谶译：《大方等无想经》卷四，载［日］高楠顺次郎、渡邊海旭主编《大正新脩大藏經》第十二册，大正一切经刊行會，1924—1934，第1098a页。

③（后晋）刘昫等撰：《旧唐书》卷一八三《薛怀义传》，中华书局，1975，第4742页。

④（后晋）刘昫：《旧唐书》卷六《则天皇后本纪》，中华书局，1975，第121页。

⑤（北宋）李昉等撰《太平广记》卷二八八，中华书局，1961年，第2293页。载（唐）张鷟《朝野金载》卷五，中华书局，1979年，第59、60页。

⑥（北宋）司马光：《资治通鉴》卷二〇七《唐纪二十三》，中华书局，2013，第6774页。

⑦高俊苹：《试论武则天时期龙门石窟的弥勒造像》，《敦煌学辑刊》2006年第2期。

图5-1　龙门石窟西山南段远景（贺志军拍摄）

西山南段（图5-1），再转入东山，向时人展示着一些新气象。

一、武周朝的标型佛殿窟

　　前面已经谈过，以倚坐佛来表现弥勒下生人间成佛的形象，从唐太宗时期就已经出现，到了高宗时期流行开来。但太宗和高宗时期的弥勒佛是在一所龛内或窟内担任主尊，还没有在诸佛之中位居首位。在中国传统的三世佛造像中，都是以释迦位于中央，以过去佛和未来的弥勒佛位于两侧。由于武周朝特殊的政治和宗教气氛，有的弥勒却被安置在了最主要的位置上，明显是在用弥勒佛来宣扬武则天的政治地位。龙门石窟就反映出了这种极端的信仰。

在敬善寺区的南端，有一所巨大的摩崖三佛龛，高7.3米，宽16.85米，进深8米。在龛的正壁雕了七尊大像（图5-2）。主像是倚坐的弥勒佛，通高5.9米，坐在高方台座上。这尊佛像显然没有最后完工，仅仅完成了头部，可看出头顶发际与肉髻表面的水波纹。双耳还接着崖面，身后的头光与背光还没有开始雕刻。他的面相胖大而呆板，颈部粗短，身躯也显得胖大。他身穿褒衣博带式大衣，衣纹呈阶梯状，右手施无畏印，左手抚左膝，双腿

图5-2　龙门石窟摩崖三佛龛（武周，690—704年，作者拍摄）

平行下舒，双足下踏的莲花也没有刻出，还是一对方形的矮台。他的身体表面也都没有经过打磨。主尊的左侧雕着一身立像，高4.52米，全身仅完成了头部，可看出面相丰圆，头顶有磨光发际，上面的残迹似乎是肉髻，或是发髻，其余身体部位都只是石胎。在主尊的右侧也只凿出了一个长方形的粗坯，上部已被毁坏了。这两身立像可能是想雕成二菩萨或二立佛的。如果主尊左侧的立像头部为后期补刻成佛头模样，那么最初的设计就有可能是在主尊倚坐佛的两侧安置二立菩萨。再外侧的设计是两身结跏趺坐佛像，都坐在高方座上，以右手施无畏印。左侧一身通高4.7米，身穿双领下垂式大衣；右侧一身高4.3米，身穿通肩式大衣。这两身坐佛全身的造型已经雕成，都有丰满的面相和身躯，但表面没有经过打磨。结跏趺坐佛的两外侧各雕一立像，都只是粗胎。左侧的一身高3.55米，头上似乎有冠，可见他的右手放在胸部右侧；右侧的一身高2.45米，仅凿出了头部和身体的粗胎。最外侧的这两身立像可能是菩萨，也可能是力士。

就整体造型而言，这个龛内的造像都显得粗劣，也许是水平不太高的工匠所为，也许是因为半途而废而草草收场。这无疑主要是想表现三世佛，也就是过去、现在、未来三佛。但与别的三世佛表现法不同的是，在这里，倚坐的弥勒坐在了中间，而且形体高于其他二佛，处在绝对的中心位置。如果弥勒身旁的两身立像是立佛，那就是五佛了。在诸佛面前，如此不顾佛教艺术史上的惯例而抬高弥勒的地位，把他安置在中央，应该与武则天故意抬高弥勒的政治与宗教背景有关。以这座大龛的规模，如果不是皇家督造的，也一定是当朝权贵的工程了。其辍工，很可能与武则天在705年退位，将洛阳的名称从神都改回东都有关。大周国号取消了，李唐江山恢复了，也就没有必要再为武则天鼓吹神学预言了。无意间，这个半成品却为我们研究唐代窟龛的雕造程序提供了难得的信息。

摩崖三佛龛只是一个极端的例子，这种过于迎合政治观点的佛教艺术品毕竟无法在佛教界取得共识。倚坐弥勒佛在武周时期的龙门石窟之中也在雕造，在有的窟中也担任主尊，但都没有在三佛之中居于首位。另外一个例子是河南安阳修定寺唐塔门楣上雕刻的三佛，也是以倚坐弥勒佛居中[①]。

在继承大卢舍那像龛的形制之下，龙门出现了武周朝的标准佛殿窟——三壁环坛列像窟，以下几座洞窟可以作为代表。

奉南洞

奉南洞开凿在奉先寺大卢舍那像龛南壁外侧，平面为马蹄形，穹隆顶，高4米，宽3.6米，深3.7米，大约完成于武周初年。长方形窟门外两侧各雕着一身力士，守护洞窟（图5-3）。在窟内，环绕正、左、右三壁下部凿着倒凹字形基坛，在正壁基坛中央雕着主尊阿弥陀佛，高2.54米，下坐八角形束腰覆莲座。这尊佛像以右手仰掌在腹前施禅定印，以左手抚左腿；身穿通肩式大衣，大衣下摆垂覆在座前。这种大衣样式在武周朝的龙门成为最流行的佛装。佛的大衣质地显得较薄，紧贴着身体，衬托出了健美的身段，有胸腹鼓起和细腰的特征。主佛两侧各雕着一身弟子像，其中的左弟子应为迦叶，将双手放于胸前；右弟子是阿难，将双手叠放在腹前，是武周朝阿难像的显著特征。在主佛座下的基坛前面有一个平面长方形矮台，台上中部有一圆形束腰仰覆莲台，在束腰处有一周球形装饰，莲台上方还有一个圆形台座，座上刻出凹槽，原来在上面可能安置着香炉。这个莲台的下部已经残损了，原来可能雕的是一个托着莲台的蹲坐力士像。香炉的左右两侧各有一个圆形束腰仰覆莲台，台上各有一位跪状供养人像，也已经残损了（图5-4）。

在左、右两侧壁的基坛上，从内向外分别依次雕着一身立

① 河南省文物研究所等：《安阳修定寺塔》，文物出版社，1983年，第19—21页。

图5-3　龙门石窟奉先寺南壁东端奉南洞外观（1907拍摄，采自沙畹《北中国考古图谱》）

图5-4　龙门石窟奉南洞正壁（南壁）主佛与二弟子像（采自《中国石窟·龙门石窟》第二卷，图版140）

菩萨、一身立天王、一只蹲狮。二菩萨像的服饰和大卢舍那像龛的二菩萨相似，也是帔帛在腹下绕作两道圆环，长璎珞在腹前交叉穿一装饰物，只是没有披挂另一条璎珞。和大卢舍那像龛一样，二天王的足下也踩着一身夜叉。二狮子将身体侧向主佛一方，内侧前肢抬起。在基坛的三面都刻出了圆拱形壶门，每个壶门内各有一身乐伎或舞伎。其中正壁有两身舞伎，左壁和右壁分别有四身乐伎，演奏着不同的乐器。窟顶正中雕着双重瓣莲花，莲花周围浮雕着四身飞天，飞天外围还有四只飞翔的鹤，以便展示不同于人间的天界。这就是武周时期龙门佛殿窟的标准结构和一佛与众胁侍造像的配置方法。和高宗朝的造像相比，武周期造像身体各部位的比例更加接近人体的真实比例，也就是更加具有写实感，越发健美与苗条。

八作司洞

八作司洞在皇甫公窟的南部，路洞的北部上方，窟形结构和奉南洞相同，也是开凿于武则天执政时期[①]。在窟门外两侧各雕一身力士。窟内空间高4.42米，宽4.62米，深4.5米，平面呈马蹄形，穹隆顶，环正、左、右三壁下部凿出一倒凹字形基坛

①日本学者曾布川宽认为是典型的武周窟，见《龍門石窟における唐代造像の研究》，《中国美術の圖像と樣式》，中央公論美術出版社，2006年，第390页。丁明夷认为是万岁通天元年（696）开凿的，见《龙门石窟唐代造像的分期与类型》，《考古学报》1979年第4期，第539页。

（图5-5）。窟顶正中有莲花残迹。在正壁正中的基坛上部雕出
主尊结跏趺坐佛，高3.29米，下坐很特别的平面长方形的双层
束腰叠涩座，上层的束腰下部装饰着宝装莲瓣，下层正面束腰
处有四身力士托扛着台座。基坛上的主尊两侧，向左、右两壁
延伸雕出二弟子、二菩萨、二天王、二狮子（图5-6）。在倒凹
字形基坛表面刻出壶门，壶门内刻有起舞奏乐的伎乐人物，构
成了一幅"舞乐图"。可以看出，其造像组合和布局与奉南洞相
同。在北壁基坛表面一壶门内吹笛伎乐的右侧，刻有"东京八
作司石匠一十人"的游人题记（图5-7）。因此，人们把这个洞
叫"八作司洞"，实际上和开窟没有关系。八作司是北宋掌管京
城内外修缮事务的部门^①。

龙华寺洞

龙华寺洞在路洞的南部上方，其窟形与造像布局基本与八
作司洞相同，但主要造像题材不同。龙华寺洞的平面约呈椭圆
形，窟内空间高4.4米，宽5.16米，深4.4米，环正、左、右三
壁下部凿有倒凹字形基坛，在坛上造像（图5-8）。正壁中部雕

① 脱脱等撰《宋史》卷一六五
《职官志·职官五》曰："东西八
作司，掌京城内外修缮之事。"
（元）脱脱等撰《宋史》，中华书
局，1977，第3919页。

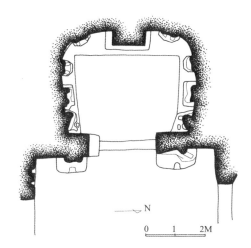

图5-5 龙门石窟八作司洞平面图（武周，690—704
年，作者自绘）

图5-6 龙门石窟八作司洞内景（武周，690—704年，采自《中
国石窟·龙门石窟》第二卷，图版166）

图5-7　龙门石窟八作司洞北壁基坛吹笛伎乐（武周，690—704年）

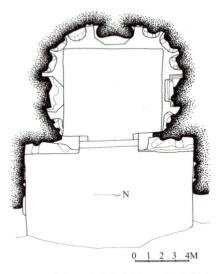

图5-8　龙门石窟龙华寺洞平面图（武周，690—704年，作者自绘）

出主尊结跏趺坐佛，高3.07米，他仰掌在右腿膝上，将食指和中指伸出，可能有着特别的含义。主佛背部以浅浮雕的手法刻着大背光，在背光的外缘有一周奏乐的伎乐天人。主佛的两侧夹侍二弟子、二立佛、二立菩萨（图5-9）。在左、右壁中部各雕一身坐佛，其中右壁（南壁）是结跏趺坐佛，左壁（北壁）是倚坐佛。在两侧壁的东部（即前壁）门两侧各雕一身天王像，脚下都踩着夜叉。南侧壁天王的动作与奉先寺大像龛中的天王相似，而北壁天王是两腿分开站立，胯部向主佛一方扭动，左臂下伸，右手向上握拳。

　　前文说过，龙门唐代倚坐佛都表现弥勒佛，这座窟的主要题材应该是三世佛，即正壁的释迦、右壁的过去佛、左壁的弥勒佛。这三身坐佛都穿着褒衣博带式大衣，在倚坐弥勒佛身后还刻着椅子靠背。这也是弥勒佛在三世佛题材中应该有的位置。但问题的复杂性在于正壁主佛的两侧还各有一身立佛，都穿着

图5-9　龙门石窟龙华寺洞北壁列像（武周，690—704年，采自《中国石窟·龙门石窟》第二卷，图版181）

通肩式大衣，构成了窟内的五佛题材。因为倚坐佛弥勒的身份是明确的，应该与密教供奉的五方佛无关。因此，该题材值得进一步研究，五佛题材和摩崖三佛龛题材的一种可能性（即三坐佛与二立佛）是相同的。

与八作司洞相似，该窟基坛表面也刻有舞乐图浮雕，但没有刻出壶门。窟顶为穹隆顶，中部有莲花残迹，在顶部东侧保存有两身飞天。窟内地面上刻有12个方格宝相花，东西四排，南北三排，在唐窟中少见。窟门外两侧各雕一身力士，在前庭南北两壁下部分别开着一所圆拱形龛，龛内各雕刻一只蹲狮，与万佛洞外南北两侧壁龛内的二狮子布局有继承性。在龙华寺窟外南侧壁有一些武周纪年小龛，其中年代最早的雕刻于长安三年（703）十二月十二日[①]。因此，长安三年应该是龙华寺洞

① 刘景龙、李玉昆主编：《龙门石窟碑刻题记汇录》，中国大百科全书出版社，1998，第604页。

①关于龙华寺洞的开凿
年代有多种说法。温玉
成认为大致在垂拱元年
（685）以前，详见温玉
成：《龙门唐窟排年》，载
龙门石窟研究所等编《中
国石窟·龙门石窟》第二
卷，文物出版社，1992，
第196页。曾布川宽认
为在长安四年（704）左
右，详见［日］曾布川宽
著，颜娟英译：《唐代龙
门石窟造像的研究》，《艺
术学》第7、8期，第392
页。八木春生认为其营造
时间应略早于689年，详
见［日］八木春生著，姚
瑶译：《关于龙门石窟西
山南部地区诸窟的编年》，
载中国古迹遗址保护协会
石窟专业委员会、龙门石
窟研究院编《石窟寺研
究》第六辑，科学出版
社，2015，第332页。

开凿的年代下限，上限可能在武周初期①。

极南洞

极南洞是龙门石窟西山最南端的一所大型洞窟，位于龙华寺洞南侧上方。窟内平面约呈方形，高4.2米，宽3.4米，深4.46米，环正、左、右壁凿有倒凹字形基坛，坛上正壁雕的主尊为倚坐弥勒佛，通高3.1米，两侧环列二弟子、二菩萨、二天王、二狮子（图5-10）。在武周年间的龙门造像中，极南洞是公认的技艺高超的作品，对各种佛教人物的造型把握都做到了尽乎完美的程度。主尊弥勒佛的面部略长，神情滞重，轻薄的大衣贴体，衬托出了健美的身段。主尊左侧的迦叶双手相握于胸前；右侧的阿难双手叠放在腹前，头部向着主佛偏斜，胯部也向着主佛一方扭动，一副倾听佛在说法的姿态。这是武周朝阿难像的典型样式，八作司洞的阿难像也是这样的。二立菩萨像都是袒裸上身，下身着长裙，饰有项圈、腕钏、璎珞、帔帛，

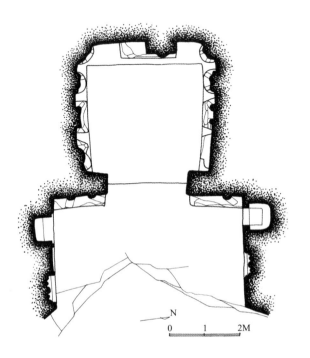

图5-10　龙门石窟极南洞（武周至唐睿宗时期，690—712年）

帔帛在腹下绕两周，继承着高宗期的传统做法。他们的身材窈窕，优美动人，将胯部扭向主佛一方。像龙华寺洞北壁天王那样，这里的二天王也都是双腿分开站立，但却将胯部向窟门一方略微扭动，将身体的重心放在外侧一腿上，矫健而有力度；外侧一手叉腰，内侧一手向着主佛一侧向上握拳或举一物。二天王的脚下都踩着夜叉，姿态不同，身体壮实有力（图5-11）。天王外侧的两只狮子，北壁的已残，南壁的是坐起的姿势，右前肢握爪上举，左前肢向下斜伸，将头部扭向主佛一方，刻着卷起的鬃毛（图5-12）。基坛表面雕刻着对舞者与奏乐者组成的舞乐图，都分别位于方形浅龛内，两身舞伎一腿跪地，身姿也和八作司洞的舞者相同。窟顶为穹隆形，中央雕出一朵大莲花，莲花周围浮雕七身供养天人，环绕着莲花飞转。

图5-11　龙门石窟极南洞北侧壁列像（武周至唐睿宗时期，690—712年，佛利尔与周裕泰拍摄于1910年）

图5-12　龙门石窟极南洞南侧壁狮子（武周至唐睿宗时期，690—712年，佛利尔与周裕泰拍摄于1910年）

窟门外两侧各雕一身力士。这两身力士都是将上半身向着窟门一侧倾斜着，内侧臂下伸，外侧臂弯曲向上，用手托着山石，一副随时准备进攻来犯者的姿态。位于门外北侧的力士是龙门唐代力士像的代表作（图5-13）。他的头上束着一朵大发髻，髻前有一块小装饰物，凝眉，怒目圆睁，闭着嘴，大有不可侵犯的态势。他有着写实的身体比例与细部刻画，突出地表现了只有练武的人才具备的发达的胸大肌与梅花肚，透露着工匠高超的写实性雕刻技艺。

在窟外南壁东侧下部有一通浮雕碑，碑文中的很多字已经模糊不清了，其中有"长沙县公姚意之妻，龙朔年中□□□河南之别业也。夫人时入洛城，路由此地，□□男女长大，皆予班秩，因于山壁□□敬造一□□。二尚书、同鸾台凤阁三品、

图5-13 龙门石窟极南洞门外北侧力士（武周至唐睿宗时期，690—712年，佛利尔与周裕泰拍摄于1910年）

上柱国、梁县口"①。碑文纪年不清楚，但有武则天时改官制凤阁三品的中书侍郎，却没有武周新创的异体字。凤阁在唐中宗神龙年间（705—707）恢复为中书省。姚意是唐玄宗开元（713—741）初年的名相姚崇（651—721）的父亲。据北宋欧阳修等撰写的《新唐书·姚崇传》记载，姚崇曾经担任夏官尚书、同凤阁鸾台三品、梁县侯②。有学者认为，极南洞是姚崇为他的亡母刘氏造功德所开的。按多数学者的意见，极南洞开凿于武周至唐睿宗时期（690—712）③。

上面几例都是武周年间开凿在龙门山南段的典型佛殿窟，我们可以看出它们的窟形与窟内外造像布局大体都是相同或相近的。一般都有二力士守在门外，在窟内正、左、右三壁下部凿出倒凹字形基坛，在坛上造坐佛与胁侍二弟子、二菩萨、二天王像，或是雕三世佛与众胁侍像。两只狮子有的雕在窟外前庭两侧壁，有的雕在窟内近门的基坛上。在基坛表面刻舞乐图，窟顶中央雕大莲花，莲花周围浮雕一周飞天。火烧洞下方的一所大窟取名为火下洞（第1559号），也有类似的结构和造像布局。

龙门山南段崖面还如同蜂窝状一般分布着众多的中小型洞窟（图5-1），有的仅一米左右见方，如极南洞南侧下方的徐恽洞，大部分也是这样的结构和造像布局。个别的小窟还在这种窟形中表现特殊的造像题材。例如在路洞北侧上方一所小窟中，倒凹字形坛上雕着主佛和四菩萨、六天王像。在极南洞南侧下方的一小窟内，倒凹字形坛上雕着主佛和四立佛、二菩萨、二天王像。这种类型的洞窟在龙门东山也有开凿，我们在下文中将会提到，它们就是崖中佛教殿堂，共同谱写着武周时期神都的佛教艺术辉煌篇章。

龙门西山还有一所外国人开的小窟，也是这种武周期佛殿

①刘景龙、李玉昆主编：《龙门石窟碑刻题记汇录》，中国大百科全书出版社，1998，第610页。

②（北宋）欧阳修：《新唐书》卷一二四《姚崇传》，中华书局，1975，第4382页。

③关于此窟年代，温玉成认为是姚崇等为亡母刘氏造功德所开，年代约在神龙二年到景龙四年（706—710）。详见温玉成：《龙门唐窟排年》，载龙门石窟研究所等编《中国石窟·龙门石窟》第二卷，文物出版社，1992，第200页。曾布川宽认为极南洞是在公元710年左右开凿的，详见［日］曾布川宽著，颜娟英译：《唐代龙门石窟造像的研究》，《艺术学》第7、8期，第399页。八木春生认为开工时间在710年以后，详见［日］八木春生著，姚瑶译：《关于龙门石窟西山南部地区诸窟的编年》，载中国古迹遗址保护协会石窟专业委员会、龙门石窟研究院编《石窟寺研究》第六辑，科学出版社，2015，第338页。

龙门石窟艺术史

图5-14 龙门石窟珍珠泉南部的"新罗像龛"外观（唐，贺志军拍摄）

窟的形制。离开敬善寺区向南，前往万佛洞区的路上，有一所小窟位于珍珠泉南约15米处的山崖上。这就是新罗像龛（第484号，图5-14）。这个窟在正、左、右三壁设基坛，窟顶呈穹隆形，高1.77米，宽1.9米，深1.84米。窟内基坛上的一铺七尊像均被盗凿，原来的题材可能是一佛、二弟子、二菩萨、二天王，也有可能是一佛、二弟子、二菩萨、二立佛。这个残损小窟的可贵之处是在窟门上方雕刻着"新罗像龛"四个字，表明是由位于朝鲜半岛的新罗国来的信徒出资雕造的。公元668年，新罗国在唐朝的支持下统一了朝鲜半岛，这个国家最后灭亡于公元935年。新罗国与唐朝保持着友好关系，曾经有大批的留学僧、留学生来唐朝学习。新罗僧惠超（704—783）16岁时，在广州被密宗大师金刚智（669—741）收为出家弟子。他曾经西行印度求法，著有《往五天竺国传》[①]。这个小窟就是新罗国与唐朝友好交往的一个见证。

① 见《游方记抄》，载［日］高楠顺次郎、渡邊海旭主编《大正新脩大藏經》第五十一册，大正一切经刊行會，1924—1934，第979b—981b页。

二、北市商人的天堂之门

在唐代洛阳城里坊区内有规模庞大的三个贸易市场，北市、西市和南市（图5）。南市以经营日常商品为主，在三个市中规模最大，占有两坊之地，最繁华时商户有三四千家。西市在洛阳城的西南角处。北市，顾名思义，位于里坊区的北部，在景行坊之北，占有一坊面积。它原来是临德坊，唐高宗显庆年间（656—660）立为北市。武周长安年间（701—704），在北市的西北引漕渠，开新潭，来自其他城市的舟船在这个漕渠上常常是成千上万，填满了河道。在北市一带的陆路上，往来的商贩车马也经常堵塞交通。可以想象，当时的北市和它的附近是洛阳最繁盛的贸易场所。所以，文献中记载的洛阳很多旅馆、酒家都集中在这里。北市里经营着很多商品行业，如香料、丝绸、彩帛等。丝绸和彩帛是唐王朝向外国输出的重要商品，远销日本和西域等地。各种香料则是唐朝人从西方国家进口的重要商品。为了保护同行的利益，解决同行的矛盾，协调与官方的关系，经营同类行业的商人就组织了"行"，也就是行会。北市就有专门的行，如香行、丝行、彩帛行等，都是财力雄厚，可见当时洛阳城对外贸易的繁荣程度[1]。由于很多商人也信佛，他们就以所在工商业的"行"为单位组成了民间佛教组织——社。更有趣的是，这些行中的佛教社团还出资在龙门开窟造像，为他们的来世筑起通往佛教天国的通道[2]。

北市香行社像龛（第1410号）

这所小窟位于药方洞南侧偏上处，平面呈方形，高1.6

[1] 宿白：《隋唐长安城和洛阳城》，《考古》1978年第6期，第401、409—425页。

[2] 贾广兴：《龙门石窟群中的商业窟》，《中原文物》1989年第2期。高俊苹：《龙门石窟所见唐朝商业行会造像研究》，《文物世界》2012年第5期。

米，宽 1.63 米，深 1.5 米，顶部大部分已经崩塌了，在正、左、右三壁下部凿有倒凹字形基坛，坛上雕一佛、二菩萨像（图5-15）。位于正壁的主尊是结跏趺坐佛，坐在圆形束腰仰覆莲座上，在束腰处有鼓出的球形装饰一周，是典型的武周朝莲台特征。他身穿双领下垂式大衣，右手施无畏印，左手下抚左腿膝部。两侧各有一身胁侍立菩萨像，是典型的初唐风格。窟内还有一些后期补刻的小龛。北壁外侧刻着一方题记，上说："北市香行社，社官安僧达，录事孙香表、史玄策、常行师、康惠澄……右件社人等一心供养。永昌元年（689）三月八日起手。"窟的南壁已经崩坍了。

题记表明，这所小窟是由洛阳城内北市香行所组建的佛教社出资开凿的，参与者有这个社里的社官和录事等24人，开凿

图5-15　龙门石窟北市香行社像龛外观（唐永昌元年，689年，贺志军拍摄）

时间是武则天执政的永昌元年（689）。社中的社官安僧达、录事史玄策、康惠澄等人的安、史、康姓，已故北京大学考古系教授宿白先生（1922—2018）认为，根据当时中亚的政治形势，如公元657年唐朝消灭了西突厥，661年唐朝在中亚设置州府的史实，以及寄居长安、洛阳的胡人很多用他们的国名为姓的情况估计，他们应该是昭武九姓的安国（今中亚乌兹别克斯坦的布哈拉）、康国（今乌兹别克斯坦的撒马尔罕）和史国（在撒马尔罕之南）的粟特人。所以，北市西南的立德坊建有"胡祆祠"，很可能就是为了方便这些中亚人的宗教信仰的[1]。这些都证明当时洛阳北市有为数不少的经营工商业的中亚人，反映了唐朝和西域贸易往还的繁荣。

北市丝行像龛（第1504号）

位于古阳洞上方。当地人传说，《二十四孝》中的王祥在卧冰求鲤时就住在这所洞窟里，于是人们曾经将此洞称作"王祥洞"。王祥是晋朝人，无论如何也不可能在唐代开凿的石窟里居住的。这座小窟的前室呈方形平顶，窟檐已经崩塌了。在窟额处镌刻着"北市丝行像（或琢）龛"六个大字。圆拱形窟门两侧各雕一身力士（南侧力士已佚），是龙门唐窟的一贯做法（图5-16）。窟内平面略呈方形，高1.9米，宽2.2米，深2米。窟顶略呈穹隆形，中央浅刻一朵莲花，在南北两侧各刻二身飞天，环绕着莲花飞舞，一个一手托花盘，另一个双手持飘带。在窟的后半部下方凿出了一个佛坛，高0.33米，长1.93米，深0.74米。佛坛的正面开着五个壶门，内部各浮雕着一身伎乐人物。在正壁前的佛坛上遗留有放置石像座的五个凹槽，原来有五尊石雕像，现仅存壁面上的主佛背光和胁侍二弟子、二菩萨像的头光残迹。主佛的头光处刻有一周莲瓣、波状卷草纹样、七身小坐佛（二身已佚），背光两侧刻着伎乐人物，演奏着笙、

[1] 宿白：《隋唐长安城和洛阳城》，《考古》1978年第6期，第401、409—425页。

图5-16　龙门石窟北市丝行像龛外观（武则天执政初期，684—688年，贺志军拍摄）

图5-17　龙门石窟北市丝行像龛内景（武则天执政初期，684—688年，贺志军拍摄）

　　箫、琵琶等乐器（图5-17）。在左、右侧壁，还各残存有天王像的头光和一只残狮子，可知这个小窟的造像布局和武周期的许多标型佛殿窟相同。

　　在北壁外侧上部刻有一方形碑，边长0.49米，上刻"社老李怀璧，平正严知慎，录事张神剑、杨琼璋……成思浑"，共有21人的名字。在这个题记下面还有刘崇瓒等七个人的名字。窟内前壁上还有一处题记，上刻："社老刘德，社官宋应，社人魏知古、张守忠……"，共有13人的名字。这正是参与开凿该窟的北市丝行佛教结社的社官和成员们的名字，社中的职位有社老、社官、录事、平正等，社中的成员被称作"社人"。在香行社中也有社官和录事，可见民间的佛教结社已经有了统一的比较完备的组织结构，这应该是当时的佛教寺院统一领导并参与组织结社的结果。

　　这所小窟本身没有纪年，但在窟内外壁面有一些后期补雕的小龛，可以帮助我们推测它的相对年代。在前室正壁和南北壁雕的众多小龛造像中，北壁有"秦弘等奉为皇太后、皇帝、皇后、七世父母敬造，垂拱四年（688）三月廿一日造"的题记，表明这个小龛是为皇太后武则天、傀儡皇帝唐睿宗李旦和他的皇后做功德的。南壁还有天授纪年（690—692）的小龛。窟内北壁内侧上方有一所小龛，题记上的年代是永昌元年（689）九月十五日。因此，这所小窟可能是在垂拱四年之前不久开凿成的，也就是武则天执政的初期。

北市彩帛行净土堂（第1896号）

北市彩帛行净土堂位于西山南部崖面，龙华寺洞北部偏下处，是马蹄形平面、三壁环坛列像窟的变形①。它的结构可分为主室与前庭两部分。主室平面呈横长方形，高2.25米，宽3.13米，深1.74米。平顶素面，四壁直立，地面平整。环正、左、右三壁下部凿一倒凹字形基坛，坛高约0.24米，坛的侧壁素面没有装饰。在基坛上残存着一系列凹槽，可知原来在正、左、右三壁前的基坛上分别安置着一身主像，每像两侧还各有一身胁侍，在靠近窟门处各有一身护法像，共11身圆雕像（图5-18）。位于正壁中央的主尊宝座是隐入半边的八角形，在正壁与它对应处有浅浮雕桃形头光，内匣刻着一周莲瓣，下距基坛约有1米。因此推测，这个主尊原来是安置在那个凹槽中，

① 常青：《龙门石窟"北市彩帛行净土堂"》，《文物》1991年第8期，第66—73页。

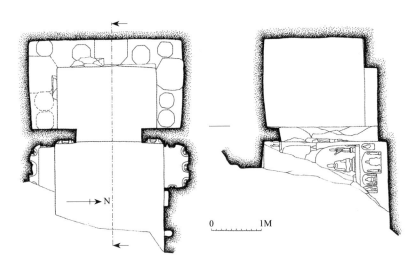

0　　　　1M

图5-18　龙门石窟北市彩帛行净土堂平、剖面图（武周延载元年，694年，作者自绘）

通高大约在1.3米。类似的凹槽在两侧壁坛上的偏西处也各有一个，在侧壁上的对应处也都有尖拱形身光残迹。这三个隐入的八角形平面凹槽表明那里原来都安置着一尊圆雕坐像。在三大凹槽的两侧都各有一个八角形的小凹槽，应该是三坐像的二胁侍位置，他们的身份很可能是菩萨。在两侧壁前基坛的东侧还各有一个八角形小凹槽，原来可能是安置二天王像的位置，因为在武周期的标型佛殿窟中的侧壁基坛外侧流行雕二天王像。这些胁侍像在壁面的对应处都有圆形头光残迹。

在西壁南北侧圆形头光下各有一方刻字。北侧一方是《王宝泰、赵玄勖等造西方净土佛龛记》，提到了"开室号之曰西方净土"，以及造阿弥陀佛像三铺并侍卫共11身，纪年是延载元年（694）。可知这个题记内容与窟内造像的残迹正相符合，应该就是原始造窟题记。我们也由此可以知道，窟内基坛上的圆雕像原来是三身阿弥陀佛（或是阿弥陀佛和其他二佛）和他们各自的二胁侍菩萨，还有护卫的二天王（或力士），主要的信仰内容是阿弥陀佛和他的西方净土。南侧一方刻字是《佛说菩萨诃色欲经》，是后秦高僧鸠摩罗什翻译的。在这部经中有咒骂女人的语句，有人认为是暗中针对武则天的。我以为，这部经刻的刊刻时代正是武则天执政时期，地点又位于天子脚下，而且刻经后面的资助者题名中有僧玄景等，还有很多妇女参与，将其看作是宣扬佛教的色戒似乎更合情理。

前庭的东沿已经残损，平面近似于方形（图5-19）。在窟额处刻着"北市彩帛行净土堂"八个大字，不仅表明了这座窟的崇拜主题，还指明了功德主是来自东都洛阳城北市彩帛行的商人。窟额的南侧还有两行刻字："北市香行王元翼、李谏言、刘义方、王思忠、张口口"，可知这几位香行的商人也参与了这项功德。其中的王思忠在窟内西壁刻的《西方净土佛龛记》中也出现了。这个造窟记中没有僧人和妇女，参与人员很可能是北

图 5-19　龙门石窟北市彩帛行净土堂外观（武周延载元年，694年，采自《中国石窟·龙门石窟》第二卷，图版175）

市彩帛行和香行的商人，而刊刻佛经的功德主可能是这些商人的家属，以及作为指导者参与他们结社的僧人。

　　在前庭的正、左、右三壁雕着众多的小龛与造像，有的可看出有明显的统一布局。例如，在窟额的题记两侧各有一龛，窟额题记下刻着一排共12身结跏趺坐佛像（图5-20），窟门两侧各雕四个小龛，最下一龛内都有一只狮子。这些都应该是统一的设计。在左、右侧壁的内侧下部各有一个较大的圆拱形龛，

图5-20　龙门石窟北市彩帛行净土堂前庭门楣（武周延载元年，694年，贺志军拍摄）

也可能是有意的对称设计。而在两侧壁的其余龛像就显得杂乱了，应该是陆续补刻上去的。

前庭的南壁大部分已经崩毁了，而在北壁东侧依山崖斜坡走向呈阶梯状层叠雕刻的精美的《九品往生图》，是配合窟内阿弥陀佛净土崇拜的补充内容，也是这座洞窟的原始设计。这幅浮雕通高1.84米，总宽1.21米，自上而下分别雕刻着六身结跏趺坐佛（现存五身）、二裸体童子、迦陵频伽鸟、二立菩萨、六身结跏趺坐佛、二莲花童子、二裸体童子、二舍利鸟（图5-21-1）。其中的二莲花童子雕刻是这幅图中的关键内容：在两朵莲花的花心处各伸出一个童子之首，表现的是在西方极乐世界的七宝莲花池中的化生童子刚刚出生的样子。在莲花两侧及之间各有一条阴刻榜题，自西向东是"下品上生""下品中生""下品下生"。他们下面的两身站在莲花上的裸体童子，则是已经涌出莲花的婴孩天人形象。

图 5-21-1　龙门石窟北市彩帛行净土堂前庭北壁《九品往生图》（武周延载元年，694 年，采自《中国石窟·龙门石窟》第二卷，图版 176）

图 5-21-2　龙门石窟北市彩帛行净土堂前庭北壁《僧礼十二光佛图》（武周延载元年，694 年，贺志军拍摄）

　　这所洞窟的主题西方净土和前庭北侧壁刻的下品三生，都是阿弥陀佛净土信仰的内容。针对这种信仰，唐朝专门成立了一个宗派——净土宗。根据净土宗的主要经典《阿弥陀经》《无量寿经》《观无量寿佛经》的记载，在阿弥陀佛的西方极乐净土中，所有的众生没有任何痛苦，只享受着各种快乐，所以把这个世界称作"极乐"。在那里的无限美妙胜境中，佛叫阿弥陀，有观世音和大势至菩萨协助他普度众生，并且负责接引具有一定善业的人们往生极乐世界。对于愿意往生西方净土的人们而言，按照他们的发心、修习的不同，以及在前世造业的不同，分为三个等级，即上、中、下三品。每一品又分为上、中、下生，三三合而为九品，即上品上、中、下生；中品上、中、下生；下品上、中、下生。不同等级往生所需要的时间不同，在西方极乐净土也将得到不同的果报。总之，净土宗认为，人们只要生前多行善事，常念阿弥陀佛名号，在命终之时就可以往生阿弥陀佛的西方净土，在七宝池的莲花中化生①。这种修习很简便易行，从而在唐朝得到了广泛传播。在龙门石窟唐代窟龛

①上述西方净土信仰内容，参见（曹魏）康僧铠译《无量寿经》、（刘宋）畺良耶舍译《观无量寿佛经》，（后秦）鸠摩罗什译《阿弥陀经》，载［日］高楠顺次郎、渡邊海旭主编《大正新脩大藏經》第五十一册，大正一切経刊行會，1924—1934，第 265c—279a、340c—346b、346b—348b 页。

造像中，阿弥陀佛的题材十分流行，就是这种信仰普及的结果。

在净土堂中供奉的主尊是阿弥陀佛，在前庭侧壁布置西方净土的部分场面，更加形象地向人们展示西方极乐世界的魅力所在。画面中的迦陵频伽是人和鸟的结合体，还有舍利鸟，据说他们可以在"昼夜六时，出和雅音"[①]，都是阿弥陀佛想要用佛法宣传流布而变化的神鸟。前庭的南壁崩毁严重，北壁也不完整了，原来极有可能在两侧壁表现着"九品往生"的完整内容，如今只留下了下品三生的证据。在药方洞外的唐高宗永徽二年（651）《王宝英妻张氏造救苦观音菩萨像记》中有"愿亡女上品往生"的语句，但没有刻出图像。这幅浮雕不仅是龙门石窟中唯一的一处，在其他地区的石窟中也不多见。

在净土堂的前庭壁面还有很多补刻的小龛，都是唐人的作品。其中有很多观世音像。有一尊骑象的普贤菩萨，原来可能还雕着骑狮的文殊菩萨，因为这两位菩萨经常配对。在古阳洞杨大眼龛楣、奉先寺下方、唐字洞上方等处还有四例文殊骑狮、普贤乘象雕刻。有的龛内还雕着三世佛像，以及左、右舒坐的菩萨装地藏像等。这些造像反映着唐代龙门的多种信仰。

三、一万五千佛窟

龙门西山的南段，是武周朝开窟造像最密集的区域。当这个地区的崖面空间所剩无几时，人们就不得不转到东山另找地点了。于是，武周朝的佛教信徒们就把目光投向了伊水东岸的山崖上，在那里留下了300个左右的大小窟龛遗迹，主要集中在擂鼓台区、万佛沟区和看经寺区（图5-22）。

[①]（后秦）鸠摩罗什译：《阿弥陀经》，载〔日〕高楠顺次郎、渡邊海旭主编《大正新脩大藏經》第十二册，大正一切经刊行會，1924—1934，第347a页。

图5-22　远眺龙门东山

　　擂鼓台区位于龙门东山的最南端，这里呈南北向开出了三所大窟，被称为擂鼓台南、中、北洞。此外，在三大窟外的崖壁上还补凿了许多小窟和小龛，形成了东山石窟最集中的一个区域。近年的考古发掘，发现了中、南洞前的登窟石砌台阶[①]（图5-23）。

　　在擂鼓台中洞窟外门楣上方，刻有"大万伍仟佛龛"的题额，指明了窟内的主要造像题材是一万五千佛，因此该洞也叫"大万伍仟佛洞"。在窟门外两侧，原来各雕着一身力士像，南侧力士的身体表面大部分都已经残损了，而北侧力士只保存着脚下的高台（图5-24）。可见东山石窟也保持着西山唐窟在门外雕二力士的传统。

　　中洞窟内平面近似于马蹄形，穹隆形顶，高5.78米，宽6.3米，深7.7米。在地面正中凿出一个略微下凹的方形平面，中央

①龙门石窟研究院等编著：《龙门石窟考古报告——东山擂鼓台区》全六卷，科学出版社，2018。

图5-23 龙门石窟东山擂鼓台区外观（采自《龙门石窟考古报告：东山擂鼓台区》第六卷，图版2-10）

图5-24 龙门石窟东山擂鼓台中洞外观（武则天执政时期，684—704年，1980年代拍摄，采自《中国石窟·龙门石窟》第二卷，图版255）

凿一个两层叠涩的横长方形基坛，表面已经没有造像了。该窟内部的平面近似于马蹄形，窟内正、左、右三壁都可以分为上下两段，在正壁（东壁）上段向内呈弧形凹入，使下部形成了一个平面呈半月形的高1.48米的基坛，坛上雕出倚坐弥勒佛和二胁侍立菩萨像，作为窟内的一铺主像（图5-25）。主佛坐在高

图5-25 龙门石窟东山擂鼓台中洞平面图（武则天执政时期，684—704年，作者自绘）

N ← 0   1   2M

1.1米的长方形束腰叠涩座上，双脚各踏着一朵仰莲花，座高有
1.55米。他的头顶有馒头形肉髻，在发际和肉髻表面刻着水波
纹，头发有比较写实的起伏感。他面相长圆而丰满，双目下视
着众生，嘴角含着笑意。他的右手已残，原来是放在右腿膝上；
左手下抚左腿膝部。他身穿通肩式大衣，有着胖大的身躯，衣
纹在胸腹和双腿之间刻作向上的圆弧形，使衣褶流畅。弥勒佛
的头后刻着圆形头光，表面有一周小坐佛像。佛的身后以浅浮
雕的手法刻出了椅子靠背，如同一个背屏，上部呈三角形，在
三角形的两条斜边外侧刻有向两侧斜下方飞舞的飞天。在头光
的两外侧刻出日、月，上下衬托着山水图案。椅背的下部呈长
方形，上部两端分别向外侧伸出一龙首，并口衔莲花，花中端
坐一童子，表现着莲花化生的情景。在龙首下部，左侧刻着骑
羊与骑狮童子，右侧刻着骑羊与骑象童子，其中的羊都是前肢
腾空、后腿站立的姿势（图5-26）。我们在前面已经提到过一些
倚坐佛像身后的椅背浮雕，如敬善寺的优填王像和惠简洞主佛
身后的雕刻，但这幅浮雕是龙门众多的倚坐佛身后椅背雕刻中
最精美的一例。

　　用椅背来代替背光，并且在上面刻特定的人兽图像，在佛
教经典中称作"六挐具"。《造像量度经》是说明造佛像法度的
经典，来自印度。清代乾隆七年（1742），蒙古族学者工布查布
（约1670或1680—1750）在北京将这部经典从藏文翻译成了汉
文。这部经上说：佛像背光的装具制度，有一种叫"六挐具"，
包括六种图像，一是伽噌挐，即大鹏（金翅鸟），表示慈悲之
相；二是布啰挐，即鲸鱼（摩羯鱼），表示保护之相；三是那啰
挐，即龙子，表示救度之相；四是婆啰挐，即童男，表示福资
之相；五是舍啰挐，即兽王（狮子），表示自在之相；六是救啰
挐，即象王，表示善师之相。这六件装具的尾语都是"挐"字，

图5-26　龙门石窟东山擂鼓台中洞正壁（东壁）主佛与二菩萨像（武则天执政时期，684—704年，采自《中国石窟·龙门石窟》第二卷，图版256）

① （清）工布查布译并解述：《佛说造像量度经解》，载［日］高楠顺次郎、渡邊海旭主编《大正新脩大藏經》第二十一册，大正一切经刊行會，1924—1934，第945b页。

② 故宫博物院等：《梵天东土　并蒂莲华：公元400—700年印度与中国雕塑艺术》，故宫出版社，2016，第140—143页。

所以叫作"六拏具"，合起来有"六度"的意思①。六度指的是从烦恼的此岸度到觉悟的彼岸的六种方法，包括布施、持戒、忍辱、精进、禅定、智慧。六拏具中的象、狮、鲸鱼等原本就是印度的神圣动物，早就出现在了印度佛教雕刻中。在椅背两侧雕刻六拏具也是在印度首先发起的，见于阿旃陀石窟第26窟佛塔正面倚坐佛像的两侧，以及萨尔纳特出土的5世纪雕成的初传法轮像②。因此，倚坐优填王像、惠简洞倚坐弥勒佛以及擂鼓台中洞倚坐弥勒佛身后椅背上刻的龙、骑羊童子、狮、象等，都是六拏具的部分形象，是来自印度的影响。只是没有明确发现鲸鱼和金翅鸟。不过，在后世制作的中国佛教艺术作品中，也常有只表现六挈具中部分装具的例子①。

　　在主尊弥勒佛的两侧各雕着一身胁侍立菩萨像，都是站立在一支从佛座中伸出的长梗仰莲之上（图5-27）。他们都有着典型的武周期菩萨像风格，身段优美，体态丰腴而窈窕，在装束方面和极南洞中的菩萨像很相似。他们有着椭圆形的丰满面相，表情和悦，内侧臂弯曲伸向主尊，头部偏向主尊，胯部也向着主尊扭动，姿态动人。其中右菩萨的左手上托一小瓶，瓶中插着枝叶，可能表现着大势至；左菩萨的左手下提一净水瓶，他是观世音。把阿弥陀佛的二位胁侍给弥勒佛，也是可以的。两位菩萨的头后都有桃形头光，内部刻着莲瓣一周，七身小坐佛

①如元代北京居庸关过街塔门券、明代南京大报恩寺琉璃塔门楣上的六挈具图像。参见宿白：《居庸关过街塔考稿》，《文物》1964年第4期。汪永平：《举世闻名的南京报恩寺琉璃塔》，载中国古都学会编《中国古都研究（第二辑）——中国古都学会第二届年会论文集》，浙江人民出版社，1986。李竹：《金轮耸日月风铎鸣千里——明代大报恩寺塔文物拾遗》，《东南文化》1998年第1期。

图5-27　龙门石窟擂鼓台中洞右胁侍菩萨（武则天执政时期，684—704年，1920年代拍摄，采自《支那文化史迹》图版II-74）

像，还有火焰纹。

在窟内四壁和窟顶部位布满了小佛像（图5-26）。这些小佛像的高度在10厘米左右，都是各自坐在一朵仰莲花上面，双手在腹前施禅定印，并把手隐于大衣之内。他们穿的服装有通肩式、双领下垂式和袒裸右肩式三种大衣样式。他们一个个横向排列整齐，竖向交错着，这种构图在壁面上形成了无数个三角形，光芒四射一般，更增添了窟内的宗教魅力。类似的小佛像雕刻还延伸到了窟门外壁面，表现着同一个主题。

窟顶呈穹隆形，在中央雕一朵重瓣大莲花，莲花周围刻有坐佛、飞舞的紧那罗、金翅鸟以及不奏自鸣的琵琶等乐器（图5-28）。其间留出六块正方形空白幅面，分别刻出了"上方壹

图5-28　龙门石窟东山擂鼓台中洞窟顶（武则天执政时期，684—704年，采自《中国石窟·龙门石窟》第二卷，图版257）

切诸佛"六个大字。另外，在左右侧壁和东北、东南、西南、西北四隅，都留着一块长方形空白幅面，分别刊刻出"南方壹切诸佛""北方壹切诸佛""东北方壹切诸佛""东南方壹切诸佛""西南方壹切诸佛""西北方壹切诸佛"等榜题，说明了窟内壁面、顶部的众小佛像分别来自上述七个方向。对于缺少的"下方壹切诸佛"，在窟内地面中心凿出的长方形基坛，或许是为了安置下方诸佛的。因此，窟内的一万五千佛实际是来自不同方向的众佛。

擂鼓台中洞的另一个特别之处位于壁面的下段。环绕着正、左、右三壁下段，浮雕着高1米许的25身僧人像，他们的身体都是向左侧着，自左壁西部起，到右壁西部为止，形成了一个师资相承的行列（图5-29）。这些僧人的身体雕刻细腻精美，手

图5-29　龙门石窟东山擂鼓台中洞北壁下部传法祖师像（武则天执政时期，684—704年）

中的持物各不相同，动作各异，上半身略大，显得夸张；身披僧衣，衣纹是略有写实感的阶梯式。在左壁西端队伍的开头处，还雕出二童子共抬一物，其中的西侧童子较高些，脚下还曾有雕刻，目前已经残缺了。

这25身僧人像，是依据北魏的沙门统昙曜和西域三藏吉迦夜在公元462年共同翻译的《付法藏因缘传》刻出的25位传法正宗的比丘像，并且在每一像的旁边还刻出了书中所记的关于该比丘的一段文字。这部经典名义上是自印度梵文翻译的，实际上是那两位僧人根据当时已经翻译出的经典编纂而成的，目的是为了宣扬佛法从释迦牟尼处代代相传，源远流长。在这个传法世系中，释迦牟尼佛将自己的大法付给了他的大弟子摩诃迦叶，由迦叶再代代向下传，共传了25位祖师。因此，在每一位传法比丘的像旁，都首先刻着"次付"某某比丘句，意思是大法从上一代比丘传给了他。根据这些文字题刻，我们知道这些比丘的排列顺序是：

佛付摩诃迦叶第一……次付阿难比丘第二……次付摩田提比丘第三……次付商那和修比丘第四……次付优波毱多比丘第五……次付提多比丘第六……次付弥遮迦比丘第七……次付佛陀难提比丘第八……次付佛陀密多比丘第九……次付胁比丘第十……次付富那奢比丘第十一……次付马鸣菩萨第十二……次付毗罗比丘第十三……次付龙树菩萨第十四……次付迦那提婆菩萨第十五……次付罗侯罗比丘第十六……次付僧伽难提比丘第十七……次付僧迦耶舍比丘第十八……次付鸠摩罗驮比丘第十九……次付阇夜多比丘第廿……次付婆修槃陀比丘第廿一……次付摩奴罗比丘第廿二……次付夜奢比丘第廿三……次付鹤勒那夜奢比丘第廿四……次付师子比丘第廿五。

这个传法世系从迦叶开始，到师子比丘结束，这就是所谓的"西土二十五祖",因为他们都是生活在印度的佛教大师。第25位祖师是师子尊者(？—259),中印度人,主要活动在中亚的罽宾国(今克什米尔地区)[①]。在这些题记中有武则天执政时期创造的新体字,如"天"作"而","地"作"埊"等,充分说明了开窟时间应该在武则天执政时期。

造立西土二十五祖的形象,至迟从隋代就已经开始了。河南安阳宝山灵泉寺的大住圣窟完成于隋开皇九年(589)。根据窟内的题记,这座石窟是由灵裕和尚(517—605)主持开凿的,而灵裕在唐人的著作中有传记,是一位得道高僧[②]。大住圣窟的前壁东侧用汉代以来传统的减地阴刻技法刻着从释迦牟尼处传承佛法的24祖师像,以迦叶居首,阿难第二,第24位是师子。其所根据的经典也是昙曜和吉迦夜编纂的《付法藏因缘传》。大住圣窟的24位祖师像来自西土二十五祖。因为艺术家将这些像配为12对,为了这个构图就舍掉了夜奢比丘。由于夜奢和摩奴罗是同一时代继承佛法的两位祖师,可以算作一世,在这里只保留了摩奴罗。还有汉文题记标注着每位祖师的名字,以及他们有些人的贡献和特点,以便纪念他们的功德。这些佛教历史上的僧人实际生活在不同时代,但隋代艺术家却采用跨越时空的形式将他们配对,让他们面对面而坐,如同两两间共同讨论义理、向观者介绍佛法传承700多年的悠久历史。在河南沁阳悬谷山太平寺隋代开凿的第2窟内,四壁壁脚共雕刻了25身立像,都分别位于一所小龛内,自成一体。根据像旁的榜题,可知他们是25位传法祖师像,更完整地表现了这种题材[③]。有趣的是,这25身像中有穿菩萨装的,表明有些祖师在信徒们心中的地位如同菩萨。相比之下,龙门擂鼓台中洞的西土二十五祖像则是将生活在不同年代的祖师们排列成行,使他们的时空相连,既显示着代代相传,还可以跨越时空彼此进行交流;又如同一个

[①] (北魏)吉迦夜共昙曜译:《付法藏因缘传》卷六曰:"复有比丘名曰师子,于罽宾国大作佛事。"载[日]高楠顺次郎、渡邊海旭主编《大正新脩大藏經》第五十册,大正一切经刊行會,1924—1934,第321c页。

[②] 河南省古代建筑保护研究所:《宝山灵泉寺》,河南人民出版社,1992。《河南安阳灵泉寺石窟及小南海石窟》,《文物》1988年第4期,第1—14、20、98页。

[③] 谷东方:《河南沁阳悬谷山太平寺窟龛考察》,载中国古迹遗址保护协会石窟专业委员会、龙门石窟研究院《石窟寺研究》第六辑,科学出版社,2015,第1—19页。

参加某种佛教仪式的僧人行列，在一万五千佛所在的世界中展现着人间大师们的魅力。

《付法藏因缘传》的影响力还远远不止表现在佛教石窟中，其佛教法统之说还影响到了一些中国佛教宗派建立的依据。在隋、唐时代，天台宗和禅宗法统观念都是以这部经典为依据的。也就是说，当天台宗和禅宗的大师们在叙述他们宗派大法如何从佛祖释迦牟尼那里传下来时，都借用了这个传法世系，再在后面有所增加而已，最后就加到了中国本土的祖师了，以此来表现他们佛法的正统性[①]。这种对《付法藏因缘传》世系的进一步发挥，以后也影响到了石窟造像的创作。

① 天台宗的传法谱系见于（南宋）宗晓编：《四明尊者教行录》卷六，[日]高楠顺次郎、渡邊海旭主编《大正新脩大藏經》第四十六册，大正一切経刊行會，1924—1934，第915c页。

四、祥瑞的菩提树下释迦像

王玄策是唐朝初年著名的外交家，曾经四次赴印度。在释迦牟尼成佛的地点——摩揭陀国（Magadha）的大菩提寺，也就是今天的菩提伽耶，他见到了一尊由弥勒菩萨塑的坐在金刚宝座上的释迦成道像。由于表现的是释迦当年在那里的菩提树下成佛的形象，又称"菩提树像"（图5-30）。这尊像身高有一丈一尺五寸，金刚座高四尺三寸[②]。玄奘法师当年在印度游学时也见过。相传，在创作这尊造像时，弥勒菩萨从天上降下，变化成一位婆罗门，自愿请求来塑造这尊"如来妙相"，并且约定以六个月为期限，期满以后，才能观看。但是，当还有四天就要期满时，僧众们忍不住好奇心了，就打开寺院观看。只见这尊佛像结跏趺坐，右足在上，左手放在腹前，右手下伸着，非常完美，慈悲的容颜像真人一般。有一个僧人说，他梦见一个婆

② （唐）道世：《法苑珠林》卷二十九，载[日]高楠顺次郎、渡邊海旭主编《大正新脩大藏經》第五十三册，大正一切経刊行會，1924—1934，第502c、503a页。

图5-30　印度比哈尔邦巴特那释迦成道处的菩提伽耶大塔背后的菩提树

罗门前来告诉他说："我是弥勒菩萨，恐怕工匠们无法完美地表现佛的圣容，所以亲自前来描绘佛像。他的右手下垂着，是因为当年佛在即将成佛时，天魔军众前来干扰他。有土地神从地下涌出，帮助佛来降伏众魔。佛就对魔王说：'以我的忍力，一定能降伏你。'魔王说：'谁能证明你的话呢？'佛就垂着右手指地说：'他可以做证。'话音刚落，第二位地神从地下涌出做证。当时的情景，就像这尊像的右手下垂的样子。"众人知道这是一尊十分灵验的瑞像，于是就纷纷用奇珍异宝来装饰这尊像，包括珠缨宝冠等①。

王玄策和玄奘当年见到的那尊释迦成道像，是头戴宝冠、结跏趺坐、右手施降魔印（亦称触地印）、左手施禅定印的佛像。在古代印度的佛教造像中，我们可以找到类似这样的释迦成道像，身穿袒裸右肩式的大衣，有类似于菩萨的宝冠和项圈，

① （唐）玄奘：《大唐西域记》卷八，载［日］高楠顺次郎、渡邊海旭主编《大正新脩大藏經》第五十一册，大正一切经刊行會，1924—1934，第916ab页。

是亦佛亦菩萨的形象（图5-31）。我们知道，佛是不戴冠的，也不装饰项圈和璎珞，这些都是菩萨的装饰。穿右袒式大衣、结跏趺坐、手施降魔印，则是佛的特征。在佛经中，释迦在成佛以前被称作"菩萨"。那么，在他即将降伏众魔而成佛之际，正处在菩萨和佛之间，用这种特殊形象来表现他的一生之中最关键的时刻，就在情理之中了。

再说王玄策，当他在大菩提寺内见到那尊菩提树像之后，在多次恳求之下，寺院的僧人才允许和他一起去印度的塑工兼画匠宋法智来图写这尊像的形貌。他们最终携带着像的摹本回到了长安、洛阳，引起了僧人和在家信徒的极大兴趣，他们争相模仿这尊像，来制作复制品[①]。在唐高宗麟德元年（664）玄奘法师临终前，曾经请宋法智在嘉寿殿竖菩提像骨，来制作菩提树像[②]。到了麟德二年（665），唐高宗来到洛阳，那里的大敬爱寺佛殿内也塑了一尊菩提树像，模仿的原型就是王玄策从印度得来的藏在宫廷的样本。大敬爱寺是一所皇家寺院，可以看出唐高宗也对这尊佛像产生了浓厚兴趣。大敬爱寺的这件仿品，

① （唐）道世：《法苑珠林》卷二十九，载［日］高楠顺次郎、渡邊海旭主编《大正新脩大藏經》第五十三册，大正一切经刊行會，1924—1934，第503a页。

② （唐）慧立、彦悰：《大唐大慈恩寺三藏法师传》卷十，载［日］高楠顺次郎、渡邊海旭主编《大正新脩大藏經》第五十册，大正一切经刊行會，1924—1934，第277a页。

图5-31　印度东部的宝冠释迦坐像（石灰岩，高108.6厘米，约11世纪，私人收藏）

是在王玄策亲自指挥下，由巧儿、张寿、宋朝塑造的，李安负责在像上贴金①。就在这一年的九月，王玄策在龙门石窟宾阳南洞西壁北侧敬造弥勒像一铺②。义净（635—713）也是一位唐朝去印度求法的高僧。他于武则天证圣元年（695）回到神都洛阳，从印度带回了一铺表现释迦坐在金刚座上的真容像③，很可能类似于菩提树像。

当年风靡长安和洛阳两京地区的菩提树像，势必对龙门石窟也产生影响，先来看看在中国石窟里发现的相关文字和图像证据。四川广元千佛崖的菩提瑞像窟，是一所在窟内中央凿出佛坛的佛殿窟。在佛坛上有一铺石雕像，主尊结跏趺坐，穿着偏袒右肩的大衣，右手施降魔印，戴宝冠、项圈、臂钏和腕钏，是亦佛亦菩萨的形象（图5-32）。在窟内北壁近门处刻着一通石碑，碑额上有篆书"菩提像颂"四字，碑文的题目是"大唐利

①（唐）张彦远：《历代名画记》卷三，载（唐）张彦远撰《历代名画记全译》修订版，承载译注，贵州人民出版社，2009，第211页。

②李玉昆：《龙门石窟新发现王玄策造像题记》，《文物》1976年第11期。

③（唐）智昇：《开元释教录》卷九，载［日］高楠顺次郎、渡邊海旭主编《大正新脩大藏經》第五十五册，大正一切经刊行會，1924—1934，第568b页。

图5-32　四川广元千佛崖菩提瑞像窟释迦与众胁侍（唐睿宗时期，710—712年）

① 罗世平：《广元千佛崖菩提瑞像考》，《故宫学术季刊》（台北）1991年第9卷，第2期，第117—135页。

② 颜娟英：《武则天与唐长安七宝台石雕佛相》，载《艺术学》，艺术家出版社，1987，第41—89页。

州刺史毕公柏堂寺菩提瑞像颂并序"，明确地告诉我们窟内的主佛是"菩提瑞像"，或"菩提像"，也就是菩提树像，雕造年代大约在唐睿宗时期（710—712），其样式应该是从长安或洛阳传来的①。

广元千佛崖的菩提瑞像，为我们鉴别长安和洛阳地区的同类造像提供了样本。光宅寺是位于长安城大明宫南门外的皇家寺院。公元677年，武则天在这座寺院里资助建成了一座七宝台，象征着弥勒佛国中的那座七宝台，也就是想在长安再现弥勒佛降临人间的场景。到了武周年间（690—704），一批高官显贵和上层僧侣发愿雕造了一组石刻造像，有30多块，镶嵌在了七宝台壁间，目的是为了给武则天和大周朝造功德。到了明代（1368—1644），七宝台上的这些石像被转移到西安城南门内的宝庆寺内，镶嵌在大殿壁间和砖塔上。不幸的是，在民国年间，这批石像中的大部分被盗走，流散到了日本、美国等地，现在以日本东京国立博物馆收藏的最多②。这些像大部分是以长方形石板的形式雕着坐佛和二菩萨像，其中的几件表现戴宝冠，穿右袒式大衣，装饰项圈、臂钏、手镯，结跏趺坐，右手施降魔印的亦佛亦菩萨的佛像，虽然没有题记明确说明，但一定是表现释迦在菩提树下成道之时的形象，即菩提树像或菩提瑞像（图5-33）。

当年在东都洛阳寺院中的菩提树像我们已经见不到了，但在龙门东山的擂鼓台却发现了其遗迹。在擂鼓台北洞窟门外北侧弟子像的右上角有一所圆拱形小龛，编为第2071号，内造结跏趺坐佛和二弟子、二菩萨，龛外两侧各有一身力士，龛下还有供养人（图5-34）。龛下的题记说：大周大足元年（701）佛弟子阎门冬奉为圣神皇帝陛下（即武则天）及太子（即李显）、诸王、七世先亡、法界一切众生敬造菩提像一龛，以及诸菩萨

图5-33 原藏西安宝庆寺的石雕释迦三尊像（武周，690—704年，日本东京国立博物馆藏）

图5-34 龙门石窟擂鼓台北洞窟门外北侧阎门冬造菩提像龛（第2071号，武周大足元年，701年）

像。这个菩提像，应该就是菩提树像了。然而，龛内主像头部已经残损，但仍然可以看到头顶有肉髻残迹，显示他并没有戴宝冠；他身上穿着右袒式大衣，但没有任何项圈、臂钏等装饰。这尊佛像虽然以右手施降魔印，但有降魔印的结跏趺坐佛像并不为宝冠佛像所特有。因此，这个龛像不能作为菩提树像的标准样式①。在龙门，标准的菩提树像位于擂鼓台北洞内。

擂鼓台北洞的平面呈马蹄形，穹隆顶，高4米，宽4.9米，深5.4米，在正、左、右三壁下部凿出了倒凹字形基坛，在坛上的三壁前各雕了一身结跏趺坐佛像，组成了三佛题材（图5-35）。正壁的主尊通高3.35米，坐在方形束腰叠涩宝装覆莲座上，身体表面风化崩落较严重，但仍可以看到他头戴宝冠，面相丰满，有着宽肩、细腰的特征和健美的身材。他的颈下装饰着项圈，右臂戴臂钏；身穿右袒式大衣，衣质轻薄紧贴身体，衣纹稀少，但写实感很强。他的右手已经残损，原来似乎抚着右膝，是施降魔印的姿势，左手似仰掌置于腹前，施禅定印

① 李崇峰《菩提像初探》认为此龛（2071号）系北洞完工后开凿，龛内主像疑仿北洞内主尊雕造，并以此判定北洞主像为菩提像。此推论有误。载《石窟寺研究》第3辑，文物出版社，2012年，第190—211页。

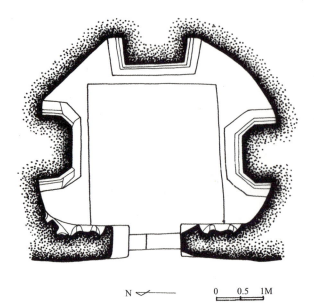

图5-35　龙门石窟擂鼓台北洞平面图（武则天执政时期，684—693年，作者自绘）

图5-36　龙门石窟擂鼓台北洞正壁（东壁）释迦像（武则天执政时期，684—693年）

（图5-36）。可以看出，这尊佛像与菩提树像的样式完全相同。他的头后有项光，中间雕着若干小坐佛像。左壁的坐佛已经不存在了，仅仅留着八角形覆莲座。右壁坐佛通高3.1米，身穿通肩式大衣。北洞的三佛题材有可能属于过去、现在、未来三世佛。在石窟内布置三世佛，一般会将现在佛释迦牟尼放在中央主尊的位置。那么，北洞的主尊就很可能是以菩提树像的形式来表现三佛中的释迦牟尼。

北洞在正壁与侧壁的三大像间还布置了一些坐在仰莲花上的菩萨像，他们姿态各异，长发披肩，上身袒裸，下身穿裙，烘托了窟内的气氛（图5-36）。在穹隆顶的正中残存有圆形莲花，周围环绕四身飞天，这些都与龙门唐代洞窟的做法相同。北洞还有密教雕像，就是前壁南侧的八臂观音和前壁北侧的四臂观音，将在下文讨论。北洞窟门外北侧有一身残老年弟子浮雕像，面部侧向窟门一方。推想原来门外应该有两身弟子像。
门楣刻作尖拱火焰状，表面的纹饰已经不清楚了。

　　擂鼓台南洞的规模大于北洞，平面略呈横长方形，穹隆形
窟顶，高6米，宽7.88米，深7.9米（图5-37）。窟内中部凿着
一个长方形矮台，东西长2.3米，南北长3.3米，高0.1米，现坛
上的宝冠佛像是后来移入的（图5-38）。窟顶有一朵浮雕大莲
花。窟内正壁部位没有雕出主像，而是在四壁面和窟顶四披表
面雕满了横排齐整、上下交错相对的坐姿小佛像，共计765身，
每身高度在0.34—0.36米之间，身下的短梗仰莲高约9厘米。这
种壁面布局与龙门西山唐代窟内的千佛相同，但众小佛的形象
与服饰却很特殊，概括起来有三种（图5-39）：其一，头戴宝
冠，冠形稍小，冠下在头后分别向两侧垂有冠披，身穿右祖式
大衣与褶边云肩，项下挂有项圈与璎珞，戴手镯与臂钏，右手
施无畏印，左手施禅定印。其二，头戴高宝冠，身穿右祖式大
衣与覆莲瓣状的云肩，项下饰联珠项圈，臂上戴着联珠与花形
臂钏；右手施降魔印，左手施禅定印。其三，头戴高宝冠，身
穿通肩式大衣与褶边半臂，半臂中部饰有两排联珠装饰，项下

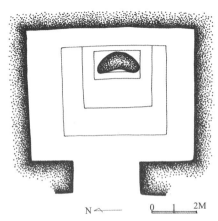

图5-37　龙门石窟擂鼓台南洞平面图（武则天执
政时期，684—693年，作者自绘）

图5-38　龙门石窟擂鼓台南洞内景（武则天执政时期，684—693年）

图5-39　龙门石窟擂鼓台南洞北壁部分小坐佛像（武则天执政时期，684—693年）

①温玉成：《龙门唐窟排年》，载龙门文物保管所等编：《中国石窟·龙门石窟》第二卷，平凡社、文物出版社，1992年，第206页。

挂联珠项圈与复杂的双串联珠璎珞，璎珞与项圈间还有圆形饰物，双手叠放腹前施禅定印。这些小佛像都是结跏趺坐于短梗仰莲之上，显露一足或双足。

对于这些壁间的小像，过去有学者认为它们是菩萨像①。其实他们的手姿都是佛像所惯用的，他们还穿着最基本的佛装——右袒与通肩式大衣，只是头戴宝冠和身披复杂的菩萨像具有的装饰。若与北洞的主佛相比较，不难发现他们之间的共同特点。像南洞这样将头戴宝冠的众佛像表现成千佛的布局方法，在全国范围内属孤例，可能有特别用意。

我们再回头来看南洞中部的方形矮坛，就可以想象当年这里可能有一尊形体较大的佛像。如今在这个矮坛上安置着一尊头戴宝冠的大型圆雕坐佛像，基本造型与北洞主佛相近似（图5-38）。类似风格与体量的圆雕宝冠佛像，以前在擂鼓台院文物廊内还有两尊，他们都是来自龙门附近的唐代寺院遗址，表现着菩提树像，都是唐高宗至武则天时代的作品。那么，龙门一带当年菩提树像的流行，就可想而知了。

　　关于擂鼓台北、南二洞的开凿时代，我们可以从窟外的小窟龛中得到线索。在北洞门楣北侧有一所补刻的立菩萨小龛（第2068号），旁边刻着唐玄宗开元六年（718）刘合山造救苦观世音菩萨像发愿文，表明北洞的开凿至少应该在开元六年以前。另外，北洞周围还分布了一些小型窟龛，都是在北洞完成以后插空陆续补凿的。北洞的北侧下部有一小窟，编为第2093号（图5-40）。该窟平面呈长马蹄形，残高1.06米，宽1.36米，

图5-40　龙门石窟擂鼓台区第2093、2094号窟内景（武则天执政时期，684—693年）

深2.03米，在正壁与两侧壁下部凿有倒凹字形的基坛，坛高13厘米。正壁的主佛通高82厘米，头上不戴冠，有肉髻的残迹，身穿右袒式大衣，结跏趺坐于束腰仰覆莲座上，装饰着项圈与臂钏；原来的右手似扶右膝施降魔印，左手仰置腹前施禅定印。可以看出，除了佛座与头顶装饰以外，其他特征都和北洞的菩提树像相似，应该是同一类造像了。主尊身旁各雕着一身胁侍立菩萨像。这座小窟的南北两侧壁还各雕着上下两排共十身小坐佛像，横排整齐，上下交错相对，每身像高0.47米，样式都可以在南洞壁间的小佛像中找到相同的例子。因此，侧壁这20身小佛像实际上也是以千佛的形式表现宝冠众佛像的，可以看作是南洞周壁内容的缩影。

第2093号没有纪年，但其窟顶被第2094号小窟打破，为我们判定年代提供了根据。第2094号是一马蹄形平面的小窟，高1.48米，宽1.57米，深1.45米，下设倒凹字形基坛，坛高28厘米，坛下和第2093号的顶部相连（图5-40），窟顶呈穹隆形，表面没有雕饰。在倒凹字形基坛上雕着一佛（已佚）二弟子二菩萨二天王，门外两侧各有一力士。这样的小型列像窟在龙门西山崖面不可胜数。这两个上下相连的小窟窟门不在同一垂直崖面上，第2094号明显向内深入，这种迹象只有解释为其晚于第2093号才合乎情理。也就是说，第2094号打破了第2093号的窟顶，所以，第2094号无疑是在第2093号之后补凿成的。在第2094号门外北壁上部一小坐佛龛的旁边发现了一则造像记，上刻："佛弟/刘天/口口/口口/口口/……"在与该龛相对应的门外南侧壁上，也刻了一个小佛龛，旁边一则造像记："……/一躯一心供养口口/天授三年三月八日。"两则题记都是在第2094号完成后补刻成的，这表明第2094号时代当不晚于武周天授三年（692）。

综合上述情况，我们就可以大致列出擂鼓台这几所洞窟的开凿次序：北洞和南洞的年代早于第2093号，第2093号早于第2094号（天授三年以前）。因此，北洞、南洞以及第2093号的开凿时代，应该在天授三年以前的武则天执政时期，上限或许可到高宗末年，而第2093号又比北、南二洞稍晚一些[①]。

1989年，在龙门石窟的保护维修工程中，拆除了古阳洞口清代砌的砖券门洞，意外地在原石凿门券北侧壁发现了一处造像形制特殊的小龛。该龛呈圆拱形，高35厘米，宽39厘米，深14厘米，龛内雕一坐佛和二立菩萨像（图5-41）。主佛结跏趺坐于方台座上，头戴高大的宝冠，身披右袒式大衣，右臂处有臂钏，右手扶右腿施降魔印，左手仰置腹前施禅定印，基本造型与擂鼓台北洞主佛相似。右菩萨已经残损，左胁侍菩萨身材窈窕优美，腹部挺向主佛，是典型的武周期菩萨风格。因此，这

① 常青：《试论龙门初唐密教雕刻》，《考古学报》2001年第3期。

图5-41　龙门石窟古阳洞门券北侧壁宝冠佛小龛（武则天执政时期，684—704年，贺志军拍摄）

个小龛应该是在武则天执政期间补刻的，为我们提供了又一例龙门的唐代菩提树像。

五、万佛沟的西方胜境

万佛沟是一个自然水冲沟，位于东山擂鼓台和看经寺区之间，沟口向西，并由此向东伸入，直到山顶（图5-42）。在万佛沟口的北壁崖面，自西端沟口起至沟的中心部位，分布了一系列小窟龛，大部分开凿在武则天执政时期①。

高平郡王洞是万佛沟中规模最大的一所洞窟，其平面呈横长方形，窟顶似乎打算凿成盝顶形，但没有完工。现东壁与南

①龙门石窟研究院等编著：《龙门石窟考古报告——东山万佛沟区》全三卷，科学出版社，2021。

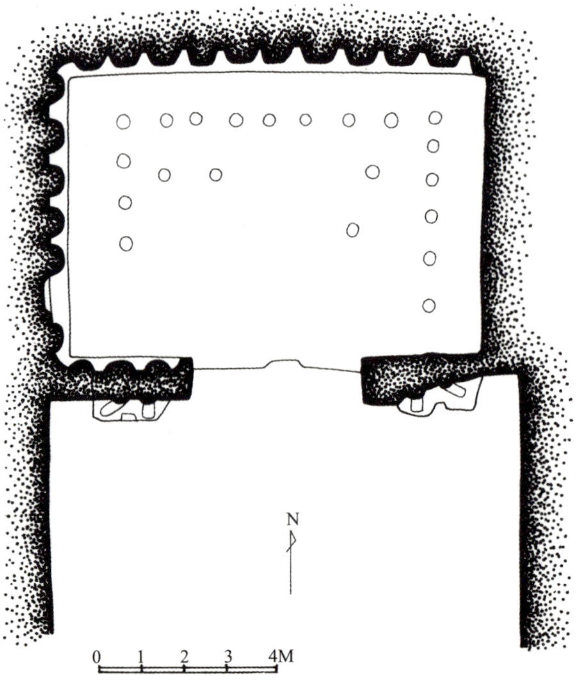

图5-42　龙门石窟万佛沟高平郡王洞平面图（武周天授元年至唐神龙元年，690—705年）

0　1　2　3　4M

壁北侧没有造像，在北壁上部也似乎有继续雕凿的痕迹，同样没有完工（图5-42）。窟内空间高6米，宽9.96米，深7.6米。在北壁（正壁）正中靠上雕出结跏趺坐佛并二弟子、二菩萨，作为全窟的一铺主像（图5-43）。主佛身穿通肩式大衣，出露右脚，双手放在胸前施说法印。他肩部圆润，胸部鼓起，坐在一个双层瓣的仰莲花上，莲根表面刻有卷云纹。由主佛莲台的根部向东西两侧分别伸出一条长梗，各自上托两朵莲花，这四朵莲花上分别承托着胁侍的二弟子和二菩萨。左侧弟子为迦叶，双手在胸前托着一个小瓶；右侧弟子为阿难，头已残损，双手叠放在腹前，胯部向着主佛一侧扭动，是典型的武周期阿难造型。二胁侍菩萨的肩膀较宽，身上装饰着项圈、璎珞、腕钏等

图5-43　龙门石窟万佛沟高平郡王洞内景（武周天授元年至唐神龙元年，690—705年）

物，帔帛在腹下绕作两道圆环。右侧菩萨的左手上托一宝瓶，右臂下伸持帔帛，是大势至；左侧菩萨的左手下伸提着净水瓶，右手向上似执一宝珠，是观世音。因此，位于中间的坐佛就应该是西方极乐世界的主宰阿弥陀佛了。把一铺五尊像刻在壁面上方，都由相连的仰莲花承托着，在龙门石窟的大窟之中是个特例。

此外，环绕着北壁、西壁、南壁西侧的下部凿有基坛，坛上雕着一周结跏趺坐佛像：北壁主像下方有十身，在西壁下部有七身，在南壁西侧下部有三身。他们穿的服装有通肩式、右袒式、双领下垂式三种，都是出露右足，高度与真人的坐高基本相等。这些佛像的头部多数都已经残损了，从幸存的情况看，肉髻和发髻刻有水涡纹，面相胖圆，颈部刻着三道纹。他们的手印有说法印、降魔印、禅定印三种，身下都有双层瓣的仰莲台。

此外，这种等身坐佛在北壁右胁侍菩萨的右侧有上下两身；在西壁上部还有两排，各七身；南壁西侧上部有两排，各三身。各坐佛都是横排整齐，竖向交叉排列，和擂鼓台中洞、南洞壁间的小佛像排列方式相同。他们的形制和下排坐佛相似，只是西壁上部大部分坐佛像没有完工，有的还只是粗胎。从完成的程度来看，我们可以了解窟内雕造的次序：先完成北壁，因为主像在那里；再雕刻西壁，转入南壁西侧，然后才考虑东壁和南壁东侧。西壁和南壁西侧是半途而废，那么东壁和南壁东侧也就没有开雕了。

在壁面众多的坐佛像间，雕着四尊与众不同的佛像。西壁南下角有一身，北壁西侧有三身，面部都残了，通高在1.21米左右，体形特征、服装、坐姿、手印都与擂鼓台第2093号主尊相近，只是项下没有装饰项圈，但右臂也戴着装饰简单的臂钏。

从头上的残痕来看，有肉髻，没有戴擂鼓台北洞主佛那样的高宝冠，而与第2093号主尊头顶相似。如果说，设计这所大窟的艺术家们想用这几尊像来表现菩提树像，那么这些佛像的菩萨装饰显然是被简化了，但应该是承自宝冠佛装饰的脉络，而不同于一般的佛像。所以在此推测，他们很可能也代表着与菩提树像相近的题材，或是接受了宝冠佛像影响的结果。

窟内地面凿有六列圆形凹槽（图5-42），是为了安置圆雕造像用的，有的凹槽内还保留着残损的造像与莲花座。这座窟内的造像如此配置，在全国石窟中还没有发现相似之例。在地面的莲花座上发现有十则造像铭文题记，其中一则是"香山寺上座惠澄造像记"，有"口周之代，高平郡王图像尊仪，躯有数十，厥功未就"句。另一则惠澄造像记纪年为唐玄宗开元十六年（728），还有另外两人在同一年的造像记。香山寺位于龙门东山，万佛沟的北部，在武周时期曾经是龙门一带的著名寺院，武则天常常驾临游幸。从题记可知，在开元十六年，香山寺的上座惠澄等人在高平郡王没有完成的窟内补做了一些圆雕佛像，安置在了地面。而这座洞窟的开创者是武周时期的高平郡王武重规[1]。

武重规是武则天的侄子，父亲是河间郡王武仁范，祖父是武则天的三伯父武士逸。他的女儿是唐玄宗李隆基的贤仪（唐代妃嫔称号）。武重规曾经被武则天委以重任，担任天兵中道大总管、左金吾卫大将军等职，但没有多少功绩。在天授元年（690）受封为高平郡王[2]。这座洞窟因高平郡王而得名，应该开凿于武周天授元年至唐中宗神龙元年（705）之间，也就是在武周朝，后来因为武重规的病逝而辍工。直到开元十六年，由香山寺上座慧澄等人补雕了一些像，放在窟内地面上，但并没有将四壁间的造像续雕完成，保留着当年未竟的遗迹。

[1] 李玉昆：《龙门杂考》，《文物》1980年第1期，第25—33页。刘景龙、李玉昆主编：《龙门石窟碑刻题记汇录》，中国大百科全书出版社，1998，第638—639页。

[2]（北宋）欧阳修等：《新唐书》卷二〇六，中华书局，1975，第5838—5839页。

　　万佛沟内还有一处西方净土变龛，比高平郡王洞更为形象地展现着阿弥陀佛的极乐世界胜境。这所龛在万佛沟北崖偏东处，位于千手观音窟与千手千眼观音龛之间，高2.65米，宽2.95米，深0.84米。该龛可分为上下两段（图5-44）。在上段的中部刻一身结跏趺坐佛，双手于胸前施说法印。他身穿通肩式大衣，下坐圆形束腰仰覆莲座，是典型的龙门石窟武周（690—704）时期的佛像风格。因此，该龛应雕刻于武周时期。主佛的两侧各有一身地位较高的菩萨，都是半跏趺坐之姿。这三身主像应该是西方三圣——即阿弥陀佛与他的两大胁侍菩萨观音和大势至。由于两大菩萨的头部残损，他们的具体身份不易辨识。在西方三圣之间及其两侧分别刻着上下两身游戏坐菩萨，都坐在仰莲花之上，姿态各异。在西方三圣的头光上部刻有娑罗树

图5-44　龙门石窟万佛沟西方净土变龛（武周，690—704年，贺志军拍摄）

叶与缠枝状的卷云，云朵中刻莲花，再上刻出空中楼阁，楼阁两侧刻有许多不奏自鸣的乐器，有横笛、琵琶、排箫、细腰鼓，以及宝行树等。宝行树是西方净土中特有的高大宝树，根茎花叶都是由七宝构成，一花一叶都散发出奇异的宝光之色。在东侧楼阁之下有三身佛坐像，身下有流云纹，呈驾云飞动之势。东端还刻出宝幢、幡、仙鹤等（图5-45）。可知上段浮雕展现的是阿弥陀佛和他的西方极乐世界胜境。

西方净土变龛的下段分为三层。上层现存三身游戏坐姿的菩萨、一身立菩萨与东端一身似为比丘的人物。其间有两身像被盗凿，估计原来至少共有七身像。中层仅在中部有一些小的游戏坐菩萨，现存七身。下层中部被盗凿（原来可能是一身舞

图5-45　龙门石窟万佛沟西方净土变龛上层的宫阙楼台、宝幢等（武周，690—704年，采自《中国石窟·龙门石窟》第二卷，图版252）

伎与一身乐伎），现存有一身舞伎，五身乐伎。乐伎所持的乐器能辨识的有阮咸、箫、钹、笛等（图5-46）。两侧原来各有四身站立的供养菩萨，西侧的两身被盗凿了。龛的东侧壁雕着一身力士，龛的西侧壁已残毁，估计原来应该有两身对称的力士像，作为西方净土的守护神。可知下段主要表现的是在西方净土中服务的群体，很可能还表现着在净土中往生的人们。

这所西方净土变龛应该反映着唐代东都洛阳地区的寺院中曾经出现过的该题材绘画与雕刻内容。唐代洛阳城中的寺院早已不存在了，但敦煌莫高窟里保存有多幅唐代《西方净土变》（包括《阿弥陀经变》与《观无量寿经变》）壁画，一般都是在上部画西方三圣，下部画乐舞莲池，与龙门万佛沟的西方净土变龛构图基本相同，只是在绘画中容易表现更多的细节与内容①。例如，莫高窟初唐第220窟南壁的《阿弥陀经变》以西方三圣居中而坐，观音与大势至二大菩萨的体量明显大于环绕在周围的其他闻法菩萨们。西方三圣身后是天宫院落、宝幢宝塔。画面

①孙修身：《敦煌石窟中的〈观无量寿经变相〉》，刊《1987年敦煌石窟研究国际讨论会文集：石窟考古编》，沈阳：辽宁美术出版社，1990，第215—246页。

图5-46　龙门石窟万佛沟西方净土变龛下层舞乐（武周，690—704年）

的下部分是莲花池、舞伎与乐伎们表演的台榭①。这种构图在敦煌唐代《西方净土变》题材壁画中有一定的普遍性。莫高窟初唐第321窟北壁的《阿弥陀经变》与第172窟南北两壁盛唐绘制的《观无量寿经变》，上方漂着不奏自鸣的乐器。相似的构图还见于莫高窟初唐、盛唐的同类题材壁画②。敦煌的这些壁画，可以帮助我们追溯龙门西方净土变龛在唐代洛阳寺院中的原型③。

万佛沟中还有一些与西方净土有关的小龛。例如，有一所小型浅龛，中央刻一尊穿着通肩式大衣的结跏趺坐佛，坐在仰莲花之上。他的下方对称刻着两身半跏趺坐的菩萨像，内侧一臂都向着主佛一侧伸出。这三身像的造型很像西方净土变龛中的西方三圣，很可能表现着同样的题材。三像的两侧和上下共雕着四排立姿菩萨像，都站在一朵仰莲花上（图5-47）。他们

① 敦煌文物研究所编：《中国石窟·敦煌莫高窟》第3卷，平凡社、文物出版社，1987，图版24—26。

② 敦煌文物研究所编：《中国石窟·敦煌莫高窟》第3卷，平凡社、文物出版社，1987，图版54；敦煌文物研究所编：《中国石窟·敦煌莫高窟》第4卷，平凡社、文物出版社，1987，图版9—14。

③ 常青：《唐代长安、洛阳寺院与敦煌莫高窟壁画札记》，载韩刚主编《艺术研究通讯》第一辑，四川大学出版社，2019，第25—55页。

图5-47 龙门石窟万佛沟西方三圣与众菩萨浅龛（武周，690—704年）

要么代表着西方净土中的众菩萨像，要么表现着从西方极乐世界的七宝莲花池中化生的天人形象。类似这样雕着众立菩萨像的浅龛在万佛沟和东山地区还有，表现着西方净土题材的流行。

近年来，在万佛沟沟口的下方崖面发现了一些窟龛，其中有一所大窟颇有意思，由前庭和主室组成。主室平面近似方形，壁面上没有雕像，地面中部也没有造像痕迹，原来的用途不清楚。在前庭的左右两侧壁上原来各浮雕着六身与真人等高的立佛像，其中左侧壁已经崩毁。右侧壁的六身佛像穿的服装有双领下垂式和通肩式，都站在一朵仰莲台上，身躯丰满窈窕，是武周时期的佛像风格（图5-48）。

十二佛的题材在前面讲北市彩帛行净土堂时曾经提到过，

图5-48　龙门石窟万佛沟沟口下方崖面十二佛窟前庭北壁（武周，690—704年）

在窟楣的题刻下方有一排12身小坐佛像（图5-20）。另外，在净土堂前庭北侧壁中部雕着一所横长方形浅龛，龛内刻六身结跏趺坐小佛像，每身坐佛高11厘米，在龛外东侧有阴刻楷书"僧礼十二光佛"（图5-21-2）。这里的僧，指的是六佛龛的东侧一个长方形小龛内刻的一身高10.5厘米的供养僧人像，他双腿盘坐，身体倾向六佛龛，明显是在礼拜这六身佛像，而不是别的佛像。

但是，这个僧人西侧的小龛内只有六身坐佛，何来的"十二光佛"呢？与该龛对称的南壁上，也有一排坐佛残迹，现仅存一身，高12厘米，形象相同。估计那里以前也有一排六佛，南北两壁共同组成了十二佛题材。有人认为南壁不一定有六身坐佛，而那个供养僧人礼拜的应该是窟楣上刻的12身小坐佛像[1]。如果真是这样，这个供养僧人像就应该在窟楣上，靠近那十二坐佛的地方。所以，北壁的这个供养僧人和他旁边的六身小坐佛像明显具有组合关系，而这个小龛中的六佛也与万佛沟口下方崖面新发现的这个大窟前庭的12身立佛题材联系在了一起，即他们都与对面另一侧壁上的同样六佛一道表现着十二光佛。

十二光佛是无量寿佛（即阿弥陀佛）的12个称号。曹魏时期康僧铠翻译的《无量寿经》中说：无量寿佛的威神光明，是最尊第一，其他佛的光明都不能及他。因此，他又号称是无量光佛、无边光佛、无碍光佛、无对光佛、炎王光佛、清净光佛、欢喜光佛、智慧光佛、不断光佛、难思光佛、无称光佛、超日月光佛等，总共是十二光佛称号。如果有人遇到了无量寿佛的光明，他的贪、瞋、痴三毒就会消灭，身心都会柔和而随顺于道，并且"欢喜踊跃，善心生焉"[2]。如果此人正处在三种恶道（即地狱、饿鬼、畜生道）之中，遭受着辛勤与痛苦，见到这样

①李淞：《论龙门石窟唐代净土堂的图像》，《新美术》1996年第4期，第21—25页。

②[日]高楠顺次郎、渡邊海旭主编：《大正新脩大藏經》第十二册，大正一切经刊行會，1924—1934，第270b页。

的光明，就会得到休息，不再有苦恼。当他寿终之后，一切苦难都会得到解脱。这就是礼拜十二光佛的好处。

六、看经寺——禅宗祖师谱系

从万佛沟的沟口向南走不远，就到了看经寺区。这里最主要的洞窟就是看经寺，是一所与禅宗传法祖师有关的大窟（图5-49）。在窟门外的南、北两侧各雕出一身高大的力士像，在门券的上方原来还刻着二飞天。它的后室平面呈方形，内部有宽大的空间，宽11.16米，深11.7米，窟顶的高度是8.25米。

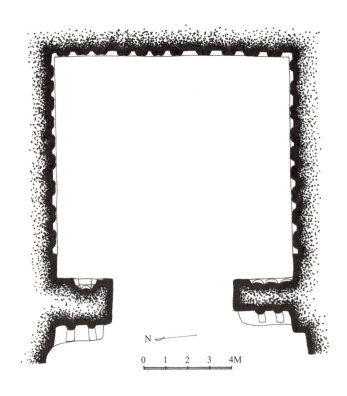

图5-49 龙门石窟看经寺平面图（武周，690—704年，作者自绘）

N

0 1 2 3 4M

窟顶平整，顶部中心略向上凹入，正中雕出一朵大莲花，在莲花四周雕有六身供养天人，呈顺时针方向飞转。四壁平直，在正壁和左右侧壁的下部以浮雕的形式刻出了29位罗汉立像，其中正壁有11身，两侧壁各有九身，他们的身高都在1.7米左右（图5-50）。这些就是洞窟内最原始的设计，在窟内壁面有一些千佛和造像龛，是在洞窟完成以后由别的佛教信徒补刻上去的。除此之外，窟内再没有像其他石窟供奉的一铺主尊像了。如此看来，这些罗汉群像，就是开凿这所洞窟的佛教徒们所崇拜的主要内容了。

这些罗汉都是些什么人物呢？从罗汉们的排列情况看，他们大部分是在注视自己的左前方，那么，站在这个队伍最前面的应该就是南壁西端的那位老年僧人了。第二位是少年僧人，

图5-50　龙门石窟看经寺北壁传法祖师行列（从婆修盘陀到达磨多罗，武周，690—704年，贺志军拍摄）

他手持着莲花，胖圆的脸上透露着一股稚气（图5-51）。他们两位我们在其他唐代石窟中会经常见到，就是侍立在佛祖身旁的迦叶和阿难，是释迦牟尼最主要的两位弟子。迦叶手持莲花，回头注视着这个传法行列，似乎在向后辈嘱托传法大任。这身迦叶像的上半身在20世纪上半叶被盗凿售往海外，如今已回归龙门。阿难身后的27位罗汉我们就不容易一一识别区分了。类似这样罗汉系列形象的雕刻，我们在看经寺南部的擂鼓台中洞三个壁面的下部见过，共有25位，时间是在武则天当女皇的大周朝。他们彼此之间应该存在着某种联系。

关于擂鼓台中洞西土二十五祖的身份，我们已经知道，他们是根据北魏吉迦夜和昙曜翻译的《付法藏因缘传》雕刻的，特意表现从释迦牟尼处接受了佛教大法的嫡系弟子迦叶，再将

图5-51　龙门石窟看经寺南壁迦叶（残）、阿难、末田地、商那和修（武周，690—704年，贺志军拍摄）

法传给阿难，以后代代相传，接受大法的第25位罗汉名叫师子。这25人，与29人相比还差了四位。很显然，看经寺的29位罗汉的谱系应该另有其来源。唐代的宗密大师（780—841）是华严宗的第五祖，同时也是禅宗的高僧。在他的著作《圆觉经大疏释义钞》卷三也排列了一个传法世系名单，前24位与《付法藏因缘传》基本重复。下面，我根据宗密的著述，来排列一下这29位祖师的谱系。

释迦将大法传给了迦叶。在佛灭度以后，摩诃迦叶就是传法第一代，以后辗转相传了28位祖师。最初的五位祖师分别是迦叶、阿难、末田地、商那和修、优婆毱多。但宗密认为商那和修是第三，因为末田地和商那和修都是阿难的弟子，而阿难将大法传给了商那和修。所以，优婆毱多是第四位祖师。以后的传承是：提多迦第五，弥遮迦第六，佛陀难提第七，佛陀密多第八，胁比丘第九，富那奢第十，马鸣菩萨第十一，毗罗尊者第十二，龙树菩萨第十三，迦那提婆第十四，罗睺罗第十五，僧伽难提第十六，僧伽耶舍第十七，鸠摩罗驮第十八，阇夜多第十九，婆修盘陀第二十，摩奴罗第二十一，鹤勒那夜遮第二十二，师子比丘第二十三。师子接受了大法之后，游行教化，在中亚罽宾国广度众生，将大法传给了弟子舍那婆斯（第二十四）。因为罽宾国王毁坏佛法，舍那婆斯遂去了南印度，将大法传给了第二十五祖优婆掘。以后，婆须密是第二十六，僧伽罗叉是第二十七，南天国王的第三子达磨多罗是第二十八。

可以看出，在宗密的著作中，如果加上末田地，实际上叙述了29位传法祖师。接着，宗密又明确地说，印度祖师中的最后一位达磨，又是来到中国的第一位，这样就开始了禅宗在中国的传播。达磨之后的中国祖师是慧可（487—593）第二，僧璨（约510—606）第三，道信（580—651）第四，弘忍

①（唐）宗密：《圆觉经大疏释义钞》，载《卍续藏经》第九册，No.0245，京都藏经书院，1905—1912。

②《历代法宝记》，载〔日〕高楠顺次郎、渡邊海旭主编：《大正新脩大藏經》第五十二册，大正一切経刊行會，1924—1934，第180a—182c页。

（602—675）第五，慧能（638—713）第六，神会（684—758）第七①。

所以，看经寺的29尊罗汉浮雕应该就是表现佛教禅宗的传法世系形象，最后一位就是在中国传播禅法的初祖菩提达磨了。宗密列出的禅宗祖师谱系，应该是在当时的禅宗僧俗中早已经流行的。他虽然只列出了28世，但如果加上他提到的末田地，或者是《付法藏因缘传》曾提到的夜奢比丘，正好是29位。这个祖师世系与成书更早一些的关于禅宗法统传承的《历代法宝记》（成书于唐代宗大历九年，公元774）记述基本一致②。这个谱系的构成，应该比774年更早，因为看经寺提供了珍贵的实物证据。

在禅宗的崇拜体系中，本门派的传法祖师占有重要地位。于是，在刻画看经寺的这些罗汉形象时，艺术家确实下了很大的功夫。看经寺的浮雕罗汉群像是写实与夸张手法巧妙结合的中国古典艺术的范例。写实性主要在人物的头身比例和躯干的制作上，夸张性则重在表现人物的面部神态，透过那些不同的表情去揭示他们复杂而虔诚的宗教心态，刻画出了栩栩如生的性格特点。在这些罗汉当中，有的老态龙钟，有的正当壮年，有的则纯然一位翩翩少年。他们有的手持经夹仿佛已经心领神会，有的双手抱拳一副恭敬请教的神态，有的似乎遇到了什么疑难问题，正回过头来与身后的一位虚心静听的合十罗汉交谈着。在当代人眼中，这很像是高僧大德们正在聚会，又像是为举行某种法事活动而列队缓缓行进着。当年的禅宗僧侣们造立出这些罗汉的形象，就是为了让后世的信徒从他们衣钵相传的历史中，去领会禅宗大法的真谛，顿悟自己的佛心，从而成就自身的佛道。

看经寺的罗汉群像虽然在龙门石窟乃至全国石窟没有可资

比较的对象，但窟内一些别的造像可以帮助我们确定这所洞窟的开凿年代。窟内南壁中部补刻着一些小千佛像，北壁中部靠上部位补刻着五排立菩萨和上部的一排坐佛。立菩萨的姿态各异，足下都踏着一朵莲花，由下向上伸的长梗将这些仰莲花彼此连接起来，最上连至坐佛。这种构图与万佛沟中西方净土变龛一带的众菩萨浅龛相似，可能反映了某种净土宗的思想，时代当不晚于唐玄宗时期，可以作为看经寺开凿年代的下限。另外，窟内西壁门南侧下部补凿了一所龛，龛内雕一立佛与二胁侍菩萨，菩萨的身躯扭动。门北侧下部也开有一龛，龛内的菩萨和力士都与西山极南洞一带的小窟同类造像相似。在窟外的南北壁面还开凿了一些小窟，窟内造像组合多是一佛、二弟子、二菩萨、二天王，在门外两侧雕力士。这些都表现着武则天执政时期的造像组合和风格。因此，看经寺的开凿当在武周时期①。

看经寺区还有一些中小型石窟和造像龛，在此略提几个。

二莲花洞（第2211、2214号）

这是两所彼此相邻的洞窟，位于看经寺北部，是一组经过统一规划的双窟。二窟平面近似于马蹄形，环正、左、右三壁下部凿出了倒凹字形基坛，坛上雕出结跏趺坐佛并二弟子、二菩萨、二天王像（图5-52）。在靠东壁的基坛处凿有一个长方形台，似乎是为了放置供品用的。窟顶为穹隆形，正中雕出一朵大莲花，四周环绕四身供养天人。基坛表面刻壶门，原内各雕一身舞伎或乐伎。窟门外两侧各雕一身力士。可以看出，在洞窟形制和造像布局方面都和龙门西山南段武周期的标型佛殿窟相似。

这两所洞窟的保存状况不同。南洞主室高4.7米，宽5.2米，深4.8米。在东壁（正壁）中部坛上雕有主尊结跏趺坐佛，出露双足，头顶发际刻有水波纹，面部表情肃穆，身穿通肩式大衣，

①参见阎文儒、常青：《龙门石窟研究》，书目文献出版社，1995，第127—128页。温玉成认为看经寺洞在唐开元十年至十五年（722—727）完工。详见温玉成：《龙门唐窟排年》，载龙门石窟研究所等编《中国石窟·龙门石窟》第二卷，文物出版社，1992，第211页。

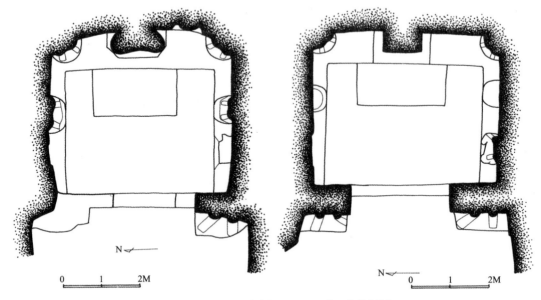

图5-52　龙门石窟二莲花南（左）、北（右）洞平面图（武周，690—704年，作者自绘）

左手横置腹前施禅定印，右手抚膝施降魔印，身后有舟形火焰大背光。下部佛座为平面八角形束腰叠涩座（图5-53）。右弟子为阿难，双手叠放在腹前，胯部略向主佛一侧扭动，是典型的武周期阿难像姿态。胁侍菩萨的胯部向主佛一方扭动，有璎珞在腹前交叉，还有帔帛绕腹下两道，是武周时期菩萨像的风格。窟顶莲花四周的飞天都是一手托花盘作供奉的姿态。基坛表面壶门内的舞伎或坐或跪，上身舞动。乐伎大部分已残损，有的为正面相结跏趺坐，可见帔帛在身后飞扬，但看不出持有的乐器。窟门呈圆拱形，门券顶部斜向窟内，与穹隆顶相连接。门楣上部两侧各雕一身托花盘的供养天人。窟门外北侧的力士已残损，南侧力士造型很像极南洞门外北侧的力士。

北洞主室高4.2米，宽4.9米，深4.3米。窟内造像大部分已经残损，仅南侧壁的天王保存较好，足下踏有二夜叉，与极南洞的天王相似。主尊佛也残了，下坐方形束腰覆莲座，座的

图5-53　龙门石窟二莲花南洞正壁（东壁）主佛（武周，690—704年，采自《中国石窟·龙门石窟》第二卷，图版193）

正面雕出一天王踏一夜叉的形象。窟门外南侧的力士上半身向着窟门一侧倾斜，外侧一臂弯曲上举一物，和龙门西山南段武周时期洞窟外的力士很相似。窟门外北侧壁偏下处有一小佛龛，龛左侧刻有一竖行题记："先天二年（713）七月十五日张庭之为父母造佛一区。"①这是在北洞完成以后补刻的小龛，表明北洞的开凿早于唐玄宗先天二年。因此，两窟的年代上限可以到武周时期。

　　四雁洞（第2220号）

　　四雁洞南距二莲花北洞约30米。该窟平面呈马蹄形，高

①刘景龙、李玉昆主编：《龙门石窟碑刻题记汇录》，中国大百科全书出版社，1998，第647页。

4.7米，宽5.22米，深5.25米，四壁向上卷入顶部，窟顶向西下斜至窟门口上方，门为圆拱形。窟内下部靠正壁（东壁）处凿有一半圆形基坛，在基坛的西部沿下有三层叠涩，向上又有两级（图5-54）。在原基坛上可能安置过一铺主像。窟顶正中雕出一朵大莲花，莲花外围分两圈内容。内圈雕出四只飞禽，为尖嘴、长颈、长腿，似为鹤，南侧两只向东飞舞，北侧两只相对飞动。因前人误将这四只飞禽认作雁，所以把这座窟称作"四雁洞"[①]。在窟顶刻鹤，表示天空境界，还有吉祥如意的表意，因为在中国传统文化中，鹤常与仙人为伴。在敦煌莫高窟的壁画中，也常用飞禽表现天空。在飞鹤的外圈雕出四身供养天人，都是一手托花盘，其中有一对是相对飞舞（图5-55），身上没有复杂的飘带装饰。在窟门外两侧原来各雕一身力士，现仅存二力士身下的高台。该窟顶部的莲花、鹤、飞天组合与奉南洞相同，只是鹤与飞天的位置不同，应为同一时期的造像思想所致，所以它们的年代也应该相近，即开凿于武周时期。在四

①宫大中将该窟四禽浮雕解释为四雁，认为它们代表五百雁，也就是代表五百罗汉。故这幅雕刻代表五百罗汉成佛故事。似不确。详见宫大中：《龙门石窟艺术》，上海人民出版社，1981，第192—193页。温玉成也认为这四只飞禽为大雁，详见温玉成：《龙门唐窟排年》，载龙门石窟研究所等编《中国石窟·龙门石窟》第二卷，文物出版社，1992，第213页。

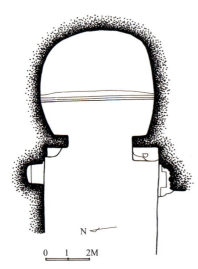

图5-54 龙门石窟四雁洞平面图（武周，690—704年，作者自绘）

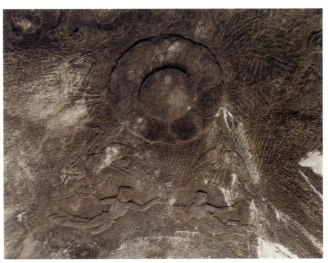

图5-55 龙门石窟四雁洞窟顶飞天与飞鹤（武周，690—704年，贺志军拍摄）

雁洞窟外北侧壁，有一座方形券顶的小禅窟，可能是与四雁洞
配合凿出的。

吐火罗僧宝隆像龛（第2235号）

龛口呈圆拱形，高90厘米，宽75厘米，深25厘米，位于二
莲花南洞的上方崖面。龛内雕立佛与二胁侍立菩萨像，三像的
身下都有圆形束腰仰覆莲台（图5-56）。主佛身穿通肩式大衣，
有鼓胸、细腰、宽胯的刻画。左菩萨左臂下垂，左手握莲枝，
右手伸向主佛并执一小瓶。右菩萨右手下垂握帔帛，左手伸向
主佛托一经箧状物。这两身菩萨没有璎珞装饰。在龛外两侧中
部分别凿一长方形浅龛，龛内雕一身力士像。龛下左右两侧各
刻二身供养人，都是跪姿，将身体侧向中部。其中右侧前一身
似僧人，左侧前一身似穿圆领袍服，左侧后一身为头束高发髻

图5-56　龙门石窟吐火罗僧宝隆像龛（唐景云元年，710年，采自《中国石窟·龙门石窟》第二卷，图版240）

①温玉成：《龙门所见中外交通史料初探》，《西北史地》1983年第1期。

的女供养人，都是唐朝男女的典型服装。在龛下左侧刻有题记，可知这所龛是唐睿宗景云元年（710）九月一日吐火罗僧宝隆造的①。这所龛的下方还有一个观音菩萨像龛，它的题记上说刻于唐中宗景龙四年（710）六月十五日。景龙四年和景云元年是同一年，经过了中宗和睿宗两位皇帝的交替，在同年七月改元"景云"。

吐火罗人是原始印欧人中地处最东的一个民族，大致居住在阿姆河以南、帕米尔高原以西、兴都库什山脉以北的广大地区，这一地区叫巴克特里亚（即今帕米尔以西的阿富汗一带）。在唐代，吐火罗人在新疆的塔里木盆地也有居住，他们与唐朝有过密切的关系②。吐火罗僧宝隆像龛有力证明了这个中亚民族与唐朝的交流与往来。

②王樾：《唐代西域与吐火罗》，《学术月刊》2013年第8期，第148—158页。

七、神秘的观音像

在印度的笈多王朝（319—550）时期，印度教由于教义简明易懂，很容易被人们接受，所以势力越来越强大。而那时大乘佛教教义烦琐深奥，一般人很难理解，逐渐失去群众的信仰，使佛教面临着严峻的挑战。这种形势迫使佛教徒必须广开门路，更多地吸收一些以前他们认为是外道的东西，来为自己服务。这就要求佛教必须进行改革，去适应各阶层的需要。

公元7世纪，佛教密教在印度诞生，盛行于德干高原等地。学术界认为，密教是印度大乘佛教的部分派别与婆罗门教相结合的产物，把大乘佛教的烦琐理论运用在了简化通俗的诵咒祈祷方面了。在组织形式上，他们把婆罗门教的咒术、仪礼以及其他的民间信仰都被吸收进来了，具有了术士与神巫的性质。密教主张秘密传法，人们不需要经过累世修行，只要按照密教教义的规定，口诵真言（语密），手结契印（身密，就是把手放成规定的姿势），心作观想（意密），三密同时相应，就可以立即（即身）成佛了[①]。成佛这样方便，很多人都愿去试试，于是佛教又有了一些市场。

①关于密教的特点，参见［日］大村西崖：《密教发达志》，载《世界佛学名著译丛》73，华宇出版社，1986。

　　公元8世纪初，印度著名的那烂陀寺里有一位僧人叫善无畏（637—735），相传是释迦族的后裔。他经过多年的跋涉，于唐玄宗开元四年（716）到达长安，这时他已经80岁了。725年，他遵照唐玄宗的旨意，在洛阳的大福先寺与中国的一行和尚（683—727）合作翻译出了密教的根本经典《大日经》，据说密教的全部理论基本上都包括在这部经里了。善无畏来到唐朝4年以后，南印度的密教高僧金刚智（669—741）也携同他的弟子不空（705—774），经由南海、广州抵达洛阳，大力弘扬起密教来了。从此以后，中国逐渐形成了一个新的佛教宗派——密宗[②]。

②关于密教在中国的传播，参见吕建福：《中国密教史》，中国社会科学出版社，1995。

　　密教崇拜特殊的偶像。密教徒们在诵经或修法时，需要先选择一个清净的地方，画一圆圈，或建一个土坛，然后在坛上安置佛、菩萨、护法等像。这种坛场叫作"曼荼罗"[③]。中国和日本的密教徒常常把曼荼罗和坛中的佛像画在纸帛或墙壁上。密教的最高尊神大日如来，通常被安置在曼荼罗的正中央，在其四方还分布着东方的阿閦佛、南方的宝生佛、西方的阿弥陀佛、北方的不空成就佛。密教认为这五佛具有五种智慧，而大日如来兼而有之：为了教化众生，他可以化现成五方佛。因此，这五佛是密教崇拜的主要偶像。

③荷峰：《曼荼罗の意义》，载《密宗学报》卷54，1917。

　　密教还有多种多样、奇形怪状的菩萨和明王像，在各种曼荼罗中都指定了他们的具体位置。密教的菩萨像，主要是长着很多面孔和很多臂、手上拿着各种法器的形象，其中以观世音菩萨的多种变化身为主，如千手千眼观音、十一面观音、四臂观音、八臂观音、如意轮观音、马头观音、准提观音、不空羂索观音、数珠观音、白衣观音等。别的菩萨像则有千臂千钵文殊菩萨等。

密宗，作为密教的宗派，虽然是在唐玄宗时代形成的，但是密教的经典和尊崇的一些偶像在初唐时代就已开始流行了。那时的经典和偶像还不够完备，所以被人们称为"杂密"。公元656—659年，玄奘法师就曾翻译了《十一面神咒心经》和《不空羂索神咒心经》。同样在高宗初年，中印度的高僧阿地瞿多来到长安，开始弘扬密教，是有关初唐佛教史文献记载中规模最大的一次密教活动。永徽二年（651）三月上旬，阿地瞿多在长安怀德坊慧日寺的浮图院内作密教的陀罗尼普集会坛，英国公李勣（594—669）、鄂国公尉迟敬德（585—658）等人都参与了活动。阿地瞿多还编译成了《陀罗尼集经》12卷，是初唐时期最重的密教典籍[1]。义净和尚在武则天时代也翻译了不少密教经典[2]。这些都很对武则天的胃口，因为她不仅爱好佛教，还特别相信那些秘密神奇的预言和占卜吉凶的说教，密教的思想可以满足她这方面的需求[3]。因此，密教形象在武则天时代的龙门石窟出现也就不奇怪了。

擂鼓台北洞的多臂观音像

龙门石窟是保存初唐密教造像较多的地点，对研究中国密教艺术发展史有着重要地位。这些造像主要是多种观音像。擂鼓台北洞带有明显密教色彩的是前壁门两侧的雕像。前壁南侧雕有八臂观音像一尊，通高1.97米，头略偏左，头顶饰高发髻，圆肩，细腰，宽胯，身材丰满窈窕。上身袒裸，饰有项圈，胸前有斜向巾带，身挂长璎珞与帔帛，下身穿长裙，有裙腰，足

① 《佛说陀罗尼集经翻译序》，载［日］高楠顺次郎、渡邊海旭主编《大正新脩大藏經》第十八册，大正一切经刊行會，1924—1934，第785a页。

② 如义净于唐中宗景龙四年（710）在长安大荐福寺所译《佛顶尊胜陀罗尼经》，载［日］高楠顺次郎、渡邊海旭主编《大正新脩大藏經》第十九册，大正一切经刊行會，1924—1934。

③ 汤用彤：《隋唐佛教史稿》第一章《隋唐佛教势力之消长》，北京大学出版社，2010，第17—21页。

踏圆形覆莲台。他的基本服饰都和唐代普通观音菩萨像相同。但他有八臂，每臂都戴有手镯，右侧四臂均残，左侧最前一臂弯曲于胸前，手中持一物；另二臂向上，一臂向下（图5-57左）。前壁北侧雕有四臂观音一尊，体形服饰都和南侧八臂观音相似，通高2.05米，头略偏右，前后两臂方向相反，四个手姿各异（图5-57右）。这两尊观音像的头部都已经佚失了，根据前人的研究，四臂观音的头部有十一面，就是十一面四臂观音。日本仓敷市大原美术馆收藏着这件十一面观音头像，高0.535米，表现着初唐风格，主面为单面，头上一层雕七面，二层雕三面，最上为一佛面[1]。但也有学者认为这个头像属于南侧的八臂观音。

北洞窟门外门上方有一横长方形浅龛，编为第2065号。中雕一坐佛与二立菩萨像，周围刻有七层共54身排列整齐的小坐

① [日]东山健吾：《流散于欧美、日本的龙门石窟雕像》，载龙门文物保管所等编《中国石窟·龙门石窟》第二卷，文物出版社，1992，第252—253页。

图5-57　龙门石窟擂鼓台北洞前壁南侧八臂观音像、前壁北侧四臂观音像（武则天执政时期，684—693年，作者自绘）

佛。北侧上有一身右舒坐菩萨，下有一身立菩萨；南侧上有一身左舒坐菩萨，中有三小坐佛，下有一身右舒坐菩萨。最南端雕了一身八臂观音像，通高0.56米，面部已残，服饰与北洞前壁的二观音菩萨相同。他的身体左侧四臂最前一臂弯曲于胸前持物，其余三臂平均展开，一臂下伸提净水瓶；右侧四臂最前一臂贴身下垂，其余三臂平均展开（图5-58）。这个浅龛应该是北洞完工以后补刻的，时代稍晚于北洞。

这三尊多臂观音像都是观世音的变化身，属于密教尊崇的偶像。多臂观世音在阿地瞿多编译的《陀罗尼集经》中曾提到过，如第五卷说在道场的"正当北门作莲华座，安八臂观世音"。第十二卷说："当院门中，……次安六臂观世音座。"经中还说在中央一院的"北面西头第一座主名六臂观世音，……第三座主名九臂观世音，……（北面西头）第六座主名四臂观世

图5-58　龙门石窟擂鼓台北洞窟门外上方第2065号龛八臂观音像（武周，690—704年，贺志军拍摄）

音"[1]。龙门擂鼓台北洞的八臂与四臂观世音像为什么要安排在窟内前壁门两侧，还不容易确定究竟出自何种经典。不过，这个位置原本是雕刻二天王的，把两尊多臂观音安置在这里，很可能有用观音的大慈悲来护佑佛法的用意[2]。

千手观音小窟（第2141号）

在万佛沟高平郡王洞的左下方，有一所平面呈长方形的平顶小窟，编为第2141号，高1.32米，宽1.7米，深1.3米。正壁没有雕饰，前壁东侧一个长方形小龛内刻有左舒坐菩萨与供养人各一身，前壁西侧一个圆拱龛内刻有右舒坐菩萨一身。西壁刻满横排整齐、上下交错的小千佛。在东壁下部有一矮坛，坛上壁面浮雕着一身高1.1米的千手菩萨像，身体部分已被盗凿，从残迹来看，原来的身高为0.98米。残像的身后呈一圆幅面展开的无数只手臂保存完好，总宽度为1.07米，各手臂都是向外伸直，手掌展开，雕工细致精美（图5-59）。该像表现的是千手千眼观世音，但每一个手掌心却没有刻出一眼，我怀疑原先可能是在各掌心画有一眼。千手观音像的两下角还各统一安排了一小龛，两龛内都雕着一身半跏趺坐的菩萨像。从窟内的千佛、菩萨像来看，都表现着龙门武则天时代的造像风格，因此，这个小窟的开凿应在武周时期。

八臂观音像龛（第2142号）

在第2141号的左侧有一所长方形浅龛，编为第2142号，高0.92米，宽0.82米，深0.34米，平顶（图5-60）。龛内正壁上部刻有一坐佛，还有东西两侧的左右舒坐菩萨与立菩萨各一身，五尊像的身下都有莲梗相连的仰莲；下部正中刻坐佛一身，下有高坛，东西两侧各立一身八臂观音像，通高分别为0.49米、0.52米。该龛西侧壁还保留着上二下一共三身左舒坐菩萨像，东侧壁有上下两身立菩萨像。龛内的佛与菩萨像也具有武则天

① [日]高楠顺次郎、渡邊海旭主编：《大正新脩大藏經》第十八册，大正一切经刊行會，1924—1934，第838a、888c、895ac页。

② 颜娟英：《唐代十一面观音图像与信仰》，载《镜花水月：中国古代美术考古与佛教艺术的探讨》，石头出版股份有限公司，2016，第376页。

图5-59　龙门石窟万佛沟千手观音小窟（第2141号）东壁千手观音残像（武周，690—704年）

图5-60　龙门石窟万佛沟八臂观音像龛（第2142号，武周，690—704年，贺志军拍摄）

执政时期的龙门时代特点，两身八臂观世音像的性质，应该与擂鼓台的同类像相同。

千手千眼观音龛（第2133号）

从第2141号经过"西方净土变龛"向东不远，就到了"千手千眼观音龛"，现编第2133号（图5-61）。它是一所长方形浅龛，高2.4米，宽1.75米，深0.4米。龛内浮雕一身菩萨立像，高1.79米，身躯呈直立姿势，面相丰满，表情肃穆，双目细长下视，额上竖刻着一眼，头顶高束发髻，宝冠上有化佛，是观音的重要标志。他上身袒裸，下身穿裙，装饰着璎珞，帔帛自双肩处垂于身体两侧。他的身体左右两侧最前部刻着12只手臂，分别以不同动作向四周伸展，都戴着腕钏。有的手中还持有法器或梵箧等物。在菩萨的十二大臂后部和身躯的周围刻满了小手臂，呈放射状向四周伸展，手掌相互叠压交错，生动自

如，似孔雀开屏一般，而且在每只手掌心都刻着一只眼。这所龛的雕刻时代也可能在武则天时期。有点神秘色彩的是，这尊千手千眼观音的足下有一个圆拱形空龛，约一尺见方（图5-61下侧），大小近似于龙门山间的许多瘗穴（详见后文）。如果是最初的设计，那么，这尊观音像就有助死者解脱的功能了。如果是后人在此补凿的，则有借这尊唐代千手千眼观音来超度亡灵的愿望。

万佛沟中的这两身千手千眼观世音像，也是密教供奉的一种观世音菩萨变化身。根据很多密教经典的记载，我们可以知道这种图像的一些历史和宗教功能。早在唐高祖武德年间（618—626），中天竺的婆罗门僧人瞿多提婆，在一张细毡上

① （唐）智通译：《千眼千臂观世音菩萨陀罗尼神咒经序》，载〔日〕高楠顺次郎、渡邊海旭主编《大正新脩大藏經》第二十册，大正一切经刊行會，1924—1934，第83b页。

② （唐）智通译：《千眼千臂观世音菩萨陀罗尼神咒经》卷上，载〔日〕高楠顺次郎、渡邊海旭主编《大正新脩大藏經》第二十册，大正一切经刊行會，1924—1934，第87b页。

③ 南印度人菩提流志于景龙三年（709）在西崇福寺翻译的《千手千眼观世音菩萨姥陀罗尼身经》，载〔日〕高楠顺次郎、渡邊海旭主编《大正新脩大藏經》第二十册，大正一切经刊行會，1924—1934，第101b页。

④ 中国古代千手千眼观音像，目前以敦煌莫高窟保存最多，但均属盛唐以后的作品。参见王惠民：《敦煌千手千眼观音像》，《敦煌学辑刊》1994年第1期，第63—76页。彭金章：《千眼照见 千手护持——敦煌密教经变研究之三》，《敦煌研究》1996年第1期，第11—31、18页。佛教经轨宣扬的千手千眼之功能也可参见此二文。

⑤ （唐）不空译：《千手千眼观世音菩萨大悲心陀罗尼》，载〔日〕高楠顺次郎、渡邊海旭主编《大正新脩大藏經》第二十册，大正一切经刊行會，1924—1934，第115b页。

图画了千手千眼观音，再加上关于这位尊神的结坛法和手印的经本，来到长安，一起进献给皇帝。可惜李渊对这些东西并不感兴趣，因此没有起到什么作用。到了唐太宗执政时期，有一位来自北天竺的僧人带着千臂千眼观音的陀罗尼梵本奉献给皇帝，李世民命令大总持寺的智通法师和那位印度僧人一同翻译出了这部经典①。于是在中国就开始了千手千眼观世音菩萨的信仰。佛经上说，观世音菩萨变现成千手千眼的样子，是为了降伏魔鬼和怨恨的。还说这种观音菩萨的身体作檀金色，面有三眼（因为在额上还有一只眼），有1000只臂膀，每一只手掌中各有一眼。菩萨的头上还戴着七宝天冠，冠上有化佛，身上垂挂着璎珞装饰②。他有大的手臂18只，中间的二手当心合掌，其余的12只手分别执着金刚杵、三叉戟、梵夹、宝印、锡杖、宝珠、宝轮、开敷莲花、羂索、杨枝、数珠、澡罐等兵器或器物，还有四只大手施无畏等手印。其余的982手，都在手中拿着各种器杖等，或是结各种手印。所有的手腕处都戴着环钏，身上穿着天妙宝衣，还有璎珞装饰③。这些经典描述的特征，与万佛沟的千手千眼观音龛中的造像很相似，只是他的大手只有12只，而且众小手也都没有持物。所以，龙门万佛沟的千手千眼观世音像有可能是根据一些经典的描述再加上艺术家自己的想象发挥而成的。

有关千手千眼观世音菩萨的神通、职能以及供奉的好处，在相关的经典中都有很详尽的描述④。这个菩萨的职能，是用他的千臂普遍保护众生，用千眼的光明遍观人世间的疾苦，可以利益安乐一切众生⑤。同时，千手千眼观世音也可以降伏妖魔与怨敌。佛经上说，有一次观音菩萨在雪山中说法，看见夜叉罗刹国中的人民，只靠吃食众生的血肉为生，毫无善心可言。观音为了方便教化他们，就以神通力来到罗刹国中，变现成了千眼千臂的形象，来降伏这些魔鬼们。最后，罗刹国王来到观音面前哀求，并且顶礼膜拜①。这种具有降伏魔鬼、无边法力的神异说教，对当时信奉密教的人们影响至深。

十一面三十四臂观音窟（第571号）

在龙门西山众多的显教窟龛造像中，有一处密教小窟值得我们注意。在惠简洞上方有一座小窟，现编第571号。它的平面呈半马蹄形，券顶，高2.23米，宽1.39米，深1.08米。正壁下方原似有基坛，壁面中部雕了一立菩萨像，高1.62米，右臂提一宝瓶，足踏圆形覆莲台。他应该是观世音菩萨，具有典型的龙门武则天期时代风尚。北壁开凿了一所尖拱形龛，内雕立菩萨一身，高1米，与正壁观世音像相似。最引人注目的是南壁的十一面三十四臂观音立像，是与正壁观音像同期规划刻成的（图5-62）。这尊像身高1.62米，最主要的一面已经残损，左右两侧还各残存一面；头顶还有两层小头，正向面的小头都已

①（唐）智通译：《千眼千臂观世音菩萨陀罗尼神咒经》卷下，载〔日〕高楠顺次郎、渡邊海旭主编《大正新脩大藏經》第二十冊，大正一切经刊行會，1924—1934，第88c页。

图5-62　龙门石窟惠简洞上方第571号小窟南壁十一面三十四臂观音像（武周，690—704年，贺志军拍摄）

残损，两侧各残留着一面，这样总体构成了十一面观音的头部。他的身体丰满而窈窕，胯部向着左侧扭动，右膝略屈，左腿直立，颇具女性优美的体态。他的左臂弯曲于胸前，左手捻一小珠；右臂垂直下伸，右手握一独钴金刚杵。他的身后浮雕众多的手臂，呈放射状，构成一个圆幅面：在身体右侧伸出14臂，左侧伸出18八臂，手掌都展开着，手的姿势各异，个别的手中持物，每个手腕处都戴着手镯。他的双足下踏着圆形覆莲台。

在密教造像中，十一面多臂观世音也属于观音菩萨的一种变化身。在第571号窟内，将这种变化身和标准的观世音像一并供奉，可能包含着某种特殊含义①。十一面观世音在经典中有很多描述，说他的当前三面作菩萨面，左厢三面作瞋面，右厢三面似菩萨面，并有狗牙上出，后有一面作大笑面，顶上一面作佛面。十一面各戴花冠，花冠中各有阿弥陀佛。他的左手持澡瓶，瓶口里出莲花；右手以串璎珞施无畏手，身上有璎珞庄严②。有的经典说他的左手执红莲军持（即净水瓶），展右臂以挂数珠，作施无畏手。他有十一面，当前三面作慈悲相，左边三面作瞋怒相，右边三面作白牙上出相，当后一面作暴恶大笑相，顶上一面作佛面相③。还有经典说十一面观音的宝冠中住佛身，正面浅黄色，是救世的哀悯相；左右侧面是青黑面；再左侧是三个忿怒相面，再右侧是三个降魔相面，后面有一个暴笑相面，头顶上有佛相面④。可知有些经典中说的这种观音右三面的狗牙（或白牙、利牙）上出相，是观世音变化的降魔相。

这些经典上的记载，都与第571号的十一面三十四臂观世音像不尽相同。首先，诸经中的十一面排列法显然只分两层，即下层的十面（包括慈悲三面、瞋怒三面、降魔三面、暴笑面）与上层的一佛面，但这种规定是不适合用高浮雕形式表现的，而只适用于圆雕像。为了使信徒从正面看到高浮雕菩萨的十一

① ［日］水野清一、長廣敏雄《龍門石窟の研究》中的《龙门石刻录录文》402录石牛溪一龛题记为："清信佛弟子／裴罗汉为七／口父母愿身平／安敬造地藏／观音十一面菩／萨各一躯以斯／功德散霈法／界众生咸同／此福。"但笔者在调查时，没有发现此题记及所在龛像的位置。水野与长广也不清楚该题记的地点，他们根据的是旧金石录及关百益《伊阙石刻图表》、沙畹《北中国考古图谱》等著作。

② （北周）耶舍崛多译：《佛说十一面观世音神咒经》，载［日］高楠顺次郎、渡邊海旭主编《大正新脩大藏經》第二十册，大正一切经刊行會，1924—1934，第150c、151a页。

③ 见高宗显庆元年（656）玄奘于大慈恩寺翻译的《十一面神咒心经》，载［日］高楠顺次郎、渡邊海旭主编《大正新脩大藏經》第二十册，大正一切经刊行會，1924—1934，第154a页。

④ （唐）不空译：《摄无碍大悲心大陀罗尼经计一法中出无量义南方满愿补陀海会五部诸尊等弘誓力方位及威仪形色执持三摩耶幖帜曼荼罗仪轨》，载［日］高楠顺次郎、渡邊海旭主编《大正新脩大藏經》第二十册，大正一切经刊行會，1924—1934，第130c、131a页。

面，雕刻第571号的艺术家特地采用了三层面的表现法。中国其他地区的十一面观世音像，也大都是这种三层面或多于三层面的表现法。由于该像正面已残，侧部残存诸面仍可见其为菩萨首，但已经看不到正中最上的佛首了。其次，第571号十一面三十四臂菩萨的前二臂持物不同于经典的描述，并且具有三十四臂，表现法很像千手千眼观世音像。看来，第571号南壁这尊观世音菩萨变化身的制作，并没有完全严格地依据特定的密典仪轨，而有着相当成分的宗教与艺术方面的发挥和想象。

在密教信仰中，供养十一面观世音像的好处很多。相传，佛灭度后800年中，印度憍萨罗国中疾疫流行，病死人过半，经历三年，仍不见好转。国王和大臣们商议对策，祈请十方世界天上天下有大慈悲的神灵前来救护。国王梦见了一尊圣像，有十一面，身体是黄金色，光明照耀，伸手摩着国王的头说：我可以用十一面来守护你的王国。国王梦醒后，告诉了大臣们。于是，大家一起动手，在一天之中造了一尊十一面观音像，灾难立即免除了。在以后的100年中，再也没有遭遇过类似的疾疫[1]。

此外，供养并念诵十一面观世音神咒，可以消除一切疾病、忧恼、灾难、恶梦、恶心，包括所有的妖魔鬼怪。玄奘翻译的《十一面神咒心经》说，在信徒斋戒供养十一面观世音像之后，该像当前一面就会"口中出声，犹如雷吼"。如果遇到外敌入侵，就把像左边的瞋面对着敌人的方向，可以令敌军不得前进。如果要消除国中人畜得的疾疫，可以"取绯缕作七咒结，一咒一结，系置最上佛面顶上，能令疫病一切消除"。如果有鬼魅害人成病，可作用于当前的慈悲面。如果有仇人加害，可求助于左侧的瞋面[2]。

有一个传说故事，讲述着十一面观音击退来犯之敌的功能。武周神功元年（697），契丹抗拒皇命，武则天下令出师讨伐，

[1]（辽）非浊集：《三宝感应要略录》卷下引《西国传》，载［日］高楠顺次郎、渡邊海旭主编《大正新脩大藏經》第五十一册，大正一切经刊行會，1924—1934，第852c页。

[2]［日］高楠顺次郎、渡邊海旭主编：《大正新脩大藏經》第二十册，大正一切经刊行會，1924—1934，第154abc页。

① （新罗）崔致远：《唐大荐福寺故寺主翻经大德法藏和尚传》，载〔日〕高楠顺次郎、渡邊海旭主编《大正新脩大藏經》第五十册，大正一切经刊行會，1924—1934，第283c页。

② 善无畏与金刚智事迹，参见（北宋）赞宁：《宋高僧传》卷二《善无畏传》。（唐）李华：《玄宗朝翻经三藏善无畏赠鸿胪卿行状》及《大唐东都大圣善寺故中天竺国善无畏三藏和尚碑铭并序》。《大唐东京大广福寺故金刚三藏塔铭并序》，见《贞元新定释教目录并序》，载〔日〕高楠顺次郎、渡邊海旭主编《大正新脩大藏經》第五十五册，大正一切经刊行會，1924—1934，第877a页。另见（唐）吕向：《金刚智行记》；赞宁：《宋高僧传》卷一《金刚智传》。

特意诏长安大荐福寺法藏和尚（643—712），请他依照佛经来击退敌人。法藏上奏说：如果要打垮怨敌，需要请左道法术。武则天让他放手去做。于是，法藏就沐浴更衣，建立了十一面观音道场，里面安置观音像，举行了相应的仪式。几天以后，那些胡人军队就看见无数王师和神王的军队一起，簇拥着观音像从天而降。驻守边防的大周士兵则听到了天鼓之声。一个月后，捷报就传到了朝廷①。

第571号的十一面观世音像，在当时信徒的眼中是同样具有上述神通的，这也是龙门初唐时期造立该像的目的。

五佛洞（第1954号）

龙门还有一些石窟造像也可能与密教有关。前面谈过，密教信奉五方佛，以大日如来居中，有四方佛位于东、西、南、北。五佛洞（第1954号）在极南洞的南侧下方，平面呈长方形，高1.5米，宽1.2米，深2米，在正、左、右三壁下部凿出倒凹字形基坛，在正壁坛上雕一结跏趺坐佛像，右手施降魔印。在主尊两侧的左、右侧壁分别雕着二立佛、一菩萨、一天王像，共有五身佛像（图5-63）。这会不会是以龙门武周期典型的佛殿窟形式来表现密教的五方佛题材呢？很值得我们思考。

东都洛阳是密教最早在中国活动的重要地区，密宗的创始人善无畏与金刚智死后都埋葬在龙门②。初唐时代龙门的密教图像种类虽然还不多，但说明早在密宗建立以前，中国僧侣们就已根据印度传来的密教经典制作重要崇拜偶像了。西京长安和东都洛阳，应该是这种新的造型艺术的起源地，当然是参考了印度的蓝本。至于密教偶像的大量出现，自然是唐玄宗时密宗成立以后的事了。

图5-63　龙门石窟极南洞南侧下方五佛洞（第1954号）内景（唐，8世纪初，贺志军拍摄）

八、唐代龙门模式的流布

　　从现存全国佛教石窟造像来看，高宗、武则天时期是当之无愧的最高峰，这个时期的龙门石窟就对全国其他地区的开窟造像工程具有一定的影响力。也就是说，全国其他地区在开窟造像时，很有可能会参照龙门样式，而此时的龙门样式就可以称为"模式"，这是由洛阳的重要地位所决定的。唐代龙门模式主要创作于唐高宗与武则天时期，洛阳作为高宗时期的东都、武周时期的神都，地位十分重要。特别是在武周时期，洛阳实际上已成为全国政治与宗教中心，地位高过了长安。那么，一向为皇室与显贵们的心灵寄托服务的龙门石窟，在这个特殊时期也必然跃居全国石窟造像的中心，对其他地区产生一定的影响。问题的复杂性在于：全国各地在接受洛阳影响时，也可能会同时接受来自长安的影响，但如果以目前在长安地区发现的像例为线索，排列几项不在长安流行的、龙门特有的唐代石窟造像内容，作为唐代龙门模式，去与别的地区石窟造像比较，就会发现龙门对其他地区的影响力^①。

比较而言，不在长安流行的龙门石窟内容有以下几项。一是窟形。三壁环坛列像窟（图5-5、图5-8、图5-10）是龙门高宗至睿宗时期最流行的窟形。这种洞窟虽然在长安周围地区也有发现，但比较而言，龙门的数量与规模远胜于长安地区。最显著的是奉先寺大卢舍那像龛，在长安地区找不到能与之匹敌的高宗与武则天时期的皇家工程，可以看作是皇家资助的样板洞窟。因此，像八作司洞那样的三壁环坛列像窟可作为龙门的唐代标型洞窟。此外，像万佛洞那样的正壁设坛列像窟也与上述窟型相似，也在龙门有一定的特色。还有一些在龙门特殊的窟形或造像配置，如摩崖三佛龛、北市彩帛行净土堂、万佛洞、五佛洞、擂鼓台三洞、高平郡王洞、看经寺洞等都没有在长安发现。

二是造像组合。龙门唐窟的典型造像组合是一佛、二弟子、二菩萨、二天王、二力士，一般将力士安置在窟门外两侧（图4-66、图4-67）。窟顶雕莲花与飞天（图5-28），壁基或基坛表面刻舞乐图（图4-40、图5-9），这种配置在长安并不流行。

三是造像样式。与长安相比，龙门更加流行倚坐弥勒佛像，并且很多是将双腿平行下舒，双腿显得较粗，如惠简洞主佛（图4-46）。长安的倚坐佛像一般双膝部外张，小腿较细，虽然也有双腿平行下舒的例子，但在长安不流行。在菩萨像方面，

① 常青：《唐代龙门模式试析》，载北京大学考古文博学院编：《宿白纪念文集》，文物出版社，2022，第75—122页。

长安不流行璎珞装饰，且菩萨像一般胯部扭动幅度较大。因此，龙门菩萨的特色在于长璎珞在腹前交叉穿一饰物，身体直立或是胯部略微扭动（图4-21、图4-26、图4-70）。敬善寺洞与万佛洞壁间从下方伸出的以众多的连梗仰莲花承托姿态各异的众菩萨像，迄今在长安地区没有发现（图4-25、图4-38）。

上面说的这些不在长安流行的项目暂且可以称为"唐代龙门模式"。因为以龙门为代表的高宗、武则天时代的洛阳造像样式有对全国其他地区石窟造像影响的可能性，如果在全国其他地区发现了与上述这些龙门唐代特色样式相似的因素，就有可能是受东都洛阳影响的结果。当然，这些龙门特色的总结是基于对迄今发现的唐长安地区造像的总结为前提的。随着长安地区新样式在将来的发现，上述龙门特色与模式的内容将会被改写。下面，我们用上述唐代龙门模式与其他地区的部分石窟造像略作比较，来观察一下唐代东都洛阳的影响力（图5-64）。

河南浚县千佛洞由两所规模不大的洞窟和一批摩崖造像组

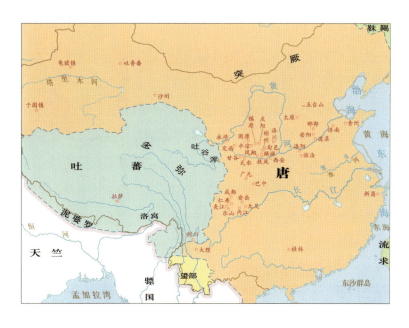

图5-64 唐朝疆界与主要石窟造像地点分布图

① 河南省古代建筑保护研究所：《浚县千佛洞石窟调查》，《文物》1992年第1期，第31—39、104页。

② 古代建筑修整所编：《河南省几处石窟简介》，《文物》1961年第2期，第31—34、67页。

③ 河南省文物研究所编：《中国石窟·巩县石窟寺》，文物出版社，1989，图版200—203、212、215、221—234、242、251、252、255。

④ 下面所用的须弥山石窟资料，详见宁夏回族自治区文物管理委员会：《须弥山石窟》，文物出版社，1988。

成，第1窟开凿于唐永隆二年（681）以前，第2窟约开凿于武则天执政初期的如意元年（692）以前①。两窟内的立菩萨像都装饰有长璎珞，这是在初唐龙门石窟中所常见的。沁阳玄谷山摩崖造像第6龛的倚坐弥勒佛像虽然没有纪年，但可以在龙门摩崖三佛与惠简洞等窟中找到形象的来源②。邻近洛阳的巩义大力山石窟第5窟外东侧龙朔元年（661）第219龛装饰有束莲柱，相同的做法可见于龙门敬善寺区小窟，而不见于长安地区。同时，该龛内的二胁侍菩萨像身躯或直立，或略微扭动，流行于龙门唐窟之中。如果遍观大力山石窟补刻的唐代众小龛，身躯直立或略微扭动是诸菩萨像的显著特征，明显与龙门的关系更加接近。还有第5窟外北壁中部的优填王像在服饰与坐姿方面均可在龙门敬善寺区的众多优填王像中找到相似风格，而长安目前还没有发现这类题材造像③。

长安以西的丝绸之路沿线，散布着大大小小的唐代石窟造像遗迹，我们也可以从中领略到洛阳唐高宗与武则天时期佛像样式西传影响的因素。

宁夏南部的固原是唐代的丝路重镇原州，著名的须弥山石窟就位于今固原市城西北约55公里处，石窟总计132所，以唐窟的数量为最。须弥山唐窟在洞窟形制以及造像组合、样式等方面与长安、洛阳地区的艺术存在着很多相似性④，其大部分形制是在倒凹字形基坛上造出一组列像的洞窟，造像通常是三世佛或一佛二弟子二菩萨二天王二力士像，这都是龙门武则天时期所流行的布局形式与造像组合。另外，第105窟中心柱正壁的倚坐弥勒佛双小腿平行下舒（图5-65），与龙门石窟高宗时期的双窟南洞主佛、咸亨四年（673）完工的惠简洞主佛（图4-46）相同。

甘肃永靖炳灵寺唐代洞窟的平面布局多为马蹄形平面的三

图5-65 宁夏固原须弥山石窟第105窟中心柱正面龛（唐）

壁环坛列像窟，如第4、61、68窟等，与龙门奉先寺、龙华寺洞、
八作司洞的窟形相似（图5-66）。

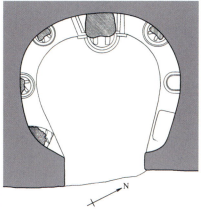

图5-66 甘肃永靖炳灵寺第4窟平、剖面图（唐，采自《中国石窟·永靖炳灵寺》第221页）

①参见敦煌研究院编:《敦煌莫高窟供养人题记》,文物出版社,1986年12月。

敦煌莫高窟初盛唐洞窟正壁龛内不设坛,或在龛内三壁筑坛设置一铺七至十余身列像,这种方式可以视为龙门唐代列像窟的缩小形式(图5-67)。第332窟完工于武周圣历元年(698)①,该窟中心柱正面与南北人字披下的三身立佛像体形特征,与龙门双窟、龙华寺等窟立佛接近。

"天府之国"四川盆地,在隋唐时期开窟造像事业蓬勃兴起,特别是盛唐以后。其中也有与洛阳关系密切的例子,如通江千佛崖阿弥陀佛像龛,凿于龙朔三年到麟德二年间(663—665)。龛中主像为一佛二菩萨,周围分布51尊坐在莲花上的菩萨,姿态各异。巴中南龛盛唐第62号阿弥陀净土变窟也有类似的布置,以结跏趺坐佛为中心,两侧自下方升起众多的坐菩萨

图5-67　甘肃敦煌莫高窟第45窟正壁龛(盛唐,采自《中国石窟·敦煌莫高窟》第三卷,图版124)

像，都是由连梗的仰莲花承托着（图5-68）。这种图像与龙门
梁文雄洞、袁弘勣洞侧壁、敬善寺洞很相似。主佛穿通肩式大
衣、双手叠放胸前的姿态及其体形特征，则与袁弘勣洞主佛基
本相同[1]（图4-33）。广元皇泽寺初唐第28号窟左侧观音菩萨基
本是直立的姿态，身上有长璎珞在腹前交叉穿一环，是龙门初
唐菩萨像流行的做法。广元千佛崖初唐第5号牟尼阁窟、第13
号莲花洞右龛、第33号菩提瑞像窟的胁侍菩萨像等既有帔帛在
腹下绕作两道圆环，又有长璎珞在腹前交叉穿环，身躯基本直
立，都与龙门奉先寺大卢舍那像龛中的二胁侍菩萨立像特征相

[1] 中国美术全集编辑委员会编：
《中国美术全集·雕塑编12·四
川石窟雕塑》，人民美术出版社，
1988，图版16。

图5-68　四川巴中南龛第62号阿弥陀净土变窟（盛唐）

① 刘长久：《安岳石窟艺术》，四川人民出版社，1997，图版35。

② 中国石窟雕塑全集编辑委员会编：《中国石窟雕塑全集8·四川重庆》，重庆出版社，2000，图版83、157、176、185。

③ 中国石窟雕塑全集编辑委员会编：《中国石窟雕塑全集8·四川重庆》，重庆出版社，2000，图版54。

④ 中国石窟雕塑全集编辑委员会编：《中国石窟雕塑全集9·云南贵州广西西藏》，重庆出版社，2000，图版112、113、115、116。

同。具有同样服饰特点的立菩萨像还可见于安岳千佛寨唐代第96龛①。蒲江飞仙阁初唐第60龛中的胁侍菩萨、巴中南龛盛唐第86号中的观音菩萨立像、邛崃石笋山中唐第6号西方净土变龛门右侧的菩萨像、夹江千佛崖中唐第154号龛中的观音立像也有同样的服饰特点②。巴中水宁寺盛唐第1号药师佛龛中的胁侍菩萨像有龙门流行的在腹下绕两周的帔帛与复杂的长璎珞③。总的来看，四川地区唐代窟龛造像接受洛阳龙门的影响主要表现在菩萨像的服饰上。

桂林西山摩崖造像龙头石第5号龛内雕有一佛二弟子四菩萨二飞天，大有初唐风格。其中的四菩萨像都是身躯直立之姿，更加接近龙门初唐菩萨像风格。此外，桂林还珠洞摩崖造像上层一佛二弟子二菩萨二供养人龛、二菩萨龛、下层右壁西方三圣龛中的唐代立菩萨像也都是身躯基本直立，反映了唐代桂林对菩萨像身姿的审美特征④（图5-69）。

济南神通寺千佛崖，是山东地区唐代造像的重要区域，其中有唐高祖武德（618—626）、唐太宗贞观（627—649）、唐高

图5-69　广西桂林还珠洞摩崖造像下层右壁西方三圣像龛（唐）

宗显庆（656—661）、永淳（682—683）、文明（684）等纪年题记。显庆二年（657）齐州刺史、上柱国、驸马都尉、渝国公刘玄意造的倚坐弥勒佛像（图5-70），显庆三年（658）青州刺史赵王李福造的阿弥陀佛坐像，从左肩处系带垂下袈裟，这种做法与宾阳南洞主佛相同[1]（图4-3）。永徽元年（650），担任汝州刺史的刘玄意曾在宾阳南洞雕刻了阿弥陀佛龛与大力士像[2]，而此时正壁主佛早已竣工。以后，刘玄意改任齐州刺史，完全可能将龙门佛像样式带到神通寺。另外，在济南历城九塔寺的唐代摩崖造像中，菩萨像多身躯直立。历城大佛洞的唐代胁侍菩萨像身躯基本直立，身挂长璎珞在腹前交叉穿圆形花饰，还有帔帛在腹下绕两周。青州驼山第1窟的唐代二胁侍立菩萨像

① 关于神通寺千佛崖，参见［日］阪井卓：《神通寺千仏崖の唐代初期造像について》，《仏教芸術》159增大號，1985。

② 宾阳南洞门券北侧力士头顶有造像记曰："永徽元年十月五日汝州刺史驸马都尉刘玄意敬造金刚力士。"

图5-70　山东济南神通寺千佛崖驸马都尉刘玄意造倚坐弥勒佛与力士（唐显庆二年，657年）

①［日］常盘大定、關野貞：《支那文化史跡》，法藏館，1941，图版VII-36（1）、37、42（1）、85、98。

②中国美术全集编辑委员会编：《中国美术全集·雕塑编13·巩县天龙山响堂山安阳石窟雕刻》，文物出版社，1989，图版98。

③宁夏回族自治区文物管理委员会、中央美术学院美术史系编：《须弥山石窟》，文物出版社，1988，图版22、23。

④甘肃省文物工作队、庆阳北石窟寺文物保管所编：《陇东石窟》，文物出版社，1987，图版74。

身躯略微扭动，第4窟中的倚坐弥勒佛像双腿基本平行下舒①。这些特征都有可能来自洛阳。

唐代龙门流行弥勒佛像，敬西洞、摩崖三佛龛、双窑北洞、惠简洞、极南洞、擂鼓台中洞等都是以倚坐弥勒佛为主尊。由于皇室的大力提倡与政府的强令措施，弥勒下生的信仰流行起来了，制作倚坐大佛像的风气也由洛阳波及全国。中国现存大倚坐佛像著名的有如下多例，无一例外的是，他们双腿都平行下舒。这些大佛有：山西太原天龙山第9窟主佛，高约5米②（图5-71）；宁夏固原须弥山第5窟倚坐佛，高20.6米③；甘肃庆阳北石窟寺第222窟正壁倚坐佛，高4.5米④；甘肃甘谷大像山第6窟倚坐

图5-71　山西太原天龙山第9窟主佛（唐）

佛，高23.3米；甘肃永靖炳灵寺第170号倚坐佛，为凉州观察使薄承祚建于唐玄宗开元十九年（731），高约30米[①]；甘肃武威天梯山石窟第13窟主尊倚坐弥勒佛像，高约26米；甘肃敦煌莫高窟第96窟北大像，为禅师灵隐与居士阴祖等建于武周延载二年（即证圣元年，695），高33米；莫高窟第130窟南大像，为僧处谚与乡人马思忠造于唐开元年间（713—741），高26米[②]；四川内江翔龙山倚坐佛，雕于唐僖宗广明元年（880），高3.9米[③]；四川乐山凌云山大佛，雕于唐玄宗开元初年至唐德宗贞元十九年（713—803），高71米。这些大型弥勒佛像双腿平行下舒的做法，是典型的洛阳龙门唐代倚坐弥勒佛的特点，应该与唐代龙门模式的传播有关。

唐高宗与武则天时代掀起的自北魏以来的第二次开窟造像热潮，应当与西京长安和东都洛阳的佛教事业向外传播关系密切。其中，洛阳在武则天时期号称"神都"，政治地位超过了长安，并与当时全国各地的佛教石窟艺术发生着直接或间接的关系。与北魏晚期不同的是，在这第二次开窟造像热潮中，地方特色鲜明的艺术风格较少，这也许与初盛唐时期的大一统政局有关。

[①] 甘肃省文物工作队、炳灵寺石窟文物保管所编：《中国石窟·永靖炳灵寺》，文物出版社，1989，图版192、193。

[②] 据第156窟前室北壁的《莫高窟记》。P·3721号卷子《瓜沙两郡大事记》载南大像建于开元九年（721）。在敦煌遗书中，S·6502、2658为《大云经疏》残卷，可知敦煌弥勒像的流行，与洛阳方面的弘扬有关。

[③] 中国美术全集编辑委员会编：《中国美术全集·雕塑编12·四川石窟雕塑》，人民美术出版社，1988，图版109。

第六章

日暮下的龙门

公元705年，武则天病重，宰相张柬之（625—706）率领文武大臣入宫逼她退了位。82岁的武则天就在这一年死去。此后的8年中，由她的两个儿子唐中宗、唐睿宗轮番执政。到712年，武则天的孙子李隆基登基做了皇帝，他就是唐玄宗，历史上也称唐明皇。在唐玄宗长达44年的执政年代里（712—756），唐朝的社会发展到了最高点，国家的殷富也达到开国以来从未有过的高峰。因此人们把这段时间称为盛唐。

唐玄宗时代，经济文化空前繁荣，但与此相反的是，中国石窟寺的发展却逐渐走向低谷。主要原因是，玄宗和太宗有点相似，也是一位不信佛的皇帝。唐玄宗最信任的宰相姚崇也乘机劝他对佛教加以限制。于是，全国上万名和尚、尼姑被强迫还俗。唐玄宗还命令拆除了一批寺院，也不允许民间再任意建新佛寺，还一度禁止他们造像写经。与此同时，他对道教的思想越来越感兴趣，许多自称法术高超的道士都同他保持着密切交往。唐玄宗最宠爱的杨贵妃（名玉环，719—756），原来是他的儿媳。为了使他们的关系名正言顺，唐玄宗先让杨玉环去太真宫当女道士，然后再册立为贵妃。唐玄宗到晚年更加迷信道士的长生不老术，竟然在宫里也立坛炼丹[①]。尽管如此，唐玄宗只是限制佛教的膨胀，对于一般的佛教活动并不禁止。所以，盛唐时代的佛教艺术，也有着一定规模的发展。

在这种历史条件下，龙门石窟大规模地开窟造像热潮退去了，但并不意味着就此停止。从盛唐直到北宋，龙门石窟一直都有零散的雕凿活动，但这些作品已不再具有对外影响的模式作用了。

一、唐明皇与高力士的设计

唐玄宗时期的"开元盛世"（713—741），政局稳定，经济发展，文化繁荣。在此期间，李隆基曾五次前往东都洛阳，处理政务，前后共居住了10年时间，于是东都洛阳的地位又有回升。当他瞻仰到前朝高宗皇帝和武皇后建造的举世无双的大卢舍那像龛时，不禁感慨万分，发誓重新装饰大像龛。刊刻于开元十年（722）的奉先寺《大卢舍那像龛记》提道："实赖我皇，图兹丽质；相好希有，鸿颜无匹。"这里的"我皇"，指的就是唐玄宗，明确指出他曾经重庄这个无与伦比的大像龛。与这个造像记相近的唐玄宗行幸洛阳的时间，是开元十年正月到十一

图6-1 龙门石窟奉先寺大卢舍那像龛西北角（唐，7—8世纪）

年正月（722—723），所以我们推想大约在开元十年，朝廷的有关部门曾经按照唐玄宗的意图庄严了大卢舍那像龛。

在奉先寺一铺九身大像间还有许多补雕的造像龛，龛内都是立佛像，有一至五尊不等，共雕了49身（图6-1）。如果再加上还没有完工的，有51身之多[①]。他们的分布没有规律，都是插空雕刻的。这些佛像的身高都在1.9米左右，基本同人类的高个子相等。脚下都踩着八角形的束腰莲台，身上穿着通肩或双领下垂式大衣。他们的体态与龙门初唐佛像已经完全不同了：头似圆球状，面部胖圆，双目俯视，鼓胸隆腹，身

[①] 有学者认为现存立像共计48身，详见彭明浩、李若水：《龙门奉先寺大卢舍那像龛唐代的补凿与加建》，《考古》2020年第2期。但原设计当不止48身。

图6-2　龙门石窟奉先寺大卢舍那像龛北壁力士东侧的立佛像龛（唐开元十年至二十九年，722—741年，佛利尔与周裕泰拍摄于1910年）

躯肥胖，近乎臃肿，丝毫没有初唐时期的那种健康窈窕之美（图6-2）。从他们的身上，人们也领略不到初唐的开拓精神，而是流露着一种富贵气[1]。

《大卢舍那像龛记》的颂文只提到修饰大像龛一事，并没有说明造新像。这样大规模的工程，又打破了先皇功德龛壁，这个立佛群体也只有像玄宗皇帝那样身份的人物敕愿雕造才近情理。一般的高官显贵不会有人敢这么做的。再考虑到天宝（742—755）以后，玄宗就不再来洛阳了，以及唐肃宗（756—762年在位）、代宗（762—779年在位）等皇帝都不曾在洛阳居住过，我们推测奉先寺立佛群像的雕造大约在开元十年至

[1] 这些立佛像的头部多被盗凿，原形可参见美国工业家、收藏家佛利尔在1910年拍摄的照片。参见常青：《物华旧影：1910—1911年佛利尔镜头里的中国文化史迹》，文物出版社，2019，第208、210—213页。

图6-3　龙门石窟奉先寺大卢舍那像龛北壁小龛（唐开元十年至二十九年，722—741年，采自《中国石窟·龙门石窟》第二卷，图版130）

图6-4　唐长安城大安国寺遗址出土的白石菩萨头像（唐玄宗时期，712—755年，西安碑林博物馆藏）

①程学华：《唐贴金画彩石刻造像》，《文物》1961年第7期。常青：《唐长安城大安国寺遗址出土密教造像再研究》，《故宫博物院院刊》2019年第10期，第4—19页。

②中国美术全集编辑委员会编：《中国美术全集·雕塑编4·隋唐雕塑》，人民美术出版社，1988，图版47。

③程蓉生：《河北肥乡发现唐代石佛造像》，《文物》1988年第2期，第43页。

④朱己祥：《中原东部唐代佛堂形组合式造像塔调查》，甘肃文化出版社，2021，第233页。

二十九年间（722—741）。奉先寺正壁一小龛主佛面相与众立佛相近，年代也应相仿（图6-3）。肥胖型造像也是盛唐菩萨像的基本风格，见于大约造在开元、天宝之际的西安东关景龙池庙出土的菩萨石雕坐像、长安城大安国寺遗址出土的石雕菩萨头像等①（图6-4）。因此，我们有理由认为这种肥胖型佛像样式发源于长安，奉先寺的众立佛像风格也是来自长安的。

　　奉先寺众立佛像和全国其他地区发现的盛唐造像也有相似性。山西五台山佛光寺东大殿藏的天宝十一载（752）坐佛像，面相与体型均肥胖特甚②。河北肥乡县发现的天宝元年（742）坐佛像，面相胖圆，两腮肥大，体态臃肿③。这两例与奉先寺壁间补刻的立佛像总体特征很相似。山东聊城市阳谷县天宝十三载（754）释大明造的七级石塔塔心室后壁龛内坐佛身躯也显得短胖④。这些佛像似乎表明，肥胖臃肿的造型，在天宝年间（或自开元中期）的全国佛像上已有显著的体现。

　　盛唐以后的佛菩萨造型追求丰满、肥胖甚至臃肿，是与当

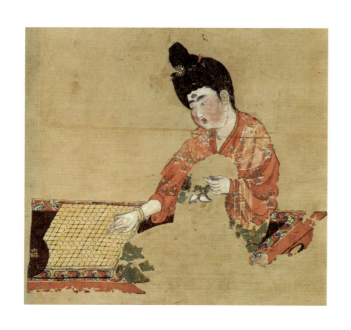

图6-5　新疆阿斯塔那第187号
墓出土的《弈棋仕女图》（武则
天执政时期，684—704年，绢
本设色，新疆博物馆藏）

时的画风及世俗雕塑形象同步发展的，反映了社会的审美时
尚。从现有文物资料看，追求极度丰满的人物造型，是从武则
天时代开始的。新疆阿斯塔那第187号墓出土的武则天时期《弈
棋仕女图》中妇女体态几近臃肿，与盛唐佛教人物造型无二
（图6-5）。新疆吐鲁番阿斯塔那第206号张雄夫妇墓出土的骑
马女俑，做于垂拱四年（688），身体已显肥胖[①]。不过，那时
是很偶然的现象。唐玄宗执政以后，胖体才被定型为新的造型
艺术风格，在社会上广泛流行。崇尚肥胖的社会风气，就推动
出现了盛唐时期的一种新画题，即所谓的"绮罗人物"，专门来
描绘穿着华丽的贵族妇女，是当时十分时髦的一种美人仕女画。
它的造型特点最明显的是曲眉丰颊，体态肥胖，就是当时贵族
妇女的实际写照。张萱、周昉就是这种画派的代表人物。张萱
的《虢国夫人游春图》，描绘的是曾经得到唐玄宗宠遇、被封为
虢国夫人的杨贵妃的姐姐，带领随从骑马春游的情景（图6-6）。
张萱画的《捣练图》中的妇女也是这种风格。她们丰姿绰约，

①中国美术全集编辑委员会：《中
国美术全集·雕塑编4·隋唐雕塑》，
人民美术出版社，1988。

图6-6　张萱《虢国夫人游春图》局部（唐，8世纪，辽宁省博物馆藏）

衣着格外华丽，属贵族妇女闲散生活的艺术再现。她们很具备唐代诗人杜甫（712—770）《丽人行》中说的“态浓意远淑且真，肌理细腻骨肉匀”的特色。周昉开始学习张萱，后来有了少许不同[①]。他的画大部分反映的是贵族妇女优游闲逸的生活，而且个个都是容貌丰肥，色彩柔丽，纱衣透体，雍容华贵，颇为当时的宫廷皇室和贵族官僚阶层所欣赏。美术理论家们评论他笔下的仕女都是“浓丽丰肥，有富贵气”[②]。从周昉的传世作品《挥扇仕女图》《簪花仕女图》《调琴啜茗图》等画中都能看到这种风格[③]，使肥胖画风得到了更好的发扬，并且被中、晚唐画家们所尊崇。

不仅绘画如此，从墓葬中出土的女俑也可证明这一点。西安地区出土的唐开元、天宝年间的女立俑，面部丰腴肥胖，衣裙宽松，身体臃肿，呈胖姑娘型，有的鼓腹如怀孕之态。类似形象的女俑在河南、辽宁等地均有发现，反映了唐代上层社会的审美情趣，这种风格一直延续到晚唐时期[④]。

任何虚幻世界中的人物必然以现实生活为其范本。画家周昉也擅长作佛教画，就连雕塑家们也仿效他，称他的画风为“周家样”[⑤]。反映在唐代生活、绘画中的情趣与风尚，必然反过来影响佛教石窟造像的制作。盛唐佛像的过于肥胖，正反映

①（唐）张彦远：《历代名画记》卷十，载（唐）张彦远撰《历代名画记全译》修订版，承载译注，贵州人民出版社，2009，第489、540页。

②魏崇武主编，吕东超、李斌强点校：《竹谱详录·画鉴》，载韩格平总主编《元代古籍集成》第二辑《子部艺术类》，北京师范大学出版社，2016，第324页。

③潘运告编校：《宣和画谱》卷六曰：“世谓（周）昉画妇女，多为丰厚态度者，亦是一蔽。此无他，昉贵游子弟，多见贵而美者，故以丰厚为体。而又关中妇人，纤弱者为少。至其意秾态远，宜览者得之也。”湖南美术出版社，1999，第127页。

④中国美术全集编辑委员会：《中国美术全集·雕塑编4·隋唐雕塑》，人民美术出版社，1988，图版144、146、147、148、149、150、151、152。

⑤（唐）张彦远：《历代名画记》卷五。张彦远总结了佛教艺术在中国发展史上的流派：“汉明帝梦金人，长大，顶有光明，以问群臣。或曰：西方有神，名曰佛，长丈六，黄金色。帝乃使蔡愔取天竺国优填王画释迦倚像，命工人图于南宫清凉台及显节陵上。以形制古朴，未足瞻敬。阿育王像至今亦有存者可见矣。后晋明帝、卫协皆善画像，未尽其妙。洎戴氏父子（戴逵、戴颙）皆善丹青，又崇释氏，范金赋采，动有楷模。至如安道潜思于帐内，仲若悬知其臂胛，何天机神巧也！其后北齐曹仲达、梁朝张僧繇、唐朝吴道玄、周昉，各有损益，圣贤肸蠁，有足动人。璎珞天衣，创意各异。至今刻画之家，列其模范，曰曹、曰张、曰吴、曰周，斯万古不易矣。”时人便将周

了社会上流行的这种艺术风尚。

唐玄宗在大像龛补雕立佛像的功德并不孤单，陪伴他前来洛阳的侍奉皇帝生活起居的机构内侍省的宦官们还在旁边为他造了功德。奉先寺大卢舍那像龛北壁外侧有一通浮雕螭首碑，是《大唐内侍省功德之碑》，高2.8米，宽1米，纪年是开元十八年（730）二月（图6-7）。碑文讲述了大唐内侍省高力士（684—762）等106名官吏为开元神武皇帝（即唐玄宗）在龙门造了一所"石龛"，也就是一座石窟，并在窟内敬造"西方无量寿佛一铺，一十九事"①。意思是说这铺造像是以西方极乐世界的无量寿佛为主尊的，共有19尊像。碑中提到的最重要的功德主是高力士，他的职务是右监门卫将军、知内侍省事、上柱国、

昉画风称为"周家样"。（唐）皮日休：《以纱巾寄鲁望因而有作》，载《全唐诗》（清文渊阁四库全书本）卷八十八。原文曰："周家新样替三梁，裹发偏宜面白郎。掩敛乍疑裁黑雾，轻明浑似戴玄霜。今朝定见看花侧，明日应闻漉酒香。更有一般君未识，虎文巾在绛霄房。"

① 李晓霞、谷宏耀：《龙门石窟〈大唐内侍省功德之碑〉相关问题再考》，《敦煌研究》2018年第6期。

图6-7　龙门石窟奉先寺大卢舍那像龛北壁东侧高力士洞外观（唐开元十八年，730年）

渤海郡开国公、内供奉。另一位重要人物是光禄大夫、行内侍省内侍、上柱国、弘农郡开国公、内供奉杨思勖，还有朝请大夫、守内侍省内常侍、内供奉赵思口等，以及内侍省的谒者官、内府奚官、宫闱局给使等官员。他们应该是跟随唐玄宗来到洛阳的。当唐玄宗在大像龛内补雕众立佛像时，他们就在此为皇帝做功德了。

　　高力士本名冯元一，祖籍潘州（今广东省高州市），是南北朝与隋朝时期俚（壮族先民分支）人女首领冼夫人（522—602）的第六代孙。他的父亲冯君衡曾任潘州刺史。高力士幼年入宫做了太监，由宦官高延福（661—723）收为养子，遂改名高力士，受到武则天的赏识。唐玄宗统治期间，他由于曾经帮助玄宗平定韦皇后（？—710）和太平公主（约665—713）之乱，深得玄宗宠信，使他的地位达到顶点，官至骠骑大将军、开府仪同三司，封齐国公。高力士是个有情有义的宦者，一生忠心耿耿，与唐玄宗不离不弃，被誉为"千古贤宦第一人"。唐代宗宝应元年（762）三月，他得知李隆基驾崩，吐血而死，被追赠为扬州大都督，陪葬于唐玄宗泰陵[1]。

　　高力士等人开凿的洞窟，就位于《大唐内侍省功德之碑》的西侧，编为第1250号（图6-7）。这是一所中型洞窟，圆拱形的窟门外两侧各有一身力士残像，窟楣上方有两身飞天执着香炉相对飞翔，呈向窟内佛像供奉的姿态，身下刻着流云。窟内平面略呈方形，穹隆顶，表面没有雕饰。在窟内正壁下部凿着一个高0.5米的基坛，坛上的正壁间雕着三尊立佛像，高1.4米，都站在圆形束腰仰覆莲台上。三佛像的头部虽然残缺了，左侧一身穿双领下垂式大衣，中间一身残损严重，右侧一身穿通肩式大衣，身体造型和风格很像大卢舍那像龛内补雕的众立佛像。除此之外，窟内再没有大像了。在左右壁间的几所小龛，是洞

① （后晋）刘昫：《旧唐书》卷一八四《列传》第一三四《高力士》，中华书局，1975，第4757—4759页。（北宋）欧阳修：《新唐书》卷二七〇《列传》第一三二《高力士》，中华书局，1975，第5858—5860页。

窟完成以后补刻上去的。那么，碑文中说的"无量寿佛一铺，一十九事"，除了三立佛、二力士、二飞天外，其余的12尊像可能是可以搬动的在基坛上安置的圆雕造像，早已不知所踪了。根据碑文，正壁的三立佛像有可能都是无量寿佛，或者中间一尊是无量寿佛，两侧二身是别的佛像，组成了一个以无量寿佛为主尊的一铺造像。

二、开元、天宝遗迹

唐玄宗执政以后，龙门石窟急剧衰落。除了在奉先寺壁间雕刻众立佛像外，龙门不再有大规模造像工程了，仅仅开凿了少量的中小型窟龛（图6-8）。再来看几个唐玄宗时期较重要的作品。

杨思勖洞

在高力士洞的西侧偏下处，高1.75米，宽1.5米，深1.8米。

图6-8　龙门石窟奉先寺大卢舍那像龛北壁东侧窟龛外观（唐玄宗时期，712—756年，佛利尔与周裕泰拍摄于1910年：A.高力士洞，B.杨思勖洞，C.牛氏像龛）

其平面呈马蹄形，在正、左、右三壁下部凿有高0.19米的倒凹字形基坛，坛上原有圆雕像，都已遗失，窟顶也没有雕饰。只是在门外两侧各雕一身力士（图6-9）。可以看出，这个小窟仍然沿用着在武周期流行的三壁环坛列像窟的形制。在窟门上方刻有"唐上柱国虢国公杨思勖造像记"，高0.5米，宽1.3米。碑文中说杨思勖"肇苦海之津梁""横行边徼，追马援之功"，为亡父母凿石龛，龛内造十余尊像，包括地藏菩萨一躯，"真容俨然"。时间是开元□□年四月廿三日，关于年代的刻字残缺了①。碑文中提到的马援（公元前14—公元49），是东汉开国功臣之一。他曾经东征西讨，为汉光武帝刘秀（公元前5—公元57）统

①阎文儒先生认为此造像记年代应为开元十三年至廿三年间（725—735），详见阎文儒：《龙门奉先寺三造像碑铭考释》，《中原文物》1985年特刊。

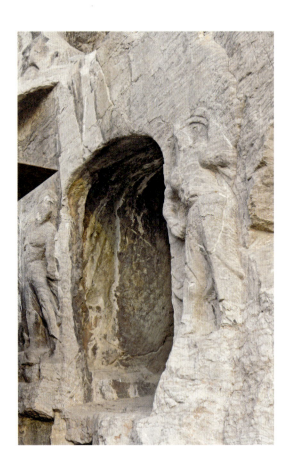

图6-9　龙门石窟奉先寺大卢舍那像龛北壁东侧杨思勖洞外观（唐开元十三—二十八年，725—740年，贺志军拍摄）

一天下立下了赫赫战功。看来，杨思勖也有类似的军旅经历。

杨思勖（654—740），本姓苏，字祐之，罗州石城（今广东省廉江市）人，罗州大首领苏历的儿子。他在小时候，因为家庭蒙难，净身进宫当了太监，被杨姓宦官收养，就改姓杨氏了。因为结交了还是临淄王的李隆基，参与平定韦皇后集团，被授予左监门卫将军、内侍监等职，并在唐玄宗朝得到重用。他一生中曾经指挥过多次军事行动。他勇猛凶狠，颇有膂力，残忍好杀，先后平定了多起叛乱，为维护唐王朝在岭南地区的统治建立了赫赫战功。最后，他官至骠骑大将军兼左骁卫大将军、知内侍省、上柱国、虢国公，和高力士一道成为唐玄宗李隆基的得力助手。开元二十八年（740），他死于长安翊善坊私家宅第，享年87岁[1]。

在杨思勖造像记的后面刻着"骑都尉直集贤院张……"，这个张某很可能是造像记的撰写人。集贤院就是集贤殿书院，是唐朝宫廷收藏典籍的机构。开元十三年（725）四月，唐玄宗下诏改丽正殿书院为集贤殿书院，有学士、直学士、侍讲学士等18人组成，兼有修撰典籍、给皇室成员侍读的功能。因此，杨思勖在龙门开凿造像的年代，应该在开元十三年（725）以后，开元二十八年（740）之前。北京大学考古系教授阎文儒先生认为，开元年间，在集贤院知院事的人有两位，一是张说（667—730），二是张九龄，虽然关于他们的传记中都没有提到曾经担任过骑都尉的勋衔，但很可能是两人中的一位[2]。

张九龄与牛氏像龛

《唐赠陇西县君牛氏像龛碑》位于杨思勖洞的西侧偏上处，碑首为梯形，下部刻有龟驮碑之状。碑文由礼部员外郎张九龄撰写。由于碑中文字多处残损，看不出有关开窟造像的具体内容。碑中提到"搏翠壁而上口，攻香龛以洞启，通龙密石"等

[1]（后晋）刘昫：《旧唐书》卷一八四《列传》第一三四《杨思勖》，中华书局，1975，第5755—5756页。（北宋）欧阳修：《新唐书》卷二七〇《列传》第一三二《杨思勖》，中华书局，1975，第5857页。

[2] 阎文儒：《龙门奉先寺三造像碑铭考释》，《中原文物》1985年特刊。

语，似乎和开窟造像有关。此碑上方的一所小龛，是与碑在一个平面上雕刻的，很有可能就是碑首中"牛氏"所做的功德（图6-10）。这个圆拱形龛内正、左、右三壁下部凿着倒凹字形基坛，坛上中部雕着一身结跏趺坐佛像，双手在腹前施禅定印，下坐圆形束腰仰覆莲台；主佛的两侧原各雕着一身立菩萨像，现仅存右菩萨，将胯部扭向主佛，保持着武周朝的造像风格。在两侧壁的基坛上各雕有一身力士像。

张九龄（673—740），西汉留侯张良（？—前189）之后，字子寿，韶州曲江（今广东韶关市）人，唐玄宗开元年间的政治家、文学家和诗人，是开元盛世最后的贤明宰相[①]。他聪明敏捷，善于著文，举止优雅，风度不凡。在为官方面，他富有胆识和远见，尽忠尽职，直言敢谏，选贤任能，从不徇私枉法，也不攀附权贵，为"开元之治"的繁荣作出了重要贡献。开元八年（720），张九龄任尚书司勋员外郎，在此之前任通直郎判

① （后晋）刘昫：《旧唐书》卷九十九《列传》第四十九《张九龄》，中华书局，1975，第3097—3100页。（北宋）欧阳修：《新唐书》卷一二六《列传》第五十一《张九龄》，中华书局，1975，第4424—4430页。

图6-10　龙门石窟奉先寺大卢舍那像龛北壁东侧《唐赠陇西县君牛氏像龛碑》与牛氏像龛（唐开元初，713—720年，贺志军拍摄）

尚书礼部员外郎，正是碑文所写的职务。因此，这通碑文的撰写时间应当在开元八年以前不久。

那么，这位陇西县君牛氏是什么人呢？根据阎文儒先生的考证，我们可以大概了解一些内情[①]。碑文提到了天水赵氏之七子的名字，其中的一个"冬口"很可能是赵冬曦，在北宋欧阳修编撰的《新唐书》中有传，可见他是唐朝历史上的一个重要人物[②]。赵冬曦（677—750），字仲庆，个性放达，不屑世事。开元年间，曾经担任监察御史、集贤院修撰、考功员外郎、中书舍人、华阴太守、国子祭酒等职。天宝九载（750）去世，享年74岁。他是监察御史赵不器的儿子。赵不器的先人是天水人，他本人以后徙居河南。赵不器有七个儿子，依次是夏日、知壁、冬曦、安贞、居贞、颐贞、汇贞，都是杰出的人才，闻名于当世。在山东益都云门山石窟中，还有天宝七载（748）赵居贞撰写的《云门山投龙诗》[③]。陇西县君牛氏就是赵不器的妻子，碑文说她"直而敏，喜愠如一，道心惟微"，是一位很有修养的大家闺秀。

阎文儒先生认为，牛氏很可能是集州刺史牛休克的女儿。关于牛氏家族，碑文中提到了"晋将军牛金"，可知她的先祖牛金曾经在晋朝担任将军。碑文中还提到了某刺史，"即夫人之列考也"，很可能指的就是担任刺史的牛休克。可见这也是一个很显赫的家族，所以才会劳烦张九龄这样的大人物给她撰写碑文。

从高力士、杨思勖、牛氏等碑记和他们的窟龛造像可知，在开元年间，跟随玄宗来洛阳的显贵和内官们曾在奉先寺侧壁大造功德（图6-8）。但他们的开窟造像没有超过皇家像龛的界线，只是在大卢舍那像龛之外的侧壁造功德，如同在朝堂上觐见皇帝、又不能越过皇帝宝座所在陛阶一样。

① 阎文儒：《龙门奉先寺三造像碑铭考释》，《中原文物》1985年特刊。

② （北宋）欧阳修：《新唐书》卷二〇〇《赵冬曦传》，中华书局，1975，第5702—5703页。

③ 《全唐诗》卷二五八，中华书局，1999，第2873页。

魏牧谦洞

这是一所位于石牛溪附近悬崖高处的小窟，唐玄宗开元五年（717）开凿。其平面呈马蹄形，在正、左、右三壁下凿出倒凹字形基坛，坛上雕出阿弥陀佛、释迦牟尼、弥勒佛三铺造像。根据窟内的"魏牧谦家像铭"可知，魏牧谦曾经读佛经，经中提到了过去、未来、现在三世佛，他说还没有见过有人想依靠三世佛来寻求解脱，但却不想皈依佛法的人。由于他的先世很崇信三世佛，魏牧谦就在龙门奉先寺北部，虔敬地为亡母造阿弥陀佛、释迦牟尼、弥勒像，合为三铺，同在一龛[①]。既然释迦是现在佛，弥勒是未来佛，那么这里就把阿弥陀佛当成过去佛了。但是，在这所小窟里，阿弥陀佛是被当作主尊来供奉的，因为他的名字在另外二佛的前面。在老龙洞外上方，有开元三年（715）韦利器造阿弥陀佛像龛，称阿弥陀佛的得道是在四劫前，这可能就是把他作为过去佛的依据。

释迦洞

是一所位于奉先寺南峭壁间的小窟，高1.5米，宽1.7米，深1.5米。其平面呈马蹄形，在正、左、右三壁下凿出倒凹字形基坛，坛上造像。正壁主尊是释迦牟尼，身穿偏袒右肩式大衣，结跏趺坐于圆形束腰莲座上，束腰处有球形装饰，是武周以来佛座的传统做法之一。右壁上雕普贤菩萨乘象，菩萨右臂弯曲上扬，左手下伸执一朵莲蕾，左腿下舒。左壁上雕文殊菩萨骑狮子，左臂下伸，右臂弯曲上扬执一物，右腿下舒。在象和狮侧面都雕着驭者（图6-11）。文殊与普贤是佛教中的大菩萨。文殊在佛的诸弟子中是智慧第一，德才超群，他的坐骑是狮子。普贤是理德和大行愿的象征，还具有延命益寿之不可思议的力量，他的坐骑是象[②]。文殊与普贤常常配对，胁侍卢舍那佛或者释迦。这所窟很可能开凿于开元年间。

①温玉成：《龙门唐窟排年》，载龙门文物保管所等编《中国石窟·龙门石窟》第二卷，文物出版社，1992，第205页。

②（唐）阿地瞿多译：《陀罗尼集经》卷一"金轮佛顶像法"曰："画作文殊师利菩萨，身皆白色，顶背有光，七宝璎珞，宝冠天衣，种种庄严，乘于师子。右边画作普贤菩萨，庄严如前，乘于白象。"载[日]高楠顺次郎、渡邊海旭主编《大正新脩大藏经》第十八册，大正一切经刊行会，1924—1934，第790a页。

图6-11 龙门石窟奉先寺南峭壁间释迦洞左壁骑狮文殊菩萨（唐开元年间，713—741年，贺志军拍摄）

徐恽洞（第1950号）

徐恽洞位于极南洞南侧下方。其平面呈马蹄形，高1.2米，宽1.13米，深1.13米，窟顶没有雕饰。这是一所环正、左、右三壁凿有倒凹字形基坛的洞窟，正壁坛上雕有一结跏趺坐佛，右手施禅定印，下坐椭圆形束腰仰覆莲座。主尊两侧坛上雕二弟子、二菩萨、二天王像，窟门外两侧各雕一身力士像，在洞窟形制和造像组合方面都与武周时期的三壁环坛列像窟相同（图6-12）。前室左壁刻有开元二十一年（733）十月四日郎中徐恽造阿弥陀佛像记，表明窟内的主佛是阿弥陀佛。

六天王洞

路洞的北侧上方有一所小窟，也是武周时期流行的三壁环坛列像的形制，高1.77米，宽1.9米，深1.84米。但这座窟内基坛上的造像题材很特别。主佛已经佚失了，他的两侧各雕着二身菩萨、三

图6-12　龙门石窟极南洞南侧下方徐恽洞（第1950号）内景（唐开元二十一年，733年，贺志军拍摄）

身天王，合为四菩萨、六天王。门外没有发现力士像。六天王像的服饰相似，都是身穿铠甲，足踏夜叉，一手叉腰，一手举拳。夜叉则是四坐二卧，有蹄，头发竖立。这种六天王题材值得进一步研究。这座小窟的开凿时代很可能也在唐玄宗时期。

开元年间的遗迹还有位于石牛溪附近的开元二年（714）第844窟、老龙洞附近的开元三年（715）第670窟，奉先寺南侧壁的少许小窟时代也可能在开元年间。这些洞窟的佛像造型也延续着武周时期风格，如结跏趺坐佛主要穿通肩式大衣，使用圆形束腰台座。据调查，共有46处开元纪年的题记与龛像散布在龙门东西两山崖面[1]，擂鼓台院以前还保存着一座开元十三年（725）刻成的石经幢，上面有简单的密教曼荼罗四方佛和菩萨

①刘景龙、李玉昆主编：《龙门石窟碑刻题记汇录》，中国大百科全书出版社，1998，第67页。

雕像①（图6-13）。

　　龙门的天宝纪年龛像有五处，开窟造像的数量已大不如开元年间，龙门石窟也就从此衰落。

　　天宝洞（第1939号）

　　天宝洞位于极南洞下方，平面呈马蹄形，高1.5米，宽1.3米，深1.25米。环正、左、右三壁下部虽凿有倒凹字形基坛，但只在正壁坛上雕一身结跏趺坐佛。主佛头上有波状发纹，面相丰满，身穿通肩式大衣，下坐圆形束腰仰覆莲座。另外，在正壁以及左右侧壁刻千佛，应该是三壁环坛列像窟的变形之作（图6-14）。窟门外两侧各雕一身力士像。右力士的上方刻有"天宝十载"的题记，可知该窟造于天宝十年（751），是龙门唐玄宗时期纪年最晚的一座洞窟。

① 常青：《试论龙门初唐密教雕刻》，《考古学报》2001年第3期。

图6-13　龙门石窟研究院藏密教曼荼罗石经幢（唐开元十三年，725年）

图6-14　龙门石窟极南洞下方天宝洞（第1939号）内景（唐天宝十载，751年，贺志军拍摄）

路南洞

这座小窟在路洞南上方，所以命名为"路南洞"。其平面略呈方形，高2.2米，宽2.1米，深2.2米。窟内的造像也很特别。正壁下部凿有基坛，坛上造像都已经佚失了，仅在正壁上保留着主尊的椅背雕刻。这个椅背的形制和惠简洞、擂鼓台中洞主佛的椅背形制有一定的相似性，上部也刻着向内的连续波状弧形，表面也有日、月形浮雕。椅背左右外侧上方分别向外伸出一张口、卷鼻、吐舌的龙头，是六拏具之一。与别的主尊椅背不同的是，在这个椅背上面还刻着菩提树。两壁的雕刻内容是千佛，都穿着双领下垂式大衣，呈结跏趺坐的姿势。平顶的正中雕着一朵莲花，由莲瓣边缘向外刻着呈放射状的宽线若干条，可能表现光芒四射。窟门外两侧各雕着一身力士。这座小洞的年代很可能在开元或天宝时期。

王良辅及妻韦造释迦与药师像

东山二莲花南洞的两幅线刻佛像很特别。在窟内南、北两侧壁弟子与菩萨之间，各有一身后期补刻的凸面阴刻立佛像，是在平整的石面上以极细的阴刻线刻成，十分精细，而在身体边缘则采用剔地手法，使形象突出。二佛像都有胖圆的面相，头顶肉髻较矮，身体丰腴臃肿，腹部略前挺，是典型的唐玄宗时期的肥胖样式（图6-15）。其中南侧一身通高1.63米，身穿双领下垂式大衣，衣襟下角外刻"卍"字符，左手掌前伸，右手施无畏印，双足各踏着一朵莲花。在佛的身下右侧，以细线阴刻出一身男供养人像，头戴幞头，身穿圆领宽袖长袍，腰束玉带，右手执一长柄香炉。在佛的身下左侧刻着一身头顶束高发髻的女供养人，双手于胸前合十。佛的头部右侧刻着题记："河南府兵曹参军王良辅敬造释迦牟尼像一躯。"表明这尊佛像是释迦。在北侧弟子与菩萨之间，也用同样的技法刻有一尊佛像，

图6-15　龙门石窟东山二莲花南洞王良辅及妻韦造释迦（右）与药师像拓本（唐玄宗时期，712—756年）

通高1.65米，身穿通肩式大衣，左手托一小钵。在佛的身下左右两侧不再刻供养人像。在佛像头部左侧刻着题记："河南府兵曹参军王良辅妻韦敬造药师像一躯。"

根据五代刘昫（888—947）等编撰的《旧唐书》第三十八卷《地理志一》记载：唐玄宗开元元年（713），改洛州为河南府[1]。在《旧唐书》第四十二卷《职官志一》中，唐朝的大、中、下都督府，上、中、下州都设置了兵曹参军事一人，官自正七品下至从八品下[2]。可知，河南府兵曹参军王良辅只是洛阳的一个下级官员，而这种官职仅限于唐代才有。再结合这两身佛像的风格，它们的雕刻年代很可能在开元中晚期或天宝年间。

[1]（后晋）刘昫：《旧唐书》卷三十八《地理志一》，中华书局，1975，第1422页。

[2]（后晋）刘昫：《旧唐书》卷四十二《职官志一》，中华书局，1975，第1797—1801页。

三、"安史之乱"以后

公元755年爆发的安史之乱，以及此后长达200年的分裂与割据，使石窟艺术的发展失去了一个统一安定的客观环境。满园春色的景观从此逝去，只有像敦煌、四川盆地等相对偏僻安宁的地方，还保持着"风景独好"的艺术繁荣。作为兵家必争之地的中原中心城市洛阳，在这种混乱的政局中更是首当其冲。安史之乱被平定以后，龙门石窟还有零星雕凿活动，直到北宋时期。

党晔洞（第2125号）在万佛沟西口南崖，擂鼓台院外北侧，平面近方形，高2.2米，宽1.95米，深1.5米。在正、左、右三壁下部凿有倒凹字形基坛，坛上造结跏趺坐佛并二弟子、二菩萨（已佚）、二天王像，窟门外两侧还有二力士像。主佛通高1.43米，面相丰满，方圆适中，身穿双领下垂式大衣，从左肩处垂下袈裟，表面衣纹的写实感不强。他身躯丰满，但没有优美身段的刻画，也不显健康的力度，比较呆板。下坐圆形束腰台座，座下两侧各雕着一只卧狮子，现右侧的一只保存较完整（图6-16）。窟门外上方有唐代宗大历七年（772）一月十二日党晔等人题记，是洞窟完工以后补刻的，可以作为该窟的时代下限[1]。窟内造像的雕刻技艺已经无法与初唐相比了，比唐玄宗时代的造像也显得粗劣。那么，此窟的完工时间大约在玄宗以后的肃宗（756—761）与代宗（762—779）时期。

玄宗以后的另一件重要龛像，就是万佛沟口的户部侍郎卢徵在唐德宗贞元七年（791）造的"救苦观世音菩萨石像"

①刘景龙、李玉昆主编：《龙门石窟碑刻题记汇录》，中国大百科全书出版社，1998，第634页。

图6-16 龙门石窟万佛沟西口南崖党晔洞（第2125号）主佛与二弟子（唐，8世纪下半叶）

龛（第2169号）。这是一所较高的圆拱形龛，高2.3米，宽1.23米，深1.1米。龛内正壁只雕着一身立菩萨像，从头身比例来看，显得头部较大，整体风格不同于龙门唐代的其他菩萨像（图6-17）。菩萨的头顶有高发髻，向上隆起呈圆头尖状，额上的发髻刻出波状纹样。他的面部较长，前额较窄，两腮胖大，给人以肥胖之感。嘴角内陷，含有笑意。身体较胖，略显臃肿。上身袒裸，有披肩长发，在胸前有斜向胸巾，下身穿长裙。颈下有联珠忍冬组成的项饰，身挂长璎珞，在脐前穿一圆形饰物。帔帛自双肩处垂下，绕于腹下两道。腰间向下垂有一条腰带，在下部扎有二蝶形结。右手向上执一柳枝，左手向下提一净水瓶。菩萨的足下踏着圆形仰莲台，头后刻出圆形头光，外部有火焰纹。可以看出，这尊菩萨像仍然继承着盛唐的肥胖造型，也继承着高宗期流行的长璎珞在腹前交叉与帔帛在腹下绕两周的做法（图4-70）。

图 6-17　龙门石窟万佛沟口卢
徵造 "救苦观世音菩萨石像"
龛（第 2169 号，唐贞元七年，
791 年，贺志军拍摄）

①贺志军、李晓霞、潘付生：《龙
门石窟卢徵造像龛与唐代贬谪现
象》，《中国国家博物馆馆刊》2018
年第5期。

②（后晋）刘昫：《旧唐书》卷
一四六《卢徵传》，中华书局，
1975，第3966—3967页。（北宋）欧
阳修：《新唐书》卷一四九《卢徵
传》，中华书局，1975，第4799页。

　　在龛内北壁刻有一方题记，起头是 "救苦观世音菩萨石像
铭并序，户部侍郎卢徵撰"。文末有 "贞元七年岁次辛未二月八
日" 的纪年。碑文中叙述了卢徵为权臣所忌而被贬官，与曾任
邓州南阳县尉、汝州叶县尉的侄辈师氏兄弟于此造等身像一躯
的经过与意愿[1]。可知这是一尊等身的观音像。

　　卢徵（737—800）在《旧唐书》第一四六卷、《新唐书》第
一四九卷中有传，他是幽州（今河北北部）人[2]。卢徵在宦海的
沉浮，全是因为选边站队不当造成的，从中也说明中晚唐政坛
的拉帮结派严重。在唐代宗永泰年间（765—766），江淮转运使

刘晏（716—780）很赏识卢徵，让他担任从事，委以腹心之任，以后又升为殿中侍御史。刘晏在官场失势以后，卢徵被贬为珍州司户。元琇也是刘晏的门人，在唐德宗兴元元年（784）为户部侍郎、判度支，他推荐卢徵为京兆司录、度支员外。结果不久，元琇也得罪了朝廷，卢徵再次受到牵连，被贬为信州长史。以后又升任信州刺史、右司郎中、给事中等职。唐德宗贞元八年（792）以后，卢徵还担任过华州刺史。他于贞元十六年（800）去世，时年64岁。

卢徵的造像记，不仅说明了他在龙门造像的缘由，还可以补正史之缺。题记上说，卢徵为权臣所忌，曾先后两次被贬，这点与正史的记载相同。又记在唐德宗"建中□年（780—783），自御史谪居夜郎（今贵州桐梓县）"，应该指的是卢徵第一次由殿中侍御史被贬为珍州司户之事，为正史补充了年代。"贞元二祀（即贞元二年，786），自□官贬□南□"，为他第二次被贬为信州（今江西上饶）长史提供了年代。另外，从铭文题记还可以了解到，最迟在贞元七年或之前，卢徵已经官居户部侍郎了。当他第一次被贬往夜郎时，路过龙门，夜宿香山寺，看到了众多的佛教窟龛（灵龛），就对着佛像稽首悲叹，诚心发愿：有朝一日如能返回京城，就在龙门造等身像一躯。他在贞元二年春三月再次遭贬，前往信州任长史，又路过龙门。到了秋八月，朝廷又升他的官职为右司郎中。他感觉自己很幸运，并没有受到什么伤害，应该是有佛和菩萨的庇护。因此，卢徵造的等身救苦观世音像，有还愿的意味在内。这些都是正史没有记载的，可作为珍贵的史料。

在以前的�擂鼓台院保存有一件唐宣宗大中四年（850）的石经幢，是东都洛阳圣善寺的僧人怀则发愿雕造的，来自龙门天竺寺遗址[1]。这件经幢为圆顶，四面各开一所尖拱形龛，正、

①龙门石窟研究所编：《龙门石窟雕刻萃编——佛》，文物出版社，1995，图版194、195。

左、右龛内各雕一身结跏趺坐佛和二胡跪供养菩萨像，背面龛
内只雕一身倚坐佛，正龛外还雕二执金刚杵的披铠甲天王像。
这些佛像有的穿通肩式大衣，穿双领下垂式大衣的都在左肩处
垂着袈裟，和党晔洞的主佛袈裟系法相同，很可能表现着龙门
一带安史之乱以后佛像服饰的一种流行样式。另外，这些佛像
的头顶都刻着水波纹，头部显得很大，不成比例，还有丰面胖
体的特征，不表现任何体形优美了（图6-18）。

　　龙门地区没有发现比这件经幢更晚的唐代造像。与此相反，
在中晚唐时期，全国营造佛寺之风日盛，佛教随着政治的动荡
反而愈演愈烈。据史书记载，在唐高宗时期，全国有佛寺4000
座，僧人60000余人[1]。到了唐武宗时期（841—846），全国有
大寺4600座，兰若（即一般佛寺）40000座，僧人总数增加到
了260,500人[2]。但是，石窟造像却并没有在全国各地再度兴

① （唐）道世：《法苑珠林》卷
一〇〇，载［日］高楠顺次郎、渡
邊海旭主编《大正新脩大藏經》第
五十三册，大正一切经刊行會，
1924—1934，第1027c页。

② （后晋）刘昫等撰：《旧唐书》卷
十八上《本纪》第十八上《武宗》，
中华书局，1975，第604页。

图6-18　唐东都洛阳圣善寺僧
人怀则造石经幢正面（唐大中
四年，850年，来自龙门天竺寺
遗址，龙门石窟研究院藏）

盛，只在四川、敦煌等偏远地区仍在发展着。

唐代的龙门，不仅是开窟造像、礼佛修行的圣地，也是人们游览观光的好所在。唐代诗人咏龙门的诗作就有不少，以韦应物（737—791）的《龙门游眺》诗最为著名：

凿山导伊流，中断若天辟。

都门遥相望，佳气生朝夕。

……

精舍绕层阿，千龛邻峭壁。

缘云路犹缅，憩涧钟已寂。

……

日落望都城，人间何役役。

著名诗人白居易（772—846）还与龙门东山的香山寺十分有缘。在唐武宗会昌年间（841—846），白居易从刑部尚书的职位退休后，常去龙门，与香山寺僧人如满一起结香火社，来往密切，自称"香山居士"。依照他的遗言，他死之后，家人将他葬在香山如满法师塔的旁边[①]。如今龙门东山北部的白园，相传就是他的墓地所在。龙门香山间还有香山泉，也被唐代游人所喜爱。韦应物在《游龙门香山泉》诗中说："山水本自佳，游人已忘虑。碧泉更幽绝，赏爱未能去。"在唐人的眼里，集石窟、造像、美景、山泉于一体的龙门，确实是一个很有灵气的地方。

公元907年，唐朝灭亡后，中国北方战乱频繁，朝代更替不断。五代（907—960）时期的洛阳，曾经是后梁、后唐、后晋的首都，又是后汉、后周的陪都。但这些政局不稳定的短命王朝，没有给龙门佛教艺术事业带来任何生机。在莲花洞窟门南

① （后晋）刘昫：《旧唐书》卷一六六《白居易传》，中华书局，1975，第4356—4358页。

侧，刻有五代后梁乾化五年（915）乙亥岁六月三日李琼造像。李琼是怀州（今河南沁阳）获嘉续村人，他在龙门奉为亡过父母造观世音菩萨，愿他们领此功德往生西方净土，见到阿弥陀佛，听闻佛法。

公元960年，北宋王朝建立，开封成为新的全国政治与宗教中心。在龙门，北宋纪年像龛仅见四处，以奉先寺下方北宋开宝元年（968）正月十口日完工的双龛（第1220窟）为代表。这是一所圆拱形的深龛，正壁开凿两所并列的圆拱形小龛，龛内都雕着坐佛和二胁侍弟子像（图6-19）。弟子都是身躯直立，双手合十，站在圆形束腰仰覆莲台之上。佛像都是以右手施无畏印，左手下抚左腿膝部，下坐方形束腰叠涩座。但两尊佛的坐姿和服饰却不相同。北侧龛内主佛结跏趺坐，通高0.63米，身穿双领下垂式大衣，左肩处系有袈裟，继承着党晔洞主佛那样的样式。南侧龛内主佛为倚坐，头顶还保存着螺髻，通高0.67米，身穿通肩式大衣，双腿平行下舒，两足各踏一朵莲花。在

图6-19　龙门石窟奉先寺下方双龛（第1220窟，北宋开宝元年，968年）

龙门石窟，这种造像组合可以上溯到莲花洞外唐太宗贞观二十年（646）张世祖龛（第739号，图4-10），代表着释迦与弥勒，表现着现在佛和未来佛之间的继承关系。

　　北宋双龛佛像造型臃肿，面相丰肥，表情滞重，衣纹刻画简单。奉先寺下台阶中部一座小窟内的倚坐佛像也有这种风格，也应该是在北宋时期雕刻的。另外，擂鼓台南洞外还有河中（今山西永济）常景等于元丰二年（1079）造的阿弥陀像一铺。这些佛像仍是承自唐代的传统样式，然而其制作者们已无法领略大唐的气魄与精神了，工艺水平也远不如前。古阳洞正壁右胁侍菩萨大像脚下有一个圆拱形龛，高0.54米，宽0.48米，深0.08米，内雕游戏坐姿的水月观音像一尊，技艺一般（图6-20），题

图6-20　龙门石窟古阳洞正壁西头供奉官余祺造水月观音（北宋）

记上刻："入内内侍省内西头供奉官余祺，今舍己俸镌观音菩萨壹尊。"西头供奉官是北宋设置的小吏，八品。因此，这所小龛雕刻于北宋时期，且是北宋流行的水月观音题材。这些只是龙门北宋造像的衰落状态，其他地区却并非如此。在五代、北宋时期，全国的佛教造像展示出了不同于唐朝的全新面貌，在题材、样式与风格等方面都有了大变革，以现存陕北、四川、大同、杭州、敦煌等地石窟及寺院造像为代表的佛教艺术，是那时的最高水平。

北宋以后，龙门不再有佛像雕刻。虽然在旧《金石录》中记载有金代明昌三年（1192）杨言造像记[①]，但我们在调查中还没有发现。

①参见［日］水野清一、長廣敏雄《龍門石刻錄目錄》，《龍門石窟の研究》，同朋舍，1980。

四、瘗埋亡者的安息之所

人们开凿石窟寺与制作窟内的造像，目的是为了在死后能进入佛教的天国或净土，与佛相见，亲耳聆听佛说法。没有参与开窟造像的人们，来到石窟寺礼拜佛祖，也是为了同样的目的。那么，如果有人死后，能把遗体或骨灰葬在石窟寺所在地，不就更加容易实现这个愿望吗？于是，在很多石窟寺所在的地点，人们除了开凿用于礼拜和讲经说法的石窟，坐禅修行用的禅窟，供给僧人们使用和居住的僧房窟、仓廪窟、杂用窟等，还开凿瘗窟来安葬佛教徒的遗体，或是开凿瘗穴安置僧人的骨灰。在敦煌莫高窟、张掖马蹄寺石窟、永靖炳灵寺石窟、天水麦积山石窟、固原须弥山石窟、宝山灵泉寺石窟[②]中，都可以看到用来安葬死者的瘗窟或瘗穴。这类窟穴在龙门也有，反映

②河南省古代建筑保护研究所：《宝山灵泉寺》，河南人民出版社，1992。

了中国传统葬俗和佛教的结合。下面，我们一起来看几个重要的龙门瘗窟与瘗穴的情况。

张氏瘗窟（第1850号）

位于龙门西山北市彩帛行净土堂北侧上方的摩崖间，下距路面约23米。在长方形窟门下部凿有门槛，在窟外两侧下部各雕一只蹲狮，狮子外侧又分别雕一身高0.75米的戴平巾帻的执剑武士，很像唐墓神道上的执剑翁仲像。窟外右侧有一通浮雕螭首碑，字迹已经不存在了。窟门两侧和上方有一些小型造像龛，都是唐代风格（图6-21）。窟内平面呈圆角方形，窟顶略微隆起，高1.75米，宽2.46米，深2.33米（图6-22）。正壁下方凿有长方形床台，宽1.09米，侧面刻有壶门和卷草纹样。在窟外门上方刻有铭文题记，叙述已故的赠使持节相州刺史萧元礼夫人张氏，在少年时代就皈依了佛教，在她去世之后，家人在龙门山为她造了这所灵龛安葬，目的是为了使她的"幽容长垂不朽"。从铭文可知，这座洞窟内的床台就是为了安置张氏棺木的。

图6-21　龙门石窟北市彩帛行净土堂北侧上方崖壁相州刺史萧元礼夫人张氏瘗窟（第1850号）外观（唐，7世纪末至8世纪初，贺志军拍摄）

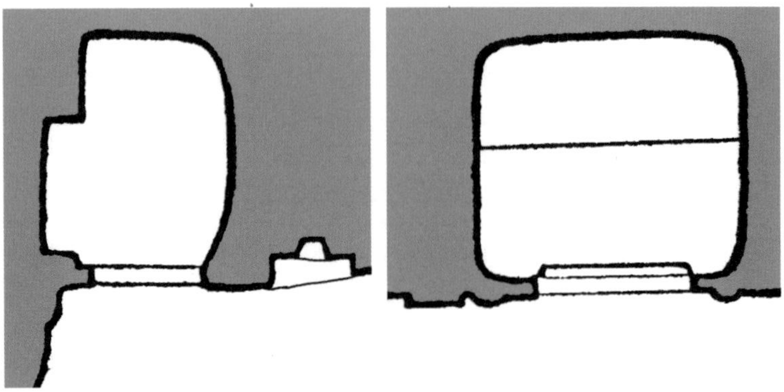

图6-22　龙门石窟北市彩帛行净土堂北侧上方崖壁相州刺史萧元礼夫人张氏瘗窟（第1850号）平、剖面图（唐，7世纪末至8世纪初）

萧元礼的五世祖萧懿（？—500）是梁武帝萧衍（502—549年在位）的兄长长沙宣武王。武周天授元年（690）以后，萧元礼死于定州鼓城县丞任上，是在与契丹入侵的作战中阵亡的，享年51岁，朝廷追赠他为相州刺史。根据唐萧元礼家族墓志，可知张氏是敦煌人，祖父是鄯州都督张师昉，父亲是阆州参军张斌。张氏去世后先安葬在这座瘗窟中。到了开元六年（718），家人将张氏棺木迁出，与她的丈夫萧元礼合葬于龙门南山西原萧氏家族墓地。那么，张氏瘗窟的开凿年代可能在武周晚期至8世纪初。这座瘗窟以后就成了一座空窟了[①]。看来，唐代在龙门开凿的部分瘗窟，是一种临时的安葬之所。人来人往、烧香礼佛的崖壁间毕竟不是一个幽静的场所，临时在这里安葬死者，为死者追福、消灾。数年以后，再迁葬到家族墓地，才是永久的归宿。

① 刘未：《龙门唐萧元礼妻张氏瘗窟考察札记》，《中国国家博物馆馆刊》2012年第5期。

惠灯瘗窟

这座窟在奉先寺以南、北市丝行像龛附近。窟内空间高1.46米，宽1.16米，深1.02米，在正、左、右三壁下部凿出高0.13米的倒凹字形坛床，在坛上正壁的下部凿有一个0.48米见方的小穴（图6-23）。这所窟里没有任何造像，窟门为圆拱形，门外左右各雕着一身力士，门楣处刻有长篇铭文题记。从铭文的内容可知，这是唐玄宗开元二十三年（735）正月十一日开凿完成的内道场供奉尼惠灯和的石龛，就是惠灯的瘗窟。铭文中提到惠灯曾经事内供奉禅师尼智运（开凿万佛洞的主持人之一），她的修为曾经得到武则天的赞许，特意度为大内道场的尼姑。她于开元十九年（731）正月十日圆寂，终年82岁。尸体停放了一个多月，她的指甲和头发居然还在长，而且面色如生，引来了很多人瞻礼，大家都觉得很神奇。于是，右金吾将军崔瑶（678—749）和他的妻子永和县主武氏（太平公主与武攸暨所生之女）就在龙门西山造龛来安置惠灯。从窟内的空间来看，正壁的小穴就是安置惠灯骨灰之处，安葬时间是在她圆寂四年以后的忌日。这个窟采用的是武周时期流行的三壁环坛列像窟的形制，把惠灯的骨灰安置在窟内主尊的位置，有着受人礼拜与供奉的功能。

灵觉瘗窟

这座瘗窟位于石牛溪上方的山沟里，窟内没有任何造像与雕饰。窟内空间长3米，高1.16米，越向内越低矮，窟顶作纵

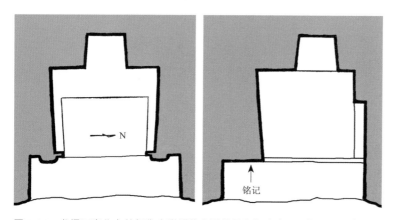

图6-23　龙门石窟北市丝行像龛附近的内道场尼惠灯瘗窟平、剖面图（唐开元二十三年，735年，采自《文物参考资料》1955年第2期）

券形，洞口处有崩塌。在窟的底部凿有高0.08米的纵长方形台，在右壁近窟口处刻有一方铭文题记（图6-24）。从题记内容可知，这是大唐都景福寺尼姑灵觉的墓铭。从铭文的残存字迹来看，灵觉俗姓武氏，她的外祖父曾任泗州刺史，可能与太平长公主有一定的亲戚关系。与惠灯相似，灵觉的佛学修为也曾得到天后武则天的嘉尚。开元廿口年，灵觉于景福寺圆寂，时年52岁。她的弟弟在龙门西山造龛，于开元二十六年（738）安葬了她的遗体。在万佛洞下一个唐代小龛有景福寺比丘尼九娘为亡母郭敬造弥陀佛一铺供养，又为身患敬造观音、地藏各一区供养的铭文题记，可知唐代的景福寺是一座尼寺。从灵觉洞内的长方形空间正好可以放置一口棺材来看，这座瘗窟是用来安葬灵觉遗体的。

2014年，在东山万佛沟内北崖栈道东端外行人难至的峭壁间发现了一所瘗窟[1]。其上半部有残损，窟内空间呈横长方敞口形，窟顶呈斜坡状，外高内低，顶窄，底部较宽，高0.55—0.75米，宽2.17米，深1米。各壁面处理粗糙，没有

① 李晓霞：《龙门石窟万佛沟新发现》，《文物鉴定与鉴赏》2019年第16期。

图6-24　龙门石窟石牛溪上方的景福寺尼灵觉瘗窟平、剖面图（唐开元二十六年，738年，采自《文物参考资料》1955年第2期）

N

铭记

任何雕饰。可知这是一所专门为了安置棺木和随葬品的洞窟
（图6-25）。在考古清理中发现了一些遗物，有零星碎骨和牙齿，
属于死者的遗骸残存。还发现了铁钉5枚、铁片6片、铜提手1
件，以及陶俑、铜钱等物。陶俑包括头戴幞头的男侍俑2件、女
侍俑1件、武士俑2件，以及马或骆驼等动物俑残件若干。铜钱
有"开元通宝"2枚、"口元通宝"1枚，无字的铜钱1枚。在龙
门发现的所有瘗窟中，有遗物的仅2所，这是其中之一。而在随
葬品中有铜钱的仅有此窟，表明了其重要性。

　　根据考古调查可知，在龙门东、西两山崖面分布的瘗窟有40
多座，开凿时代主要是唐朝[①]。其中东山瘗窟主要分布在香山寺
北崖、老君坝北崖、万佛沟北崖和一道桥沟。一道桥沟第2窟外
有刻墓志性文字的石碑、石板封门和随葬品。根据保存下来的铭

图6-25　龙门石窟东山万佛沟内东端北崖瘗窟（唐，贺志军拍摄）

文题记，唐太宗贞观二十二年（648），清信女萧氏为她亡故的儿子在龙门东山凿石龛安葬，以了却儿子生前的愿望。这是唐代在龙门凿窟安葬的较早的例子。武周天册万岁元年（695）十月廿八日，封抱死后，家人在龙门山凿窟安葬他的棺木。武周长安三年（703），长孙氏死后在龙门山寺侧凿窟安葬。开元六年（718）八月廿九日，柳氏迁葬于龙门西山之岩龛，因为她的遗命是"凿龛龙门而葬"。从有题记的几座瘗窟情况看，龙门的瘗窟形制各不相同，一般为单室，如要安置棺木，就会在窟内凿一个坛床。如要放置骨灰，就会在窟内正壁凿一个小龛。门外两侧雕武士的还有位于东山的第2316号窟（香山寺北崖1号窟）。在龙门西山中段珍珠泉北侧距路面6米高的崖面上，有一所具有前后两室的小窟（第475号），后室平面呈圆角方形，高1.06米，宽1.72米，深1.4米，在正壁下部凿有一个坛床。前室是长方形平面，在正、左、右壁下部凿有倒凹字形基坛，坛上有安置造像的遗迹（图6-26）。这座小窟很可能是在前室供奉佛与胁侍造像，在后室安葬死者，将礼佛与葬仪结合在了一起。

瘗穴

相对于瘗窟而言，在崖壁上仅仅凿一个小龛或小穴，用来瘗葬骨灰，则是更为简便的做法。龙门崖间就有不少这样的瘗穴，高、宽、深一般在0.5米左右，穴内壁面没有任何雕饰，也不打磨光滑。所以，穴内的小空间仅仅是为了容纳一件骨灰容器用的。根据龙门石窟研究院的调查，龙门的瘗穴共有94个，分布在东、西两山的崖壁间。其中龙门大桥西侧的红石沟有17处，禹王池上方山凹姑姑坪崖壁上有2处，宾阳洞的上方有8处，摩崖三佛龛的上方有1处，锣鼓洞的上方有2处，望月亭下方有1处，万佛洞北侧有1处（上面浮雕五级塔，塔下凿瘗穴）。石牛溪上方有21处，其中1处雕的是七级密檐式塔形

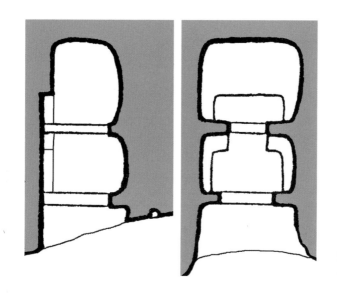

图6-26　龙门石窟西山中段珍珠泉北侧崖面瘗窟（第475号）平、剖面图（唐）

（图6-27）。火烧洞南侧上方有3处。前面提到的张氏瘗窟上方的岩壁间有1处。东山南端的一道桥沟有2处，万佛沟有11处，都分布在沟内北崖；老君耙沟有11处，香山寺下方有13处，包括三级塔形的1座[①]。这些瘗穴和有造像的石窟、造像龛多不在一起，有意和人们礼拜的造像窟龛区保持一定的距离，就像地面上建造的木构佛寺和塔林往往保持一定距离一样。

　　这些瘗穴的形制和配套的雕刻有所不同。有的是在瘗穴上方刻一座浮雕塔，层数有三级、五级、七级不等（图6-27）。在地面上建造的佛寺旁一般都会有塔林，是安葬历代高僧骨灰的墓地，如河南登封少林寺的塔林。那么，龙门崖壁间的这些浮雕塔，就象征着在地面上建造的高僧墓塔，塔下小穴就是埋葬高僧骨灰的地方，如同地面上筑造的塔下地宫。龙门的这几座浮雕塔都在模仿唐代密檐式塔，实物可见于河南安阳灵泉寺唐代双石塔[②]。所以，这些有塔瘗穴的雕凿时间应该是唐代。

　　有的是在崖壁间开凿一个圆拱形小龛，龛内造一铺三尊像，往往是佛居中而坐，两侧各有一身立菩萨。在造像龛下凿一个

① 李文生、杨超杰：《龙门石窟佛教瘗葬形制的新发现——析龙门石窟之瘗穴》，《文物》1995年第9期。

② 朱己祥：《中原东部唐代佛堂形组合式造像域调查》，甘肃文化出版社，2021，第340—355页。

图6-27 龙门石窟石牛溪上方
的浮雕塔与瘗穴（唐，贺志军
拍摄）

方形小穴，穴内安葬僧人的骨灰（图6-28）。这种做法和在造像
龛下雕刻供养人的用意相同，可以让死者永远供奉佛，为死者
的来世造功德。石牛溪上方、万佛沟北侧、老君耙沟内都有这
种类型的瘗穴。这些瘗穴上方的龛内造像风格都是唐代的，无
疑也是开凿在唐代了。

更普遍的还是简单地在崖壁间开出一个小穴，直接安葬骨
灰，没有别的雕饰。穴口有的凿成圆拱形，有的凿成方形或长
方形，里面的平面基本是方形的。在方形口的瘗穴四边凿有

图6-28 龙门石窟万佛沟东端北崖的造像龛与瘗穴（唐，贺志军拍摄）

"回"字形的框沿，即四边向内凿有一个叠涩台，用于安装封穴口的石板。有些穴口至今还保存着当时黏合石板用的石灰痕迹。这些瘗穴的年代也基本是唐代。

景教瘗穴

在龙门西山北端龙门石窟研究所旧址所在的红石沟北崖中段近山巅处，一个小平台后部的崖体上分布了一些小型窟龛。这个平台宽约2米，长约30米，崖面上共有小型洞窟2所，瘗穴11座。洞窟平面呈方形或长方形，壁面加工较粗糙，地面上凿有横向或纵向的床台，很可能是瘗窟性质。瘗穴多作敞口，内部空间为长方体。2014年，在这个小型窟群的东部发现了一个瘗穴，穴口呈横长方形，高0.6米，宽0.9米，深0.6米，内部空间作横长方体，在穴口上方0.53米处阴刻了一个十字架，高0.26米，宽0.24米（图6-29）。在长安和洛阳发现的唐代景教石碑和经幢上也刻着类似的十字架。因此，这个瘗穴应该是安葬唐代景教徒骨灰尘用的[1]。

景教，即基督教的聂斯脱里派，起源于今叙利亚，是从希腊正教（东正教）分裂出来的基督教教派，由叙利亚教士聂斯脱里于公元428—431年创立。聂斯脱里（Nestorius，380—451）是东罗马帝国君士坦丁堡主教，主张基督有神、人的"二性二

① 焦建辉：《龙门石窟发现的景教遗迹及相关问题》，《文物世界》2013年第6期。焦建辉：《龙门石窟红石沟唐代景教遗迹调查及相关问题探讨》，载《石窟寺研究》第四辑，科学出版社，2013。

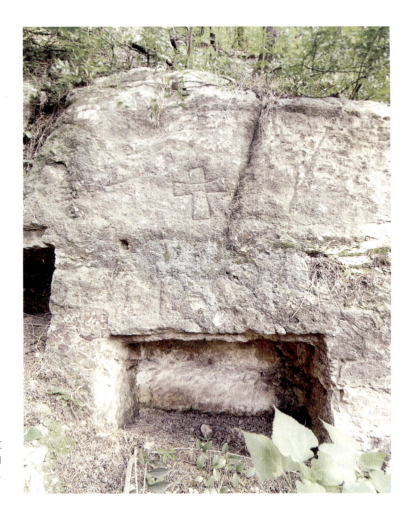

图6-29 龙门石窟西山北端红石沟北崖景教瘗穴（唐，采自《石窟寺研究》2013年第四辑，彩图九）

位"。431年，聂斯脱里的说教在东罗马被视为异端，他被革除了主教职务。四年后，聂斯脱里被东罗马帝国皇帝逐出国境，最终客死埃及。他的一部分追随者来到波斯，继续传播他的说教，得到了波斯国王的保护，成立了独立教派，与摩尼教、祆教共同组成了波斯当时的三大宗教。498年，聂斯脱里派正式脱离正统教会，更名为"迦尔底教会"，又称"阿述教会"，以中亚地区为中心进行宣教。632年，伊斯兰教的阿拉伯帝国（大食）吞并波斯。762年前后，聂斯脱里派主教得到了阿拉伯哈里发的信任和保护，就将其根据地从波斯移到了巴格达（今伊拉克首都），从此盛极一时。到了公元6世纪末，聂斯脱里派发展到了康居和突厥等地。

　　景教可能在公元6世纪初就已经进入北魏洛阳，在唐代正式传入中国[①]。唐太宗贞观九年（635），大秦国的大德阿罗本带着聂斯脱里派的经书来到长安，宰相房玄龄（579—648）迎接，阿罗本还获得李世民的接见。从公元635年开始，景教在中国顺利发展了150年。这是最早进入中国的基督教派，曾经一度在长安、洛阳两京地区流行。"景教"的名称是教徒们自己取的，可能含有基督之光照耀的意思。有的学者认为，这个名称是教徒们用中国传统文化中的"景星"来取的。中国人自古认为景星是一颗有德和瑞应之星，只现于有道之国。意思就是，此星如果出现，所在的国家就会有明君出现。唐德宗建中二年（781），吐火罗人伊斯出资于长安义宁坊大秦寺造立了《大秦景教流行中国碑》，现存西安碑林博物馆，碑文提到了"真常之道，妙而难名；功用昭彰，强称景教"。但碑文中还说："惟道非圣不弘，圣非道不大。道圣符契，天下之明。太宗文皇帝，光华启运，明圣临人。"[②] 因此推测，用"景星"的景字来象征这个宗教，既可以象征有德的基督能给中国带来瑞应，又可以暗指支持景

① 王治心、徐以骅：《基督教在唐朝的传布》，载《中国基督教史纲》，上海古籍出版社，2004。

② ［日］桑原隲藏：《大秦景教流行中国碑に就いて》，青空文库，2012。吕秀岩：《唐大秦景教流行中国碑》，陕西人民出版社，2006。

教的唐太宗李世民就是有道明君，从而引发皇室的兴趣和支持。这通碑也是景教流行于唐代长安的见证。敦煌藏经洞出土的唐代文书中有《大秦景教三威蒙度赞》，是景教在中国使用的宗教文献[1]。2006年，在洛阳发现的唐宪宗元和九年（814）十二月完成的《大秦景教宣元至本经》石幢，则是景教在东都洛阳发展的证明[2]。龙门地区发现的这座景教瘗穴，为唐代洛阳景教的流行增添了一份新资料[3]。会昌五年（845），唐武宗（841—846年在位）发起毁佛运动，景教也一起被废止。

① 牛汝极：《敦煌景教文献的发现及其对丝路宗教研究的启示》，《世界宗教文化》2021年第1期。

② 张乃翥：《洛阳景教经幢与唐东都"感德乡"的胡人聚落》，《中原文物》2009年第2期。

③ 张乃翥、郑瑶峰：《文化人类学视域下伊洛河沿岸的唐代胡人部落——以龙门石窟新发现的景教瘗窟为缘起》上、下，载《石窟寺研究》第五辑、第六辑，科学出版社，2014、2015。

五、龙门佛头流散记

凡在龙门参观过的人们都很清楚，龙门造像大部分都已残缺不全了，展现在人们面前的多是无头的雕像，就连几厘米的小佛像头部也不能幸免（图6-30）。根据龙门文物保管所1954年的统计，90%以上的造像受到了不同程度的破坏，遭到盗窃以及完全被破坏的有10%左右。面对这些残破的佛像，绝大多数参观者都会发出哀叹，但更不为人所知的是，龙门造像被破坏的复杂历史。

安史之乱以后，龙门石窟的雕凿进入了尾声，但却逐渐掀起了大破坏的逆流。中国历史上曾经有过"三武一宗"的毁佛运动，是指北魏太武帝拓跋焘、北周武帝宇文邕、唐武宗李炎和后周世宗柴荣的四次毁佛事件，使佛教在中国的发展受到很大打击，因此在佛教史上被称为"法难"。这些皇帝毁佛的标志，就是拆毁寺院，勒令僧尼还俗，砸毁佛像，烧毁经书等。龙门石窟佛教艺术的发展，与龙门附近分布的寺院也有一定的

图6-30　龙门石窟莲花洞外南侧壁残小龛（唐）

关系。那么，这一带的寺院和龙门造像都有可能受到冲击。

　　唐代以后直到清代晚期，洛阳一带的民众还没有将龙门佛像和金钱挂钩，但来自民间的因为某种迷信活动对龙门石窟破坏的行为，很可能从五代时期就开始了。近代洛阳金石学者和拓片收藏家郭玉堂（1888—1957）在《洛阳古物记》（手抄稿本）中说："洛阳传曰，初生宋赵太祖（927—976），天红三日，今曰火烧街。当时人曰龙门石佛成精，去打石佛，残去多数。"元人官员学者萨都剌（1272或1300—1355）在《龙门记》中说：龙门众多的石像很早就遭到了人为的破坏，有的头部被打破，有的身体都没有了，有的像缺失了鼻、耳，有的像缺少了手、足，有的半缺，有的全缺，至于原来在身体表面装饰的金碧等彩，都已经全部剥落了，很少见到完整的造像。可见龙门的造像在元代就已经是如此残破不堪了，很可能与皇帝的毁佛运动和因某种迷信思想而毁坏造像的传统有关。萨都剌还说道：在伊阙两岸，以前有八座佛寺，没有一座保存下来。原来的寺院里有数十通石碑，大部分都已仆倒在地，仍然立在那里的只有一两个。碑上刻的都是佛教的语言，字迹剥落，已经不能全文识读了[1]。如此看来，北魏到唐代的诸寺院，在元代就已经毁废了。

这些破坏者把主要目标都集中在了造像的头部，从高达五六米的大像，到仅两厘米的小千佛、万佛像，都不能幸免。那些布满壁面的高仅2至5厘米的上万尊佛像，要一个个地敲掉它们的头部，没有耐心是不行的。龙门的很多造像都附有发愿文题记，上面镌刻着造像者的姓名和心愿，多是为了把希望寄托在来世。而后代的破坏者们就不考虑这么多了。龙门石窟的破坏者没有像造像者那样留下他们的姓名与心愿，但可以肯定，破坏不是没有目的，这种目的可能与他们对现实的某些愿望相关联，同样也是为了祈福禳灾，但手法却大不相同。

1840年的鸦片战争，英国人用炮火打开了中国的通商大门，从此在西方发达国家的文化领域里掀起了前往遥远的东方探险热潮，也引起了外国收藏家与古董商们对中国古代文物与艺术品的极大兴趣。于是，从清朝末年到民国初年，大批外国收藏家与古董商前往中国搜求古代艺术品，由于其本身的重要历史价值，龙门石窟造像就成了他们探宝的重要目标。在这个利益链上，外国人的需求是最重要的环节，因为没有买的，就不会有卖的。于是，中国的古董商和想用古董发财的国内不法分子，便纷纷主动给外国人提供他们从龙门凿下的石佛，使龙门石窟再次遭到严重破坏①。

著名金石学家罗振玉（1866—1940）在他的《石交录》等著作中记录了龙门造像在20世纪初期被破坏的情况（图6-31）。龙门造像的被盗凿，首先是从北京琉璃厂的古董商人祝续斋（1885—1958）开始的。到了1912年、1913年以后，效法祝续斋的行为去龙门盗凿佛像的就越来越多了。洛阳地方上的贪官们有意庇护这种行为，因为他们可以从中分利。于是，做这种文物买卖的人就更加肆无忌惮了，他们盗凿了许多造像，有的连题记也一同凿走。1915年，罗振玉参观龙门石窟，来到宾阳洞，看到有几十名士兵住在石窟内，坐卧饮食都在里面，还在

① 下文的部分信息来自路伟：《流失美国的龙门石窟文物——近年的调查新发现》，《美成在久》2017年第6期。

图6-31 罗振玉（1866—1940年）

佛像旁边做饭，把像都熏黑了。其实，在罗振玉参观龙门之前的1914年，有报纸就报道过洛阳龙门的驻兵任意毁坏石窟造像一事，还引起了西方人士的关注。罗振玉还去了古阳洞一带，看到很多佛像头已经遗失了，听说就是祝续斋等人干的。祝为了把造像卖给外国人，就花钱雇人深夜来盗凿佛像。

无独有偶，1914年，亚洲文艺会在中国设立的古物保护分会秘书长马克密给当时的中华民国外交部长孙宝琦（1867—1931）去信，述说龙门石窟遭到的严重破坏。他说：很多附近寺院的信徒，手里拿着铲子和凿子，站在洞窟前面等待生意，只要有外国游客喜欢哪个龙门雕刻，他们就立即凿下，以便换来几个便士的报酬。这是在坐地做龙门雕刻的生意了，龙门石窟哪里经得起这样的折腾呢？于是，马克密呼吁民国政府保护龙门石窟。但可想而知，他的努力没有起到什么作用。

罗振玉的弟弟罗振常（1875—1942）也参观过龙门，看到很多小窟里空空如也，已经没有造像了（图6-32）。大窟内的佛像也多数残损了，很多是头部不存。他在很多古董市场上见到过龙门佛头。据洛阳本地人讲，晚清时期担任河南知府的满族人文悌（？—约1900）曾经派人凿了十几尊龙门造像。还说有一幅造像记是唐朝的名将薛仁贵（614—683）书写的，也被他凿走了。罗振常在一所洞窟内见到一尊残造像，有新近被人凿走的痕迹。当地人说，那是一个外国人干的。有很多西方人来参观龙门，看到自己喜欢的，就花钱请人凿走，当地的官吏不管不问，也不设立什么保护措施。本地寺院的僧人也参与盗窃和贩卖佛像，有的游客则乘机凿走佛头，使这处著名古迹日见衰颓，实在令人叹息！

根据1965年的初步统计，龙门石窟被盗痕迹达720处之多，都是精品[1]。20世纪90年代以后的统计表明，在1949年以前，

① 宫大中：《龙门石窟艺术》，上海人民出版社，1981，第61页。

图6-32　20世纪20年代的龙门石窟万佛洞至奉先寺一带（采自《支那文化史迹》图版II-2）

龙门大小窟龛的主像有200余尊被盗凿，其他被盗的各类造像有1060余尊、龛楣有3处、维摩诘与文殊菩萨对坐说法图有10幅、礼佛图16幅、碑刻题记15块、佛塔2座、金翅鸟1躯等[①]。我们在本书绪论一开始就讲到的20世纪30年代宾阳中洞《帝后礼佛图》被盗案，就是这些盗凿龙门造像中的规模最大的一次。

① 王振国：《龙门石窟破坏残迹调查》，载龙门石窟研究所编：《龙门流散雕像集》，上海人民美术出版社，1993，第113页。

据调查，龙门附近的一些村民，为了私利纷纷加入盗凿自己家乡文化遗产的行列，甚至充当着主力军，因为他们有着其他地区的人们无法具备的便利条件。我们在绪论中讲述的直接参与盗凿宾阳中洞《帝后礼佛图》的石匠，就是龙门附近的村民。1971年2月5日至13日，龙门文物保管所所长马玉清等六人分别到龙门附近的杨沟、郜庄、龙门街、魏湾、郭寨等村镇再次调查盗凿破坏龙门文物的情况。郜庄村民马公保说："凿龙门二十品的魏灵藏，那时俺们很小，听说是韩和德和其他人去打的。"村民韩春富接着说："我听说当时去了几十个人，（我们村的村民）宪良、书良、金富等都去了。最后是金富用破单子把打下来的碎石块兜住过河东来的。"据郭寨人讲："魏湾的（村民）魏根令、赵秉南当时盗龙门石佛是出了名的，常跟别人说，别看咱长的样子不强，外国人还知道咱的名。"

诚然，外国人不顾中国文化遗产的完整性而购买龙门雕刻的行为，应该受到谴责，但龙门石窟遭到破坏的根本原因还是出于我们自身。一是当时的政府不积极保护龙门文物，二是所有凿痕都是出自中国人自己之手，是他们自己盗凿了祖先的遗产，转而卖给了外国人与中国的古董商。这是铁的历史实事！其实，洛阳一带盗窃古代文物有着相当长的历史，在全国尤其以盗墓闻名，因为洛阳北邙山是全中国最好的风水宝地，自古就有"生在苏杭，死葬北邙"的说法，那里原来有不可胜数的古墓，大部分都被盗空了。考古工作者至今使用的探铲，取名"洛阳铲"，就是洛阳盗墓者发明的。

在上述龙门造像的买卖链条上，中国的古董商起着关键作用。前面提到的北京琉璃厂的古玩商人祝续斋、岳彬就是这样的参与者。卢芹斋（Ching Tsai Loo，1880—1957）是20世纪上半叶活跃在中国和西方国家之间的著名古董商人[1]。他的古董商行总部设在巴黎，在纽约等地建有分店。在卢芹斋经手的众多中国古董买卖中，就有不少来自龙门的雕像。如万佛洞外南侧壁的狮子，就是经他之手贩卖到美国的（图6-33）。这些古董商起着中国古董买卖的桥梁作用，沟通着西方人的需求和中国人的贪欲，遭殃的却是中华民族的宝贵文化遗产，给中国人带来的是永远无法抹去的伤害。

由文物买卖渠道有意凿下的龙门造像，大部分都被外国收

① ［法］Geraldine Lenain著、卞婉钰译：《卢芹斋传》，中国文联出版社，2015。

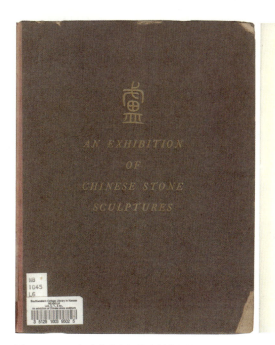

图6-33　1940年卢芹斋在纽约出版的文物买卖图录《中国石雕展》"*An Exhibition of Chinese Stone Sculptures*"
封面和图版 **XXIV** 上的龙门石窟万佛洞前室南壁狮子

藏家购买了。有的直接进入了外国的博物馆。很多收藏家在生
命走到尽头时，将自己的收藏捐献给了公立或私立博物馆，公
众才得以一睹龙门造像的风采[①]。据调查统计，海外的公私文
博机构收藏的龙门造像在200件左右，以日本和美国最多[②]。例
如，北魏开凿的莲花洞正壁有着西方僧人面孔的释迦弟子迦
叶头部，现藏在法国巴黎吉美博物馆（图6-34）；北魏宾阳中
洞北壁立佛的右胁侍菩萨头部，现藏在日本东京国立博物馆
（图6-35）；武周时期开凿的东山擂鼓台中洞主佛头部，现藏在
美国旧金山亚洲艺术博物馆（图6-36）。原本完整的龙门艺术杰
作，就这样因为历史的原因而流散到世界各地，无法团圆。还
有很多造像至今仍然保存在私人收藏家手中，例如，在美国纽
约每年一度的亚洲周艺术品拍卖中，就经常能见到来自龙门的

① 收藏在美国华盛顿佛利尔美术
馆的龙门石窟雕像，参见 Chang
Qing, "Search and Research: The
Provenance of Longmen Images in
the Freer Collection." *Orientations*
34.5, May, 2003, pp. 16–25. 收藏
在美国纽约大都会艺术博物馆
的龙门石窟雕像，参见 Chang
Qing, "Revisiting the Longmen
Sculptures in the Collection of
the Metropolitan Museum of
Art." *Orientations* 38.1, January,
2007, pp. 81–89.

② 日本和欧美收藏的部分龙门雕
像，参见东山健吾：《流散于欧
美、日本的龙门石窟雕像》，载龙
门文物保管所等编：《中国石窟·龙
门石窟》第2卷，平凡社、文物
出版社，1992，第246—253页。

图6-34 龙门石窟莲花洞正壁立佛迦叶头部（北魏，6世纪初，法国巴黎吉美博物馆藏，编号1938.AA.268，作者自拍）

图6-35 龙门石窟宾阳中洞北壁立佛右胁侍菩萨头部（北魏，6世纪初，日本东京国立博物馆藏，作者自拍）

图6-36 龙门石窟东山擂鼓台中洞主佛头部（武则天执政时期，684—704年，美国旧金山亚洲艺术博物馆藏，The Avery Brundage Collection，编号B60S38+，作者自拍）

图6-37 2017年3月本书作者在纽约古董市场见到的来自龙门宾阳中洞《孝文帝礼佛图》的孝文帝侍从头像（北魏晚期，6世纪初，作者自拍）

雕刻（图6-37）。然而，这些雕刻也只是在拍卖会上露几天面，就再次消失在了人海之中，因为收藏家一般都不愿意透露自己的收藏信息。它们的重见天日，又不知需要等待多久。

1948年以后，龙门石窟开始了它的新生，杜绝了破坏现象。1951年，人民政府成立了龙门森林古迹保护委员会。1953年，成立龙门文物保管所，对龙门进行妥善的保护。1961年3月，龙门石窟成为全国重点文物保护单位。即使在"文革"期间，经过全所人员的共同努力，龙门石窟丝毫没有遭到人为破坏，为国家的文物事业做出了贡献。与此同时，龙门石窟还进行了多次的加固与修缮工程，包括修建更多的登山小道，方便了游客的参观。1990年，在前文保所的基础上成立了龙门石窟研究所。2000年，龙门石窟被联合国教科文组织列为世界文化遗产，并将东西两山都进行了封闭式管理，完全具备了文化遗产的国际水准。2008年，在原研究所的基础上成立了龙门石窟研究院，隶属于龙门石窟世界文化遗产园区管理委员会，并迁入了伊河东岸的新址。完备的机构将推动科学研究事业的发展。

六、研究龙门的先贤们

作为杰出文化遗产的龙门石窟，是宗教崇拜的产物，它是佛教思想的艺术表现形式，反映着人们在不同的历史时期对佛教信仰的侧重。同时，龙门石窟还凝聚着古代中国人在建筑、雕刻、图案装饰等方面的创作智慧，反映着在特定历史背景下的社会面貌与审美时尚。所以，它是一个取之不尽的跨学科研究宝库，是全人类的共同遗产，值得我们研究好、保护好。在龙门研究与保护的一百多年历史中，涌现出了许多贡献卓著的贤者。

19世纪末，中外学者从各种角度陆续开始研究龙门造像艺术。早期有路朝霖（1876年进士）的《洛阳龙门志》，撰集于清同治九年（1870）。清代末年，有一批西方和日本学者以纯考古调查为目的，对龙门石窟进行了考察，他们的摄影都是龙门造像被毁坏前的历史记录，对研究龙门石窟的原貌具有重要意义。例如，清光绪三十三年（1907），被誉为"西方汉学第一人"的法国人爱德华·沙畹（Émmanuel-Édouard Chavannes，1865—1918）及摄影师、拓工在内的一行人，在短短数月间，遍历中国河南、四川、山西、山东、陕西、辽宁、吉林、北京等地名胜古迹，考察记录、摄影拓片，较为科学地采集了宝贵的一手图文资料。在龙门石窟，他们拍摄了大量照片。在归国后不久的1909—1915年间，沙畹就于巴黎推出了精印照片集《北中国考古图谱》[①]。

①Édouard Chavannes. *Msiion Archéologique La Chine Septentrionale*, Paris, 1909.

佛利尔（Charles Lang Freer, 1854—1919）是美国著名的工业家、艺术收藏家。1906年，他将其丰厚的亚洲艺术收藏捐献给了国家，建立了华盛顿史密森博物学院旗下的第一家博物馆——佛利尔美术馆，以展出他的藏品。在清朝末年，佛利尔曾经在中国旅行五次，购买了大量的文物与艺术品。佛利尔在收藏中国古代艺术品的同时也醉心于对中国历史、文化、文物的研究。1910—1911年的中国之行，是他五次中国行之中收获最大的一次，他重点访问了开封、巩县、洛阳、杭州四地，以龙门石窟为主（图6-38）。在那次的旅行与参观中，所到之处，均请专业摄影师周裕泰等随行拍摄了大量的文物古迹的高质量

图6-38　佛利尔一行在龙门石窟潜溪寺前（佛利尔拍摄于1910年）

干板照片。现存于佛利尔美术馆档案部的234幅照片保存了清朝末年的历史面貌，其中约100幅是关于龙门石窟的[①]。

曾炳章（？—1917），字辛庵，江苏省昭文县人。光绪三十四年（1908）任河南省新安县令，至民国四年（1915）任河南洛阳县知事。他爱好金石学，曾经收藏了洛阳墓志拓本1000余件。曾炳章在洛阳任职期间，对龙门全山洞窟作过有计划的调查，请拓工遍拓了龙门许多碑刻题记，调查了龙门造像，分洞窟编写了《伊阙龙门山等处造像数目表》和《洛阳县龙门山魏造像题记五十品目录表》。在此基础上，曾炳章又派县学掾侯慈航住宿在佛寺里，作了进一步研究，编写了《续拓洛阳县龙门魏造像记目录》，共收了252品题记，还附有《洛阳县复行调查龙门山等处造像题记表》，收录了3680品造像题记。他对龙门石窟佛像数目和造像题记品目的调查，是近代中国官方首次全面整理龙门石窟资料的活动。

瑞典汉学家喜龙仁（Osvald Siren，1879—1966）于1918和1921年调查了龙门石窟。1925年，他出版的《中国雕塑》一书收录了一些龙门石窟照片[②]。

最全面地对中国地上文物古迹的摄影记录是日本人出版的《支那文化史迹》12辑。常盘大定（1870—1945）是日本研究中国佛教学者、古建筑学家，1920年以后，曾先后五次到中国研究佛教史迹。关野贞（1868—1935）是建筑史学家，1918年到中国众多省份广泛调查古建筑、陵墓和佛教艺术。由这二人合作编辑的《支那文化史迹》12辑收图2000余幅，每辑都有解说1卷，由法藏馆于1939至1941年间陆续出版[③]。1975—1976年，法藏馆以"中国文化史迹"为名对该书进行了再版[④]。该书的摄影所介绍的中国古迹涵盖了河北、山东、四川、湖北、江西、安徽、江苏、陕西、山西、浙江、福建、河南、广东、湖南等

[①] ［美］查尔斯·兰·弗利尔著、李雯译：《佛光无尽：弗利尔1910年龙门纪行》，上海书画出版社，2014。常青：《物华旧影：1910—1911年佛利尔镜头里的中国文化史迹》，文物出版社，2019。

[②] Osvald Siren. *Chinese Sculptures from the Fifth to the Fourteenth Centuries*. London, 1925.

[③] ［日］常盤大定、關野貞：《支那文化史跡》，法藏館，1939—1941。

[④] ［日］關野貞、常盤大定：《中國文化史跡》，法藏館，1976年。

省。其中龙门石窟的照片有100幅左右。

1935年，中国学者关百益（1882—1956）的《伊阙石刻图表》出版，这是中国学者记录龙门石窟艺术的先声。该书分为上下两卷。卷首附有《伊阙著名石窟表》，著名洞窟所占空间区域，然后列举名称、位置并加以说明。图分为三部分：一为总图，共有21幅，总观龙门全局；二为分图，收录各窟造像共104幅，展现龙门造像的精粹。总图与分图大多数都取自沙畹的《北中国考古图谱》一书，并有所增补；三为镌文，就是有明确年代的石窟铭文题记。通过影印，收录了北魏至宋代总104品题记。

1936年，日本学者水野清一（1905—1971）、长广敏雄（1905—1990）合作对龙门进行了短短六天的实地调查。他们拓了近千件造像题记，收录了2429件造像题记，记录了28所洞窟的情况，广收前人的研究成果，于1941年出版了《龙门石窟之研究》[①]。这本书的出版对当时的龙门研究具有划时代的意义，长期以来被学术界奉为关于龙门的经典与权威之作。

20世纪50年代以后，对龙门石窟的研究进入了一个新时代。学者们从考古和美术史两方面进行综合研究，不断地纠正着前人研究中的错误，发现着新的资料，推动着龙门研究向前发展。在此，我想向大家重点介绍一位已故的著名学者。

阎文儒（1912—1994），字述祖，出生于辽宁义县，北京大学考古系教授。大部分朋友可能都没有听说过他。但如果了解了他的经历，你就会对他刮目相看了。大家都知道我的硕士导师宿白先生（1922—2018）。如果说，中国石窟寺考古学的创建者是宿先生，那么阎先生就是当之无愧的先驱。1938年，他考入北京大学文科研究所读硕士研究生，导师是中国现代著名历史学家、敦煌学家向达先生（1900—1966）。在那个时代，能上

①[日]水野清一、長廣敏雄：《龍門石窟の研究》，座右寶刊行會，1941；同朋舍，1980。

硕士的人，都是了不起的英才。而阎先生正是中国历史上第一批十个文科硕士之一。他毕业后曾任山西大学、西北师范学院等校教授。20世纪40年代末，阎先生回到北京大学文科研究所工作。1949年以后，他在北大历史系考古专业任教，这个专业就是以后北大考古系的前身，而考古系又是如今的北大考古文博学院的前身。20世纪50年代初，当时的北大历史系考古专业只有两名在职教师，就是任副教授的阎先生和任助教、讲师的宿先生。

到了"文革"前的60年代，阎先生和宿先生在教学和研究上有了分工：阎先生研究石窟寺，宿先生教隋唐考古。陕西省博物馆前馆长王仁波先生（1939—2001），就是阎先生在60年代培养的硕士生。在1961到1965年间，阎先生和中国佛教协会合作，三次对中国各主要石窟寺作了普查，行程逾万里，取得了丰硕成果。之后，他利用调查资料，发表了大量的石窟考古研究文章，还写成了《中国石窟艺术总论》《中国石窟艺术论集》《云冈石窟》《炳灵寺石窟》《麦积山石窟》《汉唐西域文明史》《龙门石窟》[①]等书稿，在1978年以后陆续出版了。他不愧是中国石窟考古界的先锋！令人惋惜的是，从60年代晚期开始，阎先生就因病不能正常教书了，只在家里写作，更别说出外调查了。他以后也曾带过硕士研究生，但不多。曾在北大考古系任教授的马世长（1936—2013）、晁华山先生就是他和宿先生在20世纪70年代末至80年代初合带的硕士研究生。我们可以想象，如果他的身体一直很好，那该会出多少科研成果、带出多少研究生啊！

在研究龙门的中国学者中，曾经在龙门工作的几位学者的成果尤为突出。温玉成，1964年毕业于北京大学历史系考古专业，之后一直在龙门工作至今，所著关于龙门石窟的论文达

①阎文儒、常青：《龙门石窟研究》，书目文献出版社，1995。

① 温玉成：《温玉成文集——龙门石窟卷》，科学出版社，2021。

② 刘景龙、李玉昆主编：《龙门石窟碑刻题记汇录》，中国大百科全书出版社，1998。

③ 李文生：《龙门石窟与洛阳历史文化》，上海人民美术出版社，1993。

④ 龙门文物保管所等编：《中国石窟·龙门石窟》（二卷），平凡社、文物出版社，1991、1992。中国美术全集编辑委员会：《中国美术全集·雕塑编11·龙门石窟雕刻》，上海人民美术出版社，1988。

⑤ 宫大中，《龙门石窟艺术》，上海人民出版社，1981。

⑥ 刘景龙：《我的龙门情怀》，经济日报出版社，2010。

几十种之多①。李玉昆，1965年毕业于北京大学历史系，他于1966—1974年间主持龙门石窟碑刻拓片工作，共收集了碑文拓片2780幅，最终于1998年出版了《龙门石窟碑刻题记汇录》②，为龙门碑刻的研究立下了不朽功勋。李文生，1961年毕业于河南大学历史系，也是在毕业后就来到龙门工作，撰写了多种研究龙门的论文③。温玉成、李文生等人合作编著的《中国石窟·龙门石窟》（两卷）和《中国美术全集·雕塑编11·龙门石窟雕刻》凝结着他们多年潜心研究的心血④。宫大中，1966年毕业于中央美术学院美术史系，80年代以前在龙门工作，曾经出版《龙门石窟艺术》⑤一书，是中国学者撰写的第一本研究龙门的专著。刘景龙（1940—2020）是自学成才的保存科学专家，自1964年起在龙门工作，曾任龙门石窟研究所所长，他的一生为龙门石窟的保护做出了杰出贡献⑥。

先贤们的研究工作，为我们展现了一个清晰的龙门石窟画卷，解决了众多的关于这个石窟群的历史疑难问题。他们为龙门所做的贡献，将永远为历史铭记。即使他们的研究中出现过这样或那样的错误，也是我们龙门研究的宝贵遗产。后代学者之所以会比前人站得更高、看得更远，是因为站在了前人的肩膀上。

附录：龙门石窟研究论著目录
（以出版时间先后为序）

一、中文书籍

[1] 路朝霖. 洛阳龙门志 [M]. 1887（清光绪十三年）.

[2] 关百益. 伊阙石刻图表 [M]. 1935.

[3] 陆蔚庭. 龙门造像目录 [M]. 台北：神州图书公司，1974.

[4] 北魏龙门二十品 [M]. 台北：艺术图书公司，1975.

[5] 萧灿坤. 龙门石窟 [M]. 香港：摄影画报有限公司，1979.

[6] 赵明. 龙门二十品的书法研究 [M]. 台北：新文丰出版公司，1980.

[7] 龙门文物保管所. 龙门石窟 [M]. 北京：文物出版社，1980.

[8] 宫大中. 龙门石窟艺术 [M]. 上海人民出版社，1981.

[9] 中国美术全集编辑委员会. 中国美术全集·雕塑编11·龙门石窟雕刻 [M]. 上海人民美术出版社，1988.

[10] 龙门文物保管所等. 中国石窟·龙门石窟 [M]. 全2卷. 北京：文物出版社 东京：平凡社，1991.

[11] 李文生. 龙门石窟装饰雕刻 [M]. 上海人民美术出版社，1991.

[12] 李文生. 龙门石窟与洛阳历史文化 [M]. 上海人民美术出版社，1993.

[13] 龙门石窟研究所. 龙门流散雕像集 [M]. 上海人民美术出版社，1993.

[14] 龙门石窟研究所. 龙门石窟研究论文选 [C]. 上海人民美术出版社，1993.

［15］龙门石窟研究所，中央美术学院美术史系编．龙门石窟窟龛编号图册［M］．北京：人民美术出版社，1994.

［16］阎文儒，常青．龙门石窟研究［M］．北京：书目文献出版社，1995.

［17］龙门石窟研究所．龙门石窟雕刻粹编——佛［M］．北京：文物出版社，1995.

［18］刘景龙．龙门二十品［M］．北京：中国世界语出版社，1995.

［19］龙门石窟研究所．龙门石窟一千五百周年国际学术讨论会论文集［C］．北京：文物出版社，1996年.

［20］龙门石窟研究所．龙门石窟志［M］．北京：中国大百科全书出版社，1996.

［21］刘景龙．龙门二十品——碑刻与造像艺术［M］．北京：中国世界语出版社，1997.

［22］刘景龙，李玉昆．龙门石窟碑刻题记汇录［M］．北京：中国大百科全书出版社，1998.

［23］张乃翥．龙门佛教造像［M］．台北：艺术家出版社，1998.

［24］龙门石窟研究所．龙门石窟内容总录［M］．12卷（36册）．北京：中国大百科全书出版社，1999.

［25］中国石窟雕塑全集编辑委员会编．中国石窟雕塑全集4·龙门［M］．重庆出版社，2001.

［26］刘景龙．古阳洞：龙门石窟第1443窟［M］．北京：科学出版社，2001.

［27］刘景龙．莲花洞：龙门石窟第712窟［M］．北京：科学出版社，2002.

［28］宫大中．龙门石窟艺术［M］．增订本．北京：人民美术出版社，2002.

［29］杨超杰，严辉．龙门石窟雕刻粹编：佛塔［M］．北京：中国大百科全书出版社，2002.

［30］刘景龙．龙门石窟造像全集［M］．北京：文物出版社，2002.

［31］刘景龙，杨超杰．龙门石窟总录［M］．全36册．北京：中国大百科全书出版社，2003.

［32］刘景龙．龙门石窟纹饰拓片集［M］．北京：文物出版社，2003.

［33］刘景龙．龙门石窟开凿年代研究［M］．北京：外文出版社，2003.

［34］马春莲．视觉中的音乐：龙门石窟音乐图像资料的考察与研究［M］．郑州：河南人民出版社，2004.

［35］［日］冢本善隆著．龙门石窟北魏佛教研究［M］．林保尧，颜娟英，译．新竹：觉风佛教艺术文化基金会，2005.

［36］龙门博物馆，龙门石窟研究院编．龙门博物馆藏品：佛教艺术卷［M］．郑州：大象出版社，2005.

［37］王振国．龙门石窟与洛阳佛教文化［M］．郑州：中州古籍出版社，2006.

［38］李振刚．龙门石窟［M］．郑州：河南人民出版社，2006.

［39］张乃翥．龙门石窟与西域文明［M］．郑州：中州古籍出版社，2006.

［40］李振刚主编．2004年龙门石窟国际学术研讨会文集［C］．郑州：河南人民出版社，2006.

［41］刘景龙，贺玉萍．龙门石窟佛典画像精品［M］．北京：文物出版社，2007.

［42］陈长文．中国文化知识读本：龙门石窟［M］．长春：吉林出版集团有限责任公司，2010.

［43］刘景龙．宾阳洞：龙门石窟第104、140、159窟［M］．北京：文物出版社，2010.

［44］刘景龙．龙门石窟——皇甫公窟［M］．北京：外文出版社，2010.

［45］张乃翥．龙门区系石刻文萃［M］．北京：国家图书馆出版社，2011.

［46］白立献，梁德水．龙门石窟造像题记精粹［M］．郑州：河南美术出版社，2012.

［47］［日］石松日奈子．北魏佛教造像史研究［M］．筱原典生，译．北京：文物出版社，2012.

［48］刘景龙．龙门石窟研究院文物藏品集［M］．北京：文物出版社，2013.

［49］陈晶鑫．华夏文库：洛都圣像 龙门石窟［M］．郑州：中州古籍出版社，2014.

［50］［美］查尔斯·兰·弗利尔著．佛光无尽：弗利尔1910年龙门纪行［M］．李雯，译．上海书画出版社，2014.

［51］龙门石窟研究院等．龙门石窟考古报告——东山擂鼓台区［R］．全6卷．北京：科学出版社，2018.

［52］仲威．龙门石窟造像题记廿品［M］．北京：文物出版社，2019.

［53］常青．物华旧影：1910—1911年佛利尔镜头里的中国文化史迹［M］．北京：文物出版社，2019.

［54］［美］倪雅梅著．龙门石窟供养人：中古中国佛教造像中的信仰、政治与资助［M］．陈朝阳，赵诣，朱品岩，校译．北京：中华书局，2020.

［55］李炳武．造像艺术的巅峰之作：龙门石窟［M］．西安出版社，2020.

［56］常青．长安与洛阳：五至九世纪两京佛教艺术研究［M］．上下卷．北京：文物出版社，2020.

［57］毛君炎．中国三大石窟艺术巡游：莫高窟 龙门石窟 云冈石窟［M］．南昌：江西美术出版社，2021.

［58］温玉成．温玉成文集：龙门石窟卷［G］．北京：科学出版社，2021.

［59］杨刚亮．龙门石窟保护与地学研究［M］．北京：科学出版社，2021.

［60］苏健．龙门石窟历史与美学论集［M］．上海交通大学出版社，2021.

［61］龙门石窟研究院等．龙门石窟考古报告——东山万佛沟区［R］．全三卷．北京：科学出版社，2021.

［62］陈建平编．龙门石窟保护工程实录［M］．北京：科学出版社，2022.

［63］龙门石窟研究院编．龙门石窟纪年造像图典简编［M］．河南：河南文艺出版社，2022.10.

［64］上海大学博物馆．铭心妙相：龙门石窟艺术对话［M］．上海：上海大学出版社，2022.12.

［65］龙门石窟研究院编．寰宇聚珍——流散龙门石窟雕像新编［M］．上海：上海交通大学出版社，2023.03.

［66］龙门石窟研究院编．龙门石窟研究院藏文物聚珍：石刻卷［M］．青岛：青岛出版社，2023.04.

［67］赵际芳编．咸同斯福：古阳洞造像题记及书法艺术［M］．北京：中国文联出版社，2023.04.

［68］康桥编．佛像：永恒的微笑［M］．上海：上海辞书出版社，2023.04.

［69］阎文儒、常青．龙门石窟研究（增订本）［M］．上海：上海交通大学出版社，2023.04.

［70］龙门石窟研究院编．龙凤呈祥——龙门石窟中的龙凤［M］．上海：上海交通大学出版社，2023.04.

［71］张强．莲花瓶：泄露的底［M］．北京：文物出版社，2023.05.

二、日文书籍

［72］［日］常盤人定，關野貞．支那文化史蹟［M］．第二辑．東京：法藏館，1939-1941.

［73］［日］水野清一，長廣敏雄．龍門石窟の研究［M］．京都：座右寶刊行會，1941；京都：同朋舍，1980复刻版.

［74］二玄社編集部．北魏龍門二十品［M］．上，下．東京：二玄社，1959.

［75］［日］飯島稻太郎．北魏龍門精粹［M］．東京：書藝文化新社，1959.

［76］［日］長廣敏雄．雲岡と龍門［M］．東京：中央公論美術，1964.

［77］二玄社編集部．北魏龍門二十品［M］．東京：二玄社，1968.

［78］龍門造像題記：二十品；龍門造像題記：五十品［M］．東京：中央公論社，1974.

［79］龍門五十品龍門二十品解說积文·解題［M］．東京：中央公論社，1974.

［80］關百益．龍門石刻圖錄［M］．東京：汲古書院，1978.

［81］［日］小野勝年．龍門二十品［M］//《書迹名品集成》第4卷，京都：同朋舍，1981.

［82］［日］久野健．龍門·鞏县石窟［M］．東京：六興出版，1982.

［83］龍門文物保管所，北京大學考古系．中國石窟・龍門石窟［M］．2卷．東京：平凡社，1987-1988.

［84］劉景龍．龍門二十品［M］．東京：中教出版，1997.

［85］龍門石窟石刻集成［M］．京都大學人文科學研究所附屬東洋學文獻センター，2000.

［86］Miho Museum．龍門石窟展図録［M］．滋賀：Miho Museum，2001.

［87］［日］八木春生．中国仏教美術と漢民族化：北魏時代後期を中心として［M］．東京：法藏館，2004.

［88］東京國立文化財研究所．世界遺産・龍門石窟保護のための國際協力：その足跡と成果［M］．東京國立文化財研究所，2008.

［89］［日］久野美樹．唐代龍門石窟の研究-造形の思想的背景について-［M］．東京：中央公論美術，2011.

［90］［日］中村伸夫．龍門二十品［M］第1卷，東京：天來書院，2018.

三、中文研究论文

［91］贺泳．洛阳龙门考察报告［J］．文物参考资料，1951，（12）.

［92］佚名．雕刻工作者刘开渠等十人向人民日报来信揭发奸商岳彬盗卖龙门石窟的严重罪行［J］．文物参考资料，1953，（12）.

［93］王去非．关于龙门石窟的几种新发现及其有关问题［J］．文物参考资料，1955（2）.

［94］赵金毂．封面——龙门唐代力士像说明［J］．新史学通讯，1955（7）.

［95］王去非．龙门杂记［J］．文物参考资料，1956（4）.

［96］王去非．参观三处石窟笔记［J］．文物参考资料，1956（10）.

［97］刘汝醴．关于龙门三窟［J］．文物，1959（12）.

［98］陈明达．关于龙门石窟修缮问题［J］．文物，1959（3）.

［99］傅天仇．访古代雕塑——晋祠、平遥、龙门［J］．文物，1961（12）.

［100］陆蔚庭．龙门造像目录［J］．文物，1961（4 5）.

［101］茗生．读《龙门造象目录》后［J］．文物，1962（2）.

［102］李玉昆．龙门石窟新发现王玄策造像题记［J］．文物，1976（11）.

［103］宫大中．龙门石窟［J］．文物，1978（2）.

［104］刘景龙．龙门石窟的维修工程［J］．中原文物，1978（2）.

[105] 丁明德. 洛阳龙门药方洞的石刻药方 [J]. 河南文博通讯，1979（2）.

[106] 丁明夷. 龙门石窟唐代造像的分期与类型 [J]. 考古学报，1979（4）.

[107] 宫大中. 龙门石窟艺术试探 [J]. 文物，1980（1）.

[108] 李玉昆. 龙门杂考 [J]. 文物，1980（1）.

[109] 李文生. 龙门石窟的新发现及其它 [J]. 文物，1980（1）.

[110] 张若愚. 伊阙佛龛之碑和潜溪寺、宾阳洞 [J]. 文物，1980（1）.

[111] 李文生. 龙门石窟药方洞考 [J]. 中原文物，1981（3）.

[112] 张建中. 洛阳龙门石窟 [J]. 中州学刊，1981（1）.

[113] 何养明. 洛阳龙门北魏石窟艺术的特点 [J]. 史学月刊，1981（5）.

[114] 刘铭恕. 龙门石窟三题 [J]. 郑州大学学报：哲学社会科学版，1981（4）.

[115] 张乃翥. 龙门石窟维摩变造像及其意义 [J]. 中原文物，1982（3）.

[116] 李文生. 龙门石窟的音乐史资料 [J]. 中原文物，1982（3）.

[117] 刘景龙. 水对龙门石窟的危害和防治 [J]. 中原文物，1982（3）.

[118] 李玉昆. 龙门续考 [J]. 文物，1983（6）.

[119] 宫大中. 龙门石窟中的北魏建筑 [C]. 中国古都研究，第1辑，1983.

[120] 张乃翥. 龙门石窟始平公像龛造像年代管窥 [J]. 中原文物，1983（3）.

[121] 李玉昆. 龙门石窟研究举误 [J]. 中原文物，1983（4）.

[122] [日] 冈田健. 龙门奉先寺的开凿年代 [J]. 美术研究，1984（2）.

[123] 温玉成. 略谈龙门奉先寺的几个问题 [J]. 中原文物，1984（2）.

[124] 温玉成.《河洛上都龙门山之阳大卢舍那像龛》注释 [J]. 中原文物，1984（3）.

[125] 温玉成. 华严宗三祖法藏身世的新资料——兼述龙门石窟中的外国人造像 [J]. 法音，1984（2）.

[126] 温玉成. 碑刻资料对佛教史的几点重要补正 [J]. 中原文物，1985年特刊.

[127] 温玉成. 龙门古阳洞研究 [J]. 中原文物，1985年特刊.

[128] 阎文儒. 龙门奉先寺三造像碑铭考释 [J]. 中原文物，1985年特刊.

[129] 李文生. 我国石窟中的优填王造像 [J]. 中原文物，1985（4）.

[130] 温玉成. 龙门石窟的创建年代 [J]. 文博，1985（3）.

[131] 步连生. 龙门北魏窟造像艺术探源 [J]. 中原文物，1985年特刊.

[132] 李玉昆. 龙门碑刻的研究 [J]. 中原文物，1985特刊.

[133] 李玉昆. 龙门石窟零拾 [J]. 中原文物，1986（1）.

[134] 温玉成. 洛阳龙门双窑 [J]. 考古学报，1988（1）.

[135] 温玉成. 龙门石窟造像的新发现 [J]. 文物，1988（4）.

[136] 李文生. 中原风格及其西传（摘要）[J]. 敦煌研究，1988（2）.

[137] 潘别桐，曹美华. 龙门石窟边坡岩体动力稳定性离散元分析 [C] //中国地质学会工程地质委员会编. 全国第三次工程地质大会论文选集：上卷，1988.

[138] 阎文儒. 龙门石窟命名之由来 [J]. 北朝研究，1989（1）.

[139] 徐苹芳. 石窟考古的新成果——评《中国石窟》新疆和龙门卷 [J]. 考古，1989（1）.

[140] 张乃翥. 从龙门石窟造像遗迹看北魏民族关系中的几个问题 [J]. 民族研究，1989（2）.

[141] 张乃翥. 从龙门造像史迹看武则天与唐代佛教之关系 [J]. 世界宗教研究，1989（1）.

[142] 常青. 龙门药方洞的初创和续凿年代 [J]. 敦煌研究，1989（1）.

[143] 温玉成. 试论武则天与龙门石窟 [J]. 敦煌学辑刊，1989（1）.

[144] 贾广兴. 龙门石窟群中的商业窟 [J]. 中原文物，1989（2）.

[145] 贾志宏. 龙门石窟药方年代考 [J]. 河南中医，1989（6）.

[146] 万方. 关于龙门石窟药方洞药方的几个问题 [J]. 湖南科技大学学报：社会科学版，1989（6）.

[147] 温玉成. 新中国发现的密教遗存及其所反映的密教史问题 [J]. 世界宗教研究，1990（4）.

[148] 张乃翥. 龙门石窟魏唐碑铭所见民族史料集绎 [J]. 敦煌学辑刊，1990（2）.

[149] 张乃翥. 龙门石窟唐代瘗窟的新发现及其文化意义的探讨 [J]. 考古，1991（2）.

[150] 李文生. 龙门唐代密宗造像 [J]. 文物，1991（1）.

[151] 常青. 龙门石窟"北市彩帛行净土堂"[J]. 文物，1991（8）.

[152] 林世田. 龙门石窟窟龛编号工作完成 [J]. 文献，1991（2）.

[153] 温玉成. 龙门北朝小龛的类型、分期与洞窟排年 [M] //龙门文物保管所等编著. 中国石窟·龙门石窟：第一卷. 北京：文物出版社 东京：平凡社，1991.

[154] 宿白. 洛阳地区北朝石窟的初步考察 [G] //龙门文物保管所等编著. 中国石窟·龙门石窟：第一卷. 北京：文物出版社 东京：平凡社，1991.

[155] 马世长. 龙门皇甫公窟 [G]. //龙门文物保管所等编著. 中国石窟·龙门石窟：第一卷. 北京：文物出版社 东京：平凡社，1991.

[156] 李文生. 龙门石窟北朝主要洞窟总叙 [G] //龙门文物保管所等编著. 中国石窟·龙门石窟：第一卷. 北京：文物出版社 东京：平凡社，1991.

[157] 温玉成. 龙门唐窟排年 [G] //龙门文物保管所等编著. 中国石窟·龙门石窟：第二卷. 北京：文物出版社 东京：平凡社，1992.

[158] ［日］大桥一章. 奉先寺诸像的建造与白凤、天平雕刻 [G] //龙门文物保管所等编著. 中国石窟·龙门石窟：第二卷. 北京：文物出版社 东京：平凡社，1992.

[159] ［日］东山健吾. 流散于欧美、日本的龙门石窟雕像 [G] //龙门文物保管所等编著. 中国石窟·龙门石窟：第二卷. 北京：文物出版社 东京：平凡社，1992.

[160] 顾彦芳，李文生. 龙门石窟主要唐窟总叙 [C]. 龙门文物保管所等编著. 中国石窟·龙门石窟：第二卷. 北京：文物出版社 东京：平凡社，1992.

[161] 贾志宏. 略术《龙门石窟药方》的校勘内容 [J]. 中医药文化，1992（4）.

[162] [日] 曾布川宽著，颜娟英，译. 唐代龙门石窟造像的研究 [J]. 艺术学，1992（7）：163-267；1992（8）：99-163.

[163] 张乃翥. 论龙门造像题记在北朝佛教研究中的史料价值 [J]. 北朝研究1993（2）.

[164] 张乃翥. 中原地区的佛教文化遗迹·龙门石窟——为龙门石窟1500周年国际学术讨论会而作 [J]. 北朝研究，1993（3）.

[165] 常青. 龙门石窟地藏菩萨及其相关问题 [J]. 中原文物，1993（4）.

[166] 张乃翥. 龙门碑刻题识所见中古寺院史料辑绎 [J]. 敦煌学辑刊，1993（1）.

[167] 张乃翥. 从龙门造像遗迹看北魏世俗生活面貌 [J]. 中州学刊，1993（1）.

[168] 王振国. 龙门石窟破坏残迹调查 [G] // 龙门文物保管所编. 龙门流散雕像集. 上海人民美术出版社，1993.

[169] 王振国. 龙门党屈蜀洞及其相关问题 [J]. 中原文物，1993（4）.

[170] 锴生. 洛阳举行"龙门石窟1500周年庆典暨国际学术讨论会" [J]. 中原文物，1993（4）.

[171] 刘景龙，王振国. 龙门石窟近期清理出的唐代窟龛造像及遗物 [J]. 中原文物，1993（2）.

[172] 刘景龙. 龙门石窟保护四十年 [J]. 中原文物，1993（4）.

[173] 周军，曹社松. 龙门地质地貌考——兼谈地质作用对龙门石窟的影响 [J]. 中原文物，1993（4）.

[174] 温玉成. 龙门所见两《唐书》中人物造像概说 [J]. 中原文物，1993（4）.

[175] 王振国，刘景龙. 龙门石窟 [J]. 文史知识，1994（3）.

[176] 高华. 龙门石窟现存窟龛确数 [J]. 上海集邮，1994（2）.

[177] 温玉成. 哲人微笑 千古妙谛 [J]. 美术之友，1994（2）.

[178] 吴震. 龙门石窟中高昌人造像题记试析——兼论高昌在佛教流传于中国的历史地位 [J]. 西域研究，1994（3）.

[179] 王洪章. 对洛阳龙门石窟环境隐患因素的分析 [J]. 军工勘察，1994（4）.

[180] 杨盛云. 鲁迅与龙门石窟 [J]. 中州今古，1994（6）.

[181] 林保尧. 龙门奉先寺大卢舍那佛像 [J]. 艺术家，1994，（5）：328-329.

[182] 常青. 北朝石窟神王雕刻述略 [J]. 考古，1994（12）.

[183] 常青. 龙门石窟佛像艺术源流探微 [G] // 龙门石窟研究所编. 龙门石窟雕刻萃编——佛，北京：文物出版社，1995.

[184] 张乃翥. 龙门石窟擂鼓台三窟考察报告 [J]. 洛阳大学学报，1995（9）.

[185] 张瑞贤，李国坤，先静.《医心方》所引《龙门方》研究 [J]，中国中药杂志，1995（4）.

[186] 李文生，孙新科．龙门石窟佛社造像初探［J］．世界宗教研究，1995（3）．

[187] 李文生，杨超杰．龙门石窟佛教瘗葬形制的新发现——析龙门石窟之瘗穴［J］．文物，1995（9）．

[188] 潘国强．洛阳龙门石窟中乐器及乐队组合［J］．中国音乐，1995（3）．

[189] 李海波，吴绵拔．龙门石窟文物区岩体波动测试与分析［J］．岩土力学，1995（3）．

[190] 张乃翥．龙门石窟擂鼓台三窟考察报告［J］．洛阳大学学报，1995（3）．

[191] 李最雄，张鲁，王旭东，王亨通．砂砾岩石窟岩体裂隙灌浆的进一步研究［C］//全国首届岩石锚固与注浆学术会议论文集，乌鲁木齐：新疆科技卫生出版社（k），1995．

[192] 邵殿文．龙门石窟北朝造像题材概述［J］．北朝研究，1995（2）．

[193] 王仁波．试论云冈，龙门石窟北魏主要造像题材与佛教史诸问题［J］．上海博物馆集刊，1996．

[194] 李玉昆．我国的观世音信仰与龙门石窟的观世音造像［C］//龙门石窟研究所编．龙门石窟一千五百周年国际学术讨论会论文集．北京：文物出版社，1996．

[195] ［新］古正美．龙门擂鼓台三洞的开凿性质与定年［C］//龙门石窟研究所编．龙门石窟一千五百周年国际学术讨论会论文集．北京：文物出版社．1996．

[196] 常青．龙门石窟北朝晚期龛像浅析［C］//龙门石窟研究所编．龙门石窟一千五百周年国际学术讨论会论文集．北京：文物出版社．1996．

[197] 张宝玺．龙门北魏石窟二弟子造像的定型化［C］//龙门石窟研究所编．龙门石窟一千五百周年国际学术讨论会论文集．北京：文物出版社．1996．

[198] 张锴生．洛阳龙门奉先寺大像龛开凿年代浅说［C］//龙门石窟研究所．龙门石窟一千五百周年国际学术讨论会论文集．北京：文物出版社．1996．

[199] ［日］冈田健．关于优填王造像的若干报告——讨论东南亚对中国唐代佛教造像的影响［C］//龙门石窟研究所编．龙门石窟一千五百周年国际学术讨论会论文集．北京：文物出版社．1996．

[200] 蒋人和．早期佛像火焰式纹身光之演变及古阳洞起源的一些探想［C］//龙门石窟研究所编．龙门石窟一千五百周年国际学术讨论会论文集．北京：文物出版社．1996．

[201] 李淞．论龙门石窟唐代净土堂的图像［J］．新美术，1996（4）．

[202] 杜勇．《药方洞石刻药方考》校补［J］．中医文献杂志，1996（1）．

[203] 张锴生．龙门奉先寺卢舍那大像龛始凿年代考辩［J］．文物世界，1996（1）．

[204] 李淞．论唐代阿弥陀佛图像的否定问题——与曾布川宽教授商榷［J］．美术研究，1996（2）．

[205] 杨超杰．龙门碑刻中古地名及相关问题［J］．中原文物，1996（3）．

[206] 常青．初唐宝冠佛像的定名问题——与吕建福先生《中国密教史》商榷［J］．佛学研

究，1997（6）．

[207] 阎丙离．龙门石窟风化原因初探 [J]．地球，1997（2）．

[208] 冻国栋．略评《洛阳市志》第15卷《白马寺·龙门石窟志》[J]．洛阳大学学报，1997（1）．

[209] 傅振伦．喜读《洛阳市志·龙门石窟志》[J]．中国地方志，1997（2）．

[210] 黄夏年．有特色的《白马寺·龙门石窟志》[J]．佛学研究，1997．

[211] 陈湘萍．《龙门石窟药方》的医学成就 [J]．中医杂志，1997（6）．

[212] 富安敦．龙门大奉先寺的起源及地位 [J]．中原文物，1997（2）．

[213] 邱林．从龙门石窟看古代音乐文化 [J]．中国音乐，1997（2）．

[214] 戴霖．龙门石窟艺术之我见 [J]．北朝研究，1997（4）．

[215] 卫琪．龙门石窟艺术特色刍议 [J]．洛阳大学学报，1998（1）．

[216] 张瑞贤，张晓鹏，王滨生，先静．"《龙门方》序"——都邑师道兴造像记试析 [J]．国医论坛，1998（2）．

[217] 张瑞贤，王滨生，先静，李国坤，黄斌．洛阳龙门石窟药方与敦煌卷子《备急单验药方卷》同源 [J]．中华医史杂志，1998（2）．

[218] 张瑞贤，王家葵，张晓鹏，李国坤，先静．龙门药方镌刻年代考 [J]．南京中医药大学学报，1998（3）．

[219] 王家葵，先静，黄斌，李国坤．几种龙门药方摹写校点本讹误举例——兼论几种相关敦煌医方卷子校点讹误 [J]．中医文献杂志，1998（4）．

[220] 张若愚．关于龙门石窟的思考 [J]．牡丹，1998（5）．

[221] [日] 石松日奈子著，云中，译．龙门古阳洞初期造像的中国化问题 [J]．华夏考古，1999（2）．

[222] 贺志军．龙门石窟的狮子雕刻艺术 [J]．敦煌学辑刊，1999（2）．

[223] 张成渝，张乃翥．略论龙门石窟唐代造型的民族化特点 [J]．敦煌学辑刊，1999（2）．

[224] 张乃翥．龙门石窟大卢舍那像龛考察报告 [J]．敦煌研究，1999（2）．

[225] 刘景龙．龙门石窟开凿年代新考 [J]．中原文物，1999（3）．

[226] 张成渝，张乃翥，张成岱．略论龙门石窟新发现的阿育王造像 [J]．敦煌研究，2000（4）．

[227] 刘景龙，刘成，陈建平，马朝龙，高东亮．龙门石窟洞窟雕刻品表面黑色油烟渍清洗实验报告 [J]．中原文物，2000（2）．

[228] 杜勇．龙门石窟石刻药方残缺文字考释 [J]．河南中医，2000（2）．

[229] 郭书兰．东西方文化交流的历史见证——论北魏龙门石窟艺术 [J]．许昌师专学报，2000（3）．

[230] 宋如山．洛阳龙门石窟 [J]．丝绸之路，2000（4）．

［231］［日］石松日奈子著，刘永增，译．北魏河南石雕三尊像［J］．中原文物，2000（4）.

［232］周世群．龙门石窟药方洞用酒入药初考［J］．时珍国医国药，2000（8）.

［233］汤淑君．龙门石窟——一笔珍贵的世界文化遗产［J］．中州今古，2000（5）.

［234］刘克仁，张爱芳．龙门石窟列入世界遗产名录［N］．金融时报，2000-12-6（3）.

［235］金申．近代伪造的云冈龙门样式石佛［J］．收藏家，2000（7）.

［236］张乃翥．龙门石窟学术研究百年［J］．洛阳工学院学报：社会科学版，2001（1）.

［237］王振国．龙门路洞几个问题的讨论［J］．中原文物，2001（2）.

［238］常青．试论龙门初唐密教雕刻［J］．考古学报，2001（3）.

［239］杨超杰．龙门石窟新发现4个洞窟［J］．文物，2001（9）.

［240］王青茹．北魏和唐代服饰在龙门石窟造像中的体现［J］．中州今古，2001（5）.

［241］郑霞．浅析龙门石窟万佛洞的造像艺术［J］．中州今古，2001（5）.

［242］龙门石窟研究所．龙门565号窟（惠简洞）调查简报［J］．中原文物，2001（5）.

［243］王青茹．诸天伎乐 雨众天华——龙门石窟北魏和唐代的飞天［J］．中州今古，2001（6）.

［244］顾彦芳．皇甫公窟三壁龛像及礼佛图考释［J］．敦煌研究，2001（4）.

［245］唐长兴．《龙门石窟造像题记拓本全编》的出版价值［J］．北京大学学报：哲学社会科学版，2002（1）.

［246］王青茹．浅谈龙门石窟中观世音菩萨的造像［J］．中州今古，2002（3）.

［247］廖高群．龙门石窟艺术研究的新成果——评《古阳洞——龙门石窟第1443窟》［J］．敦煌研究，2002（2）.

［248］王洁．龙门刻经洞窟及库藏经幢的调查［C］．麦积山石窟艺术文化论文集（下）——2002年麦积山石窟艺术与丝绸之路佛教文化国际学术研讨会论文集．甘肃：兰州大学出版社，2004.

［249］顾彦芳．关于龙门魏字洞的几点思考［J］．中原文物，2002（5）.

［250］王青茹．净土宗在龙门石窟造像中的体现［J］，中州今古，2002（6）.

［251］王洁．北魏孝文帝与龙门石窟古阳洞的雕造［J］．考古与文物，2003（1）.

［252］王青茹．龙门石窟的禅宗造像［J］．中州今古，2003（3）.

［253］郑霞．龙门石窟艺术与中外文化交流［J］．中州今古，2003（4）.

［254］王青茹．龙门石窟中的两弟子造像［J］．中州今古，2003（4）.

［255］袁德领．龙门石窟擂鼓台中洞之研究［J］．敦煌研究，2003（4）.

［256］陈建平，杨超杰．龙门石窟莲花洞清除溶蚀物新获［J］．中原文物，2003（5）.

［257］金维诺．北魏云冈与龙门等石窟［J］．雕塑，2004（1）.

［258］杨超杰．龙门石窟姚尊造像考略［J］．敦煌研究，2004（1）.

［259］张乃翥．记龙门地区近代出土的四件宗教石刻［J］．佛学研究，2004（00）.

[260] 焦建辉，李随森. 龙门石窟第1954号窟及相关问题 [J]. 中原文物，2004（3）.

[261] 毛宁. 龙门石窟天王力士造像——兼论中国佛教艺术的本土化与世俗化 [J]. 新美术，2004（4）.

[262] 王克芬. 试论龙门石窟舞蹈雕像的中原风格 [J]. 文艺研究，2005（2）.

[263] 王青茹. 龙门石窟中的两弟子造像 [J]. 文物世界，2005（1）.

[264] 严辉，杨超杰. 云冈、龙门北魏佛塔的比较研究 [C] //2005年云冈国际学术研讨会论文集：研究卷，北京：文物出版社，2006.

[265] 张乃翥，张成渝. 简论西域文明与龙门石窟 [G] //云冈石窟研究院编，2005年云冈国际学术研讨会论文集：研究卷. 北京：文物出版社. 2006.

[266] 刘永奎. 龙门石窟雕刻与民族绘画的关联 [J]. 美术观察，2005（7）.

[267] 王丽燕. 国家图书馆藏龙门石窟造像题记拓本概况 [J]. 文献，2005（4）.

[268] 郭绍林. 唐小说对龙门石窟北天王所踩鬼怪的诠释 [J]. 世界宗教文化，2005（4）.

[269] 高俊苹. 龙门石窟所见阿史那造像研究 [J]. 文博，2006（2）.

[270] 王振国. 龙门石窟刻经研究 [J]. 华夏考古，2006（2）.

[271] 刘晓毅，项一峰. 试论龙门与麦积山石窟造像艺术之间的关系 [J]. 敦煌学辑刊，2006（2）.

[272] 高俊苹. 试论武则天时期龙门石窟的弥勒造像 [J]. 敦煌学辑刊，2006（2）.

[273] 龙红. 北魏龙门石窟造像和书迹艺术研究 [J]. 东南大学学报：哲学社会科学版，2006（5）.

[274] [日] 上原和著，于冬梅，赵声良，译. 龙门石窟古阳洞开凿的年代（上）——对现行的北魏孝文帝迁洛以后营建说谬误之纠正 [J]. 敦煌研究，2006（6）.

[275] 张乃翥. 龙门所见两《唐书》人物造像补正 [J]. 洛阳师范学院学报，2007（1）.

[276] [日] 上原和著，于冬梅，赵声良，译. 龙门石窟古阳洞开凿的年代（下）——对现行的北魏孝文帝迁洛以后营建说谬误之纠正 [J]，敦煌研究，2007（1）.

[277] [日] 八木春生著，丁淑君，译. 龙门石窟北魏后期洞窟小考——以520—530年期间开凿的石窟为中心 [J]，敦煌研究，2007（2）.

[278] 李晓霞. 龙门石窟东山擂鼓台区乐舞资料的新发现 [J]. 文物，2007（10）.

[279] 陈培一. 开凿龙门石窟的社会条件 [J]. 雕塑，2008（1）.

[280] 高俊苹. 从摩崖三佛龛浅谈龙门石窟的开凿方式 [J]. 雕塑，2008（3）.

[281] 张金峰. 龙门石窟造像的审美特质 [J]. 美术大观，2008（8）.

[282] 马春莲. 龙门石窟中的音乐图像探析 [J]. 河南教育学院学报：哲学社会科学版，2008（6）.

[283] 张善庆. 论龙门石窟路洞降魔变地神图像 [J]. 中原文物，2009（1）.

［284］邱瑞中．龙门石刻与印刷术的产生［J］．中国典籍与文化，2009（1）．

［285］高明月．天王印象——重庆大足北山 5 号窟毗沙门天王像与龙门石窟比较谈［J］．新疆艺术学院学报，2009（1）．

［286］吕玉良，贾志宏．龙门石刻药方与《医心方》所引"龙门方"之辨析［J］．河南中医，2009（8）．

［287］李晓男．龙门二十品书法艺术浅探［J］．洛阳理工学院学报：社会科学版，2009（4）．

［288］朱佩．唐临与龙门石窟 291 号窟［J］．丝绸之路，2009（16）．

［289］杨志强．龙门北魏早期洞窟中浮雕的风格及形成［J］．洛阳师范学院学报，2009（4）．

［290］郑霞．龙门石窟对中国佛教雕塑艺术的影响［J］．文物世界，2009（6）．

［291］贺志军．龙门石窟地坪雕刻图案的初步研究［J］．河南科技大学学报：社会科学版，2009（6）．

［292］马朝龙，李随森．龙门石窟的彩绘装饰［J］．文博，2009（6）．

［293］袁德领．龙门石窟中武周时期的禅窟研究［J］．敦煌研究，2010（1）．

［294］郑霞．龙门出土李元珪纪德幢、尼澄璨尊胜幢读后［J］．敦煌研究，2010（2）．

［295］陈悦新．龙门石窟北魏佛衣类型［J］．文物，2010（7）．

［296］杨超杰．龙门石窟妇女造像及相关问题［J］．中国历史文物，2010（4）．

［297］白洁．龙门石窟的彩色艺术［J］．文物世界，2010（5）．

［298］刘景龙．龙门石窟开凿年代研究［G］//中国古迹遗址保护协会石窟专业委员会，龙门石窟研究院编．石窟寺研究：第一辑．北京：科学出版社，2010．

［299］姚学谋，杨超杰．龙门石窟极南洞新考［G］//中国古迹遗址保护协会石窟专业委员会，龙门石窟研究院编．石窟寺研究：第一辑．北京：科学出版社，2010．

［300］［日］石松日奈子著，篠原典生，译．龙门石窟和巩县石窟的汉服贵族供养人像——"主从形式供养人图像"的成立［G］//中国古迹遗址保护协会石窟专业委员会，龙门石窟研究院编．石窟寺研究：第一辑．北京：科学出版社，2010．

［301］裴学胜．龙门奉先寺卢舍那佛像手印研究［J］．艺术探索，2010（6）．

［302］孙新科，叶剑，陈阳，孙乃哲．《龙门百品》及相关历史文化信息试析［J］．黄河科技大学学报，2011（1）．

［303］李文生，李小虎．龙门石窟所表现的北魏建筑［J］．敦煌研究，2011（1）．

［304］段盈盈．龙门石窟莲花藻井图案［J］．当代艺术，2011（1）．

［305］许敏．云冈、龙门石窟造像汉化演变探析［J］．长江大学学报：社会科学版，2011（4）．

［306］马春萍．龙门石窟龛楣雕刻之装饰设计特色［J］．艺术教育，2011（5）．

［307］唐长兴．"龙门造像题记"述略［J］．东方艺术，2011（16）．

［308］郑聪．龙门石窟音乐图像中的琵琶［J］．中华文化画报，2011（8）．

龙门石窟艺术史

[309] 黎臻，袁济喜．从北魏龙门石窟艺术透视南北审美文化的交融 [J]．中国人民大学学报，2011（5）．

[310] 郭画．佛教文化在龙门石窟的演变 [J]．南方文坛，2011（6）．

[311] 李静，叶晶璟．从敦煌到云冈、龙门北朝隋代石窟天井飞天图像之演变 [J]．大家，2011（22）．

[312] 李聿骐．试述李治武曌时期龙门石窟中的神王像——以典型窟龛为例 [G] //中国古迹遗址保护协会石窟专业委员会龙门石窟研究院编．石窟寺研究：第二辑．北京：科学出版社，2011．

[313] 佚名．南北文化因素如何与龙门石窟造像艺术汇合 [J]．荣宝斋，2012（2）．

[314] 徐自强．中国国家图书馆藏善拓"龙门四品"与"顾氏石墨"之鉴藏 [J]．中国书法，2012（3）．

[315] 刘景龙．龙门石窟的造像艺术与题记书法 [J]．中国书法，2012（3）．

[316] 李玉昆．宾阳洞题记考 [J]．中国书法，2012（3）．

[317] 刘未．龙门唐萧元礼妻张氏瘗窟考察札记 [J]．中国国家博物馆馆刊，2012（5）．

[318] 高俊苹．试论龙门石窟优填王造像 [J]．丝绸之路，2012（10）．

[319] 闫红洁，张原．北朝时期龙门石窟维摩、文殊式造像艺术特征之流变 [J]．美术大观，2012（8）．

[320] 高俊苹．龙门石窟所见唐朝商业行会造像研究 [J]．文物世界，2012（5）．

[321] [日] 久野美树著，贺小萍，译．石窟艺术笔记——隋唐时期的敦煌莫高窟与龙门石窟 [J]．敦煌研究，2012（5）．

[322] 张乃翥．中外文化源流递变的一个美学例证——龙门石窟宾阳中洞帝后礼佛图雕刻的美术史考察 [G] //中国古迹遗址保护协会石窟专业委员会，龙门石窟研究院编．石窟寺研究：第三辑．北京：科学出版社，2012．

[323] 焦建辉．龙门东山擂鼓台区第4窟相关问题探讨 [G] //中国古迹遗址保护协会石窟专业委员会，龙门石窟研究院编．石窟寺研究：第三辑．北京：科学出版社，2012．

[324] 陈开颖．宾阳中洞帝后礼佛图供养人身份考释 [J]．中国美术研究，2012（3）．

[325] 罗炤．试论龙门石窟擂鼓台的宝冠—佩饰—降魔印佛像 [G] //徐苹芳先生纪念文集：全二册，上海古籍出版社，2012．

[326] 刘连香．美国大都会艺术博物馆藏龙门北魏《皇帝礼佛图》考辨 [J]．故宫博物院院刊，2013（1）．

[327] 周斌．试论龙门石窟的造像艺术 [J]．文物世界，2013（5）．

[328] 苏东黎．皇甫公窟的美学断想 [J]．洛阳理工学院学报：社会科学版，2013（2）．

[329] 周苏．北魏中晚期云冈、龙门石窟的比较研究及其文化融合 [J]．文物建筑，2013．

[330] 王蔚波. 龙门石窟海外回归文物七品 [J]. 文物鉴定与鉴赏，2013（11）.

[331] 焦建辉. 龙门石窟发现的景教遗迹及相关问题 [J]. 文物世界，2013（6）.

[332] 焦建辉. 龙门石窟红石沟唐代景教遗迹调查及相关问题探讨 [G] //中国古迹遗址保护协会石窟专业委员会，龙门石窟研究院编. 石窟寺研究：第四辑. 北京：科学出版社，2013.

[333] 李晓霞. 魏唐宫闱内职与龙门石窟的佛教文化——从龙门石窟宦官开窟造像遗迹谈起 [G] //中国古迹遗址保护协会石窟专业委员会，龙门石窟研究院编《石窟寺研究》（第四辑），科学出版社，2013.

[334] 李崇峰. 龙门石窟唐代窟龛分期试论——以大型窟龛为例 [G] //中国古迹遗址保护协会石窟专业委员会，龙门石窟研究院编. 石窟寺研究：第四辑. 北京：科学出版社，2013.

[335] 张乃翥. 龙门石窟天竺寺事辑 [G] //中国古迹遗址保护协会石窟专业委员会，龙门石窟研究院编. 石窟寺研究：第四辑. 北京：科学出版社，2013.

[336] 久野美树，马彪. 唐王朝龙门石窟大佛营造意图的考察 [G] //中国古迹遗址保护协会石窟专业委员会，龙门石窟研究院编. 石窟寺研究：第四辑. 北京：科学出版社，2013.

[337] 张志亮. 龙门伊阙魏刻百品精选 [J]. 东方艺术，2014（4）.

[338] 林雅琇. 石窟艺术中的伎乐人研究——以中国三大石窟为例 [J]. 天津音乐学院学报，2014（1）.

[339] 耿冠静，焦杰. 唐代两京地区民间的观音信仰活动——以龙门石窟造像为中心 [J]. 广东技术师范学院学报，2014（4）.

[340] 吴璇. 龙门石窟宾阳中洞音乐图像研究 [J]. 中原文物，2014（3）.

[341] 任塘珂，周明华. 由龙门石窟的妇女塑像看唐代妇女的身体审美观 [C] //2014第二届海峡两岸体育运动史学术研讨会论文集，2014.

[342] 扈晓霞. 北魏洛阳城与龙门石窟 [J]. 文物世界，2014（4）.

[343] 王晨琳. 论唐代龙门石窟佛像服饰的审美特征 [J]. 与时代：上，2014（10）.

[344] 焦建辉，谷宏耀. 龙门东山擂鼓台佛足迹图像碑及相关问题 [J]. 中原文物，2014（5）.

[345] 张乃翥，郑瑶峰. 文化人类学视域下伊洛河沿岸的唐代胡人部落——以龙门石窟新发现的景教瘗窟为缘起：上 [G] //中国古迹遗址保护协会石窟专业委员会，龙门石窟研究院编. 石窟寺研究：第五辑. 北京：科学出版社，2014.

[346] 郝青松. 叙事千年 龙门一跃——李效成龙门造像记 [J]. 东方艺术，2015（1）.

[347] 陈开颖. 龙门石窟古阳洞供养人像研究 [J]. 兰台世界，2015（21）.

[348] 王平，冯耘. 龙门石窟天王力士造像兴衰浅考 [J]. 大众文艺，2015（16）.

[349] 姚瑶. 初唐时期龙门石窟中同茎莲花座初探 [J]. 中国美术研究，2015（3）.

[350] 刘明虎. 古阳洞菩萨造像服饰样式的形成与影响 [J]. 收藏家，2015（11）.

[351] 徐畅. 武周时期关辅民洛阳龙门造像现象辨析 [J]. 鲁东大学学报：哲学社会科学版，2015（6）.

[352] 于芳雪. 龙门唐佛造像对日本天平佛像的影响 [G] // 樊波编. 美术学研究：第四辑. 南京：东南大学出版社，2015.

[353] 张乃翥，郑瑶峰. 文化人类学视域下伊洛河沿岸的唐代胡人部落——以龙门石窟新发现的景教瘗窟为缘起（下）[G] // 中国古迹遗址保护协会石窟专业委员会，龙门石窟研究院编. 石窟寺研究：第六辑. 北京：科学出版社，2015.

[354] 姚瑶. 关于唐代龙门石窟中圆形束腰台座坐佛像的研究 [G] // 中国古迹遗址保护协会石窟专业委员会，龙门石窟研究院编. 石窟寺研究：第六辑. 北京：科学出版社，2015.

[355] [日] 八木春生著，姚瑶，译. 关于龙门石窟西山南部地区诸窟的编年 [G] // 中国古迹遗址保护协会石窟专业委员会，龙门石窟研究院编. 石窟寺研究：第六辑. 北京：科学出版社，2015.

[356] 刘明虎. 北魏龙门石窟菩萨造像胸饰样式与等级规制 [J]. 艺术探索，2016（1）.

[357] 饶开芹，周安文. 龙门石窟唐代造像中的舞蹈形态探微 [J]. 中原文物，2016（1）.

[358] 赵云，刘懿夫，王晶，罗颖，高东亮. 龙门石窟的窟龛分布与保存状况 [J]. 古建园林技术，2016（1）.

[359] 金建荣. 南北朝佛教造像背光关系研究——以龙门石窟古阳洞杨大眼造像龛为例 [J]. 南京艺术学院学报：美术与设计，2016（4）.

[360] 赵晓军，张瑾，林月红，屈红国，冯元. 洛阳市龙门石窟北西晋墓发掘简报 [J]. 洛阳考古，2016（1）.

[361] 焦建辉. 龙门火烧洞（第1519窟）与北魏孝文帝 [J]. 中原文物，2016（5）.

[362] 宫万琳. 龙门石窟隋黄法暾与女弟子文造天尊像 [J]. 中原文物，2016（6）.

[363] 吴璇. 龙门石窟陀罗尼经幢音乐图像研究 [J]. 湖南科技学院学报，2017（1）.

[364] 张弛. 龙门石窟音乐文化解读 [J]. 北方音乐，2017（2）.

[365] 贺辉. 龙门石窟与佛教造像艺术的民族化和世俗化 [J]. 美与时代：上，2017（2）.

[366] 张乃翥，张成渝. 龙门石窟北朝造像中装饰雕刻的艺术格调 [G] // 中国古迹遗址保护协会石窟专业委员会，龙门石窟研究院编. 石窟寺研究：第七辑. 北京：科学出版社，2017.

[367] 陈悦新. 龙门石窟北魏佛像着衣类型 [G] // 中国古迹遗址保护协会石窟专业委员会，龙门石窟研究院编. 石窟寺研究：第七辑. 北京：科学出版社，2017.

［368］路伟．北宋时期龙门石窟遗产域管窥——中古以降龙门石窟遗产域研究之一［G］//中国古迹遗址保护协会石窟专业委员会，龙门石窟研究院编．石窟寺研究：第七辑．北京：科学出版社，2017．

［369］吴璇．龙门石窟奉先寺卢舍那大佛背光乐伎研究［J］．河南科技大学学报：社会科学版，2017（2）．

［370］王华．龙门石窟宾阳中洞音乐图像研究［J］．黄河之声，2017（1）．

［371］李子涵．北魏时期龙门石窟的艺术考古思考［J］．艺术品鉴，2017（5）．

［372］吴璇．龙门石窟万佛洞乐舞图像研究［J］．洛阳理工学院学报：社会科学版，2017（3）．

［373］常青著，张小羽，译．探寻与研究：佛利尔美术馆藏龙门雕像溯源［J］．美成在久，2017（4）．

［374］常青著，白杨，译．美国大都会艺术博物馆藏龙门雕像再研究［J］．美成在久，2017（4）．

［375］郑霞．唐代女性流行服饰在龙门石窟中的体现［J］．文物世界，2017（4）．

［376］王昕．龙门药方洞药方镌刻年代补证［J］．中原文物，2017（4）．

［377］陈向茹，李晓霞．龙门石窟玄照龛功德主的考辨［J］．洛阳考古，2017（3）．

［378］路伟．流失美国的龙门石窟文物——近年的调查新发现［J］．美成在久，2017（6）．

［379］邹雨辰．以云冈、龙门石窟为例谈飞天图像的流变［J］．周口师范学院学报，2017（6）．

［380］吴璇．龙门石窟音乐图像中的弦鸣乐器研究［J］．艺术评鉴，2018（3）．

［381］常青，王振国．龙门隋代和唐代贞观期龛像及其保守与多样风格［G］//中国古迹遗址保护协会石窟专业委员会，龙门石窟研究院编．石窟寺研究：第八辑．北京：科学出版社，2018．

［382］吴璇．龙门石窟音乐图像中的气鸣乐器研究［J］．黄河之声，2018（1）．

［383］贺志军，李晓霞，潘付生．龙门石窟卢征造像龛与唐代贬谪现象［J］．中国国家博物馆馆刊，2018（5）．

［384］温玉成．佛足印：龙门石窟发现的神秘图像［J］．大众考古，2018（6）．

［385］王韦韬．龙门石窟杨大眼造像尊格考——由敦煌弥勒经变须弥山图像引发的思考［J］．美与时代：中，2018（9）．

［386］吴蔚．中国龙门石窟与印度尼西亚婆罗浮屠艺术比较［J］．艺术品，2018（10）．

［387］张翠玲，刘洄，陈向茹．龙门石窟第1231窟［J］．洛阳考古，2018（2）．

［388］刘洄，李晓霞．龙门石窟佛教文化与中国传统文化的融合［J］．洛阳考古，2018（2）．

［389］孙月锋．论龙门石窟力士造像的艺术特色［J］．美与时代：上，2018（11）．

［390］王珂．"大巧若拙"在奉先寺佛像造像手法中的表现研究［J］．美与时代：上，2018（11）．

［391］李晓霞，谷宏耀．龙门石窟《大唐内侍省功德之碑》相关问题再考［J］．敦煌研究，2018（6）．

［392］陈朝阳．清人视域中的龙门石窟［J］，文史知识，2019（2）．

［393］姚超．龙门石窟北魏与唐代造像差异研究［J］．北方文学，2019（5）．

［394］何雷．探析龙门石窟造像艺术风格与表现手法［J］．大观：论坛，2019（2）．

［395］李晓霞，贺志军，裴佳丽．龙门石窟馆藏《大唐故李夫人之碑记》考［J］．黄河．黄土．黄种人，2019（6）．

［396］王忠林．从云冈到龙门 佛教造像中国化的演变［J］．中国宗教，2019（3）．

［397］徐晓蕾．对龙门石窟中音乐图像资料的分析与研究［J］．戏剧之家，2019（15）．

［398］石欣宇，邵宇浩，田玲玲，周柳．21世纪以来中日龙门石窟研究现状的对比［J］．风景名胜，2019（5）．

［399］张超．从云冈石窟和龙门石窟看佛教造像的发展［J］．大观：论坛，2019（5）．

［400］龙正瑶．艺术社会学视角下的龙门造像题记研究［J］．收藏界，2019（3）．

［401］刘连香．龙门石窟古阳洞北魏广川王国造像与题记考［J］．敦煌研究，2019（4）．

［402］吴璇．丝路视域下龙门石窟音乐图像的音乐文化特征［J］．参花：下，2019（8）．

［403］李晓霞．龙门石窟万佛沟新发现［J］．文物鉴定与鉴赏，2019（16）．

［404］张乃翥．龟兹佛教文化与龙门石窟魏唐时代的造像遗迹［J］．石河子大学学报：哲学社会科学版，2019（4）．

［405］吴璇．龙门石窟音乐图像中的膜鸣乐器研究［J］．艺术评鉴，2019（17）．

［406］李晓霞．龙门石窟失踪佛像探秘［J］．黄河．黄土．黄种人，2019（20）．

［407］彭明浩．龙门西山南段两处大型斩山遗迹［J］．华夏考古，2019（5）．

［408］刘晓玉．浅析龙门石窟万佛洞中伎乐造像的舞蹈形态［J］．美与时代：下，2019（10）．

［409］张婷．从北魏龙门石窟书法看南北文化交融［J］．文物鉴定与鉴赏，2019（23）．

［410］李豪东．巩县石窟与龙门石窟造像题记书风对比研究［J］．中国书法，2019（24）．

［411］常青．唐代长安、洛阳寺院与敦煌莫高窟壁画札记［G］//韩刚主编．艺术研究通讯，第一辑，成都：四川大学出版社，2019．

［412］贺志军．龙门石窟碑刻题记中的姓氏类别［J］．洛阳师范学院学报，2020（1）．

［413］彭明浩，李若水．龙门奉先寺大卢舍那像龛唐代的补凿与加建［J］．考古，2020（2）．

［414］王德路．洛阳龙门石窟宾阳南洞初唐造像考察［J］．大足学刊，2019．

［415］陈悦新．龙门石窟唐代佛像着衣类型［J］．文物，2020（7）．

[416] 黄智高. "巨变"与"不变"：龙门石窟造像服饰世俗载映之揆度 [J]. 美术大观，2020（8）.

[417] 徐婷. 从龙门石窟造像题记探析北魏女性佛教信仰特征 [J]. 宗教学研究，2020（3）.

[418] 郑聪. 龙门石窟图像中的"外来"乐器浅析 [J]. 黄河. 黄土. 黄种人，2020（18）.

[419] 任凤霞. 龙门石窟与佛教造像艺术特点分析 [J]. 中国民族博览，2020（20）.

[420] 彭明浩. 试析龙门洞窟的前部空间 [J]. 四川文物，2020（6）.

[421] 刘灿辉.《伊阙魏刻百品》与"龙门百品"刍议 [J]. 中国书法，2020（12）.

[422] 张成渝，张乃翥. 龙门地区出土文物与丝绸之路上的人文交流 [J]. 石河子大学学报：哲学社会科学版，2020（6）.

[423] 刘灿辉，黄燕. 龙门石窟擂鼓台中洞武周时期佛教书刻研究 [J]. 中国国家博物馆馆刊，2021（1）.

[424] 王瑞蕾. 龙门石窟所见北海王元详石刻题记再研究 [J]. 敦煌研究，2021（2）.

[425] 王龙霄. 龙门石窟卢舍那大佛武则天相貌说再检讨 [J]. 文物天地，2021（5）.

[426] 黄智高. 基于龙门石窟造像研究的"帔帛"名物再考 [J]. 丝绸，2021（5）.

[427] 陈莉. 龙门石窟〈伊阙佛龛之碑〉浅析 [J]. 文物鉴定与鉴赏，2021（9）.

[428] 李思思. 魏晋风度：龙门石窟的维摩变相 [J]. 美成在久，2021（3）.

[429] 夏琳瑜. 龙门石窟唐代佛像颈部三道蚕节纹缘由探析 [J]. 河南科技大学学报：社会科学版，2021（3）.

[430] 黄夏. 河南省浚县千佛洞1号窟阿弥陀佛五十二菩萨像研究——兼谈龙门石窟诸例与阿弥陀佛五十二菩萨像的流布 [J]. 敦煌学辑刊，2021（2）.

[431] 张善庆. 云冈、龙门石窟屋形龛溯源试论稿 [J]. 云冈研究，2021（2）.

[432] 郑聪. 龙门石窟造像中的"外来"乐器 [J]. 洛阳师范学院学报，2021（8）.

[433] 韦正，马铭悦. 龙门古阳洞窟主蠡测 [J]. 中原文物，2021（4）.

[434] 闫铮. 从云冈到龙门：拓跋鲜卑宫廷音乐汉化脉理探析 [J]. 黄河之声，2021（16）.

[435] 华人德. 龙门石窟述略 [J]. 中国书法，2021（11）.

[436] 赵际芳，胡鹏. 从北魏制度的建立看古阳洞造像题记 [J]. 中国书法，2021（11）.

[437] 宫万瑜，宫大中. 龙门石窟古阳洞北魏榜题题名集萃 [J]. 中国书法，2021（12）.

[438] 常青. 洛阳北魏晚期窟龛艺术模式及其流布 [G]//韩刚主编. 艺术研究通迅，第二辑，成都：四川大学出版社，2022.

[439] 常青. 唐代龙门模式试析. 北京大学考古文博学院. 宿白纪念文集，北京：文物出版社，2022.

[440] 陈康. 河洛瑰宝——龙门石窟 [J]. 集邮博览，2022（3）.

[441] 王露露. 龙门石窟佛教造像艺术的继承与变革 [J]. 美术文献，2022（3）.

[442] 康丹丹，马倩倩，缪甜. 唐武周时期洛阳龙门石窟中弥勒造像的特征及原因 [J]. 华夏文化，2022（1）.

[443] 王瑞蕾，穆伟. 龙门石窟北魏安定王元爕石刻题记研究 [J]. 保定学院学报，2022（2）.

[444] 刘叶，闫增峰等. 龙门石窟大卢舍那像龛窟檐建筑复原设计研究 [J]. 室内设计与装修，2022（5）.

[445] 梁德功. 龙门石窟力士造像雕塑语言研究 [J]. 新美域，2022年（5）.

[446] 李琪. 龙门石窟石刻佛像艺术形象分析 [J]. 收藏与投资，2022年（5）.

[447] 郭歌. 龙门石窟首次发现造像琉璃眼珠 [N]. 河南日报，2022-6-3.

[448] 马培杰. 犍陀罗样式的汉化终点——论北魏龙门石窟造像的审美变化 [J]. 艺术研究，2022年（3）.

[449] 金凯婧. 中国式石窟寺演变——洛阳龙门石窟奉先寺卢舍那大佛艺术形象阐发 [J]. 炎黄地理，2022（6）.

[450] 任雪会. 论龙门石窟颈饰艺术设计 [G] //彭贵军主编. 中国创意设计年鉴·2020—2021论文集. 成都：四川师大电子出版有限公司，2022.

[451] 孙越，赵英淑等. 龙门石窟大修. 科技让国宝"芳龄永续" [N]. 科技日报，2022-7-5.

[452] 孙蓓，李文成. 龙门石窟宾阳洞窟檐稳定性评估研究 [J]. 南阳理工学院学报，2022（4）.

[453] [日] 八木春生著，胡皓然，潘仕奇，译. 关于龙门石窟宾阳中洞飞天的研究 [J]. 美术大观，2022（8）.

[454] 刘灿辉. 龙门石窟之"二王书风"管窥——以《大唐内侍省功德碑》为中心 [J]. 中国书法，2022（8）.

[455] 韩莹. 龙门石窟唐代书刻问题初探 [J]. 中国书法，2022（8）.

[456] 陈莉、杨超杰. 龙门石窟唐代歌伎造像的新认识 [J]. 中原文物，2022（4）.

[457] 郑心. 龙门石窟——依托科技，芳龄永继 [J]. 科学中国人，2022（18）.

[458] 于俊鸽. 龙门石窟造像艺术风格与表现手法研究 [J]. 收藏与投资，2022（9）.

[459] 金萌. 洛阳龙门石窟乐器图像考述 [J]. 洛阳理工学院学报：社会科学版，2022（5）.

[460] 陈莉，杨超杰. 旧藏拓片与龙门石窟研究则例 [G]. 石窟寺研究：第十三辑. 北京：科学出版社，2022.

[461] 龚妍雨. 龙门石窟莲花洞主像研究 [J]. 东方收藏，2022（11）.

[462] 苗百琦. 探析历史变迁对龙门石窟造像艺术的影响 [J]. 陶瓷科学与艺术，2022（11）.

[463] 马欣. 龙门石窟文化遗产价值评估研究 [J]. 收藏与投资，2022（11）.

[464] 史琰，陈哲. 龙门石窟造像艺术风格研究 [J]. 炎黄地理，2022（12）.

[465] 霍宏伟. 隋唐洛阳城与龙门石窟空间关系之辩证 [J]. 故宫博物院院刊，2023（3）.

[466] 孙蓓. 龙门石窟的文化魅力与历史担当 [J]. 传奇故事，2023（3）：1-3.

[467] 张东辉. 龙门石窟造像文化艺术研究 [J]. 同行，2023（9）：249-252.

[468] 乔彩文，史琰. 龙门石窟古阳洞研究 [J]. 黄河·黄土·黄种人，2023，（03）.

[469] 史琰，乔彩文. 龙门石窟云纹装饰纹样研究初探 [J]. 东方收藏，2023（05）：68-71.

[470] 季亚琼. 浅论北魏的石窟造像艺术——以云冈和龙门石窟为例 [J]. 今古文创，2023（19）：67-69.

[471] 范万武. 龙门石窟石雕艺术在当代视觉设计中的活化路径研究 [J]. 鞋类工艺与设计，2023，3（10）：12-14.

[472] 吴璇. 龙门石窟八作司洞伎乐雕刻研究 [J]. 洛阳理工学院学报(社会科学版)，2023，38（03）：1-5.

[473] 马苑馨. 龙门石窟的艺术价值思考 [J]. 收藏与投资，2023，14（06）：104-106.

[474] 李静. 龙门石窟：石窟寺艺术中国化的完成之地 [J]. 中国新闻周刊，2023（12）：38-45.

[475] 赵淑梅. 龙门石窟东山吐火罗国僧人宝隆造像龛新认识 [J]. 寻根，2023（2）：72-79.

[476] 刘珂馨，刘存，刘磊. 龙门石窟石刻艺术衍生品设计研究 [J]. 丝网印刷，2023（12）：109-111.

[477] 朱佩. 龙门石窟佛座的形式与演变 [J]. 文物鉴定与鉴赏，2023（12）：110-113.

[478] 胡天正. 唐代书风影响下的龙门石窟铭文刍议——以民间造像题记为考察中心 [J]. 书法，2023（07）：190-195.

[479] 徐婷，唐小蓉. 北魏洛阳时期佛教信仰的社会分层特征探析——以龙门石窟造像题记为中心 [J]. 宗教学研究，2023（04）：61-68.

[480] 吴昊，郭治辉，史鹏飞. “加强石窟寺保护利用”背景下的龙门石窟导视系统更新设计研究 [J]. 林业科技情报，2023，55（03）：177-182.

四、中文硕博论文

[481] 苏玲怡. 龙门古阳洞研究 [D]. 台北：台湾大学艺术史研究所，2004.

[482] 马静. 论龙门石窟佛教造像艺术［D］. 保定：河北大学，2008.

[483] 师洁. 龙门石窟选址和北魏窟室设计［D］. 苏州市：苏州大学，2010.

[484] 张羽翔. 龙门北魏造像题记书法研究［D］. 北京：中央美术学院，2010.

[485] 周苏. 北魏中晚期云冈、龙门石窟的比较研究［D］. 郑州：郑州大学，2010年.

[486] 纪瑞婷. 龙门石窟佛教服饰世俗化研究［D］. 天津：天津师范大学，2013.

[487] 阮考. 论龙门石窟奉先寺石刻的本土化与民俗化特征与其独特的艺术魅力［D］. 沈阳：鲁迅美术学院，2013.

[488] 袁秋实. 龙门石窟力士造像研究［D］. 南京：南京大学，2015.

[489] 刘艳青. 北魏时期龙门石窟礼佛图研究［D］. 兰州：西北师范大学，2015.

[490] 王晨琳. 中国四大石窟盛唐时期佛像服饰造型对比研究［D］. 济南：齐鲁工业大学，2015.

[491] 梁旭. 龙门石窟造像艺术在初中美术课程中的应用［D］. 南充：西华师范大学，2016.

[492] 周安文. 龙门石窟中唐代舞蹈造像的考察和研究［D］. 重庆：重庆大学，2016.

[493] 王姣姣. 河南石窟造像中的吹管乐器考辨［D］. 上海：上海师范大学，2016.

[494] 吴艳月. 龙门石窟北魏造像研究［D］. 武汉：武汉纺织大学，2017.

[495] 夏琳瑜. 卢舍那佛形态研究［D］. 郑州：郑州大学，2017.

[496] 王宗慧. 大像营造：奉先寺大卢舍那佛龛个案研究［D］. 北京：北京服装学院，2018.

[497] 任雪会. 龙门石窟装饰图案的研究与应用［D］. 南宁：广西师范大学，2019.

[498] 王文洁. 龙门石窟唐代天王造像艺术研究［D］. 兰州：西北师范大学，2021.

[499] 黄嘉莹. 北魏龙门造像记书法民间化研究［D］. 扬州：扬州大学，2021.

[500] 许丽丽. 龙门二十品文献研究［D］. 哈尔滨：哈尔滨师范大学，2022.

[501] 刘叶. 龙门石窟大卢舍那像龛窟檐建筑复原设计研究［D］. 西安：西安建筑科技大学，2022.

[502] 郭天天. 龙门石窟供养人图像考辩［D］. 沈阳：沈阳师范大学，2022.

五、日韩文研究论文

[503] ［日］大口理夫. 雲岡龍門に於ける北魏時代の飛天様式の一考察［J］. 美術研究，第

19期，1933年8月：9—18.

[504] [日] 塚本善隆. 龍門石窟について北魏佛教研究 [G] //於水野清一，長廣敏雄. 龍門石窟の研究. 第2冊. 東京：座右寶刊行會，1941：140-240,

[505] [日] 水野清一. 唐代龍門佛頭二種 [J]. 東方學報，1952（21）：226-227.

[506] [日] 白川一郎. 竜門石仏を発見した一日本人——岡倉天心の中国探題として中国美術を世界に齎らした早崎天真 [J]. 芸術新潮：第10巻，1959（7）：284-294.

[507] [日] 吉村怜. 龍門北魏窟における天人誕生の表現 [J]. 美術史，1968（69）：1-12.

[508] [日] 松原三郎. 天王像竜門石窟将来 [J]. 古美術，1970（29）：83-84，92-93.

[509] [日] 伊藤伸. 竜門造像記小品 [J]. 上，下. 書品，1971，（216）：2-46，（217）：2-67.

[510] [日] 今井潤一、伊藤伸. 竜門造像記 [J]. 東京教育大学教育学部紀要，1974（3）：161-172.

[511] [日] 長廣敏雄. 龍門石窟の六日間 [J]. 書論，1976（9）：41-44.

[512] [日] 谷口なおみ. 龍門造像二十品について [J]. 佐賀大国文，1977（5）：27-39.

[513] [日] 塚田康信. 竜門石窟の研究 [J]. 福岡教育大学紀要 第5分冊 芸術・保健体育・家政科編，1980（30）：185-202.

[514] [日] 永井信一. 敦煌・竜門・鄭州雑記 [J]. 仏教芸術1980（132）：110-118.

[515] [日] 榊莫山. 中国見聞記—22—竜門の幻想 [J]. 日本美術工芸，1980（505）：60-63.

[516] [日] 池田哲也. 竜門造像記の書風について [J]. 滋賀大学教育学部紀要 人文科学・社会科学・教育科学，1981（31）：246-234.

[517] [日] 田淵保夫. 中国書道史——竜門石窟の竜門二十品 [J]. 立正大学人文科学研究所年報》1983（21）：13-25.

[518] [日] 仲嶺真信. 龍門石窟の復元：パリ・ギメ博物館所蔵・旧蓮華洞迦葉像頭部を中心として [J]. 芸術学論叢，1983（6）：23-41.

[519] [日] 青木実. 竜門古陽洞比丘慧成造像記にみえる始平公について [J]. 美術史研究，1983（20）：95-112.

[520] [日] 福宿孝夫. 唐代竜門造像記の史的特性 [J]. 宮崎大学教育学部紀要 人文科学，1983（53）：1-17.

[521] [日] 仲嶺真信. 龍門北魏窟における"宝珠"の表現と展開：非珠（圭状）の"宝珠"を中心として [J]. 別府大学アジア歴史文化研究所報，1984（3）：1-31.

[522] [日] 久野美樹. 伊闕仏龕之碑をめぐる諸考察——竜門石窟初唐彫刻試論 [J]. 成城文芸，1984（108）：20-47.

[523]［日］大山みどり．雲岡と竜門と［J］．（1，2）．史迹と美術：55巻，1985（6）：231-243，57巻，1987（3）：97-109．

[524]［日］金子寛哉．"浄土法事讃"について－龍門・奉先寺廬舎那像との関連を中心に－［J］．印度學佛教學研究：35巻，1986（1）：100-105．

[525]［日］高柳幸雄．北魏の石刻芸術——雲岡石窟と竜門石窟の石刻銘文と書について［J］．二松学舎大学人文論叢，1986（32）：49-62．

[526]［日］岡田健．龍門石窟初唐造像論—その一 太宗貞觀期での道のり［J］．仏教芸術，1987（171）：81-104．

[527]［日］曽布川寛．龍門石窟における唐代造像の研究［J］．東方學報，1988（60）：199-397．

[528]［日］岡田健．龍門石窟初唐造像論—その二 高宗前期［J］．仏教芸術，1989（186）：83-112．

[529]［日］石松日奈子．龍門古陽洞初期造像における中国化の問題［J］．仏教芸術，1989（184）：49-69．

[530]［日］吉村怜．竜門様式南朝起源論－町田甲一氏の批判に答えて－［J］．國華，1989（1121）：5-18．

[531]［日］多淵敏樹．龍門寺の伽藍配置とその建築［G］．学術講演梗概集．F，都市計画，建築経済・住宅問題，建築歴史・意匠，1989：677-678．

[532]［日］田邊三郎助．竜門石窟奉先寺洞本尊廬舎那仏像［J］．國華，1989（1128）：43-46．

[533]［日］仲嶺真信．龍門・蓮華洞右脇菩薩像をめぐって［J］．別府大学アジア歴史文化研究所報，1989（8）：7-19．

[534]［日］賀川光夫．飛鳥の三尊二仏——敦煌から竜門石窟の倚像［J］．史学論叢，1990（21）：129-144．

[535]［日］岡田健．龍門石窟初唐造像論—その三 高宗後期［J］．仏教芸術，1991（196）：93-119、4-5．

[536]［日］稲本泰生．龍門賓陽中洞考［J］．研究紀要，1992（13）：53-106．

[537]［日］細谷恵志．龍門意思窟造像記書法考［J］．研究紀要．第四分冊，短期大学部III，1992（25）：140-154．

[538]［日］曽布川寛．龍門石窟における北朝造像の諸問題［M］//京都大學人文科學研究所．中國中世的文物，1993．

[539]［日］稲本泰生．龍門賓陽中洞の造営目的とその背景に関する試論［J］．美学：44巻，1994（4）：57-67．

[540]［日］小山満．隋代の龍門石窟［J］．創大アジア研究，1994（15）：26-37．

［541］［日］橋本栄一．竜門造像記様式考［J］．東京学芸大学紀要 第5部門 芸術・健康・スポーツ科学，1994（46）：229-236.

［542］張金鼎，夏愛景，張桂花．"竜門石刻薬方"中の針灸療法［J］．東洋医学とペインクリニック：25巻（3，4），26巻（1），1996.

［543］［日］橋本栄一．竜門造像記様式新考［J］．美術史研究，1996（34）：77-94.

［544］［韓］姜熺靜．龍門東山看經寺祖師像의造成年代再考［J］．美術史學研究，1997（213）：59-83.

［545］［韓］배진달．龍門石窟大萬伍佛像龕研究［J］．美術史學研究，1998：125-155.

［546］［韓］安永吉．龍門石窟에 나타난 北朝雕刻藝術［J］．美術史論壇，1998（6）：145-172.

［547］［日］斎藤忠．竜門石窟の"新羅像龕"銘の窟龕を見て［J］．日本歴史，2000（620）：50-52.

［548］［日］石松日奈子．龍門古陽洞造像考［J］．仏教藝術，2000（248）：13-51.

［549］馮進、丘桓興．中国古寺巡礼（2）竜門の石窟——仏教に帝権の反映［J］．人民中国，2000（560）：56-61.

［550］［日］守田晃．龍門造像記についての一考察［J］．書叢，2000（14）：117-122.

［551］［日］吉村怜．竜門古陽洞仏龕にみられる荘厳意匠の意義［J］．仏教藝術，2000（250）：13-52.

［552］［日］杉山広重．最近の中国での竜門薬方の解析の成功について：張瑞賢氏主編"竜門薬方釈疑"より［J］．漢方の臨床：47巻，2000（7）：1029-1049.

［553］［日］小山満．敦煌隋唐様式と龍門古陽洞［J］．The Journal of Institute of Asian Studies，Soka University，2001（22）：37-51.

［554］［日］佐藤智水．龍門石窟造像記——北魏の社会と仏教［J］．Sinica 12，2001（3）：36-39.

［555］［日］森田晃．龍門造像記の書美と筆者に関する一考察［J］．書叢2001（15）：89-102.

［556］［日］水野さや．中国における八部衆の図像の成立に関する一試論：竜門賓陽三洞の諸像を中心に［J］．密教図像，2001（20）：29-48.

［557］溫玉成．龍門石窟唐朝雕刻藝術淺論［J］．美術史論壇，2001（12）：236-252.

［558］［日］久野美樹．唐代龍門石窟の触地印阿弥陀像研究［J］．鹿島美術財団年報，2002（20）：430-439.

［559］［日］久野美樹．龍門石窟擂鼓台南洞、中洞試論［M］．美学美術史論集14，2002：93-119.

［560］［日］秋山 純子、馬朝龍、早泰弘. 龍門石窟の彩色および風化生成物に関する研究
［J］. 保存科学，2022（41）：131-138.

［561］［日］久野美樹. 唐代龍門石窟の地蔵菩薩像［J］. Bulletin，Joshibi University of Art
and Design，2003（33）：13-20.

［562］［日］八木春生. 龍門石窟北魏後期諸窟についての一考察——520—530年代に開かれ
た石窟を中心として［J］. Ars buddhica，2003（267）：59-89.

［563］［日］松下憲一. 北魏の国号"大代"と"大魏"［J］. SHIGAKU ZASSHI：113，2004
（6）：1098-1126.

［564］［日］久野美樹. 広元千仏崖、長安、龍門石窟の菩提瑞像関係像［J］. Journal of Nara
art studies，2004（1）：113-118.

［565］［日］浜屋祐介. 龍門造像研究［G］. 卒業研究梗概集. 書道学科：H15年度，2004：
74-75.

［566］曹元春. 杜甫への共感——芭蕉における杜詩"遊龍門奉先寺"の受容をめぐっ
て［J］. Bulletin of Center for Interdisciplinary Studies of Science and Culture，Kyoritsu
Women's University，2005（11）：123-136.

［567］［日］爪田一寿. 善導浄土教のいわゆる"国家仏教"的側面について——"法事讃"
と龍門石窟［J］. Studies in Indian philosophy and Buddhism，2006（13）：103-113.

［568］［日］中田正心. 北魏体に投影した石刻文字を探る——"龍門四品"を中心として［J］.
The Bulletin of Chuo-Gakuin University，man & nature，2006（23）：101-142.

［569］［日］上原和. 龍門石窟古陽洞の開鑿年代（上）：北魏孝文帝の洛陽遷都以後と見做
す現行の通説の誤謬を正す［J］. 成城文藝2006（195）：1-44.

［570］［日］上原和. 龍門石窟古陽洞の開鑿年代（下）：北魏孝文帝の洛陽遷都以後と見做
す現行の通説の誤謬を正す［J］. 成城文藝2006（196）：1-29.

［571］［日］竹下繭子. 龍門石窟敬善寺洞の神将像と鼻緒履物［J］. Ars buddhica，2006
（288）：13-41.

［572］［日］田村仁. グラビア ブッダの足跡——世界仏教遺産（12）五台山、龍門、雲崗
（中国）——日本の求法僧が情熱をかけた大地［J］. 中央公論，2006（12）：13-18.

［573］［日］原えりか. 作品制作論：龍門二十品の表現［G］. 卒業研究集録. 書道学科：18
年度，2007：28-29.

［574］［日］華人德. "鄭長猷造像記"の刊刻の分析及び北魏龍門造像記の先書後刻の問題
について［J］. 書法漢學研究，2007（1）：12-19.

［575］［日］肥田路美. 龍門石窟奉先寺洞の盧舎那仏像［J］. Ars buddhica，2007（295）：
59-73.

[576] ［韩］이영관, 박근수, 유산삼. 中国云冈石窟과龙门石窟의背后思想과空间特性 ［J］.
한국사상과문화, 제44호, 2008：379-400.

[577] ［日］萩原哉. 中国の如来倚坐像に関する調査研究：龍門石窟の作例を中心として
［J］. 鹿島美術財団年報, 2010（28）：576-587.

[578] ［韩］천득염, 김준오. 용문석굴（龍門石窟）의 탑형부조（塔形浮彫）연구（研究）
［J］. 한국건축역사학회논문집, 제20권제1호, 2011：41-60.

[579] ［日］八木春生. 龍門石窟賓陽南洞の初唐造像に関する一考察 ［J］. 芸術研究報,
2012（33）：13-24.

[580] 漆紅. 立体"維摩詰経"としての龍門石窟賓陽中洞："維摩詰経"造像研究 ［J］.
仏教芸術, 2013（326）：9-41.

[581] ［日］久野美樹. 中国伝統文化からみた龍門石窟：唐代の"場"を中心とした試論 ［J］.
仏教芸術, 2013（330）：85-103.

[582] ［日］渡辺健哉. "文化財保護国際会議 龍門石窟と関野貞"に参加して ［J］. 13、14
世紀東アジア史料通信, 2013（21）：9-15.

[583] ［韩］朴現圭. 洛陽龍門石窟중고대한국관련佛龕고증에관한문제점 ［J］. 新羅文化,
2013（42）：507-523.

[584] ［日］倉本尚徳. 久野美樹, "唐代龍門石窟の研究-造形の思想的背景について-"［J］.
SHIGAKU ZASSHI：123, 2014（12）：2186-2194.

[585] ［日］八木春生. 龍門石窟敬善寺洞地区造像に関する一考察 ［J］. 泉屋博古館紀要,
2014（30）：27-51.

[586] ［日］倉本尚徳. 龍門北朝隋唐造像銘に見る淨土信仰の變容 ［G］. 東アジア仏教学
術論集, 2014（2）：135-165.

[587] ［日］六田知弘. 美の棲むところ（6）中国 龍門石窟（1）［J］. 美術の窓, 2014, 33
（4）：72-75.

[588] ［日］六田知弘. 美の棲むところ（7）中国 龍門石窟（2）［J］. 美術の窓, 2014, 33
（5）：96-99.

[589] 文君. 時のひと 芸術大家 龍門石窟の碑文に学び新書体 書道家 劉俊京氏 ［J］.
人民中国, 2014（732）：60-63.

[590] 姚瑶. 初唐時期の龍門石窟に見られる同茎蓮華座に関する研究 ［J］. 中国考古学,
2014（14）：141-164.

[591] ［日］八木春生. 龍門石窟第1280窟（奉先寺）の再評価について ［J］. 中国考古学,
2014（14）：165-191.

[592] ［日］八木春生. 龍門石窟唐前期諸窟中に見られる浄土表現について：第2144窟

（高平郡王洞）および第2139龕（西方浄土変龕）を中心として［J］．泉屋博古館紀要，
2015（31）：47-71.

［593］［日］八木春生．龍門石窟の評価［J］．世界遺産学研究，2016（2）：35-43.

［594］［日］松尾光晴．龍門二十品の文字数について（1）［J］．実践女子大学教職課程年報，
2017（1）：87-98.

［595］［日］倉本尚徳訳．龍門北朝隋唐造像銘に見る淨土信仰の變容［J］．東アジア仏教学
術論集，2017（5）：359-390.

［596］周剣生．世界遺産を撮る（043）龍門石窟：中国文化遺産（2000年登録）［J］．週刊
ダイヤモンド，2017，105（6）：118.

［597］［日］肥田路美．杜甫の見た龍門石窟［J］．アジア遊学，2018（220）：59-78.

［598］［日］久野美樹．唐代龍門石窟の一仏多菩薩像［J］．Journal of Tang Historical
Studies，2022（25）：4-36.

六、西文研究论著

［599］Édouard Chavannes．Msiion Archéologique La Chine Septentrionale［M］．Paris，1909.

［600］Alan Priest，A Stone Fragment from Lung Men［J］．Metropolitan Museum of Art
Bulletin，1941，36（5）：114-16.

［601］Jane Gaston Mahler．An Assembly of Lung-men Sculpture［J］．Archives of Asian Art
XXIV，1970-1971：70-75.

［602］Latika Lahiri．The Buddhist Cave Temples of Lung-men［J］．Proceedings of the Indian
History Congress，1971，33：131-137.

［603］Yen Chuan-ying．The Compelling Images：Ku-yang Buddhist Cave at Lung-men［J］．
Chinese Pen，1991，19（4）：58-69.

［604］Amy McNair．Early Tang Imperial Patronage at Longmen（Rock-Cut Shrines，China）［J］．
Arts Orientalis，1994（24）：65-81.

［605］Antonino Forte．A Symposium on Longmen Studies Luoyang，1993［J］．East and West，
1994，44（2/4）：507-516.

［606］Amy McNair．On the Patronage by Tang Dynasty Nuns at Wanfo Grotto，Longmen［J］．
Artibus Asiae，2000（3-4）：161-188.

[607] Katherine R. Tsiang. Disjunctures of Time，Text，and Imagery in Reconstructions of the Guyang［C］//巫鸿主编. 汉唐之间的宗教艺术与考古. 北京：文物出版社，2000：313-348.

[608] Stanley Abe. Ordinary Images［M］. Chicago and London：The University of Chicago Press，2002.

[609] Chang Qing. Search and Research：The Provenance of Longmen Images in the Freer Collection［J］. Orientations，2003（34）：16-25.

[610] Hyun-sook Jung Lee. The Longmen Guyang Cave：Sculpture and Calligraphy of the Northern Wei（386-534）［D］. University of Pennsylvania，2005.

[611] Karil Kucera. Recontextualizing Kanjingsi：Finding Meaning in the Emptiness at Longmen ［J］. Archives of Asian Art，2006，（56）：61-80.

[612] McNair Amy. Donors of Longmen：Faith，Politics，and Patronage in Medieval Chinese Buddhist Sculpture［M］. Honolulu：University of Hawai'i Press，2007.

[613] Chang Qing. Revisiting the Longmen Sculptures in the Collection of The Metropolitan Museum of Art［J］. Orientations，2007，38，（1）：81-89.

[614] Michael Stanley-Baker and Dolly Yang. Dung，Hair，and Mungbeans：Household Remedies in the Longmen Recipes［C］// Buddhism and Medicine：An Anthology of Premodern Sources，ed. C. Pierce Salguero. Columbia：University Press，2017，p. 454-477.

[615] Zhang Ruixian，Wang Jiakui and Michael Stanley-Baker. Clinical Medicine Texts：The Earliest Stone Medical Inscription［C］// Imagining Chinese Medicine. ed. Vivienne Lo and Penelope Barrett（Brill，2018），p. 373-388.

[616] Dong Wang. Longmen's Stone Buddhas and Cultural Heritage：When Antiquity Met Moderanity in China. London：The Rowman & Littlefield Publishing Group，Inc.，2020.

[617] Katherine Renhe Tsiang. A Revisionist Reading of the Transition of Buddhist Cave-Making from Yungang to Longmen［J］. Archives of Asian Art，2021（2）：131-170.

[618] Minghao Peng，Ruoshui Li. Additional niches and architecture added in the Tang dynasty to the Vairocana niche in the Fengxian Temple at Longmen［J］. Chinese Archaeology，2022（1）：182-190.

[619] Pinyan Z.Posthumous Release for Lay Women in Tang China:Two Cases from the Longmen Grottoes[J].Religions，2023，14（3）.

后记：我在龙门的工作与生活

　　1987年9月，我从北京大学考古系硕士毕业后，被分配到了龙门文物保管所工作。那时的文管所位于西山禹王池的北侧，领导和一些老职员在那里有一人一间的办公室加住房，再来新人就住不下了。于是，文管所正在龙门桥西端北侧的红石沟里建一座新楼，作为所的新址。那时，离竣工还有两个多月，所领导就出钱，把我安排到了龙门镇小学的旧址去住。

　　那是一个平房小院，镇政府利用它办了个小旅馆，招待游客。实话说，这是我见过的最简陋的旅馆。在那个纵深细长的小院子里，两厢各有一排房，是原小学老师们的办公室，每个房间不到10平方米，只能放一张单人床。说是床，其实只是用两个长凳子支着一张床板。床板上连褥子都没有，只铺着一张草帘子，上面再铺一张床单。枕头里面也是塞着草。床头放着一张又旧又破的小学生用的双人课桌，桌子前就没有地方再放椅子了。我只好用床当椅子，趴在桌子上写东西。房间里再没有其他家具了。

公用的厕所在院子前面的门房前。门房里只有一个老头儿，他每天吃住都在那里，兼任着这个小旅馆的所有工作。到了晚上，这个小院子里死一般寂静，我总共只看到过两个游客曾经在那里住了一晚。只有门房里能传来一点点音乐声，因为门房老头儿有一个黑白电视，他没有什么文化，每天晚上都看电视。我有时候太无聊了，就去他的门房处看看。每次都看他面带笑容、看电视看得十分出神。每当我问他："看什么呢？"他都是笑着回答："不知道是啥！"

我在那个小学院子里住了两个多月。那时的龙门镇，一周停电四五天。我就准备了一堆蜡烛，停电了，就点着蜡烛看书、写东西。我白天下洞窟调查（图1），晚上伏案写作，那时的主要工作是完成和北大考古系教授、中国石窟寺考古学的先驱阎文儒先生（1912—1994）合著的《龙门石窟研究》一书。

从1983年起，在北大考古系上大二的我，已立志以后学习和研究佛教艺术了。从那时起，阎先生的大名对我就如雷贯耳了。1983年冬天，我们班举办了一个慰问老师的活动，分组去访问老师，问他们有什么需要帮助的。那时候的冬天，蔬菜不多，以大白菜和萝卜为主，家家户户都会在冬天一次性地储存很多，就需要有劳力才行。我们主要是问老师们是否需要帮忙，好出点劳力。同学们都知道我以后想学石窟寺，这在学发掘类考古的人群里算是个异类吧。于是，我就被分配去看望阎先生。

阎先生住在北大中关园45号楼。我和另外一位同学来到他家里时，他正在书房里写东西，看到我们特别高兴，放下笔，就打开了话匣子，收不住了。他开始讲自己的历史，他调查石窟的经历，还背诵跑完全国石窟后写的诗。他的一个儿子和儿

图1　本书作者在龙门石窟
奉先寺大卢舍那像龛前留影
（1987年9月）

媳就坐在一边，静静地听我们谈话。就这样过去了一个多小时。
我们告辞出来后，他不断地说欢迎我们再来玩。我可以感到，
他平时是寂寞的，才会如此。

　　阎先生的书法极好。但他因病曾经右边半身瘫痪，右手失
去写字功能。康复一些后，他就每天在家里来回走一千步，同
时练习左手写字。最后，他用左手也能写出一笔好字了。他与
我的通信，都是用左手写成的（图2）。

　　从那以后，我经常去看望他，持续了近4年时间。到1987年
6月，夏天来临之际，我硕士毕业了，准备去龙门工作，就去向
阎先生辞行（图3）。当他听说我要去龙门工作，就主动提议要
和我合作一本书，就是他的《龙门石窟》手稿。带着他的手写书

图 2　阎文儒先生写给本书作者的信（1987年9月23日）

稿，我来到了龙门。在最初工作的四个多月里，我天天都去洞窟考察、记录造像，全面核对手稿，增添了很多内容，并且参考了1988年以前发表的大部分龙门研究文献，使15万字的原手稿扩充到了25万字。为了使书图文并茂，喜欢画画的我就描绘了100多幅墨线图，附在了正文之后。由于很多书都叫《龙门石窟》，我建议阎先生把书名改为《龙门石窟研究》，他同意了。

　　1994年，龙门石窟研究所同意资助这本书的出版，我在这一年最后一次拜访阎先生，把这个好消息告诉了他。我最大的遗憾就是，当这本书在1995年8月由北京书目文献出版社出版时，阎先生已经去世正好一年了，他没有亲眼看到此书！

　　和阎先生合作《龙门石窟研究》一书，让我对龙门石窟有了初步认识。面对这处浩大的石窟群，任何人在短时间内都是无法全面掌握的。带着问题去考察，比漫无目标地去看效果会

图3　本书作者与阎文儒先生
合影（1987年6月）

好很多。于是，我就了解了很多龙门的客观情况。

　　从1988年起，我又给自己定下了一个学习目标：白天考察
龙门石窟，晚上学习前人的著述，争取全面了解龙门石窟和它
的研究现状，为以后的研究打好基础。于是，我就天天带着笔
记本去石窟考察，每天两点一线地工作、生活着，很有规律。
每天一大早，我就去洞窟了。在石窟前的路上，没有几个游客，
各售货摊点的主人都在整理摊位，准备迎接游客。常常是只有
我一个人在石窟前的路上走着，各摊位的主人看到我走过，都
会看我一眼，打个招呼。到了中午，游客就多了，我再原路返
回住地，去吃中午饭。中午饭后，我会休息一会儿，然后再去
洞窟。到了傍晚，当我从洞窟返回所里时，又像是早上的情景：
路上的游客没有几个人了，我在路上走，路边售货摊点的主人
们在收拾东西，准备回家了。有的摊点主人会问我："我看你每
天都在石窟里转，都在看啥呢？俺啥都不懂，不知道有啥好看
的。"我就回答："是没啥好看的，我只是随便看看。"

　　龙门石窟绵延约1公里，在山崖间爬上爬下，没有体力是

不行的。刚来龙门，在山上看石窟时，走不了多久就感到累了。因为天天坚持去看洞窟，时间长了，我练就了一身本领，在山崖间走、爬几个小时，从不感到累。我还能轻松自如地翻越铁栏杆。我有各洞窟的钥匙。但由于经常遭到雨淋，大部分窟门锁都生锈了，根本打不开。要想从上面竖着一排尖刺的栏杆上翻越过去，可不是一件容易事。但我翻越久了，练就了轻松越过各种铁栏杆、进入石窟里的本领。游客们的保护意识很强。每当看我翻越栏杆时，总有人报告给在路上巡视的保安，整个龙门只有我一个人经常这样。每当保安来到窟前看到是我时，都会先向我一笑，再对游客说："他是俺们的人！"

那时，龙门石窟研究所在红石沟的新楼已经盖好了，给我分了一个挺大的房间，就在二楼会议室的旁边、厨房的对面。我每天都能看到两位师傅在做饭，饭什么时候做好，我会第一个知道。但我总是等别人都打完了饭，我再去。每天中午都很热闹，因为所里的职工都在那里吃饭，很多人在会议室边吃边看电视。所里的职工大部分都住在洛阳市区，每天有班车接送他们。所以到了开晚饭时，就变得冷冷清清了。只有我和几个值班的人在食堂吃饭，其他职工都乘着所里的班车回洛阳家里了。

那时的电视节目，每天晚上6点半到7点的"新闻联播"之前，会有半个小时的动画片，是专门给孩子们在晚饭后看的。有时，值班的员工会带着孩子一起在所里值班，孩子们喜欢6点半在会议室里看动画片，如《猫和老鼠》《米老鼠和唐老鸭》《黑猫警长》《蓝精灵》等。我一听到有动画片的声音，就去和孩子们一起坐在会议室里看动画片。当孩子们的父母来找他们时，会看到让他们不可思议的情景：我这个当时洛阳市极少有的硕士生，和一帮上小学一二年级的小朋友在一起看《米老鼠和唐老鸭》，而且还看得十分起劲，让他们不由得发出笑声。

　　龙门所的福利不错，经常给员工发东西。如果发吃的，给的是一家五六口人的量。有一次发了一大筐苹果，又有一次发了一大箱子饮料。别的职工都是带回家，一周就消费完了。我呢，那些东西一放就是一个多月，我也吃不完。如果有客人来，我就和他们一起分享。

　　龙门的工作虽然对我的研究很有意义，但平时的生活却是单调、寂寞的。偶尔有人来，才会打破一下。一次是中国社会科学院宗教研究所的丁明夷老师带队来龙门考察，一次是中央美院的王泷老师和文物出版社的黄文昆老师带队来为龙门石窟编号，我和他们的团队都相处甚欢。还有一次是中央美术学院的尹吉男老师带着一个班的学生前来龙门考察了几天，就住在所里。尹吉男是我在北大的师兄，很有才华，会写诗。平时由我带着他们下洞窟参观，给他们讲解。晚上，这些学生总是聚在一起联欢，我也去参加，听他们说些笑话，女生们还喜欢讲鬼故事，很开心。有时会有其他地方的同行专家来参观，如敦煌研究院的贺世哲先生（1930—2011）、庄壮先生来龙门考察，总是由我带着他们下洞窟去。我很喜欢和这些同行们一起交流。

　　龙门石窟在中国石窟艺术史上的地位是最高的，无与伦比，因为它处在北魏晚期和初唐这两次中国石窟开凿高峰期的中心地位。了解了龙门，再去看别的石窟，就会觉得容易多了。因此，我在龙门三年的工作和生活，就为我以后的研究打下了坚实的基础。

　　1990年，我离开龙门以后，把研究重点放在了唐代长安城一带的佛教艺术上。但由于长安和洛阳的密切关系，我仍然在研究着龙门，研究着这两京之间的关系。同时，还不时地返回龙门，与龙门所合作一些研究项目，并为自己的研究调查一些资料。1993年，龙门石窟研究所在洛阳举办了"龙门石窟1500

周年国际学术讨论会"，我也受邀参加，并为会议的一些事务服务。那是一次空前的盛会，海内外很多石窟专家欢聚一堂，愉快地度过了几天，令我终生难忘。

可以说，如果没有在龙门的三年光阴，就不会有我以后的学术成就。龙门石窟始终伴随着我的研究足迹，一直走到了今天。把我毕生对龙门的了解，写成一本书，来帮助大家学习欣赏龙门艺术，是我多年来的心愿。感谢人民美术出版社，让我这个夙愿得以实现！

衷心感谢龙门石窟研究院贺志军先生，中国社会科学院考古研究所洛阳工作站韩建华先生，四川省文物考古研究院王婷女士，四川大学艺术学院姜雨孜女士、王静娴女士给予本书的帮助！

常青

2020年10月6日初稿于美国德克萨斯州达拉斯市

2022年4月25日定稿于成都

图4　2006年本书作者拍摄于美国纽约大都会艺术博物馆凿自龙门宾阳中洞的北魏《孝文帝礼佛图》浮雕前

本书为作者担任首席专家的2020年度教育部哲学社会科学研究重大课题攻关项目资助的《中国佛教雕塑史研究》的阶段性成果，项目编号：20JZD042。